CHARLES R. SWINDOLL

COMENTÁRIO BÍBLICO SWINDOLL

❊ JOÃO ❊

© Originally published in english as: *Swindoll's living insights New Testament commentary # 04: John*, by Charles R. Swindoll

Copyright © 2014 by Charles R. Swindoll

Portuguese edition © 2016 by Editora Hagnos Ltda. All rights reserved. Published under license from Tyndale House Publisher, Inc.

Tradução
Regina Aranha

Revisão
Josemar de Souza Pinto
Andrea Filatro

Capa
Maquinaria Studio

Diagramação
Sonia Peticov

Mapas
© Andre Reinke, Atlas Bíblico Ilustrado, Hagnos, 2006. Utilizados com autorização

Editor
Juan Carlos Martinez

1ª edição – Fevereiro – 2017
Reimpressão - Agosto - 2018

Coordenador de produção
Mauro W. Terrengui

Impressão e acabamento
Imprensa da fé

Todos os direitos desta edição reservados para:
Editora Hagnos
Av. Jacinto Júlio, 27
04815-160 - São Paulo - SP - Tel. Fax: (11) 5668-5668
hagnos@hagnos.com.br - www.hagnos.com.br

Dados Internacionais de Catalogação na Publicação (CIP)
Angélica Ilacqua CRB-8/7057

Swindoll, Charles R.
Comentário bíblico Swindoll: João — Charles R. Swindoll; traduzido por Regina Aranha. — São Paulo: Hagnos, 2017.

ISBN 978-85-7742-202-9

Título original: *Swindoll's living insight New Testament comentary: John*

1. Bíblia N.T.   2. João – Comentários   I. Título   II. Aranha, Regina

17-0185   CDD-226.5077

Índice para catálogo sistemático:
1. Bíblia N.T. - João – Comentários

Respeite o direito autoral

SUMÁRIO

Prefácio do autor	07
Sistema de numeração e transliteração	11
Introdução	15
PRÓLOGO (JO 1.1-18)	27
Deus em carne humana (Jo 1.1-18)	28
APRESENTAÇÃO DA PALAVRA (VERBO) (JO 1.19—4.54)	41
Um homem enviado por Deus (Jo 1.19-34)	43
Cinco que seguem em fé (Jo 1.35-51)	55
Vinho... moedas... e sinais (Jo 2.1-25)	63
Debatendo o novo nascimento (Jo 3.1-21)	72
O pregador que perdeu sua congregação (Jo 3.22-36)	85
Água para uma mulher sedenta (Jo 4.1-42)	91
Cura a distância (Jo 4.43-54)	103
AUTENTICAÇÃO DA PALAVRA (JO 5.1—12.50)	111
Uma exposição do legalismo (Jo 5.1-18)	114
As declarações de Cristo (Jo 5.19-30)	125
As testemunhas de defesa (Jo 5.31-47)	130
A especialidade de Deus: impossibilidades (Jo 6.1-21)	137
O pão vindo do céu (Jo 6.22-71)	146
Jesus na cova dos leões (Jo 7.1-52)	158
Cartas escritas na areia (Jo 7.53—8.11)	168
Os motivos para a rejeição (Jo 8.12-59)	171
O engano do homem cego (Jo 9.1-41)	182
A porta viva (Jo 10.1-42)	192
A volta do além (Jo 11.1-46)	201
O momento de ruptura (Jo 11.47-57)	209
A busca antes de se esconder (Jo 12.1-50)	214
CONFIRMAÇÃO DA PALAVRA (JO 13.1—17.26)	225
A humildade personificada (Jo 13.1-17)	228
Quão alto é seu quociente de aceitação? (Jo 13.18-30)	233
Agapē: o amor genuíno (Jo 13.31-38)	240
Palavras tranquilas para corações atormentados (Jo 14.1-24)	246

Superando o medo (Jo 14.25-31) — 256
  Permanência (Jo 15.1-11) — 262
  As qualidades de um amigo (Jo 15.12-17) — 269
  A promessa de perseguição (Jo 15.18—16.4) — 276
  As funções do Espírito Santo (Jo 16.5-15) — 284
  Três palavras que nos mantêm seguindo em frente (Jo 16.16-33) — 289
  A intercessão divina (Jo 17.1-19) — 296
  Quando Jesus orou por você (Jo 17.20-26) — 303

VINDICAÇÃO DA PALAVRA (JO 18.1—21.25) — 311
  A verdade em julgamento (Jo 18.1-27) — 313
  A pressa para julgar (Jo 18.28—19.16) — 328
  A morte na cruz (Jo 19.17-37) — 340
  A ressurreição milagrosa (Jo 19.38—20.10) — 348
  As reações ao Senhor ressurreto (Jo 20.11-31) — 355
  Nossas fraquezas... a força dele (Jo 21.1-23) — 362
  Muitos outros sinais... muitas outras coisas (Jo 21.24,25) — 371

  Notas — 375
  Lista de recursos e imagens
  Linha do tempo
  Mapa do mundo de João — 14
  O evangelho de João de relance — 16
  Éfeso: o local de nascimento de "a Palavra (Verbo)" — 29
  A Biblioteca de Celso — 31
  O prólogo de João, um cubo de Rubik antigo — 32
  Iluminando a "luz" na literatura bíblica — 35
  O deserto da Judeia — 45
  Mapa de Betânia além-Jordão — 49
  O rio Jordão — 51
  Mapa da Judeia, Samaria e Galileia — 58
  Uma figueira — 59
  Sete "sinais" do Filho de Deus — 66
  "Filho do homem" — 79
  Mapa de rotas da Judeia para a Galileia — 92
  Uma breve história das dez tribos "perdidas" — 94
  Mapa de Caná e Cafarnaum — 105
  O tanque de Betesda — 116
  O sábado hebraico — 120
  O calendário judaico e o ciclo de festas — 138
  Mapa do mar da Galileia — 139
  Sinagoga do século IV em Cafarnaum — 148

Festa contemporânea dos tabernáculos, "Cabanas"	160
Estágios da rejeição	173
Candelabros para a festa dos tabernáculos no templo	174
Apêndice: Deus não disfarça sua ira	185
Habitat natural das ovelhas	195
Última semana: do público para o privado	215
Apêndice: Uma história de dois corações	221
O duplo *Amēn* ("em verdade em verdade") em João	236
Um novo tipo de amor	242
Jesus prediz sua morte e ressurreição	248
"Treinamento" por vinhateiros	264
A controvérsia do *Filioque*	279
Os julgamentos de Jesus	316
Mapa de Jerusalém e do Getsêmani	317
Getsêmani	318
Anás, o "chefão" de Jerusalém	320
Os julgamentos ilegítimos de Jesus	322
O modelo da reunião do Sinédrio	325
Casa de Pilatos	330
Pôncio Pilatos	330
Desenho de um *flagrum* (açoite)	335
A fortaleza de Antônia	337
Desenho de uma cruz romana	343

PREFÁCIO DO AUTOR

Amo a Bíblia há mais de sessenta anos. Foi esse amor pelas Escrituras, junto com um claro chamado ao ministério do evangelho durante meu período de serviço na Marinha, que resultou na minha ida para o Seminário Teológico de Dallas a fim de me preparar para um ministério de vida inteira. Durante aqueles quatro anos maravilhosos, tive o privilégio de estudar sob a orientação de extraordinários homens de Deus, que também amavam a Palavra. Eles não só tinham a inerrância da Palavra de Deus em alta estima, mas também a ensinavam com zelo, pregavam-na com paixão e modelavam-na de forma consistente. Não passa uma semana sem que eu agradeça a Deus pela grande herança que tenho para reivindicar! Tenho uma dívida eterna com esses maravilhosos teólogos e mentores que cultivaram em mim um firme compromisso de entender, expor e aplicar a verdade de Deus.

Há mais de cinquenta anos estou empenhado em fazer exatamente isso — *e como amo fazer isso!* Confesso sem hesitação que sou dependente do exame e da proclamação das Escrituras. Por isso, os livros desempenham um papel importante em minha vida desde que estou no ministério — em especial os volumes que explicam as verdades e aprimoram meu entendimento do que Deus escreve. Ao longo desses muitos anos, colecionei uma grande biblioteca pessoal, que já provou ser de valor inestimável enquanto tento permanecer um estudante fiel da Bíblia. Até o fim dos meus dias, meu principal objetivo na vida é transmitir a Palavra com exatidão, discernimento, clareza e praticabilidade. Sem livros informativos e confiáveis aos quais recorreu, teria "exaurido" meu conhecimento décadas atrás.

Entre meus livros favoritos e mais usados estão aqueles que me capacitaram a ter uma compreensão melhor do texto bíblico. Estou, como a maioria dos expositores, sempre em busca de ferramentas literárias que possa usar para aperfeiçoar meus dons e aguçar minhas habilidades. Para mim, isso significa encontrar recursos que tornem simples e fácil o complicado ofício de entender, que ofereçam comentários perspicazes e figuras de linguagem que me ajudem a enxergar a relevância da verdade sagrada à luz do meu mundo do século 21 e que gravem essas verdades em meu coração de maneiras que eu não as esqueça com facilidade.

Quando deparo com esses livros, eles acabam em minhas mãos enquanto os devoro e, depois, coloco-os em minha biblioteca para referência futura... e, creia-me, com frequência volto a eles. É um alívio poder recorrer a esses recursos quando me falta percepção fresca, quando preciso apenas da história ou ilustração correta ou quando empaco em um texto complicado e não consigo encontrar um meio de sair dali. Para o expositor sério, uma biblioteca é algo essencial. Conforme um mentor meu disse certa vez: "Onde mais você tem dez mil professores na ponta dos dedos?"

Descobri que nos anos recentes quase não há tantos recursos como esses que acabo de descrever. Foi essa descoberta que me estimulou a pensar em me tornar parte da resposta, em vez de lamentar o problema. Mas a solução resultaria em uma tarefa imensa. Um projeto de escrita que cobre todos os livros e epístolas do Novo Testamento pareceu hercúleo e intimidante. Senti uma lufada de alívio quando percebi que nos últimos mais de cinquenta anos ensinei e preguei a maioria do Novo Testamento. Meus arquivos tinham pastas cheias de notas dessas mensagens que estavam apenas guardadas ali à espera de serem tiradas do esconderijo, receberem um toque novo e relevante à luz das necessidades atuais e serem aplicadas para se ajustar à vida de homens e mulheres que anseiam por uma palavra revigorante do Senhor. *Isso decidiu a questão!* Comecei o trabalho com o plano de transformar todas aquelas notas neste comentário do Novo Testamento.

Quero agradecer a Mark Gaither e Mike Svigel por seu esforço incansável e devotado, servindo, dia a dia, como meus editores ativos e participantes. Eles fizeram um trabalho soberbo enquanto trilhávamos nosso caminho através dos versículos e capítulos de todos os 27 livros do Novo Testamento. É um prazer ver como eles pegam meu material original e me ajudam a moldá-lo em um estilo que permanece verdadeiro com o texto das Escrituras e, ao mesmo tempo, é desenvolvido de modo interessante e criativo, e o tempo todo permitindo que minha voz apareça de maneira natural e de leitura fácil.

Preciso acrescentar palavras sinceras de apreço às congregações em que tenho servido em várias partes dos Estados Unidos por mais de cinco décadas. Tive a sorte de ser o recipiente do amor, suporte, encorajamento, paciência e de frequentes palavras de afirmação enquanto, ano após ano, cumpria meu chamado para me levantar e transmitir a mensagem de Deus. As ovelhas e todos esses rebanhos se tornaram valiosos para este pastor de mais maneiras do que posso pôr em palavras... e ninguém mais que aqueles a quem sirvo atualmente com deleite na *Stonebriar Community Church*, em Frisco, Texas.

Finalmente, tenho de agradecer à minha esposa, Cynthia, por entender minha dependência do estudo, da pregação e da escrita. Ela nunca me desencorajou de continuar nessas atividades. Nunca deixou de me estimular a tentar fazer meu melhor. Ao contrário, seu afetuoso apoio pessoal e seu próprio compromisso com a excelência na liderança na Insight for Living por mais de três décadas e meia se combinaram para me manter fiel ao meu chamado "a tempo e fora de tempo". Sem a devoção dela por mim e à parte a nossa parceria mútua ao longo de nossa vida de ministério juntos, a série *Comentários Bíblicos* de Swindoll nunca seria uma realidade.

Fico grato por agora a série ter encontrado seu caminho até suas mãos e, em última instância, até as prateleiras de sua biblioteca. Minha esperança e oração contínuas são que você ache esses volumes úteis em seu próprio estudo e aplicação pessoal da Bíblia. Que eles possam ajudar você a vir a concluir, como o fiz ao longo de todos esses anos, que a Palavra de Deus é tão atemporal quanto verdadeira.

Seca-se a relva e cai a sua flor; mas a palavra de nosso Deus permanece para sempre (Is 40.8).

Chuck Swindoll
Frisco, Texas

SISTEMA DE NUMERAÇÃO E TRANSLITERAÇÃO

O SISTEMA DE NUMERAÇÃO DE STRONG

Os *Comentários Bíblicos Swindoll* usam o sistema de numeração da concordância bíblica de Strong para dar aos estudantes da Bíblia mais novos e também aos mais avançados acesso rápido e conveniente a úteis ferramentas na linguagem original (por exemplo, concordâncias, dicionários e dicionários teológicos). O sistema de numeração de Strong ficou popular na obra *Strong's Exhaustive concordance to the Bible* [Concordância exaustiva da Bíblia de Strong] e é usado na maioria das obras de referência de grego e hebraico bíblicos. Os que não estão familiarizados com os antigos alfabetos hebraico, aramaico e grego encontram rapidamente a informação sobre determinada palavra ao procurar no índice apropriado de números. Os estudantes avançados acharão o sistema útil porque ele permite que encontrem rapidamente a forma léxica de conjugações e inflexões difíceis e obscuras.

Quando uma palavra grega é mencionada no texto, o número de Strong é incluído entre colchetes depois da palavra grega. Assim, no exemplo da palavra grega *agapē* [26], "amor", o número é usado com as ferramentas gregas fornecidas no sistema de Strong.

De vez em quando a palavra hebraica é mencionada no texto. Os números hebraicos de Strong são completamente separados dos números gregos, por isso os números hebraicos são pré-fixados com a letra "H". Por conseguinte, por exemplo, a palavra hebraica *kapporet* [H3727], "propiciatório", vem de *kopher* [H3722], "fazer expiação por", "garantir o favor por intermédio de um presente".

PERCEPÇÕES SOBRE JOÃO

O criador voluntariamente se tornou um de nós na pessoa de Jesus Cristo — que sofreu como sofremos, que foi tentado como somos tentados e que sofreu injustiça como nunca sofreremos, no entanto, sem cometer pecado. Fico confortado em saber que Deus entende e tem empatia. Por intermédio de sua encarnação, podemos apreciar mais completamente sua compaixão. Tendo vivido e morrido como um homem, temos mais facilidade em aceitar que, em sua ressurreição, o Filho está para nós mesmo enquanto nos sentimos abandonados, maltratados ou punidos por Deus.

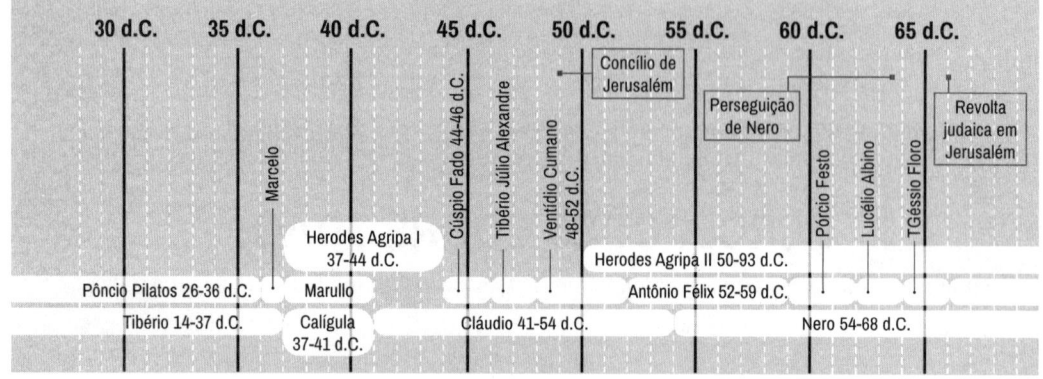

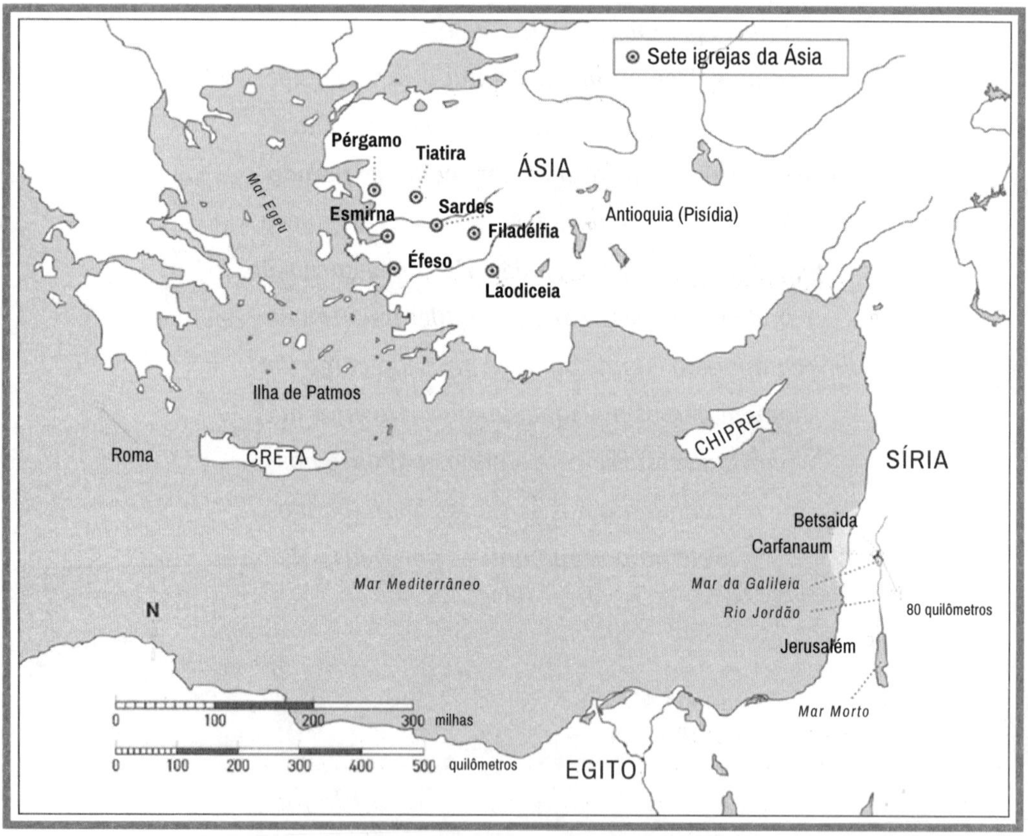

Mapa do mundo de João. João, antes de conhecer Jesus, provavelmente achava que passaria sua vida administrando o negócio de pesca da família em Betsaida e não viajaria uma distância maior que oitenta quilômetros de casa. Mas é provável que a destruição de Jerusalém em 70 d.C. o tenha forçado a se mudar para Antioquia da Síria, onde uma grande igreja gentia continuava a florescer. Depois, no fim da vida do apóstolo, Domiciano o exilou em Patmos, onde ele escreveu o livro de Apocalipse. A tradição sugere firmemente que ele passou o resto da vida perto de Éfeso, ministrando às igrejas da Ásia.

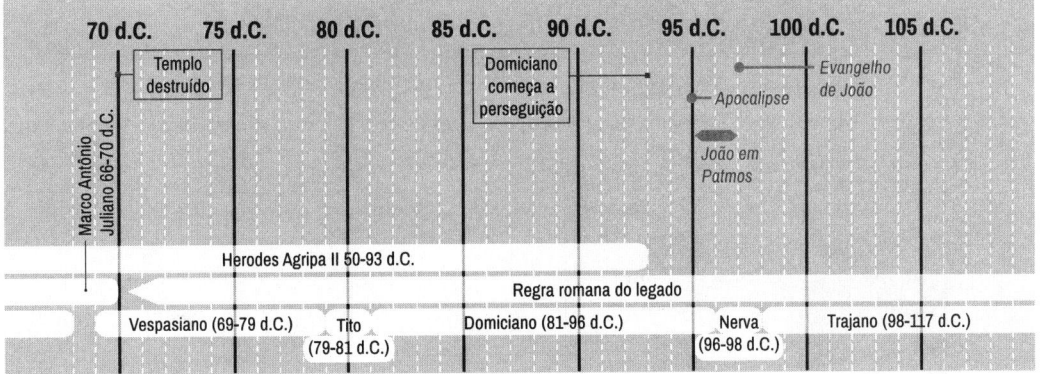

JOÃO

INTRODUÇÃO

João viveu o bastante para ver tudo, desde o início até o fim. Quando ainda era um rapaz impetuoso e cheio de energia, a ideia de vagar pelo deserto da Judeia com João Batista o atraiu muitíssimo — tanto que o jovem pescador largou um florescente negócio de pesca nas mãos de seu irmão, Tiago, e abandonou sua posição privilegiada para seguir a dieta de gafanhoto e mel de João Batista... e pela chance de preparar Israel para a vinda do Messias. Ele ajudou o precursor do Messias a batizar milhares de judeus arrependidos e apoiou esse homem estranho, semelhante a Elias, enquanto João Batista chamou julgamento sobre os líderes corruptos do povo judeu.

Depois, chegou o dia em que João finalmente viu o havia muito esperado ungido. Ele não se parecia nada com o que João imaginara, mas a declaração de seu mentor no deserto, João Batista, foi inequívoca: era ele. João e outro dos discípulos do Batista decidiram ver de perto, segui-lo até em casa, ouvir o que ele tinha a dizer sobre si mesmo e sobre Israel. Antes do alvorecer do dia seguinte, ele sabia: tinham encontrado o Messias.

Os poucos anos que João esteve na companhia de Jesus passaram voando, como em um piscar de olhos, mas permaneceram vivamente claros em sua mente por mais de setenta anos. Durante o curto espaço de tempo com Jesus, ele viu o homem que pensou que seria um fantástico Davi conquistador, o Salvador de Israel, ser desnudado, espancado sem misericórdia e pregado na cruz como um bandido insignificante. Ele viu o céu escurecer

O EVANGELHO DE JOÃO DE RELANCE

SEÇÃO	PRÓLOGO	APRESENTAÇÃO DA PALAVRA	AUTENTICAÇÃO DA PALAVRA
PASSAGEM	1.1-18	1.19—4.54	5.1—12.50
TEMAS	Deus em carne humana / O mal dominava o mundo	Encontros com o Filho de Deus	"Si mesmo" / "O mundo"
TERMOS FUNDA-MENTAIS	Graça / Recebe / O "Verbo" / Carne / Vida	Verdade / Batismo / Testemunho / Crença / Sinal	Verdadeiramente / Glória / Obra(s) / juiz
ÊNFASES		Sinais públicos • Transforma água em vinho (cap. 2) • Cura o filho do oficial real (cap. 4) • Cura o inválido (cap. 5) • Alimenta a multidão (cap. 6) • Caminha sobre a água (cap. 6) • Cura o homem cego (cap. 9) • Ressuscita o morto (cap. 11)	
AUDIÊNCIA	"O MUNDO"		
ÉPOCA	Prólogo	Aproximadamente três anos	

quando a luz do mundo se desvaneceu na morte. A seguir, ele viu sua esperança ressuscitada para assumir uma forma mais gloriosa do que ele, João, poderia imaginar, e ficou assombrado quando a presença de Deus encheu os discípulos briguentos e que promoviam a si mesmos e os transformou no corpo de Cristo — os ossos e músculos, mãos e pés de Cristo.

Então João, quando o sangue de seus irmãos e irmãs martirizados produziu novos cristãos, nutriu-os. João, enquanto Paulo, Barnabé, Silas, Apolo, Lucas, Timóteo, Tito e uma multidão de outros missionários

CONFIRMAÇÃO DA PALAVRA	VINDICAÇÃO DA PALAVRA
13.1—17.26	18.1—20.31
O amor entre os cristãos Obediência Entendimento Espírito Santo Perseguição do mundo Ódio Escuridão Tribulação	O Filho glorificado Triunfo sobre o mal A ascensão de Cristo O comissionamento dos discípulos
Glorificar Compreender Permanecer Odiar Defender	Seguir Completado Manifesto

Conversas particulares
- Céu (cap. 14)
- Fruto (cap. 15)
- Promessas (cap. 16)
- Oração (cap. 17)
- Aparições (cap. 20)
- Comissionamento (cap. 21)

CRISTÃOS	
Aproximadamente três semanas	Epílogo

expandiam com todo o zelo a igreja em direção ao Ocidente, ancorava a fundação do corpo de Cristo. Quando os críticos golpeavam, João defendia. Quando os impostores subvertiam, João os expunha. Quando os falsos profetas enganavam, João refutava sua mensagem herética. Ele condensou seus ensinamentos em três epístolas (1—3João) que circularam originalmente, por volta de 65 d.C., nas igrejas da Ásia Menor.

João, tendo sobrevivido a todos os seus pares martirizados, foi exilado pelo imperador Domiciano na ilha quase deserta de Patmos. Ali, ele viu o futuro do mundo até sua destruição e recriação e, a seguir, preservou tudo que ouviu e testemunhou em "Apocalipse", que enviou como uma carta para as igrejas da Ásia Menor que estavam sob seus cuidados. Após a morte de Domiciano, em 96 d.C., João descansou no cuidado da igreja de Éfeso, que, por sua vez, desfrutou de seu pastoreio gentil e semelhante ao de um avô.

Os Evangelhos Sinóticos, escritos na década de 50 por Mateus, Marcos e Lucas, foram o principal material de ensinamento da igreja durante décadas. Eles relatam a história de Jesus de perspectivas distintas, mas incluíram muitos dos mesmos eventos, em grande parte do ministério de Jesus na Galileia. Décadas depois, quando o idoso João estava em Éfeso, a igreja não era mais um movimento em germinação, mas uma comunidade estabelecida e um sistema de pensamento. Os desafios eram diferentes de quando o cristianismo estava em sua aurora. O perigo vinha menos na forma de ataques físicos ou oposição religiosa e mais por intermédio da corrupção filosófica e concessão teológica. Além disso, faltava à biografia de Jesus a muito necessária dimensão cósmica.

Por isso, nos últimos anos da vida de João, depois de ele ter testemunhado o período mais relevante da história do mundo conhecido e com a proximidade da morte tornando urgente o compartilhamento de suas memórias, João escreveu sobre seu mestre.

"PARA QUE CREIAIS"

O evangelho de João é uma obra-prima da narrativa. É, ao mesmo tempo, charmoso em sua simplicidade e desafiante em sua profundidade, uma obra rara de literatura que crianças que gostam de diversão e filósofos de pensamento profundo podem desfrutar igualmente. O relato de João, inspirado por Deus, no qual apresenta o ministério terreno de Cristo, usa o grego elementar, cuja leitura se assemelha ao primeiro livro de uma criança aprendendo a ler e com frequência é o primeiro livro que os aprendizes novatos da *coiné* aprendem a traduzir. Ainda assim, os filósofos e os teólogos passam a vida tentando compreender completamente as verdades profundas apresentadas por João.

O evangelho de João apresenta Deus como Pai de forma mais terna que qualquer outro livro da Bíblia. Estabelece de forma inequívoca e corajosa a dupla natureza de Jesus — totalmente Deus e totalmente homem, perfeitamente unido em uma única pessoa. E o evangelho, ao contrário de qualquer outro evangelho, revela o mistério do Espírito Santo. Além disso, a narrativa de João fornece uma abrangente gama de lições práticas para orientar o cristão ao longo da vida. Diversas passagens vêm em nossa ajuda quando guiamos alguém à fé em Jesus Cristo, enquanto outras trazem conforto e consolo quando enterramos um ente querido. Pelo evangelho de João, aprendemos sobre nossa alienação cada vez maior do mundo e a forma de aprofundar nossa intimidade com o Altíssimo, além de começarmos a gostar da prioridade que o Senhor coloca na unidade da família de Deus.

O quarto evangelho, a despeito de sua dificuldade e complexidade, é em geral o primeiro livro da Bíblia a ser lido pelos estudantes e cristãos recém-convertidos. Martinho Lutero se maravilhava com a dupla natureza do escrito de João, admitindo: "Nunca em minha vida li um livro escrito em palavras mais simples que esse, e, ainda assim, essas palavras são indizíveis!"[1]

A abordagem de João é deliberada. O apóstolo, sob a inspiração do Espírito Santo, elaborou cuidadosamente cada sentença para desvelar os fascinantes mistérios do céu em linguagem simples e escolheu meticulosamente que fatos relatar e quais deixar de fora. Em suas próprias palavras, *Jesus realizou ainda muitas outras coisas; se elas fossem escritas uma por uma, creio que nem no mundo inteiro caberiam os livros que seriam escritos* (Jo 21.25). João, em vez de escrever um documento que fosse quatro vezes o tamanho do Antigo Testamento, escolheu a abordagem "menos é mais". Em vez de nos abarrotar com volumes de informações, ele, estrategicamente, escolheu que histórias relatar a fim de atingir seu principal propósito: *Estes, porém, foram registrados para que possais crer que Jesus é o Cristo, o Filho de Deus, e para que, crendo, tenhais vida em seu nome* (Jo 20.31).

POR QUE QUATRO EVANGELHOS?

Por que temos quatro biografias de Jesus quando uma poderia muito bem ter sido suficiente? Por que não catorze? Na realidade, não temos quatro evangelhos; temos um evangelho com quatro diferentes pontos de vista. Temos uma biografia escrita por quatro escritores, cada um deles fornecendo sua própria perspectiva única.

Se tivéssemos de documentar a vida de Jesus usando apenas imagens, escolheríamos um de diversos métodos possíveis. Por exemplo, poderíamos usar uma câmera de filmagem para registrar cada movimento em detalhe e — e se o filme for longo o suficiente — reencenaríamos sua vida desde o nascimento até a morte, a ressurreição e além dela. O tempo de duração do filme excederia 33 anos de visão ininterrupta. Outro método seria capturar os momentos essenciais em fotografias — talvez de diversos ângulos ao mesmo tempo — e relatar a história da vida de Jesus em um ensaio fotográfico. Os benefícios seriam óbvios. A história poderia ser relatada de forma sucinta, ainda assim adequada, dando tempo para refletir nos detalhes dos momentos mais importantes. No caso dos evangelhos, temos quatro álbuns da vida de Cristo juntados por indivíduos que salientaram temas diferentes, embora cruciais. Antes de João registrar seu ponto de vista, estes três relatos estavam em circulação:

- **Mateus** foi um discípulo judeu de Jesus Cristo que antes ganhava a vida como publicano, funcionário do governo romano. Ele, movido pelo Espírito de Deus, escreveu uma biografia de Jesus do ponto de vista hebraico, enfatizando os direitos reais de Jesus como Messias e legítimo rei de Israel. Mateus traça a genealogia de Cristo desde Abraão, passando pelo rei Davi. É um livro judaico escrito por um judeu para seus irmãos, filhos da aliança. O principal tema de Mateus: *o Messias chegou.*
- **Marcos** não era um dos Doze, mas o filho de uma seguidora chamada Maria (At 12.12) e intimamente ligado a Barnabé, Paulo e Pedro. Ele apresenta o ministério de Cristo de um ponto de vista prático, orientado para a ação, em uma narrativa frequentemente pontuada pela expressão "imediatamente". Esse estilo apelaria ao espírito dinâmico dos romanos do século I, que respeitavam os pensadores profundos, mas buscavam homens de ação para a liderança. O evangelho de Marcos mostra que Jesus é o Deus-homem sensato e prático que veio do céu para completar uma tarefa. [Ele] *não veio para ser servido, mas para servir e para dar a vida em resgate de muitos* (Mc 10.45). O principal tema de Marcos: *o Filho de Deus veio para ver, servir e salvar.*
- **Lucas** era um médico, provavelmente nascido e criado na Macedônia. Era gentio, não judeu. Não escreveu para o judeu espiritualmente privilegiado nem para o romano politicamente privilegiado, mas para os gregos comuns, a maioria deles sem poder, riqueza e esperança. O evangelho de Lucas ressalta a humanidade de Jesus, favorecendo o título "Filho do homem" e fornecendo detalhes sobre seu nascimento humilde, infância comum, compaixão pelos pobres e doentes e o escopo geral de seu ministério. A genealogia apresentada por Lucas traça a linhagem de Jesus até Adão, o pai de toda a humanidade. O principal tema de Lucas: *o Filho do homem veio para redimir toda a humanidade.*

João com certeza conhecia os outros evangelhos e provavelmente ensinou durante anos com base neles antes de decidir, sob a orientação do Espírito Santo, que a biografia de Jesus ainda estava incompleta. O mundo cristão conhecia Jesus como o rei dos judeus, Jesus como o servo e Jesus como o Filho do homem, mas ainda era necessário proclamar Jesus como o Filho de Deus. João escreveu seu evangelho para que soubéssemos que o Filho do homem é Deus em carne humana — completamente humano, porém não menos Deus do que quando "no princípio" falou e trouxe o universo à existência.

O evangelho de João não apresenta nenhuma genealogia, ilustrando o fato de que a divindade não tem início. O evangelho de João não apresenta nenhum detalhe da infância nem reconta as parábolas,[2] talvez para enfatizar a natureza transcendente de Jesus como Deus. O evangelho de João ignora a tentação de Jesus no deserto, sua transfiguração no monte, seu comissionamento dos discípulos depois da ressurreição e sua ascensão.

Em vez disso, João escreve de uma perspectiva filosófica e teológica, dando grande ênfase aos milagres de Jesus, os quais chama de "sinais". Para João, os milagres eram indicadores de um acontecimento sobrenatural, uma prova de que o que muitos consideravam ser verdades teóricas eram de fato tangivelmente reais. O Verbo se tornou carne para dar a toda a humanidade todos os motivos para crer e para nos deixar sem desculpa para duvidar. O principal tema de João: *o homem que conhecemos como Jesus não é outro que não Deus na terra.*

- Mateus diz: "Esse é o Messias, o rei; adorem-no".
- Marcos diz: "Esse é o servo que serviu à humanidade; sigam-no".
- Lucas diz: "Esse é o único homem entre os homens que não tem pecado; imitem-no".
- João diz: "Esse é Deus em carne humana; creiam nele".

A CRISE DE FÉ

João, com efeito, declara: "Não estou escrevendo apenas para informar. Não estou escrevendo apenas para entreter. Estou escrevendo para mover o coração do leitor a *crer*". A palavra grega *pisteuō* [4100], traduzida por "crer", aparece 98 vezes no evangelho de João — várias vezes por capítulo. Mas o que significa crer? Será que significa acreditar na personagem histórica de Cristo, aceitar o fato de que um homem chamado Jesus viveu em algum ponto no tempo? Será que significa admirá-lo, imitá-lo ou abraçar sua causa revolucionária? Será que significa entreter sentimentos calorosos, venerá-lo como mais que humano ou devotar tempo e energia a fim de agradá-lo?

Nada disso. Esses tipos de crença são bons — alguns são até mesmo necessários. Mas o tipo de crença ao qual João chama seus leitores a abraçar engloba muito mais. Primeiro, o termo *pisteuō* significa "reconhecer a verdade como verdade". Quando digo que creio no livro de João, quero dizer que aceito seu conteúdo como verdade. Crer em Cristo é primeiro aceitar o que ele diz como verdade. Segundo e mais importante, *pisteuō* significa "acreditar em, depositar a confiança em, estar persuadido de" algo ou alguém. Quando digo *creio em Jesus Cristo*, declaro que confio nele, apoio-me nele, ponho minha completa confiança nele; tudo que sei sobre esta vida e qualquer coisa que ocorra após a morte depende das declarações dele sobre si mesmo e de como respondo à sua oferta de graça.

Eis como respondo: creio em Jesus Cristo.

Recentemente, todas as igrejas através dos Estados Unidos experimentaram um crescimento notável, e o fenômeno da "megaigreja" circundou o globo. É entusiasmante assistir a isso. No entanto, os números crescentes desses santuários incluem multidões envolvidas em um movimento no qual ouvem semana após semana, mas nunca se dedicam à mensagem de Jesus Cristo e jamais põem sua confiança absoluta nele. Muitos ouvem, aprendem e anuem em concordância, mas não *creem*. Eles não submetem seu coração e vontade à verdade de Jesus Cristo — sua identidade como Deus e sua oferta de vida eterna só pela fé.

Outro aspecto importante do chamado de João a crer é que somos convidados a crer em Jesus Cristo, a pessoa. Não apenas em sua mensagem, não apenas em seu ensinamento, não apenas em seu exemplo, não apenas em seu desafio a viver de determinada maneira. Somos chamados primeiro e acima de tudo a crer *nele*. Essa crise intelectual e moral é apresentada a pessoas de todos os tipos na narrativa de João, muitas das quais respondem com *pistis* [4102] — fé, completa confiança. Eis apenas seis exemplos de pessoas que responderam de forma positiva à mensagem de Jesus:

- **João Batista**

    Eu não o conhecia; mas aquele que me enviou para batizar com água disse-me: Aquele sobre quem vires descer e permanecer o Espírito, este é o que batiza com o Espírito Santo. Eu mesmo vi e já vos dei testemunho de que este é o Filho de Deus (Jo 1.33,34).

- **Natanael**

    E Natanael perguntou-lhe [a Filipe]: Pode vir alguma coisa boa de Nazaré? Disse-lhe Filipe: Vem e vê. Vendo Natanael aproximar-se, Jesus referiu-se a ele, dizendo: Este é um verdadeiro israelita, em quem não há fingimento! E Natanael perguntou-lhe: De onde me conheces? Respondeu-lhe Jesus: Antes que Filipe te chamasse, eu te vi, quando estavas debaixo da figueira. Natanael respondeu: Rabi, tu és o Filho de Deus, tu és o rei de Israel (Jo 1.46-49).

- **Pedro**

    Por causa disso, muitos de seus discípulos voltaram atrás e deixaram de segui-lo. Então Jesus perguntou aos Doze: Vós também quereis retirar-vos? Simão Pedro respondeu-lhe: Senhor, para quem iremos? Tu tens as palavras de vida eterna. E nós cremos e sabemos que tu és o Santo de Deus (Jo 6.66-69).

- **Marta**
  Disse-lhe [a Jesus] Marta: Sei que ele ressuscitará na ressurreição, no último dia. Jesus declarou: Eu sou a ressurreição e a vida; quem crê em mim, mesmo que morra, viverá; e todo aquele que vive, e crê em mim, jamais morrerá. Crês nisso? Respondeu-lhe Marta: Sim, Senhor, eu creio que tu és o Cristo, o Filho de Deus que devia vir ao mundo (Jo 11.24-27).

- **Tomé**
  Depois [Jesus] disse a Tomé: Coloca aqui o teu dedo e vê as minhas mãos. Estende a tua mão e coloca-a no meu lado. Não sejas incrédulo, mas crente! Tomé lhe respondeu: Senhor meu e Deus meu! E Jesus lhe disse: Porque me viste, creste? Bem-aventurados os que não viram e creram (Jo 20.27-29).

- **João (o autor desse evangelho)**
  Jesus, na verdade, realizou na presença de seus discípulos ainda muitos outros sinais que não estão registrados neste livro. Estes, porém, foram registrados para que possais crer que Jesus é o Cristo, o Filho de Deus, e para que, crendo, tenhais vida em seu nome (Jo 20.30,31).

SINAIS E DISCURSOS

A narrativa de João é notável em vários aspectos, não menos do que o é sua estrutura. O primeiro versículo do capítulo 13 marca uma mudança radical na história do ministério terreno de Cristo de modo que os oito capítulos finais têm um tema muito diferente dos doze primeiros. Os capítulos 1 a 12 descrevem um ministério e mensagem extensos e muito público, enquanto os capítulos 13 a 21 nos levam por trás de portas fechadas para testemunharmos o ministério privado de Jesus. Os capítulos 1 a 12 nos conduzem por um período de mais de três anos, enquanto os capítulos 13 a 20 abarcam quatro dias (seguidos do epílogo, capítulo 21, que acontece no quadragésimo dia da ressurreição de Cristo). A primeira seção enfatiza os milagres de Jesus, enquanto a segunda seção registra seus discursos com os Doze.

JOÃO 1—12	JOÃO 13—21
+- 3 anos	+- 3 dias
Proclamação pública	Instrução privada
Milagres espetaculares	Discursos íntimos

O capítulo 1 abre com o precursor proclamando a chegada do Messias e com o batismo de Jesus acompanhado pela retumbante voz do Pai. No capítulo 2, Jesus transforma água em vinho. No capítulo 4, ele cura o filho de um oficial. No capítulo 5, ele cura um paralítico. No capítulo 6, alimenta mais de 5.000 homens e suas famílias e anda sobre as águas do mar da Galileia. No capítulo 9, ele dá visão a um homem que sofria de cegueira desde o nascimento. Seus milagres atingem um *crescendo* no capítulo 11 com a ressurreição de um morto. João chama esses milagres de "sinais" porque eles provam que Jesus, embora seja completamente humano, é também mais que humano. Ele é o Filho do homem que também é o Filho de Deus.

O capítulo 13 descreve o coração amoroso do servo. O capítulo 14 explica a promessa do céu, a unidade da Trindade e a promessa do Espírito. O capítulo 15 encoraja os cristãos em um mundo hostil e enfatiza a necessidade de permanecerem em Cristo. O capítulo 16 adverte quanto à certeza dos desafios e da perseguição e assegura o cuidado do Espírito Santo, o poder da oração e a promessa de vitória. O capítulo 17 relata a oração de Jesus em favor de si mesmo, dos seus discípulos e de todos os futuros cristãos — uma oração que lança sua visão para a igreja. Os capítulos 18 e 19 descrevem sua paixão. O capítulo 20 nos leva por trás de portas fechadas para testemunhar as diversas aparições dele após a ressurreição a seus seguidores mais próximos. O capítulo 21 nos permite testemunhar a tranquila comunhão do Senhor com seus discípulos e a terna restauração de Pedro após sua queda.

João não estruturou seu evangelho ao acaso. A narrativa se desdobra de forma muito semelhante à própria vida cristã. Nossa apresentação inicial e intrigante ao Salvador leva rapidamente ao chamado a crer e seguir. O entendimento virá com o tempo. Essa não é uma decisão intelectual, mas moral. A seguir, quando testemunhamos o poder e o ensinamento dele e a experiência de vida em sua presença, nosso entendimento se aprofunda, e nossa confiança aumenta. Gradualmente nos tornamos discípulos maduros, embora nunca além da necessidade de graça depois de nosso fracasso.

Em outras palavras, o relato de João sobre a vida e o ministério de Jesus na terra não é uma mera fotografia. O evangelho de João é um convite para crer no Filho de Deus, para se tornar seu discípulo, aprofundar o entendimento de sua identidade e missão, crescer em maturidade e se juntar a ele no cuidado de suas ovelhas.

Agora... contemplemos *o cordeiro de Deus que tira o pecado do mundo* (1.29)!

TERMOS FUNDAMENTAIS EM JOÃO 1.1-18

- ***charis*** (χάρις) [5485], "graça", "deleite", "prazer", "generosidade", "bênção imerecida"

A definição do grego secular é apenas "regozijo" e está associada ao sentimento de alegria. No Antigo Testamento, esse sentimento é associado com mais frequência à obra de Deus da salvação, deleite em sua lei ou sua provisão abundante na colheita. João fundamenta-se muito na alegria da época da colheita e das celebrações de casamento, duas ocasiões que retratam a grande bênção recebida como uma dádiva. *Veja João 1.14,16,17.*

- ***lambanō*** (λαμβάνω) [2983], "pegar", "agarrar", "receber", "aceitar"

O termo, no sentido literal, significa aceitar o que é oferecido. Quando usado para uma pessoa, "receber" é aceitar de bom grado uma conexão pessoal, como quando um homem ou uma mulher recebe uma (um) parceira (o) para o casamento ou quando um anfitrião recebe uma visita. *Veja João 1.12,16; 5.43; 13.20.*

- ***logos*** (λόγος) [3056], "palavra", "mensagem", "decreto", "raciocínio"

O sentido mais básico do termo é "palavra", que pode ser um termo sozinho ou uma mensagem inteira, como: "recebemos *palavra* da vitória do exército" [tradução livre]. Os filósofos gregos adotavam o termo para descrever a aparente lógica que faz o universo obedecer às leis naturais, como a gravidade, a matemática e a moralidade. Para eles, o universo cairia no caos absoluto se não fosse por essa mente divina impessoal, que eles denominavam "a Palavra (Verbo)". O evangelho de João afirma que a mente divina é na verdade pessoal e que ela se fez carne na pessoa de Jesus. *Veja João 1.1,14; 12.48; 17.17.*

- ***sarx*** (σάρζ) [4561], "carne", "substância terna do corpo vivo", "matéria terrena, tangível"

Essa palavra tem três esferas de uso: literal, técnico e filosófico. No sentido literal, "carne" é apenas músculo e nervos, como distinto de osso, sangue etc. Também adquiriu uma nuança técnica, estreitamente relacionada com o sentido literal, para denotar o aspecto material da humanidade. A filosofia e religião gregas — em especial o gnosticismo da época de João — no fim veio a ver tudo que é tangível, incluindo a "carne", como inerentemente mal.[1] João usa o termo "carne" para falar de humanidade no reino tangível a fim de expressar o propósito de minar a influência da religião grega sobre a doutrina cristã. *Veja João 1.13,14; 3.6; 17.2.*

- ***zoē*** (ζωη) [2222], "vida"

O termo, em seu sentido mais básico, refere-se à vitalidade física de um ser vivo.[2] O termo *zoē*, para os judeus de fala grega, está estreitamente relacionado com *hayim* [H2416], o termo hebraico para vida, que eles consideravam o bem supremo da criação e um dom divino a ser cultivado e apreciado, embora abreviado e corrompido pelo pecado.[3] A noção judaica de *zoē* carrega com ela a oportunidade de desfrutar *shalom* [H7965], "paz". *Veja João 1.4; 3.16; 11.25; 14.6.*

PRÓLOGO (JO 1.1-18)

Em 1964, Thayer S. Warshaw, um professor inglês da Escola de Ensino Médio Newton, perto de Boston, preocupava-se com o fato de que, quando as escolas públicas banissem a Bíblia, os estudantes fossem privados de uma importante parte da cultura cristã. Ele, para apresentar seu ponto de vista, desenvolveu um teste sobre alusões comuns à Escritura conforme elas apareciam na literatura e linguagem seculares. A maioria desses alunos, apesar de sua óbvia inteligência e educação de primeira linha, não conseguia completar as seguintes expressões comuns:

"Estes converterão as suas espadas em lâminas de arado" (63%)
"Muitos são chamados, mas poucos, escolhidos" (79%)
"A verdade vos libertará" (84%)
"A arrogância antecede a destruição" (88%)
"O amor ao dinheiro é a raiz de todos os males" (93%)

Além disso, vários estudantes dessa escola aclamada por todo o país achava que Sodoma e Gomorra eram amantes (em vez de cidades). Muitos denominaram os quatro evangelhos como "Mateus, Marcos, Lutero (em vez de Lucas) e João". De acordo com esses estudantes de primeira linha, Eva foi criada de uma maçã (em vez de ter comido uma "maçã"). Moisés batizou Jesus, Jezabel era o jumento de Acabe (em vez de sua esposa) e Jesus falava em "paródias" (em vez de parábolas).[4]

Por volta dessa mesma época, durante o final da década de 1950 e início da década de 1960, tive um relacionamento estreito com o movimento Cruzada Estudantil e Profissional para Cristo. Alguns amigos íntimos meus e eu fomos aos *campi* da Universidade de Oklahoma, em Oklahoma, e da Universidade do Texas, em Austin e Arlington, para conversar com os estudantes. Para dar início à nossa conversa, foi usado um questionário simples que incluía a pergunta: "Quem, em sua opinião, foi Jesus de Nazaré?" A resposta mais comum foi: "O Filho de Deus". Talvez isso o surpreenda, como me surpreendeu na época. Eu esperava que dissessem: "Um grande professor", "O fundador do cristianismo" ou "Um mártir que morreu por suas crenças". No entanto, quando fiz a pergunta seguinte — "Como você chegou a essa conclusão?" —, a resposta mais comum foi: "Não sei". Descobri que esse mesmo comportamento é verdade entre muitos dos cristãos de hoje. Eles sabem a resposta certa, mas não sabem *por que* a resposta é verdadeira.

O apóstolo João escreveu seu relato da vida de Jesus para revelar a identidade de Jesus a fim de que possamos responder à verdade pela fé. Ele inicia seu evangelho com um prólogo (1.1-18) que declara de forma inequívoca que Jesus é Deus em carne humana. João, a seguir, tece sua tese primária ao longo do resto da narrativa. Jesus afirmou sua divindade, seus milagres sustentam essa afirmação, suas atividades pressupõem essa verdade e a ressurreição, por fim, confirma tudo que ele diz e fez.

Deus em carne humana
JOÃO 1.1-18

Algumas observações sobre a tradução em João 1.1-18

A21

2 *ele*, lit. *esse um*
5 *prevaleceram* ou *dominaram*
6 *houve* ou *veio a ser*
7 a. *ele*, lit. *esse um*; b. *como testemunha*, lit. *por testemunha*
8 *ele*, lit. *aquele um*
9 *que ilumina* ou *que esclarece todo homem que estava chegando ao mundo*
11 *seu* ou *próprias coisas, posses, domínio*
13 a. *nasceram* ou *foram gerados*; b. *linhagem humana*, lit. *sangue*
14 a. *habitou* ou *tabernaculou*, ou seja, *viveu temporariamente*; b. *unigênito* ou *único, só um de seu tipo*
15 *acima de mim*, lit. *fica antes de mim*
16 a. *todos*, lit. *todos nós recebemos*; b. *graça sobre graça*, lit. *graça por graça*
17 *vieram*, lit. *vieram a ser*

NVI

3,4 ou *e nada que foi criado foi criado a não ser por intermédio dele. A Palavra deu vida a tudo*
5 *as trevas não a derrotam* ou *e as trevas não a entenderam*
6 *surgiu um homem enviado por Deus, chamado João*; no grego, *um homem chamado João*
16 ou *recebemos a graça de Cristo, em vez da graça da lei*; o texto grego traz *recebemos graça sobre graça*
18 *Unigênito*; alguns manuscritos trazem somente *o Filho único*

O prólogo de João apresenta quatro motivos para crermos que Jesus Cristo, a Palavra (Verbo), é Deus:

- A Palavra (Verbo) é eterna; não teve princípio nem terá fim (1.1,2).
- A Palavra (Verbo) é o criador; todas as coisas foram feitas por intermédio dele (1.3).
- A Palavra (Verbo) é a fonte da vida; nada permanece vivo à parte dele (1.4-13).
- A Palavra (Verbo), embora completamente humano, revela totalmente o Pai (1.14-18).

Antes de examinarmos cada um desses motivos em detalhes, leia a passagem 1.1-18 e observe a deliberada progressão de João desde o infinito e da eternidade até o indivíduo único, Cristo, em quem reside tudo que é infinito e eterno.

ÉFESO: O LOCAL DE NASCIMENTO DE "A PALAVRA (VERBO)"

JOÃO 1.1

Por volta de 500 a.C., um nobre grego de Éfeso chamado Heráclito ensinou que o universo opera de acordo com uma estrutura racional, um princípio unificado de ordenação, que conseguimos discernir se observarmos com atenção seus padrões que resolvem seus muitos enigmas. De acordo com essa teoria, todas as leis da física, matemática, razão e até mesmo da moralidade podem ser traçadas até esse princípio de ordenação que ele denominou *logos*, "a Palavra (Verbo)".

Outros filósofos, como os estoicos, adotaram essa ideia seminal e acrescentaram suas próprias doutrinas, chegando a descrever "a Palavra (Verbo)" como um princípio divino vivificante (doador de vida, que pôs a vida em movimento) que permeia o universo. Fílon (20 a.C.-50 d.C.), filósofo judeu muitíssimo influenciado por Platão, ensinava que o *logos* era o princípio criativo de Deus no reino do pensamento puro, que não pode ter nenhuma associação com nada no reino da matéria tangível.

Éfeso não foi apenas o local de nascimento da ideia do *logos*, mas também veio a se tornar um celebrado repositório de textos sobre filosofia grega. Na época em que João viveu e ensinou em Éfeso nas últimas décadas do século I, os confrontos com os sacerdotes de Ártemis eram uma lembrança distante. Na época de João, os filósofos da Grécia, tanto antiga quanto

> moderna, ameaçavam corromper a doutrina cristã. Alguns sugerem que João foi muitíssimo influenciado pela ideia grega do *logos* e o acusam de ter uma inclinação ao gnosticismo. Os filósofos gregos, no entanto, objetariam com firmeza a ideia de o *logos* se tornar carne. João apenas afirmou as partes da filosofia grega que eram válidas a fim de pregar a verdade de Cristo com fundamentos comuns.

1.1,2

A Palavra (Verbo) é eterna; ela não teve início e não terá fim.

Na eternidade passada, antes do princípio de tudo — espaço, tempo e matéria —, na extensão indefinida da existência atemporal, em um princípio que não teve princípio, "a Palavra (Verbo)" existia em um "presente" eterno, infinito. O verbo traduzido por "era" é o passado imperfeito do verbo grego *eimi* [1510], "ser". Uma tradução literal da primeira sentença de João seria: "No princípio, a Palavra (Verbo) estava existindo".

Por que isso é tão importante? Porque João elaborou com cuidado essas sentenças iniciais a fim de estabelecer uma verdade essencial. Ele escolheu as palavras com cuidado e as arranjou com precisão para não deixar espaço para interpretação equivocada. A Palavra (Verbo), antes de qualquer ponto concebível no passado eterno, já existia.[5] A Palavra (Verbo), por conseguinte, não tem princípio. A Palavra (Verbo) sempre existiu.

Mais adiante no prólogo (1.14) aprendemos que a Palavra (Verbo) é Jesus Cristo. O termo grego para "palavra" é *logos* [3056], um conceito muitíssimo significativo entre os filósofos durante pelo menos três séculos antes de Cristo. O termo refere-se a uma mente divina não criada que dá sentido ao universo e o ordena. João, em essência, cooptou o conceito, dizendo na verdade: "O conceito sobre o qual os filósofos pagãos teorizaram existe de fato; ele é Deus, e Jesus Cristo é ele".

João continua a descrever "a Palavra (Verbo)" ao dizer que ela estava *com* Deus. A preposição grega *pros* [4314] quando usada dessa maneira em particular representa familiaridade. "A Palavra (Verbo)" e Deus Pai existiam intimamente juntos, compartilhando lugar, intimidade e propósito. Na verdade, a intimidade e familiaridade eram tais que "o Verbo [Palavra] era Deus". A Palavra e Deus compartilhavam a mesma essência; por conseguinte, tudo que é verdade sobre Deus é verdade sobre a Palavra (Verbo).

O Salmo 90 foi escrito por Moisés e celebra a existência eterna de Deus, que, ao contrário de sua criação, não tem princípio.

A Biblioteca de Celso. Durante séculos, várias escolas de filosofia grega operaram em Éfeso, atraindo estudantes de todo o Império Romano. Por isso, em 110 d.C., o filho do cônsul romano Celso Polemeno começou a construção dessa biblioteca em homenagem a seu pai. Quando a biblioteca foi concluída em 135 d.C., ela abrigava aproximadamente 12.000 pergaminhos, fato que sem dúvida consolidou a reputação de Éfeso como importante centro de aprendizado.

> *Senhor, tu tens sido nosso refúgio de geração em geração.*
> *Antes que os montes nascessem,*
> *ou que tivesses formado a terra e o mundo,*
> *sim, de eternidade a eternidade, tu és Deus* (v. 1,2).

A palavra hebraica para "eternidade" é *olam* [H5769], provavelmente derivada de um termo similar com o sentido de "esconder". Se um objeto é movido cada vez para mais longe do observador, no fim ele desaparece de vista. Está além do ponto de desvanecimento. Uma boa paráfrase traduziria a ideia desta maneira: "Do ponto de desvanecimento no passado ao ponto de aparecimento no futuro, o Senhor existe". A. W. Tozer capta bem o pensamento em seu livro *The knowledge of the Holy* [O conhecimento do Santo]:

> A mente olha em retrospectiva no tempo até o turvo passado se desvanecer, e depois se volta e olha o futuro até o pensamento e a imaginação desmoronarem de exaustão; e Deus está nos dois pontos, não afetado por nenhum deles.

O tempo marca o princípio da existência criada, e, como Deus nunca começou a existir, isso não se aplica a ele. "Princípio" é uma palavra de tempo e não pode ter nenhum sentido pessoal para o alto e sublime que habita a eternidade.[6]

É isso que João expressa sobre a Palavra (Verbo). A seguir, João, para enfatizar e resumir seu ponto, acrescenta: "Ele estava no princípio com Deus". A Palavra (Verbo) e Deus, nessa existência eterna antes do tempo, estavam juntos e eram o mesmo ser.

1.3

A Palavra (Verbo) é o criador; todas as coisas foram feitas por intermédio dele.

Em 1.1,2, João afirma que a Palavra (Verbo) é divina e, depois, apresenta seu caso do ponto de vista do tempo: só Deus é eterno, e, porque a Palavra (Verbo) é eterna, ele é Deus. Em 1.3, o apóstolo estabelece a divindade de Cristo de outra perspectiva: a criação. Na mente da Antiguidade — hebraica e gentílica —, tudo que existe pode ser colocado em uma de duas categorias distintas:

"CRIADO"	"NÃO CRIADO"
As coisas (ou seres) que existem porque foram criadas	As coisas (ou seres) que *não* foram criadas porque sempre existiram

Qualquer coisa "não criada" — ou seja, qualquer coisa que não foi trazida à existência — é divindade. Para os hebreus em particular, só Deus era "não criado". Por conseguinte, qualquer coisa dita "não criada", por definição, é Deus.

O PRÓLOGO DE JOÃO, UM CUBO DE RUBIK ANTIGO

JOÃO 1.3

Por que o prólogo de João é tão importante? Porque os falsos mestres — começando nos dias de João e continuando até hoje — afirmam que Jesus Cristo não é Deus, coeterno e coexistente com o Pai na eternidade passada. Muitos afirmam que ele foi o primeiro ser criado — que o Pai trouxe o Filho à existência, e o Filho, a seguir, trouxe tudo mais à existência. Ário, um falso mestre do século III, gostava de dizer: "Houve um tempo em que ele não era".

Esse ensinamento continua hoje como a doutrina oficial da Igreja de Jesus Cristo dos Santos dos Últimos Dias (os mórmons) e das Testemunhas de

Jeová, e as duas organizações traduziram o prólogo de João de modo a se ajustar a suas teologias. O prólogo de João, no entanto, não é um cubo de Rubik diferente, o popular quebra-cabeça do início da década de 1980: não é possível mudar uma sentença do prólogo sem causar problemas lógicos nas outras.

Joseph Smith, por exemplo, alterou o prólogo de João em sua *Versão inspirada* das Escrituras para sustentar a noção de que Cristo não é Deus, mas uma figura exaltada por Deus antes de tudo mais:

> *No princípio o evangelho era pregado por intermédio do Filho. E o evangelho era a palavra, e a palavra estava com o Filho, e o Filho estava com Deus, e o Filho era de Deus. No princípio, o mesmo estava com Deus. Todas as coisas foram feitas por ele, e sem ele, nada do que foi feito existiria* (Jo 1.1-3, Versão Inspirada).

Smith, no entanto, falhou na explicação da passagem 1.3. De acordo com sua versão, a Palavra (Verbo) criou "todas as coisas". Além disso, nada que "veio a ser" — ou seja, nada (ou ninguém) que teve um princípio — foi criado pela Palavra (Verbo). Mas "se houve um tempo em que Cristo não era", se ele veio a ser em algum ponto no tempo, isso significaria que Jesus teve de criar a si mesmo antes de ele existir.

Se você acha que isso soa sem sentido, está certo. Isso não faz sentido! Portanto, neste ponto concordamos: "Sem ele nada do que foi feito existiria". O Filho de Deus não poderia ter criado a si mesmo; por conseguinte, ele é Deus e *ele* criou todas as coisas.

Com essa antiga visão de mundo em mente, releia com atenção a passagem 1.3:

> *Todas as coisas foram feitas por intermédio dele, e, sem ele, nada do que foi feito existiria.*

João enfatiza a expressão *foram feitas*, a qual usa três vezes. Todas as coisas que *foram feitas* tiveram um princípio. Em um ponto não existiam e, depois, passaram a existir. João nos leva de volta à eternidade passada, muito além de Gênesis 1.1, para dizer que o Filho de Deus já existia. Ele, como "verdadeiro Deus" (conforme estabelece o Credo Niceno) que existia sozinho como "não criado", trouxe tudo mais à existência.

1.4-8

A Palavra (Verbo) é a fonte da vida; nada permanece vivo à parte dela.

Em 1.4, o evangelho de João faz algo que os Evangelhos Sinóticos (Mateus, Marcos e Lucas) não fizeram. Mateus traça a genealogia de Cristo de volta até Abraão. Lucas traça suas raízes até o primeiro ser humano, Adão. Mas João vai além destes, até a criação do universo. João afirma que em Jesus Cristo estavam a vida e a luz, duas imagens usadas por Moisés em Gênesis 1 em relação a Deus. O criador trouxe o universo à existência pela fala e, depois, encheu-o com a luz de sua verdade (Gn 1.3). O criador, a seguir, começou a encher a terra de vida: vegetação, criaturas marinhas, aves, animais terrestres e a coroação de sua realização, a humanidade. Ele soprou sua própria vida no homem e na mulher, que juntos carregavam sua imagem.

João, com efeito, diz: "No princípio, Deus Filho criou a humanidade e a encheu com vida. A seguir, ele veio à terra como um ser humano para mais uma vez trazer vida à humanidade, a qual está espiritualmente morta por causa do pecado". Embora seja verdade que João não menciona especificamente a queda da humanidade (veja Gn 3), é seguro presumir que por volta do fim do século I a maioria das pessoas entendia bem a doutrina da depravação humana. Não obstante, João ressalta nossa desesperadora necessidade de salvação ao descrever a reação do mundo ao aparecimento da vida e da luz.

João declara que as trevas do mundo não "prevaleceram" contra a luz. A palavra grega subjacente, *katalambanō* [2638], tem uma série de sentidos, dependendo do contexto, e, por conseguinte, não tem equivalente direto no português. O principal sentido é "obter, tornar próprio", "dominar", "tomar para si mesmo", "apoderar-se". No entanto, acontece com frequência na linguagem de a definição literal no fim levar ao seu uso metafórico, "prevalecer ou entender". O que será que João quer dizer? "As trevas não prevaleceram contra a luz"; ou: "As trevas não compreenderam a luz"?

Talvez a intenção de João fosse dar um sentido duplo. No fim, as trevas não foram capazes de *eliminar* a luz nem mesmo ao colocar a luz em um sepulcro. No entanto, os versículos seguintes parecem enfatizar a deficiência mental das trevas: sua relutância em crer e, por conseguinte, sua *incapacidade para prevalecer*. A seguir, João, conforme a história de Jesus se desenvolve, mostra que essa verdade não faz sentido para uma mente obscurecida pelo pecado (8.44,45,47; 14.17; 18.38).

João Batista, o homem que Jesus chamou de o maior de todos os profetas (Mt 11.9-13), não era rival para as trevas. João, como Moisés, Samuel, Elias, Isaías, Jeremias, Ezequiel, Daniel e todos os luminares do mundo ao longo dos séculos antes dele, não conseguiu iluminar a humanidade. Afinal, eles eram apenas seres humanos. A única esperança para a humanidade é a Fonte de luz que consegue iluminar toda mente, porque é mais que um ser humano.

ILUMINANDO A "LUZ" NA LITERATURA BÍBLICA

JOÃO 1.9

Alguns símbolos são tão universais, tão comuns à experiência humana que têm o poder de ultrapassar as barreiras culturais e até mesmo as linguísticas. Os estudantes de arte e literatura conhecem esses símbolos como *arquétipos*. A cor verde, por exemplo, simboliza crescimento ou nova vida. O inverno alude à morte ou dificuldade. Na Bíblia e em outras literaturas da Antiguidade, a verdade é com frequência retratada como luz. Quando alguém adquire sabedoria, dizemos que ele foi "iluminado".

Quando Moisés relatou a história da criação, ele usou o símbolo literário da luz para transmitir uma importante verdade. Logo após a formação do espaço e da matéria, o Senhor encheu a terra vazia e sem forma com a luz — isso mesmo, a luz literal, mas não apenas iluminação. Ele antes de, no quarto dia, formar as fontes físicas de luz — o sol, a lua e as estrelas —, encheu o universo com a luz de sua presença, com a verdade, o alicerce sobre o qual tudo mais foi construído. O Senhor, antes de ordenar o mundo (separar o dia da noite, o céu da terra e a terra seca do oceano), cobriu cada átomo com sua verdade, de modo que tudo refletisse seu caráter.

Um dia, talvez mais cedo do que pensamos, haverá um novo céu e uma nova terra, *e não precisarão de luz de lâmpada nem da luz do sol, porque o Senhor Deus os iluminará* (Ap 22.5). O mal terá partido, e toda a criação mais uma vez refletirá aquele em quem não há treva alguma (1Jo 1.5). Essa é nossa esperança porque *estas palavras são fiéis e verdadeiras* (Ap 22.6).

1.9-13

O versículo 9, à primeira vista, pode ser difícil. Poderia parecer que o versículo contradiz o que João acaba de declarar em 1.5: *a luz resplandece nas trevas, e as trevas não prevaleceram contra ela*. Continue a leitura, e o ponto de João fica mais claro. Agora que a fonte de luz veio à terra e ilumina a mente da humanidade, ninguém pode legitimamente alegar ignorância. Todos que não creem são indesculpáveis. Por isso, Jesus, antes de ser preso, disse a seus discípulos:

> Se eu não viesse e não lhes tivesse falado, não teriam pecado. Agora, porém, não têm desculpa para o pecado deles. Aquele que me odeia, também odeia a meu Pai. Se eu não tivesse realizado essas obras entre eles, como nenhum outro fez, não teriam pecado. Mas agora, não somente as viram, mas também odiaram a mim e a meu Pai. Para que se cumpra a palavra escrita na lei deles: ODIARAM-ME SEM MOTIVO (Jo 15.22-25, destaques do autor).

Deixe-me ilustrar a declaração de João de outro modo. Toda casa moderna está ligada a uma rede elétrica que fornece a energia necessária para iluminar cada canto escuro da casa. No entanto, as pessoas que vivem nessa casa podem escolher viver nas trevas. A luz está disponível, mas não é compulsória. A Fonte de luz veio ao mundo e ilumina todas as mentes; no entanto, muitos escolheram puxar as cortinas e evitar a luz. Agora que Cristo veio, crer ou descrer não é mais uma crise do intelecto (se alguma vez o foi); é uma crise da vontade. Quando uma mente obscurecida escolhe permanecer nas trevas, não podemos culpar ninguém além do indivíduo que escolheu isso.

Muitos rejeitam a luz; mas muitos escolhem recebê-la pela fé — a escolha de crer em Jesus Cristo. João prenuncia o ensinamento de Cristo registrado em 3.1-21 ao declarar que aqueles que escolhem crer são "filhos de Deus" como resultado do nascimento sobrenatural do alto. O nascimento natural é resultado de dois seres humanos escolherem procriar. Em contraste, o nascimento espiritual é resultado da escolha soberana de Deus.

1.14-18

A Palavra (Verbo), embora completamente humana, revela completamente o Pai.

Em nossa época, a influência do naturalismo permeia tanto a cultura que temos dificuldade em aceitar a divindade de Cristo. Na época de João, a maioria das pessoas não tinha dificuldade em aceitar a divindade de Cristo. Elas tinham mais dificuldade com a humanidade dele. A influência de Platão permeava todos os aspectos da religião e da filosofia, de modo que qualquer coisa tangível veio a ser vista como inerentemente má. A grande esperança dos filósofos gregos era escaparem do vil

Do meu diário

Deus conosco

JOÃO 1.14

A verdade da dupla natureza de Cristo, sua divindade imaculada e sua total humanidade, é muitíssimo importante teologicamente, mas também é crucial em um sentido prático. Quando fico tentado a esbravejar com o céu ou a me perguntar se Deus está sendo cruelmente indiferente enquanto sofro aqui embaixo na terra, o evangelho de João me lembra de uma verdade importante. Quando Adão trouxe o pecado para o mundo e, com o pecado, a morte (Rm 5.12), o Senhor podia ter incinerado o mundo como punição e não seria menos santo nem justo. Mas ele não fez isso. Além disso, quando pecamos — como indivíduos e, coletivamente, como seres humanos —, Deus tem todo o direito de nos voltar as costas e dizer: "Muito bem, administre o mundo do seu jeito. Aguente essa bagunça em que o transformou". Mas ele não diz isso.

Ao contrário, o criador se tornou voluntariamente um de nós na pessoa de Jesus Cristo, que sofreu como sofremos, que foi tentado como somos tentados e que sofreu injustiça como nunca conheceremos — e ainda sem pecar. Fico confortado em saber que Deus entende e sente empatia. Podemos, por intermédio de sua encarnação, apreciar sua compaixão de forma mais completa. Porque ele viveu e morreu como um homem, temos mais facilidade em entender e aceitar que o Filho, em sua ressurreição, é por nós mesmo quando nos sentimos abandonados, maltratados ou punidos por Deus.

e ofensivo reino material a fim de se comunicarem com a mente divina, que só existia no reino das ideias puras. Na vida, eles tentavam negar o corpo como um meio de conexão com o que concebiam como deus. Eles viam a morte como a libertação da alma (o aspecto bom do homem) da prisão do corpo (o aspecto mau do homem). Por conseguinte, eles, naturalmente, rechaçavam a noção de que Deus poderia tornar-se qualquer coisa genuinamente física.

Os filósofos, para preservar a impecabilidade de Deus, inventaram todos os tipos de mitos para explicar como Cristo podia parecer humano sem que matéria terrena fosse de fato uma parte de sua natureza. O mito mais comum, o *docetismo*, sugeria que ele só *parecia* ser tangível, mas era na verdade uma aparição celestial. Os ditos "evangelhos gnósticos" relatam histórias de como Jesus criou a ilusão de ingerir alimento enquanto nunca de fato o digeria nem precisava se aliviar.

A terminologia de João foi corajosamente ofensiva com esses falsos mestres. Ele diz de fato: *E o Verbo* [Palavra] *se fez carne*. Ele viveu entre nós no mundo material. Nós, literalmente, o vimos, ouvimos e tocamos. Em 1João 1.1, o apóstolo enuncia isso em termos inequívocos: *O que era desde o princípio, o que* ouvimos, *o que* vimos *com nossos olhos, o que* contemplamos *e nossas mãos* apalparam (destaques do autor).

Deus não permaneceu abstrato. Deus — tendo se revelado em sonhos e visões, como fogo sobrenatural no meio da sarça, como uma luz sobrenatural acima da arca da aliança, e não contente em enviar anjos em seu lugar — tornou-se homem. Um ser humano de carne, sangue e ossos que podia ser visto, ouvido, tocado e até mesmo cheirado. O Filho de Deus se tornou uma representação tangível do Pai em toda a sua glória. Se tivermos dificuldade em entender Deus Pai, precisamos apenas olhar para Deus Filho para tudo que necessitarmos saber. Ou, resumindo João: vimos sua glória (1.14) e recebemos sua plenitude (1.16) porque Cristo *revelou* o Pai (1.18). O termo grego traduzido por *revelou* descreve o que estou fazendo neste momento: expondo. O Filho expôs o Pai muito melhor que todos os melhores comentaristas conseguem explicar a Escritura.

■ ■ ■

As pessoas sempre se perguntam: *Qual será a aparência de Deus?* Ao longo dos 33 anos de Jesus na terra, observamos sua presença visível. Enquanto Jesus conduzia o ministério entre os habitantes da Galileia, Samaria e Judeia, os discípulos podiam dizer: "Venha e veja por si mesmo. Ele é o rabi desse grupo de discípulos; Deus é declarado e revelado por intermédio dele". Até hoje, as pessoas têm dificuldade em saber quem é Deus e como ele é. Podemos apontar para Jesus Cristo e dizer: "Conheça-o, e você conhecerá Deus".

APLICAÇÃO

João 1.1-18
CINCO QUALIDADES DA FÉ AUTÊNTICA

O que significa ser um cristão genuíno cuja vida é caracterizada pela fé autêntica? Encontro no evangelho de João cinco qualidades práticas que fluem de uma vida de confiança em Cristo.

Primeiro, *o cristão genuíno não é independente demais para admitir suas próprias necessidades*. Ao longo da narrativa de João, os que precisavam de cura, de perdão ou de esclarecimento para entender a própria impotência iam a Cristo em busca de ajuda. Enquanto o orgulho mantinha muitos presos em seus pecados, a vulnerabilidade de outros dava a Jesus a oportunidade de realizar milagres na vida deles.

A confiança no Senhor se traduz em vulnerabilidade com os outros. Os filhos anseiam por ouvir os pais se desculparem após tomarem uma decisão difícil, reagirem com muita severidade ou se comportarem de forma hipócrita. As esposas anseiam que o Senhor abrande a vontade do esposo para que finalmente ouçam o que têm a dizer: "Querido, estou no meu limite. Preciso da sua ajuda". Os maridos anseiam que a esposa se entregue sem reservas, em vez de permanecer trancada em uma torre de distanciamento e desconfiança. Só quando confiamos o suficiente no Senhor para admitir nossas fraquezas e inadequações, desfrutamos de intimidade com a pessoa que ele nos concedeu como uma bênção.

Segundo, *o cristão genuíno não está ocupado demais para conhecer as pessoas à sua volta*. As pessoas, não as tarefas, são a prioridade dos cristãos que vivem sua fé em verdade. Os homens e as mulheres *dizem* com frequência demais que a pessoa que amam é mais importante que qualquer coisa, mas, depois, não expressam esse sentimento nem sequer sentem apreço até o ente querido jazer frio em um caixão na frente de uma igreja. A autêntica confiança reconhece o valor dos outros, a despeito de suas falhas ou defeitos, e devota tempo adequado para conhecê-los bem.

Terceiro, *o cristão genuíno não é orgulhoso demais para depender da Palavra de Deus*. A maioria dos fiéis faz seu melhor para viver em obediência às Escrituras que conhecem. A fé genuína, no entanto, anseia por saber tanto quanto possível sobre a Palavra de Deus porque não confia em seu ego. A confiança genuína em Cristo permanece humildemente devotada em saber o que *ele* pensa sobre a vida e como *ele* quer que vivamos.

Quarto, *o cristão genuíno não confia apenas em sua própria perspectiva*. Os cristãos genuínos não têm problema em admitir o impacto contínuo de sua natureza pecaminosa e fazem o que for necessário para anular essa influência quando tomam decisões. Eles buscam a verdade na Palavra de Deus, oram pela orientação do Espírito Santo, submetem-se à sabedoria de conselheiros maduros e permanecem sensíveis à crítica construtiva dos outros — até mesmo de seus inimigos.

Quinto, *o cristão genuíno não leva a si mesmo ou a vida a sério demais*. Isso não sugere que a vida não é séria ou até mesmo deplorável às vezes. A vida em um mundo decaído pode ser difícil! Ainda assim, os cristãos genuínos têm uma atitude desprendida em relação às pessoas que amam e mais desprendida ainda sobre suas posses. Eles aceitam as injustiças, os abusos e os reveses como uma confirmação de que estão no caminho certo para a glória. Eles mantêm uma perspectiva serena, recusam-se a permitir que a amargura arruíne sua perspectiva, escolhem a alegria e nunca deixam passar uma oportunidade para se alegrar. Os cristãos fazem isso quando confiam genuinamente em Deus como infalivelmente bom e totalmente soberano.

É claro que a crença autêntica em Jesus Cristo tem implicações eternas. Ele veio para buscar e salvar o perdido, recebê-lo e desfrutar da adoração dele para sempre. Mas a fé genuína tem implicações profundas na vida aqui na terra. Nossa vida abundante começa agora.

APRESENTAÇÃO DA PALAVRA (VERBO) (JO 1.19—4.54)

O mundo nunca foi bom com a verdade e com as pessoas que dizem a verdade. Isso porque pouco depois de a Palavra (Verbo) falar para o universo vir à existência e, a seguir, enchê-lo de luz, o pecado mergulhou toda a criação nas trevas (Gn 3). Embora as trevas sejam na verdade a ausência da verdade, não se engane: a causa dessas trevas não é a ignorância; portanto, elas não podem ser dominadas pela educação. As pessoas não fazem coisas ruins apenas porque não conhecem nada melhor. Fazer o mal é uma escolha deliberada. As trevas que envolvem o mundo são o resultado da rebelião contra seu criador. As pessoas resistem à verdade porque querem apenas o que querem, e não toleram que ninguém — nem mesmo Deus — afaste delas o que querem. As pessoas, cegas por suas próprias trevas, acreditam de verdade que podem derrotar o Todo-poderoso e, depois, modelar seu mundo de acordo com seus próprios desejos.

É verdade que o mundo precisa ser iluminado, mas as pessoas de mente obscurecida não podem nem vão aceitar a verdade, nem mesmo quando ela vem dos lábios de Deus para o ouvido delas, nem quando os sinais de sua presença entre elas são inequívocos. As mentes obscurecidas não precisam de mais informação. Apenas a *recriação* resolverá o problema do mal — a luz a partir de nosso íntimo, a vida do alto.

O evangelho de João inicia com o alvorecer da recriação. Como o mundo responderá?

TERMOS FUNDAMENTAIS DE JOÃO 1.19—4.54

- ***Alētheia*** (ἀλήθεια) [225], "verdade", "realidade", "sinceridade de mente"

O termo é fundamentado no antigo conceito grego de "não ocultação" no sentido de transparência: as coisas como realmente são, não escondidas nem falsificadas.[1] Os filósofos gregos usavam a palavra para denotar a verdadeira natureza de algo como oposta à sua aparência. Nesse sentido filosófico, "então o que verdadeiramente é pode ser equiparado ao que é divino ou eterno, no qual o indivíduo deve compartilhar para ser salvo".[2] João explora esses conceitos e redefine o termo para representar a ordem original conforme criada por Deus, o universo como Deus o concebeu originalmente antes da queda. *Veja João 1.17; 3.21; 4.23; 14.6.*

- **Baptizō** (βαπτιζω) [907], "batizar", "submergir", "imergir", "lavar"

O uso não religioso desse termo descreve o processo de imergir algo na água a fim de remover impurezas; portanto, tem em mente lavar ou limpar. A palavra também descreve "submergir" algo em uma solução com o propósito de tingir. A adoração no Antigo Testamento usava o lavar cerimonial como um meio de conseguir pureza ritual e, de vez em quando, para lavar o corpo todo como um ritual de iniciação para os gentios (para os homens, após a circuncisão) que queriam ser incluídos na aliança de Abraão. Assim, o batismo passou a ser muitíssimo associado ao arrependimento. *Veja João 1.26,31,33.*

- **Marturia** (μαρτυρία) [3141], "testemunha", "testemunho", "relatar"

Esse termo, na esfera secular, é uma "declaração ou confirmação de fatos ou eventos",[3] comumente usado em conexão com procedimentos legais. Nos tribunais antigos, o *testemunho* corroborativo de testemunhas independentes era considerado praticamente irrefutável. Para João, o verbo "testemunhar" e o substantivo "testemunho" formam o sentido legal de oferecer prova do que está além do reino material, que só pode ser visto pelo morto, que não pode voltar, e pelos seres sobrenaturais (o Senhor e seus anjos). *Veja João 1.19; 3.33; 5.36; 21.24.*

- **Pisteuō** (πιστεύω) [4100], "acreditar", "aceitar como verdade", "ter confiança"

O termo, no uso grego clássico, intensifica o conhecimento acrescentando a obediência a ele. É possível adquirir conhecimento de determinada verdade e até mesmo oferecer anuência verbal. Mas, conforme se afirma, a "confiança" ou "garantia" só está presente quando o comportamento do indivíduo reflete essa verdade. Por exemplo, o indivíduo pode concordar verbalmente que a viagem aérea é segura; no entanto, a "confiança" (como esse termo grego define isso) só ocorre quando esse indivíduo embarca de fato em um avião. *Veja João 1.12; 3.16; 4.53; 20.31.*

- ***Sēmeion*** (σημεῖον) [4592], "sinal", "marca autenticadora", "símbolo", "milagre"

  O sentido mais básico é "algo que fornece a verdadeira indicação de outra coisa". Uma placa de estrada indica com exatidão para o viajante o que está à frente. No entanto, os gregos dão atenção especial ao termo como uma indicação física da vontade divina ou de presságios sobrenaturais. Por exemplo, o relâmpago indicava a vontade de Zeus, e o trovão era uma indicação agourenta de que ele estava prestes a falar por intermédio de um "sinal".[4] Para os judeus, o "sinal" era uma manifestação física da glória de Deus ou uma confirmação visual de que um profeta era um autêntico agente de Deus. *Veja João 2.11,23; 4.54; 12.37*.

Um homem enviado por Deus
JOÃO 1.19-34

Algumas observações sobre a tradução de João 1.19-34

A21	NVI
20 *o Cristo*, ou seja, o Messias	19 *enviaram sacerdotes e levitas* está de acordo com o texto grego, que traz *e levitas*
25 *Cristo*, ou seja, o Messias	
26 *com água*, aqui o grego pode ser traduzido por *na, com* ou *pela*	21 *É o profeta?* está de acordo com o texto grego. Veja Dt 18.15,18; Ml 4.5,6
30 *acima de mim*, lit. *veio antes de mim*	23 *Façam um caminho reto para o Senhor*, Is 40.3
31 a. *ele*, ou seja, como o Messias; b. *com água*, o grego aqui pode ser traduzido por *na, com* ou *pela*	26 *Eu batizo com água* ou *na*; também em 1.31,33
33 a. *o*, ou seja, como o Messias; b. *com água*, o grego aqui pode ser traduzido por *no, com* ou *pelo*	34 Alguns manuscritos, como a NVI, trazem *o Filho de Deus*

João Batista é uma personagem indistinta na mente de muitos cristãos. Muitos deles conseguiriam colocar tudo que sabem a respeito dele em um cartão de 8 x 13 centímetros e ainda sobraria muito espaço. Fica claro que ele batizava as pessoas. Alguns sabem que ele vivia no deserto e subsistia com uma dieta de gafanhoto e mel. Os interessados em teologia sabem que ele foi o percursor do Messias. É... isso é quase tudo que a maioria das pessoas sabe sobre ele. Contudo, Jesus disse dele: *Em verdade vos digo que, entre os nascidos de mulher, não surgiu outro maior que João Batista* (Mt 11.11).

O evangelho de João nos fornece muito pouca informação sobre o homem, de onde ele veio e quem ele era como pessoa. É claro que isso é intencional. A falta de informação serve a um importante propósito de João que logo descobriremos. Temos de examinar os evangelhos de Mateus, Marcos e Lucas para os detalhes sobre João Batista.

O dr. Lucas, médico por treinamento, estava interessado na humanidade dos homens e mulheres que rodeavam Jesus. Com ele, ficamos sabendo que João, filho único, nasceu do idoso sacerdote Zacarias e sua esposa Isabel, após a menopausa desta. Seu nascimento chamou a atenção de todos da região montanhosa da Judeia não só porque foi milagroso, mas também porque João foi separado desde que nasceu para ser nazireu. Ele não podia cortar o cabelo nem tocar em nada morto, tampouco ter contato com qualquer coisa que viesse da videira — vinho, uvas, passas (veja Nm 6.2-6). Ele foi escolhido por Deus, antes mesmo de sua concepção, para ser o profetizado precursor do Messias (veja Is 40.3-5; Lc 1.14-17).

João Batista não foi criado nos pátios de um palácio. Lucas diz: *E o menino crescia e se fortalecia em espírito; e morou no deserto até o dia da sua aparição pública a Israel* (Lc 1.80). Não entenda mal — esse não era um deserto como o Palm Springs. João cresceu entre poeira e rocha, arbustos e calor e escassez de tudo, incluindo alimento e água. No entanto, João, no silêncio e na solidão, e também na simplicidade desses dias difíceis, estava em comunhão com o Autor da verdade. Ele estava cheio do Espírito Santo desde seus primeiros anos de vida (Lc 1.15) e vivia pelo princípio fundamental do reino de Deus — padrão ao qual Israel não prestara atenção séculos antes: *O homem não vive só de pão, mas de tudo o que sai da boca do S*ENHOR*; disso vive o homem* (Dt 8.3).

Quando João saiu do deserto a fim de confrontar e condenar a nação de Israel, pode-se ver como ele era diferente dos líderes religiosos que as pessoas estavam acostumadas a ouvir! *João usava roupas de pelos de camelo e um cinto de couro; comia gafanhotos e mel silvestre* (Mc 1.6). Enquanto os saduceus, fariseus, chefes dos sacerdotes, escribas e herodianos[5] usavam roupas finas e se alimentavam de carne e vinho, João era magro por causa da vida ascética e tinha a pele curtida como couro por causa do sol. E sua mensagem era simples e firme como sua aparência. Quando os saduceus e fariseus, praticantes da religião hipócrita, o procuraram para um ostensivo batismo de falso arrependimento, ele não faria nada disso... e disse isso a eles! *Mas, quando ele percebeu que muitos fariseus e saduceus iam ao lugar em que ele batizava, disse-lhes: Raça de víboras, quem vos ensinou a fugir da ira futura? Produzi fruto próprio de arrependimento. Não fiqueis dizendo a vós mesmos: Abraão é nosso pai! Eu vos digo que até dessas pedras Deus pode dar filhos a Abraão* (Mt 3.7-9).

O deserto da Judeia. Enquanto a maioria dos rabis desfruta o conforto de vestes esplendorosas, alimentos saborosos e nutritivos, habitações seguras e proteção política, João Batista escolheu a vida austera do deserto ao sul de Jerusalém. A terra, apesar de não completamente árida, não produzia alimento com facilidade. Viver no deserto não só protegeu João de seus inimigos políticos e religiosos, mas também lhe ensinou a dependência completa de Deus para todas as necessidades físicas.

Como a elite religiosa o odiou! E eles o teriam matado se ele não fosse protegido pelo deserto e rodeado por multidões cada vez maiores que se arrependiam genuinamente de seus pecados.

Embora João Batista fosse tão extraordinário quanto um mero homem podia ser, ainda assim era apenas um homem. Por isso, João o apresenta apenas como *um homem enviado por Deus; seu nome era João* (1.6). João 1.19-34 nos mostrará o que fazia esse mero homem ser tão especial.

1.19

A questão da verdade era importante para o apóstolo João — aparece repetidamente em seu relato do ministério terreno de Jesus. Nesse primeiro episódio, João Batista é questionado pelos "judeus", os líderes religiosos que governavam Israel por intermédio do templo em Jerusalém. A principal preocupação deles era com a autoridade: quem tem o direito de proclamar a verdade? Preste atenção às perguntas deles:

- *Quem és tu?* (1.19)
- *Então, quem és tu? És Elias?* (1.21)
- *Tu és o profeta?* (1.21)
- *Quem és tu? Precisamos responder aos que nos enviaram. O que dizes a respeito de ti mesmo?* (1.22)
- *Neste caso, por que batizas, se não és o Cristo, nem Elias, nem o profeta?* (1.25)

Do meu diário

Religião

JOÃO 1.19

Se eu pudesse, erradicava a religião das igrejas.

Isso soa estranho, não é mesmo? Se eu perguntasse à pessoa comum: "O cristão é religioso?", é provável que a resposta fosse: "Claro que sim!" E as pessoas estariam certas de acordo com a definição do Houaiss: "crença na existência de um poder ou princípio superior, sobrenatural, do qual depende o destino do ser humano e ao qual se deve respeito e obediência; sistema de doutrinas, crenças e práticas rituais próprias de um grupo social, estabelecido segundo uma determinada concepção de divindade e da sua relação com o homem; fé, culto; observância cuidadosa e contrita dos preceitos religiosos".[6] O cristianismo, em teoria, é a devoção religiosa a Jesus Cristo. A religião, na prática, assume vida própria quando nos tornamos devotados às "crenças e observâncias", em vez de à pessoa, Jesus.

Anos atrás, alguém cunhou um aforismo para tratar dessa questão: "O cristianismo não é uma religião; é um relacionamento". O Senhor nos convida a ter um relacionamento pessoal com ele, não com o caminho de uma atividade religiosa. Deus oferece a possibilidade de nos transformarmos em semelhantes a Cristo. Ainda assim, muitos cristãos tentam reformar a si mesmos por meio da devoção religiosa.

A "religião" exige que nos esforcemos e trabalhemos, esperando encontrar Deus e conseguir seu afeto ou aprovação. A religião sugere que podemos conseguir o que Deus deseja nos dar e nos mantém ocupados demais a ponto de nos impedir de desfrutar de um relacionamento pessoal com o Altíssimo. A religião encoraja as comparações, estimula o orgulho e transforma as comunidades unidas em complexos sistemas de castas. A religião traz à tona o pior das pessoas, em vez de o melhor.

Como a "observância cuidadosa e contrita dos preceitos religiosos" invariavelmente nos distrai da devoção a Jesus Cristo, espero convencer todos os cristãos a rejeitarem a religião. Na ausência da religião, somos forçados a aceitar nosso desamparo e receber o favor de Deus como um dom. Sem o caminho da exaltação de si mesma da religião, temos de nos humilhar e apelar ao Espírito de Deus que nos torne bons. Sem a religião, não temos esperança, mas respondemos à oferta de Deus para se tornar nosso amigo, nosso conselheiro, nosso advogado, nosso Salvador, nosso Senhor.

A verdadeira pergunta que os religiosos estavam fazendo era: "Quem você acha que é?" De acordo com o padrão do mundo, o indivíduo que exerce mais poder tem o direito de determinar o que é verdade e quem a deve proclamar. Mas, de acordo com o padrão da religião, só os dignos podem ser uma fonte de verdade, e só devemos ouvir aqueles que estão à altura da religião.

Esse pregador do deserto de aparência estranha e muitíssimo dogmático era um enigma para a elite religiosa. Esse homem que pregou nas duras regiões da Judeia não declarou poder nem mérito. O pensamento de ter celebridade o repelia. Na verdade, ele tomou muito cuidado em se despir de todas as credenciais:

- *Quem és tu?*; *Eu não sou o Cristo* (1.19,20)
- *És Elias?*; *Não sou* (1.21)
- *Tu és o profeta?*; *Não* (1.21)
- *O que dizes a respeito de ti mesmo?*; *Eu sou a voz* (1.22,23)

Ele se recusou a dar qualquer valor a si mesmo; ao contrário, escolheu esclarecer seu papel. Ele disse com efeito: "Não sou a fonte da verdade, apenas testemunho daquele que é a verdade".

1.20

Os emissários do templo, ao pressionar João para saber suas credenciais, repassaram uma lista de checagem religiosa: Cristo? Elias? profeta? Alguma outra autoridade?

João respondeu à primeira pergunta deles antes que tivessem chance de perguntar: "Tu és o Cristo?"

A palavra "Cristo" é a tradução grega do termo hebraico *mashiach* [H4899], "Messias", que significa "ungido". No Antigo Testamento, o rei de Israel era escolhido por Deus. A seguir, em uma cerimônia pública, um sacerdote ungia a cabeça do escolhido com óleo de oliva, tornando-o assim o "ungido". No entanto, nenhum rei jamais viveu à altura de seu chamado — nem mesmo o rei Davi, com sua terrível queda (2Sm 11.1—12.15). Durante séculos, os profetas proclamaram o futuro surgimento de uma personagem maior que a vida, conhecida como "o ungido", um rei que agradaria perfeitamente a Deus, guiaria a nação a reivindicar todas as promessas da aliança e até mesmo governaria o mundo inteiro (Sl 2). No século I, os judeus esperavam que essa figura fosse uma potência política impressionante e um gênio militar que os livraria do governo romano e, depois, os conduziria a um tempo de prosperidade sem precedentes.

1.21

Os líderes religiosos, ao perguntarem se ele era Elias, queriam saber se João Batista era o mesmo profeta do Antigo Testamento que, em vez de morrer, foi arrebatado ao céu em um carro de fogo (2Rs 2.11,12). O profeta Malaquias, mais tarde, profetizou que uma figura semelhante a Elias anunciaria a iminente chegada do Messias (Ml 3.1; 4.5,6). Muitos levaram as palavras do profeta ao pé da letra e esperavam a volta do homem real.

João Batista, embora fosse de fato o cumprimento da profecia de Malaquias (veja Mt 11.14), não era o reverenciado profeta da Antiguidade.

Quando os líderes religiosos perguntaram ao Batista se ele era "o profeta", eles tinham a profecia de Moisés em mente (Dt 18.15-19). Moisés referiu-se ao Messias, mas a maioria dos judeus do século I aceitava a noção de que o profeta e o Messias eram dois homens diferentes. Esse ainda hoje é um entendimento equivocado comum entre os judeus.

O pregador do deserto era de fato um profeta genuíno; no entanto, não era *o* profeta.

1.22,23

Os líderes religiosos, após repassarem a lista de possibilidades conhecidas, continuaram a pressionar perguntando se João era algum outro tipo de autoridade, talvez alguém que não tivessem conseguido antecipar.

Mais uma vez, João negou qualquer tipo de credenciais pessoais. O homem de aparência bizarra foi claro sobre seu papel, e o evangelho de João reflete com fidelidade sua mensagem.

> *Ele veio como testemunha, a fim de dar testemunho da luz, para que todos cressem por meio dele. Ele não era a luz, mas veio para dar testemunho da luz* (Jo 1.7,8).

> *João testemunhou a respeito dele, exclamando: É sobre este que eu falei: Aquele que vem depois de mim está acima de mim, pois já existia antes de mim* (Jo 1.15).

João Batista, para evitar qualquer noção equivocada de que tinha alguma importância, descreveu-se como apenas "a voz". Não como um profeta, embora ele o fosse. Nem mesmo como um homem a ser notado, embora ele com certeza o fosse! Apenas "a voz".

A descrição de João Batista acerca de si mesmo foi tirada da uma profecia conhecida (Is 40.3) que, por sua vez, usou uma imagem familiar. Quando um monarca viajava para uma região em particular, raramente a viagem não era planejada. Um precursor ia na frente e anunciava a iminente chegada do rei. A cidade então estaria preparada, e o caminho, liberado de qualquer coisa que pudesse retardar o carro do rei ou tornar a jornada desagradável. O precursor era apenas uma voz, não tendo ele mesmo nenhuma autoridade. Se as pessoas acolhiam sua mensagem, era porque reverenciavam a vinda do rei.

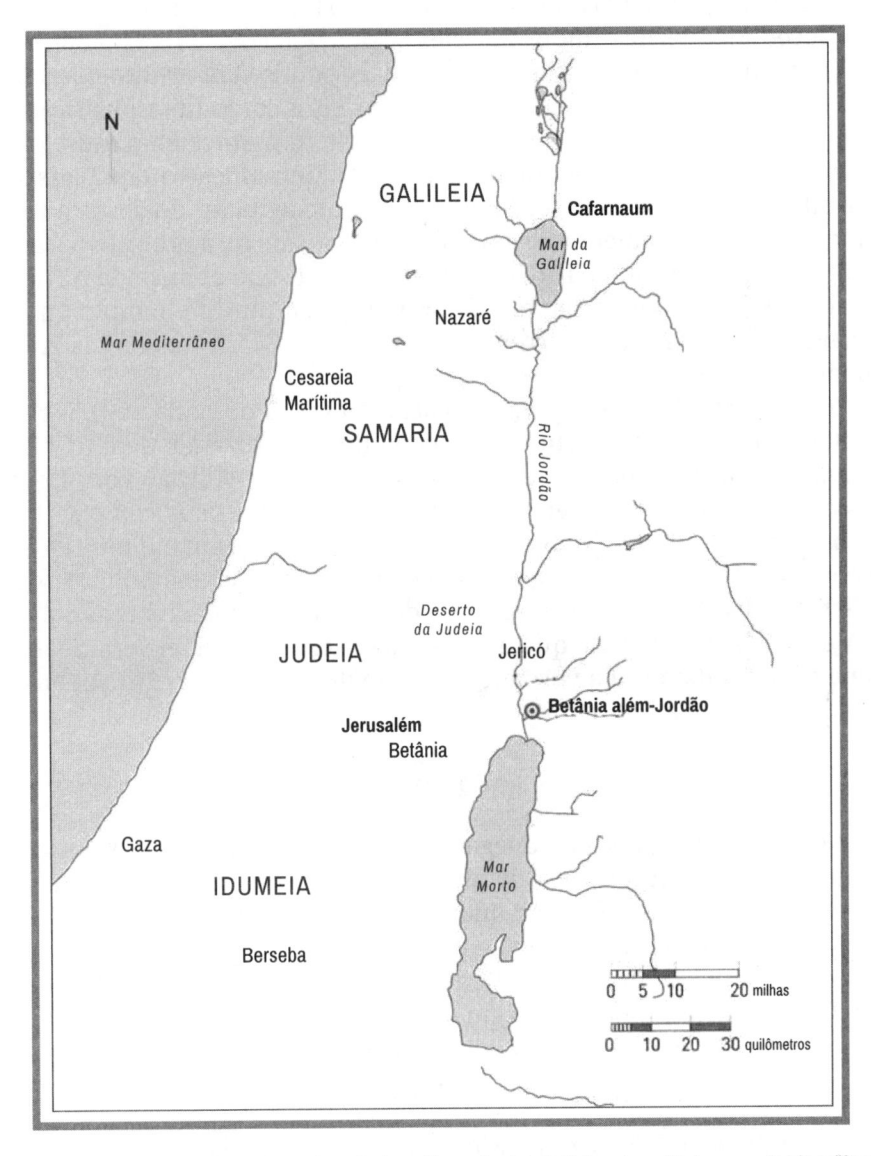

Mapa de Betânia além-Jordão. Os moradores de Jerusalém conheciam Betânia como a cidade menos de três quilômetros a oeste do muro da cidade. Betânia além-Jordão, por sua vez, fica a 37 quilômetros no lado oriental do vale do Jordão. Foi aí que João Batista chamou os judeus a se arrependerem de seus pecados e se submeterem ao ritual do batismo.

1.24-28

Os fariseus eram muito zelosos quanto às regras, às regulamentações, aos rituais e aos direitos. Eles se instituíram como autoridades religiosas e mantinham com zelo esse poder. Ficaram inquietos com o excesso de segurança de João Batista ao batizar as pessoas sem as credenciais apropriadas para isso, sem respeitar o uso apropriado do ritual e sem seguir os procedimentos instituídos por eles.

O batismo judaico era um ritual no qual o gentio convertido ao judaísmo era cerimonialmente imerso em água pura como uma purificação simbólica do pecado, feita de uma vez por todas, antes de o indivíduo entrar na comunidade hebraica da aliança. Supunha-se que o batismo era administrado pelos sacerdotes, não por um agitador do deserto com olhar selvagem e comedor de gafanhoto. O batismo fora previsto para os gentios prosélitos, não para os judeus já nascidos na aliança de Abraão com Deus. Ele tinha de ser ministrado em água pura no templo ou na sinagoga, não nas águas barrentas do rio Jordão. Mas essas regras eram todas feitas pelos homens.

João Batista deu uma nova aplicação ao ritual do batismo. Ele chamou os judeus a um batismo de arrependimento, dizendo de fato: "Por causa de seu pecado, você está fora da aliança de Abraão com Deus. Você tem de se arrepender como um gentio e vir a Deus como se fosse pela primeira vez". Como resultado disso, eles vieram em multidões! Não obstante, João admitiu que seu batismo era apenas simbólico e logo afastou a discussão da própria água do batismo — que apontava para o Messias — para aquele que ele viera anunciar. Afinal, ele era apenas uma testemunha para a verdade, não a fonte da verdade. Era apenas o candelabro, não a luz.

1.29

No dia seguinte, após a abnegada negação de João de quaisquer credenciais e sua firme recusa de glória para si mesmo, chega de forma inesperada o momento para o qual ele nascera. Ele viu Jesus e o identificou, não como o rei de Israel, o profeta ou até mesmo o Messias, mas primeiro como "o cordeiro de Deus", uma clara referência ao cordeiro da Páscoa (Êx 12.1-13) e à imagem messiânica de Isaías (Is 53.3,7).

1.30,31

A honestidade de João é impressionante. Ele, de um lado, fala livremente de ter recebido revelação diretamente de Deus — privilégio reservado aos profetas — e, de outro, admite que não reconheceu seu parente

O rio Jordão. Não sabemos com precisão o local do ministério de João ao longo do rio Jordão; apenas que ele batizava perto da cidade de Betânia (além-Jordão). Como o ritual judaico do batismo na conversão do gentio envolvia a imersão completa, é provável que João tenha escolhido uma parte do rio em que a corrente é mais lenta e a água chegue pelo menos até a cintura.

como o Messias. De acordo com Lucas 1.36, as mães deles eram parentas; portanto, essas famílias já deviam ter se encontrado antes. Sem dúvida, Isabel contou muitas vezes ao filho, ao longo dos anos, a história da visita de Maria (cf. Lc 1.39-56). Contudo, ele não "conhecia" (o mesmo verbo grego usado como "conheceis" em 1.26) sua verdadeira identidade.

Em vez de tentar explicar como ou por que João Batista não reconheceu o Messias antes, e em vez de pesquisar as interpretações mais engenhosas, foquemos o ponto principal de João: Jesus Cristo, embora igual a Deus em todos os aspectos, na superfície não parecia ser um homem extraordinário. Ele era um homem entre homens, um filho judeu de uma mãe judia, criado em uma cidade obscura longe do centro da atividade religiosa. Ele era notável no fato de nunca ter pecado e ser extraordinário em seu entendimento da Escritura e dos assuntos espirituais, mas não possuía nenhuma das características que esperaríamos de líderes: não tinha a boa aparência de um astro de cinema, nenhum manto perfeito enfeitado de ouro... Não tinha nem mesmo um agente ou relações públicas!

Mas não se engane, ele é a Palavra (Verbo), o Autor da verdade em um corpo humano. No entanto, enquanto ele esteve entre seus irmãos humanos, ninguém o reconheceu. Ninguém ligou os pontos. E sejamos honestos: a Verdade com frequência nos olha na cara, e falhamos em reconhecê-la.

1.32-34

Sabemos de outros evangelhos que João batizou Jesus, mas o apóstolo João deixa esse fato de fora de seu relato. O incidente, sem dúvida, era bem conhecido por ele e sua audiência, e a omissão serve melhor a seu propósito. Ele, ao descrever essa cena, tem muito cuidado em enfatizar a superioridade de Jesus Cristo e de salientar o papel do Batista como testemunha. Talvez seja por isso que vemos a expressão "batizar com água" conectada três vezes com a palavra grega *oida* [1492], "conhecer, saber".

> *Eu batizo com água; no meio de vós está alguém a quem não conheceis* (Jo 1.26).

> *Eu não o conhecia; mas, para que ele fosse manifestado a Israel, vim batizando com água* (Jo 1.31).

> *Eu não o conhecia; mas aquele que me enviou para batizar com água disse-me: Aquele sobre quem vires descer e permanecer o Espírito, este é o que batiza com o Espírito Santo* (Jo 1.33).

Como a luz era uma imagem clássica para a verdade, a água é há muito tempo um símbolo de vida. O batismo de João na água era apenas simbólico do que estava por vir, e ele aconteceu no contexto de cegueira espiritual. A seguir, Jesus, a Palavra (Verbo), entrou em cena batizando com o Espírito Santo — *vida* autêntica e abundante —, fornecendo assim sua identidade como o Messias (Is 11.1-10; 42.1; Ez 36.27; 39.29; Jl 2.28). A genuína fonte da verdade chegara, e ele batiza em vida eterna. Não é possível haver uma prova mais convincente de sua verdadeira identidade que essa.

O escritor do evangelho encerra o episódio como o iniciou: *Este foi o testemunho de João* [...]. *Eu mesmo vi e já vos dei testemunho de que este é o Filho de Deus* (1.19,34).[7]

■ ■ ■

João Batista disse de fato: "Cristo é a luz; sou apenas o candelabro". O propósito do candelabro é alçar a luz para que tudo seja iluminado. Não importa quão caro ou bonito seja o candelabro, ele é inútil sem a luz. Essa é a distinção crucial ao servir Deus em ministério, distinção essa que as autoridades religiosas de Jerusalém não entendiam. João, no entanto, nunca se esqueceu de seu papel e propósito. Ele se recusou a permitir que alguém negligenciasse a mensagem ao focar o mensageiro. E foi isso que o tornou um homem excepcionalmente extraordinário entre os homens.

APLICAÇÃO

João 1.19-34
PESSOA COMUM, MENSAGEM INCOMUM

Conforme reflito sobre o testemunho de João Batista, essa personagem estranha como Elias, chamando, do deserto, Israel, observo quatro verdades que nos são úteis hoje, em especial para as pessoas envolvidas no ministério.

A primeira, *João era extraordinário, mas era apenas um ser humano*. O incomum pregador do deserto era um homem extraordinário em muitos aspectos. Ele renunciou ao que a maioria de seus contemporâneos consideraria confortos razoáveis. Ele escolheu uma dieta de gafanhoto e mel silvestre e usava pele e pelo de camelo, em vez de linho e lã. Ele chamou os judeus a abordarem seu Deus como se fossem gentios convertidos e chamou a religião estabelecida a prestar contas de sua hipocrisia e crimes. João não era um homem como os outros de sua época. Ele era único. A maioria chegaria mesmo a dizer que ele era esquisito. Ainda assim, ele — como seu predecessor espiritual Elias — *era humano e frágil como nós* (Tg 5.17) e precisava de um Salvador. João, como toda a humanidade, enfrentou julgamento no fim de seus dias na terra. Nesse aspecto, ele era apenas humano... apenas um homem comum.

Isso nos dá esperança. João teve o Espírito Santo habitando em seu interior; aqueles entre nós que estamos em Cristo temos o Espírito Santo habitando em nosso interior; o evangelho é uma mensagem extraordinária e contracultura de Deus. João permaneceu separado de seu mundo a fim de alcançar de forma mais eficaz a mensagem; somos chamados a fazer a mesma coisa (Jo 17.15-18). João Batista falou a verdade com coragem, a despeito do risco de sofrer perseguição dos inimigos da verdade; temos praticamente a mesma oportunidade em qualquer lugar para o qual nos voltamos.

Em um sentido muito real, todos nós temos a oportunidade de ser homens e mulheres incomuns porque o Senhor no concede toda a vantagem de que João desfrutou.

A segunda, *João era uma lâmpada, mas não era a luz; era uma voz, mas não era a Palavra (Verbo)*. Embora João tenha reunido um grande número de seguidores leais, ele nunca permitiu que seus admiradores confundissem o mensageiro com a mensagem. Oswald Sanders escreve: "Esse homem é o mais bem-sucedido em direcionar o carinho de seus seguidores mais para Cristo que para si mesmo".[8] Isso significa que, se você lidera um grupo de discipulado, o grupo não tem de girar em torno de você; os membros não podem nunca duvidar de que esse discipulado aponta para nosso Salvador. Se você tem um púlpito, o púlpito não gira em torno de você; ele é a lâmpada por intermédio da qual a Palavra (Verbo) brilha. E a congregação não consiste em "seu povo"; é o rebanho de Deus. Sanders continua: "Ele pode com acerto encontrar encorajamento no fato de que seu serviço é frutífero e apreciado, mas você tem diligentemente de se recusar a ser idolatrado!"[9]

A terceira, *João era útil, mas não era indispensável*. Aqueles que são "bem-sucedidos" no ministério, especificamente aqueles que atraem um grande número de seguidores, enfrentam um perigo em particular. Se não tiverem cuidado, começam a acreditar em sua própria turba ou propaganda; ou seja, permitem que o encorajamento bem-intencionado dos outros passe a ser a base de sua própria perspectiva. E isso acontece pouco antes de passarem a acreditar que são indispensáveis para o serviço do Senhor.

E quanto a você? Serve em um comitê e sente que este não funciona sem você? Lidera outras pessoas e sente que os objetivos não são alcançados sem seu envolvimento direto? Tem de pôr a mão em tudo que acontece à sua volta por medo de que, do contrário, nada seja feito "certo"? Você é controlador assim? Quão confortável se sente em permitir que os subordinados tenham uma visão de sua organização maior que a sua? Você é uma daquelas pessoas que justifica uma agenda sem parada com a velha desculpa: "Melhor queimar que enferrujar"?

Convenhamos, os cemitérios estão cheios de pessoas que se achavam indispensáveis.

A quarta, *João era eficaz, mas continuou humilde*. João cumpriu de forma eficaz o papel para o qual foi chamado por Deus e sabia que foi bem-sucedido em cumprir a tarefa confiada a ele, contudo continuou humilde.

A humildade não faz que nos sintamos inferiores ou duvidemos de nosso próprio valor. A autodepreciação não é o caminho para a humildade. Pensar muito pouco de nós mesmos, na verdade, é uma forma de orgulho. A humildade, ao contrário, é nos vermos como Deus nos vê. Humildade é entender nosso lugar no plano do Senhor enquanto damos preferência ao bem-estar do próximo sobre o nosso. Acima de tudo, humildade é reconhecer o Senhor como o único objeto digno de ser adorado.

João coloca isso de forma sucinta quando diz: É necessário que ele cresça e eu diminua (Jo 3.30). Que a atitude dele se torne nosso testemunho. Os que são de fato enviados por Deus exaltam aquele que os enviou e diminuem aquele que foi enviado.

Cinco que seguem em fé
JOÃO 1.35-51

Algumas observações sobre a tradução em João 1.35-51

A21

35 *com*, lit. *e*
39 *cerca da décima hora*, talvez *10 horas* (hora romana)
41 *Cristo*, grego *ungido*
42 a. *João*, grego *Joannes*; b. *Pedro*, ou seja, grego *rocha* ou *pedra*

NVI

41 *Messias* (termo hebraico) e *Cristo* (termo grego) significam "ungido"
42 Tanto o nome *Cefas* (do aramaico) quanto *Pedro* (do grego) significam "rocha"
45 Grego *Moisés na lei*
51 Grego *subindo e descendo sobre o Filho do homem*; veja Gn 28.10-17. O título "Filho do homem" é usado por Jesus em referência a si mesmo

---

A Guerra Fria teve seu pior período durante a década de 1970. Parecia que nada deteria a propagação gradual do comunismo. Uma a uma, as nações capitalistas da Europa, Ásia e África ou desmoronavam diante da força militar soviética ou caíam sob o encantamento do socialismo. Poucas pessoas nos Estados Unidos temiam um ataque militar do Oriente. A verdadeira ameaça do comunismo vinha de dentro do país.

Foi quando aconteceu de eu ler uma série de palestras de Douglas Hyde, um comunista de vida inteira que renunciou à sua afiliação no partido e passou o resto de sua vida expondo as técnicas comunistas para recrutar membros e transformá-los em líderes. Quando li *Dedication and Leadership Techniques* [Dedicação e técnicas de liderança], descobri que nenhum novo recruta era tratado como se fosse insignificante. Acontecia o contrário. O partido exigia compromisso total e esperava grandes coisas de cada membro. E o escopo da ambição deles não era nada menos que mudar o mundo. Karl Marx escreveu: "Os filósofos limitaram-se a *interpretar* o mundo de várias maneiras; o que importa é transformá-lo".[10] Ele encerrou seu manifesto com um chamado apaixonado à ação: "Os trabalhadores não têm nada a perder além de suas correntes. Eles têm um mundo a conquistar".[11]

Os comunistas, para nossa vergonha como cristãos, fizeram um trabalho melhor na venda de seu sistema caído de mundo do que temos feito na proclamação das boas-novas. Eles foram ousados em suas atitudes, e permanecemos tímidos nas nossas. Se eu não tivesse aprendido nada mais com o livro de Hyde, aprendi isto: pequenas expectativas produzem uma resposta fraca; grandes expectativas inspiram ação heroica.

Jesus planejou mudar o mundo, começando com um punhado de homens comuns. E ele, desde o início, teve grandes expectativas.

1.35-39

Ao ler João 1.19-51, é possível achar que o apóstolo João tirou quatro páginas de seu diário pessoal:

- 1.19 — Este foi o testemunho de João.
- 1.29 — No dia seguinte.
- 1.35 — No dia seguinte.
- 1.43 — No dia seguinte.

Ele apresenta quatro dias consecutivos em ordem cronológica simples com base em sua observação pessoal dos eventos. No primeiro dia, João Batista anunciou a iminente revelação do Messias. No segundo dia, Batista identificou Jesus como o Messias. No terceiro e quarto dias, Jesus chamou seus cinco primeiros discípulos, que o escritor do evangelho descreve em uma rápida sucessão.

Em cada encontro, há a apresentação da verdade, uma resposta inicial do ouvinte e, depois, a decisão de crer e seguir. O padrão é estabelecido; no entanto, nesse padrão, cada resposta à verdade é tão individual quanto o homem, e o Senhor contata cada homem individualmente.

Nesse primeiro encontro, André e outro discípulo (acredito que seja João) estavam seguindo o pregador do deserto quando viram seu mentor apontar para Jesus e, a seguir, declarar que ele era o Messias hebraico havia muito anunciado, o homem que salvaria, do pecado, o mundo. Eles, de imediato, passaram a seguir Jesus para aprender mais.

A frase "passaram a seguir Jesus" é tanto literal quanto figurativa. Jesus caminhava por algum lugar, e os dois homens andavam atrás dele. No mundo antigo, os discípulos, no sentido literal, "andavam atrás" do professor a fim de observar sua vida e também ouvir seus ensinamentos. Quando Jesus notou os dois homens, ele perguntou: "Que desejais?", o que equivalia a perguntar: "Qual é a intenção de vocês?" Em outras palavras: "Vocês querem fazer uma pergunta ou estão indicando o desejo de se tornarem meus discípulos?" Quando lhe perguntaram onde ele vivia, eles confirmaram sua intenção de começar a segui-lo a partir daquele momento.

Amo a resposta de Jesus: "Vinde e vereis". Essas palavras simples teriam um sentido permanente.

Em 1.38,39, João usa três vezes um de seus termos favoritos. A palavra grega *menō* [3306] significa "permanecer, ficar, viver, aturar". Mais tarde, Jesus disse (provavelmente em aramaico) a seus discípulos "permanecei em mim", o que João traduz para o grego usando *menō*.

João lembra que os dois homens permaneceram com Jesus o resto do dia porque era a "décima hora". De acordo com o sistema romano de marcação de tempo, que marca o começo do novo dia à meia-noite, eles teriam chegado à casa de Jesus às 10 horas. No entanto, pelo cálculo judaico, um novo dia começa às 6 horas, o que os faria chegar à casa às 16 horas. Fica claro que João usou o sistema judaico quando recontou os eventos da prisão e julgamentos de Jesus; por conseguinte, é provável que o mesmo seja verdade aqui. Além disso, o sistema romano só era usado para negócios oficiais do governo; os relógios de sol romanos, por exemplo, marcavam o meio-dia com o número VI, não com o XII.[12]

Por causa da hora tardia, é muito provável que eles estivessem reclinados à mesa de Jesus, conversando à noite, e alojados com ele até a manhã seguinte. Deve ter sido magnífico para eles passar essas horas sozinhos com o próprio Deus-homem!

1.40-42

O primeiro ato de André, após sair da casa de Jesus, foi encontrar seu irmão Simão. Embora Simão fosse o principal proprietário de um negócio de pesca na Galileia, mais de 112 quilômetros ao norte de Jerusalém, ele estava sem dúvida pela redondeza, talvez visitando o templo. André anunciou que encontraria o Messias e trouxe seu irmão para ver Jesus. (André, aparentemente, tinha o hábito de apresentar outras pessoas a Jesus; veja 6.8,9 e 12.20-22.)

Jesus, quando olhou para Simão, viu imediatamente seu interior. Só podemos adivinhar o que ele viu ou por que disse o que disse. Jesus mudou o nome do homem de Simão, derivado da palavra hebraica *shama*, "ouvir". Seu nome seria mudado para *Kepha*, a palavra hebraica para "pedra". (João transliterou o nome como "Cefas" para os leitores gregos.) No entanto, os gregos o conheceriam por sua palavra para "pedra", *Petros*, ou Pedro.

A narrativa de João em momento algum explica completamente a relevância desse encontro ou o motivo para a mudança de nome. No entanto, isto é certo: Jesus via as pessoas não como elas eram, mas como elas se tornariam no fim. E o mesmo é verdade hoje... para você e para mim.

1.43,44

Jesus, após se encontrar com Pedro, "decidiu ir para a Galileia", uma jornada de cerca de três dias. João, André e Simão moravam todos na mesma vila de pescadores da Galileia. Essa também era a casa de Filipe, que provavelmente estava em Jerusalém pelo mesmo motivo que Pedro. João não nos informa como Jesus conheceu Filipe. Todos nós sabemos que Jesus procurou por ele com o propósito expresso de chamá-lo para ser discípulo. Ele, aparentemente, seguiu sem hesitação nem reserva.

1.45-50

O primeiro ato de Filipe como discípulo foi se encontrar com seu amigo Natanael. Filipe identificou Jesus de três maneiras:

- *Achamos aquele de quem Moisés escreveu na lei, sobre quem os profetas também escreveram.*
- *Jesus de Nazaré.*
- *Filho de José.*

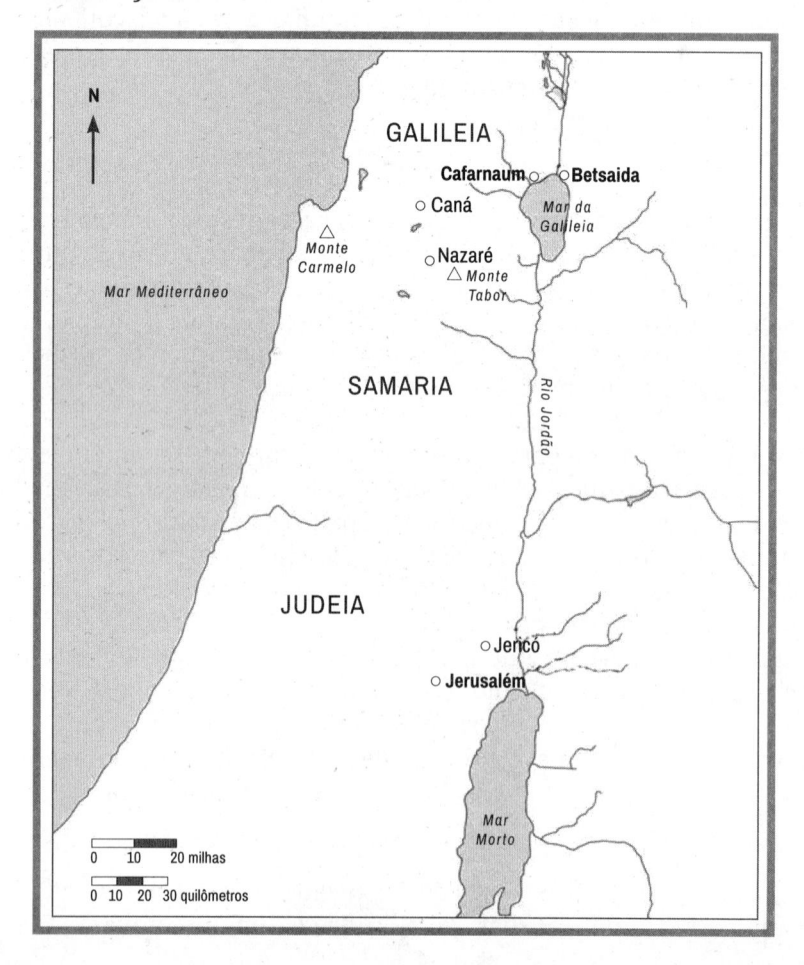

Claro que Jesus não era o filho físico de José, e o escritor do evangelho sabia disso. Filipe ou falou por ignorância na hora ou queria dizer "um membro da família de José". Os sobrenomes não eram comuns no mundo da Antiguidade. As pessoas eram mais comumente identificadas por sua associação familiar (até mesmo os escravos) e seu lugar de origem. Jesus era de Nazaré e foi criado na família de José.

Cedo naquele dia, Natanael buscou a solidão sob a sombra de uma figueira. O Talmude (a coletânea de escritos dos estudiosos judeus sobre a vida prática) encorajava os homens a meditar sob árvores frondosas, lendo e refletindo sobre as Escrituras pelo menos uma vez por dia. É provável que Natanael estivesse fazendo exatamente isso. A descrição de Jesus feita por Filipe só influenciaria um homem que tivesse estudado a "lei e os profetas" e estivesse em busca do Messias.

A reação de Natanael foi de incredulidade: "Pode vir alguma coisa boa de Nazaré?" Nazaré era considerada uma cidade desprezível, não distante de Betsaida. Descobertas arqueológicas recentes sugerem que a cidade abrigava uma guarnição de soldados romanos, e onde você encontra uma cidade cheia de soldados entediados, encontra espaço para aninhar o vício e a imoralidade. Além disso, muitos judeus acreditavam que o contato com os gentios os tornara impuros da perspectiva ritual.

Jesus não repreendeu Natanael. Ao contrário, ele olhou a alma do homem e chamou Natanael de israelita honesto e direto. A seguir, Jesus, para ajudar Natanael a superar seu sincero ceticismo, oferece um pouquinho de evidência sobrenatural. A resposta foi tanto imediata quanto entusiástica. A confissão de Natanael revela uma notável profundidade de entendimento e uma impressionante amplidão de escopo. Ele

Uma figueira. A cultura hebraica celebrava a figueira como um símbolo de proteção e abrigo (1Rs 4.25; Mq 4.4; Zc 3.10). Na verdade, a densa folhagem da árvore madura oferecia um lugar fresco para a calma reflexão sobre a Escritura ou talvez para uma soneca à tarde.

Do meu diário

Santos como eu

JOÃO 1.45-50

Os discípulos nos foram apresentados ao longo da História como santos, o que cria determinada imagem de mais santos que nós que pode nos deixar com o sentimento de sermos inferiores. Como podemos estar à altura disso?

Quando eu era criança, nossa família frequentava uma igreja chamada St. Andrew, e ela tinha uma estátua que representa exatamente o que você pensaria de um santo. O homem usava sandálias e longos mantos esvoaçantes. Suas mãos estavam cruzadas, e ele tinha o rosto de um líder determinado, embora gentil. Eu não resistia ao impulso de tocar a estátua e, em minha mente infantil, pensava Uau! Santo André! Ele parecia maior que a vida.

Quando amadureci, aprendi que o relato bíblico de André não retrata alguém particularmente notável. Na verdade, se você fosse contratar alguém para comandar sua empresa, provavelmente não contrataria André. Ele era tímido. Inexpressivo. Um seguidor. Um homem que vivia na sombra de seu irmão mais carismático, Simão. André, como todos os discípulos, era tudo, menos heroico, e, com certeza, não era um exemplo de santidade. Eles estavam longe de serem os modelos de perfeição sem mácula que tendemos a imaginar. Ao contrário, eles eram como nós. Confusos, chamados a desempenhar papéis muito além de suas habilidades, subjugados por todos os tipos de falhas e atrapalhados pelas idiossincrasias individuais. Vamos falar abertamente: eles eram santos como você e eu!

Em tempo, os discípulos se tornaram grandes homens de Deus. O Senhor escolheu-os, transformou-os, equipou-os, treinou-os e, depois, capacitou-os a fazer discípulos em todas as nações. Tudo que eles faziam era crido e seguido. Até eu posso fazer isso!

entendeu tanto as implicações teológicas quanto as práticas da identidade de Jesus. Ele é tanto o Filho de Deus quanto o rei de Israel.

O coração de Natanael estava totalmente preparado para receber a verdade porque ele estudara com seriedade as Escrituras e buscara pelo Messias. Assim, uma vez que Jesus removeu um legítimo obstáculo para a crença, Natanael creu de imediato. Outros provarão ser bem o oposto desse homem; as mais impressionantes demonstrações de poder sobrenatural não os levarão a crer porque escolhem de forma obstinada rejeitar a verdade de pé diante deles.

1.51

As palavras finais de Jesus nesse episódio revelam seu propósito supremo para vir ao mundo: resolver o grande cisma criado entre o céu e a terra pelo pecado. Essa é uma referência a Gênesis 28.12, passagem em que Jacó sonha com uma escada se estendendo da terra para o céu e os anjos usando-a para se movimentar entre os reinos separados. Jesus anunciou que ele é essa escada. O que fora um sonho é agora uma realidade. Sem dúvida, isso tem uma relevância especial para Natanael, como filho de Jacó, como homem pecador e um estudante sério da "lei e dos profetas".

■ ■ ■

Do começo ao fim desse segmento da narrativa de João (1.35-51), a palavra grega *heuriskō* [2147], "achar pela averiguação", aparece cinco vezes:

- *O primeiro que ele [André] encontrou foi Simão, seu irmão; e disse-lhe: Achamos o Messias* (1.41).
- *Jesus decidiu ir para a Galileia e, encontrando Filipe...* (1.43).
- *Filipe encontrou Natanael e disse-lhe: Achamos aquele de quem Moisés escreveu na lei* (1.45).

Ironicamente, não fica claro quem achou quem. Da perspectiva humana, os homens encontraram uns aos outros. No entanto, o coração de cada homem foi preparado de forma providencial para o momento de Jesus o encontrar.

APLICAÇÃO
João 1.35-51
EVANGELISMO ILUSTRADO

Claramente, o principal objetivo do autor do evangelho não era esboçar diferentes modelos de evangelismo; no entanto, são dignos de nota os diferentes meios pelos quais os cinco primeiros discípulos foram encontrados e trazidos para a fé em Cristo. A história deles salienta uma importante verdade: nenhum método de evangelismo é eficiente para todos porque cada um de nós é diferente dos outros. Essa passagem ilustra quatro meios populares de chamar os indivíduos a seguir Cristo.

1. O evangelismo de massa (1.35-39)

A expressão "evangelismo de massa" se refere a uma pessoa dotada proclamando as boas-novas para audiências que ainda não receberam a dádiva da vida eterna. João Batista foi o evangelista do século I. E ele apontou para Jesus Cristo e proclamou: "Existe o Messias, o cordeiro de Deus! Sigam-no!" Os exemplos mais recentes seriam John Knox, John Wesley, George Whitefield, Dwight L. Moody, Billy Sunday e Billy Graham. Eles pregavam em grandes reuniões de não cristãos, e as multidões eram convertidas e se tornavam discípulos de Jesus Cristo.

2. O evangelismo pessoal (1.40-42)

O evangelismo pessoal acontece quando uma pessoa compartilha as boas-novas de Jesus Cristo com um amigo ou ente querido. Talvez esse seja o meio mais comum e eficaz de as pessoas virem a conhecer o Senhor, porque elas ouvem o evangelho de alguém que já conhecem, confiam e respeitam. Infelizmente, o evangelismo pessoal é muitíssimo subutilizado. Muitos cristãos temem a amedrontadora pergunta: "Como posso ser salvo?" Eles, antes, convidariam outros membros da igreja, ou melhor, contratariam alguém para fazer o evangelismo.

Felizmente, os programas de treinamento para o evangelismo pessoal são baratos e prontamente acessíveis, e os alunos saem se sentindo confiantes e entusiasmados.

3. O evangelismo de contato (1.43,44)

O evangelismo de contato, como o evangelismo pessoal, acontece quando um indivíduo compartilha o evangelho com outro, só que nesse caso os dois podem não ter afinidade. Não temos registro de contato entre os dois homens antes de Jesus "encontra [r]" Filipe. É bem possível que o Senhor tenha conversado com Filipe durante vários dias ou semanas e, depois, o chamado para se tornar um discípulo formal. No entanto, é igualmente provável que "encontra [r]" seja uma forma abreviada de João para se referir a uma primeira conversa que resultou na decisão imediata de Filipe de acreditar (não diferente de 4.7-45). Jesus, em vista da crença de Filipe, chamou-o para seguir como discípulo.

Acredito de todo o coração em "designações divinas" em que o coração da pessoa é preparado, e o Senhor coloca um mensageiro disposto no caminho dessa pessoa. O evangelismo de contato não tenta convencer o outro a acreditar; o evangelismo de contato apenas ajuda um coração desejoso a receber a dádiva da vida eterna. No entanto, a crença pode não ocorrer de imediato. Muitas pessoas que se tornaram cristãs mais tarde na vida admitem ter ouvido o evangelho cinco ou seis vezes (às vezes, *mais*) antes de crer.

4. O evangelismo da Palavra (1.45-51)

Não ouse subestimar o poder da Palavra de Deus. Muitas pessoas vieram a conhecer o Senhor apenas por intermédio da leitura da Escritura, mesmo antes de pôr os pés em uma igreja. Em 1898, dois vendedores itinerantes reconheceram o poder da Bíblia de conseguir penetrar no coração de não cristãos e, então, fundaram uma organização mais conhecida por seu uso eficaz do evangelismo da Palavra. Nós os conhecemos como Os Gideões Internacionais. O programa deles de colocar Bíblias em hotéis, hospitais e escolas foi o meio de muitas pessoas virem a confiar em Jesus Cristo e se tornarem discípulos dele.

Quando almoço com um irmão em Cristo pela primeira vez, amo perguntar: "Como você veio a conhecer Jesus Cristo?" A história nunca deixa de me fascinar. Sempre fico impressionado com a variedade de meios usados pelo Senhor para trazer os seus para a fé.

Como *você* veio a confiar no Salvador? Como isso influenciou *seu* método preferido de evangelismo?

Vinho... moedas... e sinais

JOÃO 2.1-25

Algumas observações sobre a tradução em João 2.1-25

A21

4 *que tenho eu contigo?*, lit. *e quanto a mim e você* (expressão idiomática hebraica)
6 *oitenta e cento e vinte litros*, lit. *duas ou três medidas*
8 *responsável* ou *mordomo, organizador*
10 *beberam bastante* ou *ficaram bêbados*
11 *sinal* ou *milagres atestadores*; ou seja, sinal que aponta para o poder sobrenatural de Deus em graça redentora
16 *mercado*, lit. *casa*
18 *como prova de autoridade*, lit. *que você faz essas coisas*
20 ou *templo*
21 ou *templo*

NVI

1 *no terceiro dia*; veja 1.35,43
6 *oitenta a cento e vinte litros*, grego *duas ou três medidas* [75 a 113 litros]
17 *me consumirá* ou *o zelo pela tua casa me consome*, Sl 69.9

Jesus foi a um casamento em Caná e ajudou a família do noivo a não passar pelo embaraço de uma gafe social. Mas o simples ato de bondade de Jesus foi muito mais — foi um sinal. Jesus, logo depois disso, ficou bravo com a corrupção no templo, mas não foi um mero protesto contra a injustiça óbvia; uma profecia foi cumprida, e outra, anunciada.

2.1,2

Os estudiosos, há anos, têm dificuldade com as palavras iniciais desse episódio no ministério de Jesus: "No terceiro dia" (NVI). O terceiro dia em conexão com o quê? Não podem ser três dias cronológicos na narrativa de João. Já haviam se passado quatro dias:

- Dia 1 — Os líderes religiosos confrontam João Batista (1.19-28)
- Dia 2 — João Batista identifica Jesus como o Messias (1.29-34)
- Dia 3 — André e João (o apóstolo) começam a seguir Jesus (1.35-42)
- Dia 4 — Pedro, Filipe e Natanael são encontrados (1.43-51)

É mais provável que a expressão "no terceiro dia" se refira ao terceiro dia depois dos eventos de 1.45-51, após a chegada de Jesus na Galileia. Independentemente disso, Jesus estava mais uma vez na região em que fora criado. Caná ficava a cerca de seis quilômetros de Nazaré, e é bem provável que o casamento fosse de algum membro próximo da família. Isso explicaria o papel proativo de sua mãe na festa.

Os casamentos daquela época eram diferentes dos de hoje no Ocidente. Os casamentos no Oriente Médio da Antiguidade eram arranjados pelos pais, e fazia-se um contrato, proferiam-se os votos na sinagoga, trocavam-se lembranças e, depois, o homem e a mulher voltavam para suas respectivas casas. Eles, embora considerados legalmente casados, viviam separados durante um período de noivado, que não durava menos de dois meses e podia chegar a um ano.

No fim desse período de espera, o noivo sairia para a rua com amigos, em geral à noite, em uma procissão com tochas da sua casa à da noiva, com grande parada acompanhada de pompa, cor e canto. Após as falas de boa sorte e bênçãos pronunciadas sobre os noivos, o noivo levava sua noiva para casa, onde a família e os amigos festejavam por até uma semana. Esperava-se que a família do noivo fornecesse comida e bebida suficientes para todos.

2.3,4

Nessa festa de casamento em particular, a família não planejara muito bem. Não tinha vinho suficiente para servir a seus convidados durante o tempo todo, o que era uma grave quebra de etiqueta. Até hoje no Oriente, a hospitalidade é considerada uma obrigação sagrada e, em alguns casos, se recusada, é motivo para uma ação legal! Algo precisava ser feito, e Maria voltou-se para o filho em busca de ajuda.

Três palavras ou frases precisam de explicação, principalmente porque a linguagem e a cultura são estranhas a nós e poderiam levar a uma interpretação equivocada.

- *Mulher...* A todos os maridos e filhos: encorajo-os a evitar esse modo de tratamento. Ele não cai bem no português. Na cultura da Galileia do século I, no entanto, era uma linguagem muito polida, muito semelhante a se dirigir a uma mulher como "senhora".

- *Que tenho eu contigo?* O grego por trás dessa frase é fundamentado em uma expressão semítica cujo sentido literal é: "E quanto a mim e você?" A frase pode ser uma reprimenda contundente (Jz 11.12; 2Sm 16.10; 1Rs 17.18; 2Cr 35.21) ou um pedido gentil para ser deixado de fora do assunto (2Rs 3.13; Os 14.8).

- *A minha hora ainda não chegou.* Jesus fez diversas referências à sua "hora" ou "tempo". Ele diz cinco vezes que ainda não chegara a hora (2.4; 7.6,8,30; 8.20) e declara que chegara o tempo (12.23; 13.1; 17.1).

Os que aceitaram Jesus como o Cristo estavam corretos em prever que o rei prometido receberia a glória de Deus e, então, traria glória para a nação (por exemplo, Is 60). Exatamente *como* isso aconteceria era pouquíssimo entendido por todos, menos por Jesus. Essa expectativa conflitante aparece com frequência ao longo da narrativa de João, começando com esse incidente poucos dias depois de João Batista anunciar oficialmente a identidade de Cristo.

Maria soube antes de qualquer pessoa que seu filho era o Messias. Durante anos, ela e José sofreram escárnio, ridicularização e entendimento equivocado por aparentemente terem concebido Jesus durante o noivado deles. Durante décadas, Maria esperou pacientemente para compartilhar seu segredo maravilhoso com o mundo. É provável que ela tenha visto a presente crise como a oportunidade perfeita para Jesus se manifestar na cena política, incitar as pessoas a agir e começar sua campanha de anunciar o trono de Davi.

A resposta de Jesus esclarece três concepções equivocadas. Primeiro, a glória do Messias viria à custa de sua morte, não como resultado de uma deslumbrante demonstração de poder. Segundo, a glória do Messias viria de Deus, não das pessoas. E terceiro, a glória do Messias aconteceria no tempo do Pai, não no tempo de alguém mais.

Maria talvez não tenha entendido a completa relevância da correção de seu filho, mas captou a mensagem: ele conhece seu destino e está no comando.

2.6-10

O fato de que Jesus agiu — e de que fez isso por meios sobrenaturais — significa que ele não fez objeções ao pedido da mãe. Após lidar com a motivação equivocada dela, ele teve prazer em ajudar a família anfitriã. Ele instruiu os servos a encher seis recipientes de pedra com água, cada um deles com capacidade para 80-120 litros. Isso forneceria mais que 580 litros de vinho. Quantidade suficiente para 2.400 porções de um copo.

Transformar a água em vinho, naquela época da História, era um truque de magia comum. Hoje, seria como tirar um coelho do chapéu. Nos templos pagãos, os mágicos usavam jarros especiais com câmaras escondidas para criar a ilusão de jorrar água ou vinho à vontade. Vejo Jesus revelando seu senso de humor ao escolher resolver o problema da família fazendo de fato o que os outros só podiam simular.

SETE "SINAIS" DO FILHO DE DEUS

Sinal	Referência	Descrição	Sinal	Relevância
1	2.1-11	Transformou água em vinho	Poder sobre a desonra	Jesus é a fonte da vida
2	4.46-54	Curou o filho do oficial	Poder sobre a distância	Jesus é o doador de graça
3	5.1-17	Curou um homem enfermo no tanque de Betesda	Poder sobre a doença	Jesus é o doador de graça
4	6.1-14	Alimentou uma multidão faminta	Poder sobre a insuficiência	Jesus é a Palavra de Deus
5	6.15-21	Caminhou sobre o mar da Galileia e acalmou uma tempestade	Poder sobre a natureza	Jesus é o criador
6	9.1-41	Deu visão a um homem cego de nascença	Poder sobre o pecado	Jesus é a Verdade
7	11.17-45	Ressuscitou Lázaro	Poder sobre a morte	Jesus é a esperança de ressurreição

Ele não deixou espaço para artifícios. Enquanto ele recuava — talvez até mesmo enquanto estava reclinado à mesa na outra sala — os servos pegaram os jarros, trouxeram a água e tiraram uma amostra. Então, em algum lugar durante o transporte dos jarros até o coordenador do casamento, aconteceu a transformação milagrosa.

Observe que o fornecimento de vinho foi abundante, e a qualidade dele era excelente. Observe também os motivos do Senhor: esse foi um ato simples de bondade feito por causa do amor por seus amigos. Ele não fez uma demonstração espetacular. Na verdade, parece que as únicas pessoas que souberam do acontecido foram aquelas que já acreditavam nele como o Cristo. O "responsável pela festa" nem mesmo sabia o que acontecera.

2.11,12

João conclui a vinheta com um comentário e uma transição para a cena seguinte. João chama esse milagre de Jesus de o primeiro de muitos "sinais". A demonstração sobrenatural de poder atestou sua identidade como Deus. Além disso, era simbólico do que ele viera fazer: transformar todos que creem nele. Enquanto o tempo para a "glória" de Jesus ainda não chegara, seus discípulos, ainda assim, testemunharam os sinais. E a fé deles, como resultado disso, foi fortalecida.

Na sequência, Jesus e seus discípulos — cinco deles a essa altura — desfrutaram de um tempo de reunião em família em Cafarnaum, aproximadamente 29 quilômetros a nordeste de Caná. Como nenhum evangelho menciona José após o décimo segundo aniversário de Jesus (Lc 2.41-52), a maioria dos intérpretes conclui que ele já havia morrido. Maria provavelmente vivia com um dos meios-irmãos de Jesus.

2.13,14

Passou-se um período de tempo. Não temos como saber quanto. A narrativa de João, ao contrário de Lucas — cujo registro parece mais uma história tradicional, cronológica e voltada para o evento — é mais filosófica e guiada por um propósito teológico central: provar que Jesus é o Filho de Deus. Por conseguinte, alguns episódios parecem fora de ordem cronológica, organizados por tópicos, em vez de pela época ou pelo lugar.

No evangelho de João, a Festa da Páscoa é um indicador ao longo da jornada através da vida de Jesus e tem um papel crucial na narrativa. Antes, João Batista chamara Jesus de *o cordeiro de Deus* (1.29,36). João não usa o termo de novo, mas usa o simbolismo para identificar Jesus como o verdadeiro cordeiro sacrificial e o cumprimento supremo da Festa da Páscoa.

A Páscoa remonta à época em que os israelitas eram escravos no Egito, quando Moisés recebeu instruções para preparar um cordeiro de determinada maneira e honrar a presença do Senhor passando o sangue do cordeiro na verga e ombreira da porta da casa de cada israelita. Quando o anjo da morte atravessou o Egito para tirar a vida do primogênito do sexo masculino de cada família, ele poupou todas as casas que tinham o sangue do cordeiro sacrificial.

No século I, a festa era muito diferente. Dificilmente lembraria o evento solene do êxodo de Israel da escravidão no Egito. O sacerdócio fora completamente corrompido, e o templo, poluído pela ganância dos sacerdotes. Os pátios do complexo do templo passaram a ser uma mistura de mercado de pulgas e mercado de ações. Esse dito "bazar Anás" recebeu o nome de Anás, uma personagem semelhante ao grande chefão que antes detivera o cargo de sumo sacerdote, mas fora deposto pelo governo romano mais de quinze anos atrás. Desde aquela época, Anás governou por intermédio de uma série sucessiva de sacerdotes fantoches, a maioria deles seus filhos, e continuou a executar um bem estabelecido jogo de trapaça em grande escala. Falando sem meias palavras, ele era corrupto até a alma.

Ao longo do ano, mas em especial na Páscoa, esperava-se que todos os judeus do sexo masculino visitassem o templo, pagassem a taxa exigida pela lei de Moisés e sacrificassem um animal. Na Páscoa, o sacrifício tinha de ser um cordeiro e, como sempre, tinha de ser um cordeiro sem mácula ou defeito. Além disso, a taxa tinha de ser paga em siclos, não em moeda estrangeira que trazia imagens proibidas pela lei.

Anás e seus colegas colocaram postos nos pátios do templo com o objetivo de trocar a moeda estrangeira por siclos — claro que com uma taxa de câmbio exorbitante. A seguir, ele supria os animais sacrificiais, pelos quais cobrava preços altíssimos. Se alguém trouxesse seu próprio animal, um inspetor o julgaria inadequado e ofereceria outro em troca... com um custo adicional. Sem dúvida, o animal inferior acabaria por se tornar o sacrifício "superior" de outro homem. Que trapaçaria!

Durante a festa da Páscoa, a população de Jerusalém aumentava em mais de 250 mil homens. Josefo coloca o número total de pessoas (homens e suas famílias) perto dos três milhões![13] É claro que o potencial do templo para fazer dinheiro era astronômico.

Era isso que Jesus via a cada ano quando ele e a família visitavam o templo para celebrar as festas, observar os sacrifícios e glorificar a Deus. Esse ano, como em todos os outros, ele não encontrou lugar para a adoração, mas uma farsa descarada — um templo para a ganância e um santuário para os ladrões. Só que nesse ano algo estava diferente.

2.15-17

Jesus, antes do início oficial de seu ministério, visitou o templo como um adorador na casa de seu Pai. Mas chegara a hora de ele entrar ali como o Messias, o dono e governante do lugar. Seu primeiro ato oficial, em cumprimento à profecia (Ml 3.1-4), foi purgar seu templo de uma infestação persistente.

Os discípulos de Jesus recuaram — provavelmente em silêncio atônito. Eles, boquiabertos, olhavam estarrecidos enquanto Jesus jogava móveis como se fossem palitos, e moedas, como sementes. A batida de seu chicote mandou o gado correndo atrás de seus donos impuros enquanto a voz do dono do templo ecoava pelos pátios: "Tirem essas coisas daqui!" E os discípulos se lembraram do Salmo 69.9: *O zelo pela tua casa me consome.*

2.18,19

Uma vez passada a comoção, veio o inevitável confronto. Jesus não ficou surpreso. Ele sabia o que aconteceria... e aonde isso o levaria.

Os líderes religiosos também conheciam as Escrituras. Eles, preocupados com a questão da autoridade — como também estavam com o Batista no deserto da Judeia — disseram: "Se você, com esse ato, está declarando ser o Messias, autentique a você mesmo com uma série de milagres". João usa o termo "sinal" aqui, como o fez em 2.11, porque Jesus, sob as circunstâncias corretas, não se opôs a oferecer um milagre como um selo de autenticidade (2.23). Nesse caso, no entanto, o fardo da prova não era dele. *Ele não estava violando a lei. Seus* atos não eram ostensivamente imorais. A correção de seus atos era autoridade suficiente. Então, Jesus, em vez do pedido, deu a eles uma resposta velada. Apenas um ouvinte perceptivo a compreenderia, e nenhum deles estava qualificado para entender. Na verdade, seus próprios discípulos só entenderam o sentido do que ele disse após sua ressurreição.

João salienta essa tendência de Jesus mais que os escritores dos outros evangelhos. Jesus não desperdiçava suas palavras com pessoas que não queriam ouvir. Na verdade, ele não falava a fim de convencer o cético ou de influenciar o dissidente. Suas palavras pretendiam dividir sua audiência em dois grupos: os corações receptivos e os corações endurecidos. Ele entendia que o ouvir não era um processo intelectual, mas uma crise da vontade. Várias vezes ao longo da História quando Jesus diz algo enigmático, algumas pessoas *acham* que o entendem e lhe dão as costas, enquanto outros admitem sua confusão e se aproximam.

2.20-22

As autoridades religiosas, como Jesus esperava, levaram seu desafio ao pé da letra. Eles não entenderam nada.

O templo foi construído para ser o lugar de habitação de Deus — não que ele precise de uma estrutura! Deus é onipotente — está presente simultaneamente em todos os lugares. Ele ordenou que o templo fosse construído para abrigar a manifestação especial de sua presença, uma luz sobrenatural denominada *shekinah*, "glória". No Antigo Testamento, essa luz aparecia para Moisés em uma sarça (Êx 3.1-3), a luz guiou os israelitas através do deserto em uma coluna (Êx 13.21,22) e se instalou sobre o monte Sinai diante deles (Êx 19.18; 24.17). Quando o tabernáculo foi construído — e depois o templo — a *shekinah* pairou sobre a arca da aliança colocada atrás de um véu espesso no lugar santíssimo (Êx 25.22; Lv 16.2). O Senhor fez isso para o benefício de seu povo, para afirmar sua presença entre eles como seu único Deus.

Infelizmente, a *shekinah*, por causa do fracasso repetido e persistente do povo de Israel em adorar exclusivamente a ele e da imoralidade e rebelião deles, partira havia muito tempo (Ez 10.18). Apesar de o amor de Deus por Israel nunca ter esmaecido, o templo, durante séculos, não foi o local de habitação de Deus. Quando Jesus lançou seu desafio aos líderes religiosos, foi como se ele apontasse para o próprio peito e dissesse: "*Este* é o verdadeiro lugar de habitação de Deus".

2.23-25

João conclui essa parte da história com uma nota positiva. Embora os líderes religiosos continuassem em uma atitude desafiante e rejeitassem seu Sumo Sacerdote, muitos outros creram. João acrescenta que aqueles que creram fizeram isso ao "observar" os sinais de Jesus. A palavra grega traduzida por "observar" é *theōreō* [2334], da qual deriva nossa palavra "teoria". O termo significa "vir a entender como resultado da percepção".[14]

■ ■ ■

João, ao longo dessa seção (1.19—4.54) e da seguinte (5.1—12.50), tem o cuidado de mostrar que Jesus é diferente de qualquer líder religioso ou político que o mundo já conheceu. Seu poder e autoridade vêm de um reino diferente, reino esse em contundente contraste com o sistema deste mundo corrompido pelo pecado. As pessoas do mundo procuram líderes carismáticos que as guiem para onde já querem ir. Por conseguinte, os líderes mundanos em geral derivam seu poder e influência do apoio popular. Mas não esse homem, não esse rei.

Jesus simplesmente se apresentou em verdade; alguns creem nele, outros não. Ele realizou sinais milagrosos não para convencer os céticos ou influenciar os dissidentes, mas para sinalizar sua própria chegada como o Messias. Ele ofereceu "sinais" para incitar a vontade e preparar o coração das pessoas a responder. Além disso, ele não dependia de uma resposta favorável de ninguém — nem dos líderes religiosos nem das massas — para completar sua missão. Não estava concorrendo à eleição; não precisava do apoio popular para reivindicar o trono; não planejava treinar um exército. Ele não confiara a si mesmo, sua missão ou seu futuro à humanidade; ele confiava em seu Pai e, então, convidou a humanidade a confiar nele.

Houve homens e mulheres corajosos que seguiram esse caminho; eles, muito antes de Jesus chegar, falavam a verdade e conduziam aqueles em cujo coração ressoava essa verdade. Alguns reuniam grande quantidade de seguidores. A maioria deles era ignorada ou martirizada. Todos eles morreram. Mas Jesus é diferente, e seu reino é diferente.

APLICAÇÃO

João 2.1-25

MANTENHA SEU TEMPLO LIMPO

João relata a história de Jesus limpando o templo de Jerusalém para estabelecer três verdades primordiais:

1. *Deus é dono de seu templo, não os sacerdotes.* Ele chamou os sacerdotes para administrar o templo e ajudar as pessoas a se aproximarem dele do modo que ele ordenara.
2. *A Palavra de Deus é a única autoridade reconhecida no templo, não o sumo sacerdote ou qualquer outra posição designada.* Qualquer um que age contra sua Palavra não tem autoridade.
3. *O Filho de Deus veio para afirmar a propriedade do templo, e as autoridades religiosas o rejeitaram.* Esse ponto é repetido com frequência na narrativa de João e, em última análise, leva à rejeição final de Jesus como o Messias.

Esse incidente também ilustra uma verdade prática para os cristãos: *o templo de Deus é solo sagrado, um lugar consagrado de reunião entre o Senhor e seu povo.* No Antigo Testamento, o Senhor usava uma estrutura física para esse propósito; primeiro, um tabernáculo, denominado pelos hebreus de "tenda da congregação", e, depois, um prédio permanente em Jerusalém. O Senhor foi muito específico a respeito de reservar tudo no templo para o propósito de adoração. Uma vez que Jesus completou sua obra de expiação pelos pecados do mundo, o lugar de reunião mudou, mas os padrões permaneceram os mesmos. Os cristãos agora são templos do Senhor (1Co 6.19,20), e temos de permanecer tão santificados quanto aquele templo.

O que acha que o Senhor quer tirar do templo que é você?

Apesar de o Senhor desejar que o templo que é seu corpo seja puro, a tarefa a cumprir não é sua. Observe que a corrupção no templo não foi removida por nenhum mero mortal; Deus em carne humana confrontou e removeu a impureza — como só ele pode fazer. Nosso papel é nos submetermos ao seu processo de purificação; primeiro, ao nos recusarmos a tolerar a presença da corrupção, ao lhe pedir que a remova.

Eis uma oração simples para ajudá-lo a começar:

> *Senhor, reconheço-te como o proprietário do meu templo. Submeto-me de bom grado à autoridade da tua Palavra. Confesso que tenho permitido que a corrupção _____ ocupe espaço reservado à adoração do Senhor. Admito voluntariamente que não tenho o poder de removê-la sozinho. Por favor, purifica-me, mesmo que, no processo, eu tenha de passar por provação ou sofrer inquietação. Garante-me a coragem de continuar firme enquanto tu operas. Garante-me paciência para suportar o processo e me fornece encorajamento extra quando minha paciência fraquejar. Depois, deixa-me regozijar quando teu templo estiver puro de novo. Faço o mesmo pedido feito por Davi muitos anos atrás: Ó Deus, cria em mim um coração puro (Sl 51.10).*
>
> *Peço isso no nome imaculado de Jesus,*
> *Amém.*

Debatendo o novo nascimento

JOÃO 3.1-21

Algumas observações sobre a tradução em João 3.1-21

A21

2 *sinais* ou *atestando milagres*	**16** *Filho unigênito* ou *único, só um de seu tipo*
3 *nascer de novo* ou *do alto*	
7 *nascer de novo* ou *do alto*	**18** *Filho unigênito* ou *único, só um de seu tipo*
15 *aquele que nele crê tenha a vida eterna* ou *crê nele e terá a vida eterna*	

> **NVI**
>
> **3** *nascer de novo* ou *nascer do alto*, também em 3.7
> **5** *Espírito* ou *e espírito*; a palavra grega para *Espírito* também pode ser traduzida por "vento", veja 3.8
> **7** A palavra grega para *vocês* está no plural; também em 3.12
> **13** *o Filho do homem*, alguns manuscritos acrescentam *que vive no céu*. "Filho do homem" é um título usado por Jesus para si mesmo
> **15** *todo o que nele crer tenha a vida eterna* ou *todos que crerem terão vida eterna nele*
> **16** *deu* ou *pois Deus amou tanto o mundo que deu*
> **21** *suas obras são realizadas por intermédio de Deus* ou *possam ver Deus em operação no que ele está fazendo*

Tenho um amigo íntimo que nasceu de novo aos 27 anos. Tudo começou quando ele era um menino determinado, de 10 anos, que queria conhecer Deus. Dois anos depois, ele descobriu que o caminho para conhecer Deus era se juntar a uma igreja (ou assim pensou ele). E foi isso que fez. Ele se juntou a uma igreja e foi batizado... mas nada mudou. Três anos depois, ele entrou na adolescência. Ele tinha impulsos, pressões e interesses que — para dizer de uma forma delicada — não eram piedosos. Então, ele tentou outra abordagem. Na verdade, era a mesma abordagem, só que por intermédio de outra igreja. Ele atravessou a ala central, juntou-se à igreja e foi batizado pela segunda vez.

Essa igreja em particular ensinava que a única forma eficaz de conhecer Deus era reformar a si mesmo, principalmente abrindo mão das coisas que deseja. Assim fez ele. Ele desistiu do álcool que passara a fazer parte de sua vida. Parou de fumar. Parou de jogar cartas. Parou de dançar. Deixou até mesmo de namorar, o que não foi um sacrifício pequeno para um rapaz que agora já tinha 15 anos. Mas ele pensava: *Para conhecer Deus, vale a pena.*

Depois de tudo isso, ele mesmo assim não o conheceu e começou a se perguntar: *Será que Deus é de fato passível de ser conhecido?*

Após dois anos de desistência fiel e de tenaz obediência à regra e ao regimento, ele tentou outra abordagem. Bem, na verdade foi a mesma abordagem com ainda outra igreja. Ele caminhou para a frente, juntou-se à igreja, e, naquela mesma noite, foi batizado pela terceira vez. Alguns meses depois, ele, muito mais cedo que antes, percebeu que sua condição era tão desesperadora quanto antes. Nenhuma mudança. Então, em suas próprias palavras, ele "livrou-se de tudo e foi embora".

Ele frequentava uma universidade e logo começou a se divertir fora do âmbito escolar. Entrou para o serviço militar e, entre as farras com muita bebida, serviu fielmente a seu país. Após sua dispensa do serviço militar, conheceu uma ótima mulher e se casou com ela, mas logo o casamento deles começou a se desfazer. Ele conseguiu um bom emprego e se esforçou muito para viver bem, mas no fim decidiu que o esforço era um total desperdício de energia. Por fim, ele adotou um lema familiar e se dedicou a cumpri-lo: "Viva rápido, divirta-se muito, morra jovem e deixe um defunto bonito".

As pessoas não vivem de fato durante muito tempo segundo esse lema, ou porque não vivem por muito tempo ou porque descobrem a dádiva preciosa que esta vida de fato é. Um encontro com a morte fez meu amigo procurar em sua velha sacola um pequeno Novo Testamento que lhe fora dado pelos Gideões quando ele, anos antes, tirara seu uniforme. Ele pegou o Novo Testamento e começou a lê-lo na mesma hora, desde o começo: Mateus 1.

Quando chegou aos capítulos 5, 6 e 7, sentiu um desespero profundo. Ele sabia que não conseguiria manter o padrão estabelecido por Jesus no Sermão do Monte. Então, pulou para Marcos, só para encontrar mais mandamentos. Isso só aumentou sua culpa. A seguir, ele foi para Lucas. Mais mandamentos que sabia que não conseguiria obedecer.

Confuso, frustrado e infeliz, foi para João. E, no terceiro capítulo, foi pescado. Ele topou com a intrigante conversa entre Jesus e um homem profundamente religioso, que parecia compartilhar sua luta. Foi só naquele momento que meu amigo reconheceu seu problema. Ele nascera errado da primeira vez. Precisava de um começo totalmente novo. Um começo diferente. Um nascimento de outro tipo. Assim, ele, como uma criança, ajoelhou-se e orou: "Senhor, se me aceitar como sou, eu o aceito como é. E esperarei do Senhor um novo nascimento". Isso mudou tudo!

Meu amigo nasceu de novo... nasceu do alto. Aos 27 anos, ele descobriu a diferença entre religião e regeneração.

3.1,2

Aqui encontramos outro homem confuso em sua religião. Se o judaísmo tivesse um cargo como o de papa, Nicodemos (termo grego para "conquistador de pessoas") seria o candidato ideal. Conforme observamos seu encontro com Jesus, descobrimos que ele tinha três qualificações que se sobressaíam que o tornavam um dos homens vivos mais impressionantemente religioso.

Entre os fariseus um homem (3.1). O sentido mais provável do termo "fariseu" é "separado". Muitos traçam a raiz dos fariseus a Daniel e seus três amigos, que se recusaram a compartilhar do alimento de seus captores (Dn 1.8-19) ou a adorar o rei como um deus (Dn 3.1-30) enquanto estavam exilados na Babilônia. Eles, depois de tirados da terra prometida e afastados de seu templo, apegaram-se à lei como um meio de preservar sua identidade como filhos distantes de Abraão.

Contudo, essa lealdade admirável ao nacionalismo e devoção à lei, depois de mais de seiscentos anos, passou a ter vida própria. Os fariseus vieram a se tornar uma irmandade coesa, uma facção política e religiosa que conseguiu o respeito de seus irmãos judeus. Eles eram expositores meticulosos da Escritura e trabalhavam de forma incansável para aplicar os princípios gerais da lei à vida diária. Por exemplo, a lei afirmava que todo israelita tinha de reservar o sétimo dia da semana para descansar o corpo e restaurar a alma (Êx 20.10,11). Os rabis farisaicos, de modo que todos soubessem como aplicar a lei em sua cultura e "descansar" como deviam, acrescentaram uma longa lista de proibições específicas. Mais tarde, essa tradição oral dos fariseus seria preservada em um documento denominado *Mixná*, composta de 24 capítulos apenas sobre como guardar o sábado.

Ninguém rivalizava com os fariseus no quesito de ser cristão. Ninguém conseguiria!

Autoridade entre os judeus (Jo 3.1). Antes de os judeus serem exilados na Babilônia, um rei governou a nação de Israel. Os judeus, depois de sua volta à terra prometida, ficaram sujeitos a governos estrangeiros e procuraram o sumo sacerdote para liderança. No século I, quando Roma dominava Israel, o sumo sacerdote dividia poder com um conselho de setenta homens que eram estadistas experientes e figuras religiosas notáveis. Esse conselho governante de "anciãos", denominado Sinédrio, funcionava como o Parlamento/Congresso e Suprema Corte de Israel.

Não só Nicodemos era um homem religioso devotado, mas um líder dos homens religiosos.

[O] mestre em Israel (3.10). João usa o artigo definido, indicando que Nicodemos era mais que apenas um mestre entre muitos em Israel. Não havia nenhuma posição rabínica ou cargo político denominado "[o] mestre de Israel"; então, essa era a opinião pessoal de Jesus ou, mais provavelmente, a opinião geral dos pares de Nicodemos. Jesus encontrou ironia na reputação do homem, sugerindo que Nicodemos era considerado pela maioria a voz preeminente do ensino religioso em Israel.

O fato de Nicodemos ir ver Jesus sob a proteção da escuridão sugere que ele estava preocupado em ser visto com ele. As imagens de noite e escuridão representam perigo no evangelho de João (9.4; 11.10; 13.30; 19.39). A confrontação aberta no templo provou ser embaraçosa para os líderes religiosos, por isso talvez Nicodemos tenha sido enviado por seus pares para negociar em particular. Suas palavras iniciais mostram toda a graça e dignidade de um homem em missão diplomática. Também é possível que ele tenha ido para investigar com toda a sinceridade o popular e controverso rabi da Galileia, talvez no espírito de cortesia profissional, se não por curiosidade pessoal.

3.3

Talvez João tenha resumido essa conversa por uma questão de concisão, enquanto manteve o clima geral do encontro. O Senhor contornou rapidamente a abordagem lisonjeira e foi direto ao cerne do assunto. Esse homem sentado diante dele não era um judeu comum; essa era uma mente teológica notavelmente astuta. E Jesus via através dele com sua visão de raio X espiritual e sobrenatural.

Jesus colocou diante do mestre uma proposição teológica, usando terminologia nova. Essa é a primeira ocorrência da expressão "nascer de novo". Esse não era um conceito familiar para os estudiosos das Escrituras hebraicas. Na língua grega em que João escreveu essa história, as palavras são carregadas com várias camadas de sentido, todas elas revelando uma verdade simples, contudo profunda, que convida a um exame mais detalhado. João prenuncia esse conceito em seu prólogo:

> *Mas a todos que o receberam, aos que creem no seu nome, deu-lhes a prerrogativa de se tornarem* FILHOS DE DEUS; OS QUAIS NÃO NASCERAM DE LINHAGEM HUMANA, NEM DO DESEJO DA CARNE, NEM DA VONTADE DO HOMEM, MAS DE DEUS (1.12,13, destaques do autor).

A palavra grega *anōthen* [509], traduzida por "de novo", pode ter diversos sentidos, mas a tradução mais comum é "de cima". Da mesma maneira, podemos dizer que alguém "recebeu ajuda de cima", significando que Deus ajudou o indivíduo. No entanto, aqui é muito provável que a intenção tivesse um duplo sentido, juntando "de cima" e "de novo" para ilustrar uma verdade profunda.

Nas palavras de Merrill Tenney: "O nascimento é nossa maneira de entrar no mundo e traz consigo o equipamento potencial para se ajustar ao mundo".[15] Passa de um tipo de vida e de um ambiente para outro. "Nascer de novo ou 'nascer de cima' significa uma transformação da pessoa para que ela seja capaz de entrar em outro mundo e se adaptar a suas condições. [...] O indivíduo, para pertencer ao reino celestial, tem de nascer nele".[16] Além disso, nosso próprio nascimento não é algo que podemos realizar por nós mesmos. Não podemos conceber a nós mesmos nem ficar preparados para nascer por nós mesmos. O nascimento físico é o resultado de duas pessoas decidirem procriar e, depois, juntarem seus corpos conforme designado por Deus. O nascimento espiritual é semelhante no fato de que o nascido de novo não consegue realizar seu próprio nascimento; seu nascimento tem de ser realizado por outrem em seu favor. Mas o nascimento espiritual, ao contrário do nascimento físico, é estritamente uma obra de Deus (1.12,13).

Jesus transformou esse tipo diferente de nascimento em uma exigência para obter a cidadania no "reino de Deus", expressão raramente usada no evangelho de João. Nicodemos, como político, importava-se com a crise em Israel; o reino de Deus fora reduzido a uma província de Roma. Além disso, ele esperava que o Messias fosse um comandante militar e governante político que transformaria Israel em uma potência mundial dominante e em uma potência econômica. Essa nova exigência chamou sua atenção, e sua atitude mudou drasticamente. Ele tirou sua fachada de lisonja e se envolveu em um debate reflexivo com Jesus.

3.4,5

Quando Nicodemos ouviu a nova exigência "nascer *anōthen*", ele focou de forma deliberada a nuança da expressão "de novo" da frase. Talvez ele tenha, com ironia, ampliado a imagem a ponto de ela ficar deformada. Não se esqueça, não é um imbecil que está sentado diante de Jesus. É um teólogo brilhante, capacitado na arte do debate, dirigindo-se a quem ele, sem dúvida, via como um jovem arrogante. Sua pergunta na verdade dizia: "Que proposta ridícula!"

Os judeus de sua época chamavam os gentios convertidos ao judaísmo de "filhos recém-nascidos", uma expressão graciosa para aqueles que tinham acabado de começar sua nova vida como "filhos da aliança" e herdeiros das bênçãos da descendência de Abraão. Os homens eram circuncidados, e todos os convertidos eram batizados com água. Nicodemos não entendeu a imagem de Jesus de forma equivocada; ele objetou à noção de que apenas os convertidos gentios podem tomar parte na vinda terrena do reino sob o Messias. Isso deixaria os judeus — o próprio povo preservado por Deus durante séculos (Sl 106.5; 135.4) — fora das promessas feitas a Abraão (Gn 12.1-3; 15.18-21).

Claro que esse não era de modo algum o pensamento de Jesus. A perspectiva de Nicodemos estava limitada ao plano terreno, à dimensão física. Jesus, a fim de ajudar o velho teólogo a ver, apresentou duas ilustrações (3.6-8 e 3.14,15). Para os ocidentais do século 21, ambas as ilustrações parecem mais enigmáticas que para as pessoas que viveram no século I. Os conceitos eram muito familiares para Nicodemos.

Antes de examinarmos essas duas ilustrações, observe o paralelismo entre 3.3 e 3.5. Esse artifício literário usual dos poetas hebreus é um meio útil de interpretação para nós hoje.

> *Em verdade, em verdade te digo que ninguém pode ver o reino de Deus se não NASCER DE NOVO* (Jo 3.3, destaques do autor).

> *Em verdade, em verdade te digo que, se alguém não NASCER DA ÁGUA E DO ESPÍRITO, não pode entrar no reino de Deus* (Jo 3.5, destaques do autor).

O ministério de João Batista era conhecido de todos em Jerusalém, incluindo esse rabi. João Batista chamou os judeus ao "batismo de arrependimento" no qual os judeus, como os gentios convertidos, tinham de vir a Deus como se fosse pela primeira vez. Mas lembre-se: o batismo de João era apenas um *símbolo* da nova vida (1.31-33); o batismo de Jesus é o batismo de vida de fato... de vida abundante, vida espiritual, vida tornada possível só por intermédio do Espírito Santo. Além disso, a conexão dos conceitos de "nascer *anōthen*" e "da água e do Espírito" devia trazer à memória do rabi uma conhecida promessa do Antigo Testamento:

> *Pois vos tirarei dentre as nações e vos reunirei de todos os países, e vos trarei para a vossa terra. Então aspergirei água pura sobre vós, e ficareis purificados; eu vos purificarei de todas as vossas impurezas e de todos os vossos ídolos. Também vos darei um coração novo e porei um espírito novo dentro de vós; tirarei de vós o coração de pedra e vos darei um coração de carne. Também porei o meu Espírito dentro de vós e farei com que andeis nos meus estatutos; e obedecereis aos meus mandamentos e os praticareis. Então habitareis na terra que eu dei a vossos pais, e sereis o meu povo, e eu serei o vosso Deus* (Ez 36.24-28).

O indivíduo, a menos que nasça "de cima" por meio da obra purificadora do Espírito de Deus nele, não entra no reino de Deus.

3.6-8

A primeira ilustração de Jesus revela uma diferença radical entre religião e regeneração. Sua segunda ilustração (3.14,15) explica como a regeneração funciona.

A carne produz carne. O Espírito produz espírito. A vida espiritual é um mistério para o reino físico. Não é possível obtê-la por meios físicos. O Espírito de Deus, a Fonte de toda vida espiritual, não pode ser forçado a dar vida como recompensa; ele não pode ser subornado, lisonjeado ou enganado para dar vida em troca de sacrifício; e não se vende vida eterna, algo que não tem preço, por algo temporal, que em última instância é sem valor.

A religião é feita pelo homem. A religião é do reino físico: impressionante e comovente na terra, futilidade e entulho no céu.

3.9-13

Vamos dar um crédito a Nicodemos. Enquanto muitos sem rodeios rejeitaram Jesus, Nicodemos tentava entender a mensagem de Jesus e lutava com a questão da identidade deste. O persuasivo estadista se transformou em um pupilo tartamudo. À primeira vista, seu problema parecia ser a falta de entendimento, mas Jesus foi mais fundo para encontrar a verdadeira fonte da luta desse homem. Observe a progressão:

> [*Tu*] não ENTENDES (3.10);
>   não ACEITAIS (3.11);
>   como CRERES? (3.12).

Primeiro, Jesus ficou admirado que os assuntos espirituais pudessem ser tão estranhos à mente de um importante líder espiritual de Israel. Se o pastor é cego, o rebanho está condenado!

Segundo, a verdadeira dificuldade para Nicodemos e as pessoas que ele representava estava em sua recusa em afirmar a verdade do testemunho ocular. No mundo antigo, não havia evidência mais forte que o testemunho corroborativo de várias testemunhas.

Terceiro, Jesus reconhecia que era mais difícil acreditar nas realidades espirituais que nas realidades percebidas com nossos sentidos; não obstante, o cerne do assunto é a credibilidade. Em quem você vai confiar?

"FILHO DO HOMEM"

JOÃO 3.13,14

Jesus referia-se frequentemente a si mesmo como "Filho do homem", título particularmente significativo com raízes profundas no solo das Escrituras de Israel. Primeiro, Jesus usava esse título para chamar atenção para sua própria humanidade, que era frágil (Jó 25.6; Sl 8.4; 144.3; 146.3; Is 51.12; cf. Mt 26.41; Mc 14.38). Ezequiel usou o título 93 vezes, em geral em referência à sua própria fraqueza humana (por exemplo, Ez 2.1). Jesus é humano e sofreu as dores da humanidade, mais especialmente no suplício da cruz.

É relevante o fato de Daniel ter dado o título de "Filho do homem" à figura messiânica de sua visão. "Alguém parecido com filho de homem" que recebera do "ancião bem idoso" domínio eterno sobre toda a terra para governar como rei dela (Dn 7.13).

> Os judeus da época de Jesus tinham dificuldade de entender a dupla imagem do Messias apresentada na profecia. Muitos teólogos, na época, como agora, sugeriam que talvez o Messias seja de fato dois indivíduos, um que morre como o "servo sofredor" e outro que ressuscita o primeiro e, depois, reina como rei supremo. Assim, não é nenhuma coincidência o título "Filho do homem" aparecer onze vezes no evangelho de João (Jo 1.51; 3.13,14; 5.27; 6.27,53,62; 8.28; 9.35; 12.23,34; 13.31) e sempre em conjunção com a afirmação de divindade feita por Jesus. Essa era a maneira de Jesus identificar a si mesmo como o único Messias.

Por fim, Jesus afirmou ser uma testemunha ocular das verdades celestiais, tendo visto o que os olhos físicos não conseguem ver. Um mero ser humano não pode ascender fisicamente ao céu para testemunhar realidades espirituais, mas Deus *pode* descer fisicamente para testemunhar para a humanidade. Não só Deus *pode* vir à terra como homem, como *veio* à terra como homem. Por isso, Jesus usava a conhecida expressão do Antigo Testamento "Filho do homem" para se referir a si mesmo.

3.14,15

Jesus usou um episódio conhecido na história de Israel (registrado em Nm 21.4-9) para ilustrar como acontece a regeneração. Quando esse episódio ocorreu, os israelitas tinham experimentado a libertação milagrosa de Deus da escravidão no Egito: dez pragas, a divisão do mar Vermelho, uma coluna de nuvem e uma coluna de fogo para guiá-los. Mesmo assim, eles começaram a resmungar e a reclamar. No fim, Deus decidiu disciplinar seu povo descrente e desobediente com uma tragédia de serpentes venenosas. Quando as pessoas começaram a morrer, Moisés intercedeu pelo povo. O Senhor, em resposta, instruiu-o a fazer uma serpente de bronze e colocá-la em um poste para que aqueles que fossem picados pudessem olhar para ela. A seguir, ele prometeu que o veneno, quando a pessoa olhasse para a representação em bronze de sua aflição, perderia sua eficácia (Nm 21.8,9). O plano funcionou exatamente como Deus prometera. Não só as pessoas sobreviveram à tragédia, mas também tiveram uma poderosa lição prática de arrependimento.

A experiência dos israelitas no deserto foi um prenúncio do que Jesus fez por todas as pessoas quando ele foi "levantado" na cruz (veja também 2Co 5.21). Quando reconhecemos nosso pecado, assumimos a completa responsabilidade por nossa culpa e vamos ao Senhor em busca de cura, o veneno do mal perde seu poder de matar.

3.16,17

Pelo fato de Nicodemos estar totalmente familiarizado com o Antigo Testamento e conhecer bem a história de descrença de Israel, essa breve alusão o preparou para ver a verdade espiritual que ele não enxergara durante toda a sua vida. Não era uma nova verdade; ela estivera claramente visível para quem quisesse ver:

A REGENERAÇÃO OCORRE
POR INTERMÉDIO DA CRENÇA.

Talvez João 3.16 seja o versículo mais conhecido de toda a Escritura, e por um bom motivo. As verdades contidas nessa sucinta declaração alteram a vida, mesmo daqueles que são sinceramente religiosos. Examinemos o versículo frase a frase.

Porque Deus amou tanto o mundo. A religião gosta de fingir que seu Deus é bom e amoroso, mas, na realidade, toda devoção religiosa é estimulada pelo temor secreto de que Deus está à procura de uma desculpa para condenar aqueles que não o agradam. Embora um Deus santo puna o pecado de acordo com sua justiça, ele não gosta de destruir o que criou e fez com tanto cuidado. Deus é o autor da vida; o pecado é a causa da destruição.

Que deu o seu Filho unigênito. A palavra grega traduzida por "unigênito" é *monogenēs* [3439], que era uma expressão idiomática baseada no antigo costume denominado "primogenitura". Em outras palavras, o filho mais velho de uma família, o "primogênito", era designado para receber a maior parte da herança. Se fosse filho único, "o unigênito" (*monogenēs*), é claro que ele recebia tudo. Como acontece com frequência em uma língua, uma expressão familiar aos poucos perde seu sentido literal à medida que passa a ser mais comum nos círculos legais ou técnicos. Por exemplo, a "ordem de *habeas corpus*" é um documento legal que diz que o governo deve ter evidência de um crime antes de prender alguém. *Habeas corpus* é a expressão latina para "que tenha o seu corpo". Embora a expressão fosse originalmente aplicada a casos de homicídios, no fim ela passou a ser um princípio geral para qualquer tipo de suposto crime. Da mesma maneira, o termo *monogenēs* perdeu sua conotação literal em favor do sentido legal: "único herdeiro". Assim, *monogenēs* é mais bem traduzido por "único do seu tipo".

Para que todo aquele que nele crê. O termo grego é *pisteuō* [4100], "pensar que é verdade, ter confiança, depositar confiança em" (veja a seção "A crise de fé" na Introdução (p. 21). Quando a pessoa confia na dádiva de Deus, não em seu próprio mérito, a vida eterna flui como água. Que simplicidade!

Para Nicodemos, um homem que dedicou a maior parte de sua vida ao aperfeiçoamento de suas habilidades religiosas, cumprindo meticulosamente toda expectativa percebida de bondade e justiça, essa notícia vinha como um alívio maravilhoso ou como um desapontamento exasperador. O orgulho é o fator determinante.

Não pereça. A palavra "pereça" é traduzida da forma passiva da palavra grega *apollumi* [622], significando "destruir, colocar um fim à ruína". A confiança no Filho de Deus salva o cristão da penalidade a que o pecado faz jus. Essa é uma promessa. As boas obras não podem deixar a promessa mais segura, e a falha moral não pode anulá-la. Somos salvos pela graça de Deus só pela fé (cf. Ef 2.8,9). Que segurança!

Mas tenha a vida eterna. Estamos destinados a morrer fisicamente e, nesse meio-tempo, existimos em um tipo de morte viva. Embora nada detenha o processo de deterioração e nada venha a impedir o fim da vida física, a graça de Deus não permitirá que a morte reine suprema. O mal não terá a palavra final. A vida — eterna, incorruptível e abundante — é oferecida a todos que a recebem pela fé. Que graça!

Jesus revela a verdadeira natureza de Deus. Ele anseia ver sua criação salva da justa pena resultante do pecado para vicejar para sempre em sua presença. Portanto, o Filho de Deus veio à terra para salvar toda a humanidade do julgamento. Que esperança!

3.18-21

Jesus, quando terminou seu discurso, ajudou Nicodemos a ver a ligação entre a crença e a salvação e entre a descrença e a condenação. Os israelitas picados por serpente escapariam da morte ao simplesmente confiar na palavra de Deus por intermédio de Moisés. Como o remédio era de fácil acesso e totalmente gratuito, não é possível dizer que alguém foi condenado por Deus. Se alguém morresse, sua morte era a justa pena para o pecado. No entanto, Deus não condenou. A pessoa condenou a si mesma ao escolher não acreditar na Palavra de Deus ou ao recusar a graça do Senhor.

Jesus, então, pegou a imagem da luz para ilustrar o poder da verdade em estimular a obediência. Os que acreditam genuinamente na verdade obedecem a ela. Jesus não veio para ensinar que a obediência aos mandamentos de Deus não vale a pena nem que as obras más não importam. Ao contrário, a obediência é crucial. Se um israelita acreditasse genuinamente na palavra ouvida por intermédio de Moisés, a consequência natural seria seguir as instruções dela. A crença e a obediência andam juntas.

Nicodemos — a própria personificação da religião — tirou a crença da equação. Mas tentar alcançar a salvação pela obediência é impossível e sempre leva à hipocrisia e ao desespero. A religião, em última instância, não é nada além da fé no eu, a confiança na própria capacidade de ser bom o bastante para impressionar Deus. As obras do religioso, cedo ou tarde, revelam o que são: fruto do orgulho.

■ ■ ■

O que seria menos complicado do que crer? O que exige menos esforço que a fé? Não há nada a alcançar, nenhuma busca a completar, nenhum desafio a superar, nenhum método a dominar, nenhum mérito a merecer. Só temos de confiar naquele que nos criou, que nos ama e que, em nome de toda a humanidade, satisfaz todas as expectativas de Deus.

Infelizmente, a humanidade sofre de religiosidade crônica. A maioria das pessoas opta pela religião em lugar da regeneração. O orgulho não só é poderoso; ele cega.

Segundo reis 18 descreve um tempo na história de Israel, vários séculos após a morte de Moisés, muito tempo depois de ter acabado a calamidade das serpentes, quando Ezequias, um rei justo, desviou seu povo da religião em direção à crença genuína em Deus.

> *Ele [Ezequias] retirou os altares das colinas, quebrou as colunas e destruiu os postes-ídolos. Despedaçou a serpente de bronze que Moisés havia feito, porque os israelitas lhe queimavam incenso até aquele dia, e deu-lhe o nome de Neustã [uma peça de bronze]. Ele confiou no* Senhor, *Deus de Israel* (2Rs 18.4,5).

Durante setecentos anos, os israelitas carregaram aquele pedaço grande de bronze pelo deserto, apesar da Conquista, e na terra prometida. Eles preservaram a peça de bronze na invasão, fome, guerra civil e ascensão e queda de reis. Os israelitas transformaram o símbolo de bronze da falta de fé de seus ancestrais em um amuleto de boa sorte. Até "queimavam incenso" à peça. Eles, como todas as pessoas tendem a fazer, deixaram de lado a confiança firme em seu Deus por algo tangível, algo que achavam que podiam manipular ou controlar.

A mesma falta de crença acontecia na época de João, como acontecera em eras passadas e acontece hoje. As igrejas estão cheias de homens e mulheres que se agarram firmemente a suas preciosas quinquilharias ou confiam em seus próprios méritos morais. O orgulho reina supremo. De acordo com Jesus, eles julgaram a si mesmos e, por conseguinte, decidiram seu próprio destino eterno.

Não diga "Que Deus tenha misericórdia da alma deles". Ele já tem misericórdia. Os condenados julgaram a si mesmos.

APLICAÇÃO
João 3.1-21
VOCÊ TEM DE NASCER DE NOVO

Quando o exemplo mais excelente da devoção religiosa de Israel visitou Jesus, o homem ficou surpreso ao saber que sua posição proeminente e lista impressionante de qualificações não lhe garantiam um lugar no reino de Deus. Jesus disse: *Necessário vos é nascer de novo* (3.7). Essa simples declaração confrontou uma importante concepção equivocada defendida por Nicodemos e todas as pessoas religiosas.

A salvação exige um segundo nascimento "do alto" porque somos impotentes para salvar a nós mesmos. A perfeição moral é o padrão, e todos nós ficamos aquém dela (Rm 3.23); por isso, não podemos nos tornar bons o suficiente para conseguir nosso lugar no céu. Felizmente, a pena pelo pecado foi paga integralmente por Jesus Cristo. Em vez de tentar superar o mal por nossa conta, temos de responder ao dom gratuito do Senhor da vida eterna com total confiança de que só ele nos salva (Ef 2.8,9).

A salvação não pode ser adquirida; ela só pode ser recebida como um dom gratuito. Aceitamos o dom de Deus da salvação só pela fé, e fé só em Cristo, para o perdão de nossos pecados. Se quiser ter um relacionamento com seu criador confiando em Cristo como seu Salvador, eis uma oração simples que você pode usar para expressar sua fé:

Querido Deus,
Sei que meu pecado ergueu uma barreira entre o Senhor e mim. Obrigado por enviares teu Filho, Jesus, para sofrer a pena do meu pecado ao morrer em meu lugar para que essa barreira fosse removida. Confio só em Jesus para o perdão dos meus pecados. Ao fazer isso, também aceito teu dom gratuito da vida eterna, que é minha para sempre pela tua graça.

Obrigado.
Em nome de Jesus.
Amém.

O pregador que perdeu sua congregação
JOÃO 3.22-36

Algumas observações sobre a tradução em João 3.22-36

A21

28 a. *testemunhas*, lit. *testificam por mim*; b. *Cristo*, ou seja, *Messias*
34 *porque Deus dá o Espírito sem restrição*, lit. *porque ele não dá o Espírito com restrição*
36 *desobediência* ou *[não] crê*

NVI

25 *certo judeu*; alguns manuscritos trazem *alguns judeus*
31 *aquele que vem do céu está acima de todos*; alguns manuscritos não incluem *está acima de todos*

Se quiser uma discussão inflamada no próximo jantar que der, faça as seguintes perguntas: "Com exceção de Jesus Cristo, quem é a maior pessoa que já viveu? O que a fez tão grande?" Garanto que a segunda pergunta logo dominará a conversa porque todos temos nossa própria maneira de medir a grandeza e raramente concordamos com os padrões dos outros.

Jesus respondeu a essa pergunta. Ele, enquanto revia a história desde o alvorecer dos tempos, passou ao largo de Abraão, o pai da fé, e de Moisés, o instrumento de Deus para libertar o povo da aliança da servidão. Ele omitiu Davi, o rude e humilde pastor, o guerreiro campeão, o maior dos reis de Israel. Ignorou Daniel, talvez o homem mais poderoso e influente do mundo, uma personagem importante em dois dos maiores impérios do mundo e um profeta fiel de Deus. Ele pulou Noé, Salomão, Isaías e todas as personagens notáveis na história secular. Em vez disso, Jesus citou corajosamente o nome de um contemporâneo: *Em verdade vos digo que, entre os nascidos de mulher, não surgiu outro maior que João Batista* (Mt 11.11).

João Batista não tinha as qualidades de grandiosidade que mais valorizamos nas pessoas que admiramos. Ele não trafegava entre os ricos e famosos, os orgulhosos e poderosos; ele escolheu a solidão do deserto. Não cultivava uma imagem suave; usava roupa de pelo de camelo e couro. Ele não escalou a hierarquia da política e da sociedade para se tornar um encantador de homens, como o flautista de Hamelin; ele confrontou, ofendeu e falou a verdade sem pedir desculpas. Os adjetivos para descrever João seriam austero, ascético, agressivo, vigoroso... e *estranho*. Independentemente disso, Jesus, que media a grandiosidade segundo um padrão distinto, referiu-se a João Batista como o maior homem que já viveu.

João nasceu para ser o precursor e ele cumpriu esse papel de forma impecável. O precursor de Cristo tinha três responsabilidades principais:

1. O precursor tinha de *limpar o caminho*. Seu trabalho era remover da mente das pessoas os obstáculos relativos ao Messias. Os judeus esperavam um herói poderoso que viria cavalgando um cavalo branco, empunhando uma espada, inspirando coragem e despertando o zelo nacional. Eles esperavam um Messias que derrotasse Roma, estabelecesse seu reinado, conduzisse Israel a uma nova era de poderio militar e robustez econômica, conquistasse o mundo, destruísse o mal e, depois, governasse com justiça perfeita. Na verdade, o rei Jesus faria exatamente isso... no final. No entanto, ele primeiro destruiria o mal no coração do seu povo e tinha de estabelecer seu reino ali antes de conquistar um milímetro de terra.
2. O precursor tinha de *preparar o caminho*. João, deixando as falsas noções de lado, preparou o coração do povo chamando-o ao arrependimento.
3. O precursor, então, tinha de *sair do caminho*. Ele tinha de diminuir para que Jesus crescesse (Jo 3.30). Foi isso o que o tornou grande.

3.22-24

A expressão "estas coisas" refere-se à purificação do templo feita por Jesus (2.13-17), o confronto dele com os líderes religiosos (2.18-22), seu ministério público (2.23) e sua conversa com Nicodemos (3.1-21). No fluxo da narrativa de João, o Batista desempenha seu ministério no deserto da Judeia (1.19-36) enquanto o Messias conduz o seu na Galileia e no templo (1.37—3.21). João, a seguir, constrói um senso de obra dramática no modo pelo qual prepara o momento e o lugar do próximo incidente.

A Judeia era claramente o território de João Batista. Jesus e seus discípulos foram para a Judeia, onde não só se demoraram, mas até mesmo batizaram! Entrementes, João Batista e seus discípulos continuaram seu ministério de batismo em Enom (nome baseado na palavra grega para "fonte"), perto de Salim (termo hebraico e aramaico com o sentido de "paz"). Os dois lugares eram sem dúvida conhecidos dos leitores do século I.

3.25,26

Os discípulos de João, seguindo-o no deserto, envolveram-se no ministério de batismo, inspirado no Antigo Testamento, e na lavagem cerimonial dos gentios convertidos. Além disso, os fariseus elevaram o ritual de purificação ao patamar de elevada arte; então, naturalmente a atividade de João Batista provocaria inúmeras discussões teológicas. Os pontos específicos dessa conversa em particular não são importantes para o escritor do evangelho; a confrontação apenas chamou atenção para o problema, conforme os discípulos de João Batista viam o assunto. As multidões que se reuniam em torno de João, agora debandavam para Jesus.

A reação de João demonstra por que Jesus o considerava o maior homem desde Adão. João Batista não só evitou cair em alguma armadilha de seu ego, mas também corrigiu seus discípulos, ao esclarecer quatro pontos:

1. Todos os líderes servem segundo a vontade de Deus (3.27).
2. O ministério de João Batista sempre fora apresentar Jesus como o Cristo (3.28-30).
3. Jesus Cristo é o autor da verdade; opor-se a ele é opor-se à realidade (3.31-34).
4. O Filho de Deus é o governante supremo de tudo que existe; opor-se a ele é escolher sua ira (3.35,36).

3.27

Todos os líderes servem segundo a vontade de Deus

João é categórico em sua declaração. Não é errado entendê-la ao pé da letra ou aplicá-la a todas as coisas imagináveis. Autoridade, graça, renda, posses até mesmo nossa próxima respiração — todas essas coisas e centenas de outras mais são dádivas acima e além de qualquer coisa que merecemos. Tudo pertence ao Senhor, e ele tem o direito soberano de dar ou tirar conforme deseja, incluindo a autoridade para liderar. Como toda autoridade deriva da escolha soberana de Deus, nenhum líder pode reivindicar com legitimidade qualquer direito à sua posição. Os que declaram exercer autoridade pelo "direito divino" não reconhecem sua obrigação com Deus e se tornam culpados de orgulho.

3.28-30

O ministério de João sempre fora o de apresentar Jesus como o Cristo

João não deve ter acreditado no fato de seus discípulos não ouvirem sua principal mensagem ou não entenderem seu próprio propósito para existir. Ele afirmara claramente que não era o Messias, mas o precursor deste. A seguir, ele recorreu a uma imagem familiar no século I para explicar sua própria atitude, que também deveria ser a de seus discípulos.

Na cultura do Oriente Médio da Antiguidade, o "amigo do noivo" tinha muito mais responsabilidade que o "padrinho" tem hoje. Além de ajudar o noivo a preparar a casa para o dia em que a noiva viria para ficar ali, ele ajudava nos preparativos para a festa de casamento que aconteceria no fim do período de noivado. Sua obrigação mais importante era ficar de sentinela no quarto nupcial durante a festa, em especial depois de a noiva ir para o quarto sem ser vista pelos convidados. Quando o "amigo do noivo" ouvia a voz do noivo, ele ficava de lado. Sua alegria era completa quando o noivo chegava.

3.31-34

Jesus Cristo é o autor da verdade; opor-se a ele é opor-se à realidade

Jesus Cristo, o Filho de Deus, não tem sua origem na terra. Apesar de ser completamente humano em todos os aspectos, ele não é apenas humano. Viemos à existência por meio da concepção; ele não tem início porque é do céu. Por conseguinte, a verdade proclamada por ele é conhecimento de primeira mão, não algo que recebeu de alguma outra fonte. João Batista lembrou seus discípulos de que a missão compartilhada por eles era proclamar a verdade de Deus. Não é possível proclamar a verdade e se opor à Palavra, que é Deus. Da mesma maneira, acreditar em Jesus é afirmar a verdade de Deus.

3.35,36

O Filho de Deus é o supremo governante de tudo que existe; opor-se a ele é escolher sua ira

João Batista conclui sua correção com uma advertência assustadora. O termo grego traduzido por "ira" é *orgē* [3709].

Um Deus de amor também tem de ter capacidade para sentir ira. No entanto, a ira de Deus não é o tipo de ira de gritar que viemos a associar às pessoas abusivas. Paulo descreve a resposta do criador ao pecado usando a palavra grega *orgē*, que significa "indignação". O termo, quando usado para descrever raiva, é uma expressão veemente de indignação contra a transgressão. Nesse contexto, o termo retrata a justa ira veemente de Deus ultrapassando as paredes do céu e se derramando sobre a terra. Embora essa seja de fato uma resposta veemente e indignada, ela é completamente coerente com o caráter de Deus, que também é amor. Sem dúvida, a ira do Senhor é apavorante, contudo também é controlada, deliberada, medida e totalmente justa. Sua ira não é nada menos que uma expressão razoável de seu caráter justo e seu amor infalível quando confrontado com o mal.

Nenhum judeu admitiria não acreditar em Deus. No entanto, porque Jesus é a Palavra de Deus, não confiar nele é a mesma coisa que escolher não acreditar em Deus. E a história hebraica está repleta de advertências e ilustrações do povo sob a ira de Deus por não acreditar. João disse de fato aos seus pupilos: "Não se esqueçam que esse 'rival' ao qual estão prontos a se opor não é ninguém menos que Deus em carne humana; opor-se a ele é rebelar-se contra o Todo-poderoso".

■ ■ ■

Charles Haddon Spurgeon foi o maior pregador de sua época. Ele, aos 20 anos e sem nenhum treinamento teológico formal, atraía multidões para a histórica Capela New Park Street, em Londres. Finalmente foi construído o Tabernáculo Metropolitano com capacidade para cinco mil pessoas a fim de acomodar as multidões que vinham ouvi-lo. Desde os 27 anos de idade de Spurgeon até o fim de sua vida, todos os assentos do tabernáculo eram ocupados todos os domingos e outras mil pessoas ficavam de pé.

Helmut Thielicke, fundamentado em seu estudo dos escritos e da carreira de Spurgeon, escreveu com sabedoria em seu livro *Encounter with Spurgeon* [Encontro com Spurgeon]:

> O sucesso expõe o homem à pressão das pessoas e, assim, à tentação de se apegar aos ganhos por meio de métodos e práticas "carnais" e se deixar governar totalmente pelas exigências ditatoriais da expansão incessante. O sucesso pode subir à minha cabeça e subirá, a menos que me lembre que é Deus quem realiza sua obra, que ele pode continuar a fazer isso sem nenhuma ajuda e é capaz de fazer isso por outros meios sempre que ele "me põe no meu lugar e me mostra meu tamanho.[17]

A história afirma que Spurgeon foi um grande homem. No entanto, foi sua deferência com Jesus Cristo que o fez assim. Ele, como João Batista, reconheceu a necessidade de se diminuir para que o Filho de Deus pudesse crescer.

APLICAÇÃO

João 3.22-36

COMO SE TORNAR GRANDE

Quando ouço alguém descrever algo como "excelente", por exemplo música, esporte, escrita, liderança ou alguma outra atividade que admiro, essa é minha deixa para entrar em contato com essa excelência e aprender com ela. Quero saber o que ele ou ela faz certo. De acordo com Jesus,

João Batista foi um grande homem — maior que qualquer pessoa na História. Com um endosso desse, quero saber o que o tornava grande!

Essa porção da narrativa descreve a reação de João em uma situação espinhosa na vida de um líder: o sucesso de outro líder. Como as dificuldades com frequência revelam o caráter da pessoa, esse incidente fornece uma oportunidade para observar João de perto e depois reunir diversos princípios que nos ajudam a imitar esse tipo de grandiosidade.

Primeiro, *todos os líderes servem segundo a vontade de Deus (3.27).* Todos, em um momento ou outro, são negligenciados, ignorados, subestimados ou injustamente rejeitados para uma promoção ou homenagem. É difícil assistir ao sucesso do outro, em especial quando você está preso em um círculo de reveses. João não se sentiu ameaçado pelo sucesso do outro. Ao contrário, ele ficou feliz com isso. E ele, ao fazer isso, ecoou o salmista que escreveu:

> *Porque a exaltação*
> *Não vem do oriente, nem do ocidente,*
> *Nem do deserto.*
> *Mas Deus é quem julga;*
> *Ele abate um e exalta outro*
> (Sl 75.6,7).

Essa é uma perspectiva essencial para alguém ter em mente quando está lutando para ser bem-sucedido e, ainda mais, quando está no topo do mundo. Todos que servem o fazem segundo a vontade de Deus.

Segundo, *a alegria vem de servir a Deus, não do cargo ou título da pessoa (3.28,29).* Encaremos: os títulos e cargos são muito valorizados na nossa cultura. O orgulho almeja a aprovação dos outros, e as pessoas em posição de poder conseguem todo aplauso e afirmação. João, no entanto, recusou-se a cair nessa armadilha. Ele sentia alegria em servir a seu Senhor, cumprindo um papel que trouxe glória para Deus, não para ele mesmo. A ilustração do evangelho de João descreve o melhor amigo do noivo contente em completar sua tarefa e, depois, sair de lado para dar lugar ao noivo.

Os títulos e honras vêm e vão. Nosso relacionamento com o Senhor dura para sempre, trazendo mais alegria do que podemos descrever.

Terceiro, *a humildade genuína chama atenção para Cristo, não para si mesma (3.30-34).* Há uma triste concepção equivocada entre alguns cristãos de que a humildade genuína tem origem no sentimento de baixa autoestima. Eles pensam equivocadamente que "diminuir" o eu "aumenta" Cristo. Francamente, isso soa mais como depressão que alegria. Verdade seja dita, o foco da atenção ainda é o eu.

João Batista considerava a exaltação de Cristo a fonte de sua alegria. F. B. Meyer escreve: "A única esperança de uma diminuição do eu é um crescimento de Cristo".[18] Não perca tempo tentando diminuir a si mesmo parecendo muito humilde. Essa atitude foca o objeto errado. Você se enfia em um buraco tentando agir com humildade, parecer humilde e soar humilde. Logo você será o mais orgulhoso da igreja — em vez de ficar de lado. Esqueça de si mesmo enquanto exalta Cristo. Dirija a glória para ele. E, sem você perceber, a humildade emerge naturalmente.

Quando tentar aplicar esses três princípios, tenha cuidado com duas ciladas comuns: inveja e ciúme. As pessoas confundem com frequência esses dois medos porque os dois são estimulados pelo temor de não ter.

> A inveja tem as mãos vazias e as quer cheias.
> O ciúme tem as mãos cheias e quer que nunca se esvaziem.

> A inveja sente pena de si mesma porque não tem o que os outros têm.
> O ciúme entra em paranoia porque tem medo de perder o que sente que não merece ter.

João Batista evitou essas duas ciladas. Ele não se agarrou a nada e abriu mão de tudo para o Senhor: seus seguidores, sua popularidade e sua vontade. Ele reconhecia que Deus é dono de tudo e merece toda a glória. Ele sabia que encontramos mais alegria em cumprir nosso propósito: "glorificar a Deus e desfrutá-lo plenamente para sempre".[19] Será que é de admirar o fato de Jesus considerar João Batista grande?

Água para uma mulher sedenta
JOÃO 4.1-42

Algumas observações sobre a tradução em João 4.1-42

A21	NVI
6 *hora sexta*, talvez 18 horas no horário romano ou meio-dia no horário judaico **29** *o Cristo*, ou seja, *o Messias*	**1** *Jesus*, alguns manuscritos trazem *o Senhor* **9** *Pois os judeus não se dão bem com os samaritanos*; alguns manuscritos não incluem essa frase **26** *Eu sou o Messias* ou *O Eu Sou está aqui;* ou *Eu sou o Senhor*; o texto grego traz: *Eu sou, aquele que vos fala*. Veja Êxodo 3.14. **35** *maduros*, grego *brancos*

Os bons instrutores sabem que, para um aluno dominar uma nova habilidade, o treinamento tem de incluir porções equilibradas de três elementos essenciais: teoria, prática e inspiração. Esses elementos podem vir em qualquer ordem e de várias maneiras, mas nenhum treinamento

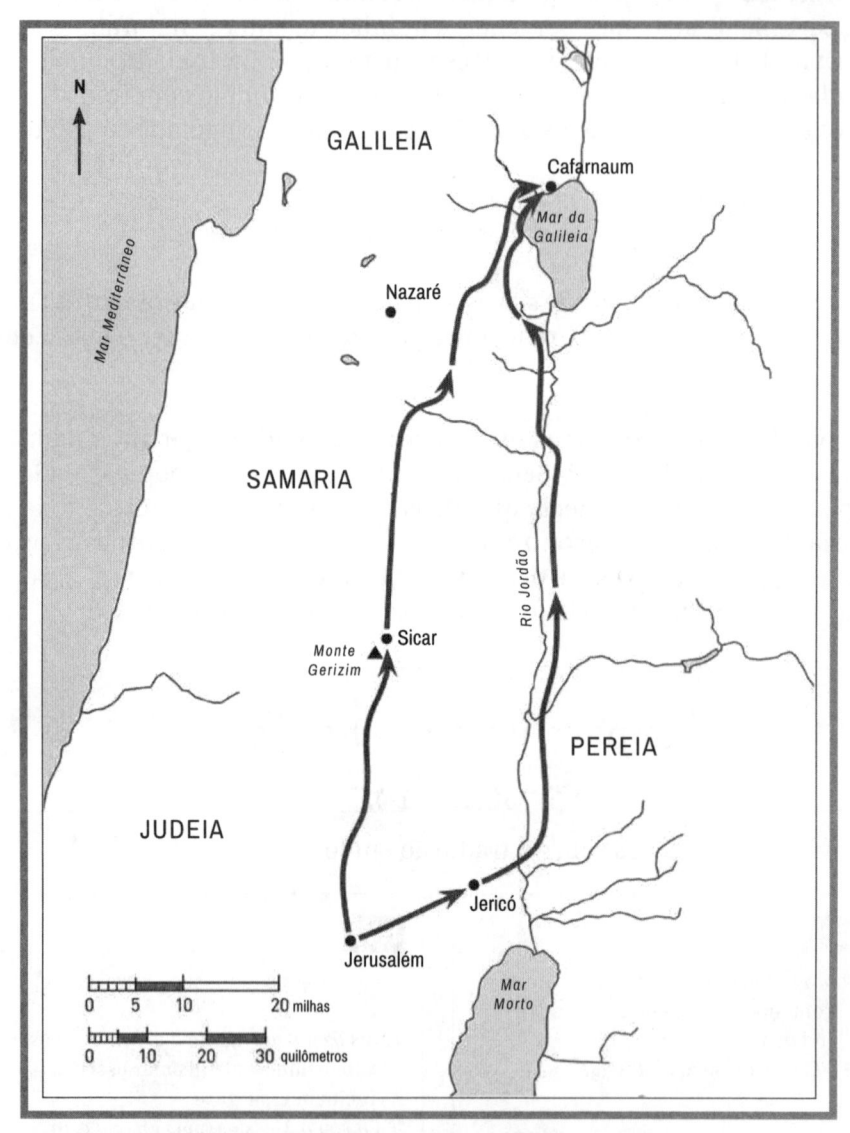

Mapa de rotas da Judeia para a Galileia. Os judeus que viajavam entre a Judeia e a Galileia, em geral, evitavam passar por Samaria, terra que consideravam contaminada por causa do casamento inter-racial com os gentios e do sincretismo religioso. Assim, os judeus, em vez de andar por solo impuro, desciam as montanhas em volta de Jerusalém para a planície do rio Jordão e caminhavam ao longo da margem oriental do rio Jordão, depois viravam para o oeste em direção à Galileia. Jesus, no entanto, escolheu seguir uma rota reta de Jerusalém a Caná, o que o levou a atravessar a cidade samaritana de Sicar.

é completo sem todos os três. A teoria sem a prática não faz o menor sentido. A prática sem a teoria é frustrante. A teoria e a prática sem a inspiração são enfadonhas. Deixe fora qualquer um desses elementos, e é quase certo que o aluno fracasse ou desista.

Uma vez que João Batista anunciou Jesus como o Messias, o Senhor não perdeu tempo chamando discípulos. Em 48 horas, cinco discípulos escolhidos começaram o treinamento para a transformação do mundo. Eles viram Jesus realizar milagres (2.1-12), experimentaram o desejo veemente dele por reavivamento (2.13-25) e ouviram sua pregação e ensinamento (3.1-36). Chegara o momento de eles vislumbrarem seu futuro como evangelistas. Jesus, o reformador judeu, se tornaria Jesus, o missionário, e mostraria a seus discípulos como alcançar o mundo fora do judaísmo. Entre a Galileia, ao norte, e a Judeia, ao sul, um povo perdido e abandonado vivia em uma terra de ninguém, sob a perspectiva espiritual, chamada Samaria, e eles precisavam ouvir as boas-novas.

4.1-3

Tentar traçar os movimentos de Jesus no evangelho de João não é tão proveitoso quanto no evangelho de Lucas, que fornece mais informação geográfica. No entanto, os Evangelhos Sinóticos (Mateus, Marcos e Lucas) não nos informam tanto sobre o ministério do Senhor na Judeia. Aprendemos com João que Jesus viajava com frequência entre a Galileia e a Judeia, e seus motivos para ir de uma região para outra variavam de modo relevante. Nesse caso, ele sentiu que seu ministério na Judeia estava chamando atenção pelos motivos errados. Embora a verdade sempre estimule a controvérsia, Jesus não estava interessado em se colocar na defensiva em relação aos fariseus — pelo menos não por enquanto, não até isso servir ao seu propósito último (15.22-25).

4.4

A expressão "tinha de" (NTLH) é traduzida de um verbo grego com o sentido de "ser necessário". Qualquer pessoa não familiarizada com a história de Samaria que olhasse um mapa não veria nada de peculiar na palavra escolhida por João. Desenhe uma linha reta de Jerusalém a Caná (4.46), considerando o terreno montanhoso, e uma escala em Sicar parece perfeitamente razoável. A escolha de palavras de João, no entanto, seria provocativa para qualquer leitor judeu. Os judeus desprezavam os samaritanos. Para eles, os samaritanos eram mestiços idólatras — da perspectiva étnica eram poluídos; da religiosa, confusos; e da moral, degradados. Durante um período particularmente tenebroso da história de Israel, os habitantes hebraicos dessa região fizeram casamentos inter-raciais com os gentios e instituíram seu próprio templo para competir com o de Jerusalém. Por conseguinte, os judeus — em particular os fariseus — não pisariam o solo samaritano e, francamente, também não havia sentimento de amor perdido por parte dos samaritanos.

Para evitar a "contaminação", a maioria dos judeus em viagem entre a Galileia e a Judeia escolhia cruzar o rio Jordão e circundar Samaria para o leste, em vez de atravessar a região em linha reta. Portanto, dizer *"era-lhe necessário* passar por Samaria" sugere que a necessidade não era geográfica.

4.5,6

João não localiza a cidade samaritana de Sicar em termos de sua localização geográfica, mas de sua relevância histórica. Essa porção de terra foi relevante na história de Israel como um lugar comprado por Jacó (mais tarde teve o nome mudado para "Israel") e dado aos seus filhos (Gn 33.18-21). Esse também era o lugar em que os ossos de José, depois do êxodo de Israel do Egito (Js 24.32), descansaram. A menção de João ao poço também não é um acidente. Samaria não tinha rios importantes para o suprimento de água, só ribeiros (canais naturais de escoamento) que traziam chuvas sazonais e, depois, logo ficavam secos durante meses. Jeremias usou um riacho como uma imagem para engano (Jr 15.18). A localização histórica e a presença do poço de Jacó deram a Jesus (e, por conseguinte, a João) outra oportunidade perfeita para chamar atenção para o conhecido símbolo de vida: a água.

UMA BREVE HISTÓRIA DE DEZ TRIBOS "PERDIDAS"

JOÃO 4.4

A nação hebraica foi assentada originalmente na terra prometida e prosperou por vários séculos enquanto as doze tribos permaneceram unidas pela adoração em um tabernáculo, localizado em Siló, a cerca de dezesseis quilômetros do monte Gerizim. No fim, o terceiro rei de Israel, Salomão, construiu um templo permanente em Jerusalém.

Pouco tempo depois da morte de Salomão, as dez tribos do norte rejeitaram o legítimo sucessor ao trono, escolheram um general idólatra rebelde para liderá-las, formaram uma nação separada e reivindicaram o nome de "Israel" para si mesmas. As tribos do sul, Benjamim e Judá, permaneceram leais ao

> filho de Salomão e passaram a ser conhecidas como "Judá". O Reino do Norte e o reino do Sul, nos duzentos anos seguintes, lutaram de forma intermitente, até Israel ser distraído por diversos ataques do rei assírio Pul (também conhecido como Tiglate-Pileser; veja 2Rs 15.19,20,29; 1Cr 5.26; Is 9.1). Por fim, Salmanasar (2Rs 17.3-6) e seu sucessor, Sargão, liquidaram Israel ao deportar as dez tribos e promover o casamento inter-racial deles com outras nações conquistadas, levando-os praticamente a não existir mais. Depois de 721 a.C., apenas um pequeno remanescente das dez tribos ficou no território do norte, e a maioria destes começou a se casar com gentios.
>
> A seguir, o povo de Judá, que veio a ser conhecido como "judeus", foi exilado na Babilônia (605-586 a.C.) e, mais tarde, ao voltarem sob a liderança de Esdras e Neemias, encontraram a região norte habitada por "samaritanos", tanto de origem hebraica quanto gentia. A tensão aumentou quando os samaritanos se opuseram à reconstrução de Jerusalém e do templo, e a ruptura final aconteceu quando os samaritanos construíram seu próprio templo no monte Gerizim, afirmando que esse era o autêntico lugar de adoração, não Jerusalém.

A sexta hora na contagem judaica era por volta do meio-dia. No começo do mês de maio (durante a colheita da cevada), o sol estaria alto e o clima quente e seco. Jesus e os discípulos viajaram durante toda a manhã e precisavam de alimento e água para continuar sua viagem. Enquanto Jesus descansava ao lado do poço, provavelmente na sombra, seus discípulos saíram à procura de alimento (4.8).

4.7,8

Conforme João relata a história — essa parte ele precisava ter ouvido de Jesus —, o surgimento da mulher parece coincidência. Mais uma vez, as pessoas familiarizadas com os costumes da época perceberiam de imediato dois detalhes fatídicos. Primeiro, ela veio sozinha. As mulheres, em geral, iam ao poço em grupos, não só para dividir o trabalho de tirar a água, mas também para socializar. Segundo, ela veio durante a hora mais quente do dia. O melhor horário para carregar um jarro com capacidade para dezenove litros de água, pesando aproximadamente dezoito quilos, era bem cedinho ou pouco antes do pôr do sol. As circunstâncias parecem curiosas e aumentam a impressão de que o encontro não foi acidental — agora o sentido da expressão *era-lhe necessário* (4.4) fica um pouco mais claro.

Jesus rompeu a tradição de sua época ao falar com uma mulher e lhe pedir polidamente que lhe desse um pouco de água do poço. Apesar do fato de que Jesus nunca quebraria um mandamento ou se comportaria de forma imoral, ele rotineiramente desconsiderava (e às vezes parecia ter especial deleite em fazer isso) os costumes sem sentido da religião. Ele viera para redimir essa mulher e sabia como alcançá-la. Ela usava a armadura emocional de uma mulher abatida pela moralidade dos justos. Ele honrou a protegida vulnerabilidade dessa mulher ao recorrer à bondade dela.

Quando lemos como Jesus envolveu a mulher na conversa, observamos um ciclo repetido. Jesus recorreu seis vezes à mulher, e seis vezes ela tentou desviar a discussão:

- Jesus recorreu à bondade dela (4.7), e a mulher respondeu de modo defensivo (4.9).
- Jesus recorreu à curiosidade dela (4.10), e a mulher respondeu de modo sarcástico (4.11,12).
- Jesus recorreu à necessidade espiritual dela (4.13,14), e a mulher focou apenas as necessidades físicas (4.15).
- Jesus recorreu ao interesse pessoal dela (4.16), e a mulher respondeu com uma meia verdade (4.17).
- Jesus recorreu à consciência dela (4.17,18), e a mulher levantou uma questão controversa (4.19,20).
- Jesus recorreu à vontade dela (4.21-24), e a mulher tentou adiar qualquer decisão (4.25).

4.9

A resposta da mulher foi defensiva. A maneira como João registra as palavras dela revela quão chocada a mulher estava. Ela perguntou: *Como tu, um judeu, pedes de beber a mim, que sou mulher samaritana?* O tom de sua pergunta com efeito era: "O que você está fazendo me pedindo água para beber?! Você, um judeu, me despreza como não judia, como mulher e como samaritana. Você não pode de repente superar séculos de barreiras assim".

João ressalta o preconceito racial caso alguém não tenha percebido a origem da tensão da mulher.

4.10

Jesus não reagiu à atitude defensiva da mulher. Ao contrário, ele disse, com efeito: *Se você soubesse de fato com quem está falando,* você me *pediria água para beber e eu lhe daria água* viva. A estrutura da sentença no grego enfatiza o adjetivo "viva".

"Dom de Deus"? "Soubesse quem ele é"? "Água viva"? Que declaração enigmática! Jesus enfeita deliberadamente seu comentário com frases instigantes e, a seguir, transmite-a com tranquilidade casual. Isso não era menos exorbitante que se eu dissesse a seguinte frase em uma conversa normal: "Bem, de volta a Marte, de onde sou, todos têm TV a cabo de graça". As pessoas pensariam que isso não passava de uma brincadeira.

Jesus claramente queria despertar a curiosidade dela.

4.11,12

Ela demonstrou ser rápida de raciocínio ao responder com sarcasmo contundente. Uma versão moderna da fala dela seria: "Ei, homem, a água desse poço é funda e é evidente que seu balde não desce até o fundo dele! Então, de onde você pretende conseguir essa água, essa água *viva*?" Ela também reagiu à insinuação de Jesus de que ele é alguém especial ao falar sobre a história do lugar.

Essa era uma mulher muito inteligente com um delicioso senso de humor; no entanto, a vida dura afiara sua sagacidade como uma navalha. Sem dúvida, muitos homens a tinham encantado e, depois, a deixado despedaçada. Agora, qualquer homem que achava ser um dom de Deus tinha de pensar de novo. A maioria dos homens teria captado a mensagem e dado o fora; mas Jesus não queria usá-la como os outros homens a tinham usado.

4.13,14

Jesus deixou de lado o ataque sarcástico da mulher e, então, apelou para sua necessidade espiritual. Ela precisava de nova vida. O pecado destruíra sua vida antiga, tanto no sentido teológico quanto no emocional. Ela deixara havia muito tempo de viver e, agora, apenas existia. Além disso, sua vida semelhante à morte logo terminaria na morte eterna.

Jesus brincou com as imagens da água do poço, que é estagnada, e a água corrente, que é "viva", para descrever o tipo de vida que está disponível para aqueles que creem nele. Aqueles que confiam em Cristo nunca precisam olhar para fora de si mesmos em busca de satisfação, porque o Senhor habita no interior deles e supre cada necessidade emocional e espiritual. Eles nunca ficarão sem água de novo.

4.15

Ou a mulher não tinha ouvido com sintonia espiritual, ou estava deliberadamente evitando o problema real. Muitas pessoas evitam com frequência falar sobre os assuntos espirituais porque as necessidades físicas são mais fáceis de serem satisfeitas e muitas vezes dão a ilusão de satisfação mais profunda. É isso que compele todos os tipos de compulsões e vícios. As pessoas também evitam as discussões espirituais porque elas são dolorosamente pessoais. Elas aprendem a lidar com sua desesperança; não querem ninguém perturbando o delicado equilíbrio que trabalharam tanto para alcançar. Por isso, a mulher trouxe a conversa de volta ao plano superficial, no qual se sentia mais confortável.

4.16

Jesus deu fim à tímida brincadeira da mulher com um pedido inocente. No plano superficial, ele apelou para o interesse pessoal dela. Em geral, em qualquer outra conversa, ninguém tomaria esse pedido como uma ofensa. Mas Jesus sabia o dilema que isso representava para ela. Ela, sem dúvida, se sentiu ferida e provavelmente fez a conexão entre "sede" e seu arranjo atual de vida.

É claro que Jesus conhecia a situação dela. Ele sabia tudo sobre a vida promíscua da mulher; e foi direto à necessidade dela. Ele apelou para o anseio mais profundo dessa mulher.

A mulher responde de modo evasivo. Ela esperava mudar o tópico da conversa para o lado aceitável de sua meia verdade: "Não tenho marido (no sentido tradicional da palavra)".

4.17,18

Jesus usou seu conhecimento sobrenatural para levar a conversa abaixo da superfície. Ele deixou de lado toda brincadeira e joguinhos a fim de apelar à consciência da mulher. É digno de nota o fato de que ele não a condenou, não a envergonhou nem tirou partido da pecaminosidade dela. Ele se limitou a afirmar a verdade e deixou que esta se firmasse por si mesma. O homem com o qual ela vivia não era seu marido, mas o sexto homem temporário em uma longa linha de homens temporários. Jesus, a despeito dessa feia realidade, encontrou um modo de elogiá-la pela parte verdadeira de sua meia verdade.

A mulher, é claro, não se sentiu ameaçada a ponto de fugir. A exposição tão rápida da origem da vergonha de alguém faz a pessoa se sentir desnudada emocionalmente, e a única resposta natural é fugir para se esconder. Mas o senso de momento de Jesus foi perfeito. Ele já estabelecera uma ligação. Ele permitiu que a mulher visse sua preocupação genuína com ela como pessoa, não como objeto. Ele a tratou com dignidade incomum e falou de forma compassiva à necessidade espiritual dela. Ele não a deixou distraí-lo das verdadeiras questões envolvidas, incluindo sua tentativa de bajulá-lo e, depois, passar para um debate teológico sem sentido.

4.19,20

"Ah, você esteve no seminário. Deve ser muito esperto. Deixe-me perguntar algo a respeito do que sempre tive curiosidade. Como você reconcilia o grande problema existencial da soberania de Deus e o livre-arbítrio do homem?" Só na cultura dela, o grande debate girava em torno do lugar mais apropriado para adorar um Deus onipresente.

4.21-24

Gostaria de recuperar o prumo com a mesma rapidez que Jesus. Ele não cedeu ao ardil da mulher nem ignorou sua pergunta. Ele aproveitou a interrupção dela para trazer a conversa de volta ao verdadeiro problema. O problema da mulher — como o da maioria das pessoas do relato de João — não era intelectual, mas volitivo. Jesus respondeu recorrendo à vontade dela. Ele apresentou três questões para desafiá-la.

Primeiro, *a localização física da adoração é uma preocupação secundária para Deus*. O templo é dado para o benefício do homem, não de Deus. O templo serve apenas para focar nossa atenção dispersiva. Muitos judeus adoravam fielmente a Deus quando andavam milhares de quilômetros até o templo de Jerusalém, mesmo quando este estava em ruínas.

Segundo, *o objeto da adoração é primordial no céu — mas veio a ser secundário em Samaria*. Não se engane, o templo samaritano foi projetado e construído em direta oposição ao esforço de reconstrução de Esdras e Neemias. E os homens que o construíram não conheciam o único Deus verdadeiro. Jesus não se esquivou da desconfortável verdade: os samaritanos eram mesmo idólatras.

Terceiro, *a qualidade da adoração é a verdadeira medida da devoção a Deus*. Mesmo enquanto Jesus falava com a mulher em Samaria, os líderes religiosos judeus estavam poluindo o templo com seus esquemas de câmbio de dinheiro. Por conseguinte, o templo de Jerusalém não era melhor nem pior que aquele no monte Gerizim. O Senhor quer adoração genuína e capacitada pelo Espírito.

4.25,26

A mulher recuou para sua última linha de defesa, uma muito usada hoje: o adiamento. Ela tentou sair da conversa, afirmando que todos os assuntos de teologia são controversos e irrelevantes até o Messias vir para resolvê-los. Os samaritanos esperavam um Messias como Moisés — mais professor e profeta, menos governante e sacerdote (Dt 18.15-18). De acordo com essa linha de raciocínio, "ninguém pode de fato dizer o que é verdade e o que não é até esse grande mestre vir para revelar todas as coisas".

Essa tentativa de deixar a conversa de lado funcionou perfeitamente nas mãos de Jesus. A descrição do encontro feita por João caminha em direção ao ponto culminante. O Senhor é bem-sucedido em contornar todas as defesas dela a fim de pôr a verdade suprema diante dela. Ele disse de fato: "Que bom! Você não tem de esperar mais; eu sou o Messias e estou aqui, conforme prometido".

No grego, a expressão "eu sou" é particularmente enfática: *egō eimi* [1473, 1510]. A expressão ecoa a identificação de si mesmo feita por Deus a Moisés: *EU SOU O QUE SOU* (Êx 3.14). Tanto os judeus quanto os samaritanos entendiam o sentido dessas palavras proferidas por Jesus. Na verdade, os líderes religiosos acusaram Jesus de blasfêmia por afirmar ser Deus por causa de seu repetido uso da fórmula "Eu sou" (6.48; 8.18,24,28,58; 10.7,11; 11.25; 13.19; 14.6; 15.1-3; 18.5-8).

4.27-30

A volta dos discípulos e o aparente choque deles diante da óbvia quebra da etiqueta judaica da parte de Jesus podem ter sido embaraçosos, mas João não nos informa nada sobre esse aspecto. O que sabemos é que a mulher esqueceu tudo sobre sua conversa original e voltou correndo para a cidade a fim de conferenciar com suas autoridades religiosas.

A construção da sentença grega antecipa uma resposta negativa: "Não é possível que ele seja o Cristo, não é mesmo?" Mas, então, ela apresenta a evidência para sugerir que ela acreditou de fato que Jesus fosse o Messias. De forma notável, os detalhes que ela evitara de forma tão dolorosa discutir antes vieram a ser a jubilosa confirmação de sua esperança espiritual.

Seu testemunho teve um efeito positivo. As pessoas da cidade dela foram compelidas a conhecer o homem que podia ser o Salvador.

4.31-34

O interlúdio entre a conversa de Jesus com a mulher e sua ministração ao resto da cidade nos permite ver por que João incluiu esse incidente em particular em seu evangelho. *Era-lhe necessário [a Jesus] passar por Samaria* (4.4) para redimir essa mulher em particular, que trouxe toda a sua cidade para Cristo com seu testemunho. E tão importante quanto redimir essa mulher, *era-lhe necessário passar por Samaria* a fim de dar a seus discípulos um treinamento crucial em evangelismo (4.34-38). Alcançar o perdido foi o motivo de Jesus para vir à terra e era o destino de seus discípulos. Além disso, esse encontrou forneceu uma lição tangível na primeira regra do novo reino: *a obediência à Palavra de Deus é mais importante e mais satisfatória que atender a qualquer mera necessidade física* (Dt 8.3; Mt 4.4; Lc 4.4).

4.35-38

Jesus, então, virou-se na direção dos campos de cevada (o grão do homem pobre) e observou como a cor deles tinha esmaecido, mudado do verde para o marrom claro. A expressão "prontos para a colheita" é um exagero, significando "extremamente maduro". Se o grão não fosse colhido a tempo, as vagens cairiam das hastes, o que seria um erro trágico e humilhante para o agricultor. Jesus pensava no evangelismo como uma colheita do que Deus nutrira e amadurecera e chamou os discípulos para colher os homens e mulheres que Deus preparara.

4.39-42

João, um mestre na arte de contar histórias, volta do discurso de Jesus para a vívida ilustração orquestrada pelo Senhor. Toda a cidade de samaritanos seguiu o testemunho da mulher para descobrirem eles mesmos o Salvador. Que evangelista incomum foi essa mulher! Ela não tinha raízes saudáveis. Não tinha treinamento de seminário. Sabia pouco sobre teologia. Não conseguia explicar por que Jesus tinha de ser o Messias. Ela apenas relatou seu encontro pessoal.

A resposta dos samaritanos contrasta de forma contundente com a dos líderes religiosos de Jerusalém. Os odiados "mestiços", ao contrário dos judeus com treinamento teológico que dirigiam o templo, acolheram Jesus e lhe pediram que os ensinasse. E como resultado de ouvi-lo, "muitos outros creram".

João conclui a lição sobre evangelismo com uma declaração notável dos recém-colhidos samaritanos. Apesar de o testemunho da mulher os ter trazido para ouvir Cristo, foi o próprio encontro deles com a Palavra que os fez confiar em Jesus como seu Salvador.

APLICAÇÃO

João 4.1-42

OS POUCOS, OS HUMILDES, OS CEIFEIROS

Quando João narrou a história de Jesus e da mulher samaritana, ele, conscientemente, enfatizou a contundente distinção entre as atitudes e ações de Jesus e as de seus discípulos. A dissimilaridade deles fica especialmente clara no interlúdio entre a conversa de Jesus com a mulher e sua saudação ao povo da cidade. Enquanto a mulher testemunha aos líderes da cidade, o Senhor convencia seus discípulos da necessidade urgente de colaboradores para colher as almas amadurecidas pelo Espírito Santo. Os discípulos ilustram diversas atitudes que com frequência nos impedem de entrar nos campos de colheita. Três vêm à mente.

Primeiro, *somos afastados pelo preconceito ou intolerância*. Os discípulos viram Jesus conversando com uma mulher samaritana — para eles, ela estava no patamar mais baixo na escala social a que alguém podia chegar — e simplesmente não conseguiam acreditar nisso. Encaremos: preocupamo-nos mais com a salvação de algumas pessoas que com a de outras. Nosso criador, no entanto, não classifica as pessoas sem uma escala de valores. Somos *todos* indignos de salvação e, ainda assim, igualmente amados por ele.

Segundo, *somos consumidos pelos detalhes mundanos da vida*. Os discípulos não conseguiam parar de pensar em ter alimento suficiente para perceber o entusiasmo de seu mestre. Eles o deixaram cansado, faminto e sedento da viagem; eles voltaram e o encontraram transbordando energia. Qualquer pessoa minimamente perceptiva teria deixado de lado a comida e perguntado ao Senhor o que o deixara tão animado. Mas não aqueles discípulos egoístas e sem visão.

Passamos a maior parte do nosso dia lidando com as ditas necessidades da vida: preparar as refeições, cumprir os compromissos e ganhar a vida. Qual foi a última vez em que você separou um tempo e fez planos específicos de compartilhar as boas-novas no trabalho ou com alguém de quem se tornou amigo em sua vizinhança ou comunidade?

Terceiro, *ficamos inertes pela promessa do amanhã*. Os discípulos não avaliaram a urgência do seu chamado. Jesus usou um dito popular entre os agricultores de sua época, "falta [m] ainda quatro meses para a colheita", a fim de despertá-los para a ação. Ele disse na verdade: "Não faltam quatro meses... é AGORA! O momento é agora!"

Adiamos. Abusamos do amanhã. Nesse meio-tempo, a morte continua a ceifar. Além disso, o tempo antes do fim dos tempos diminui cada vez mais.

Percebo que as pessoas envolvidas ativamente no evangelismo não apresentam muitas das atitudes que destroem as igrejas. A alegria com seu chamado as abstém de questionar o valor das pessoas. A prioridade do seu chamado as inspira a lidar rapidamente com os detalhes da vida e seguir em frente para cuidar de assuntos mais prementes, como a colheita de almas. A urgência do chamado as estimula a superar a tendência a adiar e a fazer o máximo das oportunidades presentes. Essas pessoas não têm tempo nem energia a desperdiçar com qualquer coisa que não seja o chamado para fazer a colheita. Contudo, elas não superaram as atitudes negativas para depois atenderem ao chamado.

Se você me permitir trocar as metáforas, as pessoas ativamente envolvidas no evangelismo são como pessoas na linha de frente da batalha. Um de meus amigos, fuzileiro naval, que teve mais que sua cota de combate, disse certa vez: "Os homens na linha de frente nunca reclamavam da comida; eram os camaradas mais afastados da batalha que mais reclamavam quando estavam na fila para se servir!" A luta de vida e morte tem um modo de manter as coisas em perspectiva.

O princípio permanece o mesmo para o evangelismo. Se esperarmos até que o preconceito, a mesquinharia ou a tendência a adiar não sejam mais um problema, nunca participaremos da colheita. Somos chamados a colher; portanto, temos de obedecer. Uma vez que formos para a linha de frente, os obstáculos importunos logo desaparecem.

Cura a distância
JOÃO 4.43-54

Algumas observações sobre a tradução em João 4.43-54

A21

48 *sinais e prodígios* ou *milagres confirmados*
51 *filho* ou *menino*
52 *hora sétima*, talvez 19 horas no horário romano ou 13 horas no horário judaico
54 *segundo sinal* ou *milagre confirmado*

Não sou alguém que "cura pela fé". Não faço cultos em que as pessoas doentes ficam em fila à espera de um toque na testa ou de um clamor. Não posso curar ninguém nem sou um "conduíte" do poder de cura de Deus. Francamente, as supostas curas realizadas por certas figuras notáveis têm pouca semelhança com os "sinais" oferecidos por Jesus e seus apóstolos. Ainda assim, isso não quer dizer que não acredito em cura sobrenatural. Acredito. Na verdade, lembro-me de muitos exemplos em que o poder de cura de Deus deixou alguns médicos sem fala.

Certa ocasião, um amigo íntimo desenvolveu um tumor maligno no lado da língua. O tumor, na época em que foi diagnosticado, já tinha se espalhado para os linfonodos e para uma parte do torso superior. Ele, como pai de quatro filhos e com uma carreira promissora pela frente, achou necessário preparar um testamento, deixar a casa em ordem e começar o processo de transferir seu negócio para os sócios.

Vários amigos dele, incluindo eu, não conseguiram passar um tempo com ele de imediato, de modo que combinamos orar em seu favor. Embora estivéssemos todos separados por muitos quilômetros, orávamos fielmente e começamos pedindo a Deus, se essa fosse sua vontade, por um milagre. Pedimos que o Senhor fosse glorificado na cura e continuação da vida desse amigo. Para ser totalmente honesto, nenhum de nós conhecia a vontade do Pai para nosso amigo — mas todos nós concordamos que nosso Deus era capaz. Além disso, amávamos o homem, queríamos desesperadamente que Deus o arrancasse das garras da morte.

Desenvolveu-se em nós um sentimento palpável de segurança, como um manto quente. Embora nem mesmo nos encontrássemos para orar juntos, estávamos confiantes de que Deus interviria de algum modo incomum. E ele interveio!

Em questão de dias, nosso amigo embarcou em um avião em Rochester, Minnesota, para mais tomografias, exames, diagnósticos refinados e, se necessário, um tratamento mais agressivo. Se alguém pudesse ajudá-lo, os especialistas da Clínica Mayo seriam essas pessoas. E para espanto da equipe composta de quatro médicos, quando fizeram mais radiografias e tomografias, não foi encontrado nenhum vestígio da doença. A explicação óbvia era que o diagnóstico original estava incorreto, mas os registros foram examinados duas vezes, e se chegou à mesma conclusão. A disseminação do tumor maligno era inequívoca... mas todos os tumores tinham sumido agora. Além disso, os exames anuais confirmaram que o tumor se fora para sempre.

O que aconteceu? Clara e milagrosamente, Deus curou esse homem.

Tenho outros exemplos menos dramáticos. Admitidamente, fiquei sabendo de apenas alguns casos em quase cinquenta anos de ministério. Muito menos do que esperaria... mas como um amigo ministro gosta de dizer: "Se esses casos acontecessem todos os dias, os chamaríamos de 'normais', não de 'milagres'". Não se engane: Deus pode curar e cura hoje. E não é necessário encontrar alguém com um suposto "dom" para fazer isso acontecer. O Senhor nos dá acesso irrestrito à sala do trono no céu. Somos convidados a ir diretamente ao Todo-poderoso com nossos problemas mais prementes e aflições desoladoras, e ele promete ouvir todas as nossas preocupações e receber nossos pedidos com compaixão. No entanto, precisamos ter em mente que o Senhor faz o que *ele* determina ser certo, o que pode não ser o que queremos ou pedimos. Nesse ponto, nossa confiança nele enfrenta seu maior desafio.

4.44-46

Jesus, após dois dias de ministério em Samaria, continuou a jornada para a Galileia, onde passou sua infância.

Jesus advertira os discípulos com a declaração "um profeta não recebe honras em sua própria terra" (veja Mt 13.57; Mc 6.4; Lc 4.24), em especial quando ministra na região perto da casa de sua infância. Nesse caso, João está refletindo sobre o sucesso entre os "estranhos" samaritanos e nos garantindo acesso à vida interior de Jesus. O Senhor — embora a visita atual acontecesse em um momento propício entre os galileus, que talvez estivessem orgulhosos de seu herói — manteve a boa vontade deles em perspectiva. Quando as pessoas conseguem o que querem, a fé vem com facilidade. Como será que eles responderiam quando confrontados com a verdade? Quando o verdadeiro Messias confronta o "messias" das expectativas deles, qual será que eles escolherão? Os dias à frente se transformarão em um confronto de vontades — as expectativas humanas *versus* a soberania de Deus. O encontro de Jesus com o oficial real ilustra a resposta de fé que ele deseja.

4.46,47

João identifica o lugar como Caná, o local do primeiro "sinal" feito por Jesus. Um oficial real parece ter estado tratando de negócios em Caná quando soube que Jesus voltara da Judeia. João nos informa que a casa do homem era em Cafarnaum, uma cidade importante situada na costa norte do mar da Galileia, aproximadamente a trinta quilômetros de distância (cerca de seis horas a pé ou duas horas de carro).

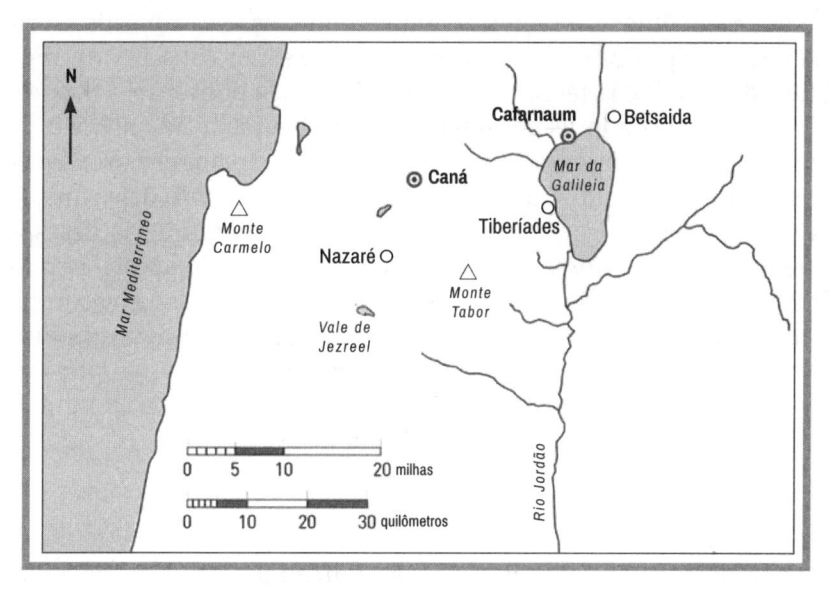

Mapa de Caná e Cafarnaum. O oficial do rei localizou Jesus em Caná, mas seu filho jazia à beira da morte em Cafarnaum, aproximadamente a trinta quilômetros de distância. Jesus curou o filho do homem apenas com uma palavra, provando que a distância não pode diminuir seu poder.

O termo traduzido por "oficial do rei" é *basilikos* [937] em grego, que em geral se refere a algo ou alguém associado com a realeza — traje real (At 12.21), território real (At 12.20) e lei real (Tg 2.8). Talvez o homem fosse membro da família estendida de Herodes Antipas; no entanto, é mais provável que servisse como oficial na corte real. Independentemente do que fosse, ele era um homem com influência, riqueza e privilégio, detentor de relevante autoridade.

Com certeza, sua vinda para ver Jesus não passou despercebida. E seu comportamento não se adequa à sua posição. Seu filho está à beira da morte em Cafarnaum, e esse pai "rogou" a Jesus para fazer a jornada. Essa é uma boa tradução do verbo grego no tempo imperfeito, que descreve a ação que é ou contínua ou repetitiva. O oficial, na urgência da doença do filho, deixou de lado qualquer dignidade e continuou a "suplic [ar]" que o Senhor fosse até seu filho.

4.48

Jesus respondeu com uma reprimenda que parece dura. "Vocês" (NVI) é exatamente o plural de "você" no grego, identificando o homem com um grupo de pessoas. Quem especificamente é impuro? Em geral, os galileus? Pessoas associadas com a família real? Como o homem era um judeu da aristocracia, é muito provável que ele fosse um saduceu, que não acreditava que Deus interviesse nos assuntos humanos. Os saduceus acreditavam que cada pessoa cria seu próprio destino e, por conseguinte, merece o que o destino lhe reserva, incluindo a doença, a pobreza e a morte. Um saduceu implorar a Jesus por um milagre seria uma ironia notável.

Como o homem era um galileu entre galileus, também é provável que Jesus estivesse notando um padrão sutil no pensamento deles que, mais tarde, se tornaria inconfundível (6.26,27). O homem queria desesperadamente que Jesus "*fosse* e curasse seu filho" (grifo do autor). Isso sugere que ele via limitação no poder de Jesus, limitação essa que o impedia de curar de uma grande distância. Além disso, ele se permitiu dizer a Jesus *como* conduzir a cura, em vez de apenas confiar o cuidado de seu filho ao Senhor. E, mais importante, ele procurou Jesus como um meio para conseguir o que queria, não como o Messias que merece adoração.

4.49,50

O oficial do rei não desistiria. Ele, ao enfrentar esse tipo de situação desesperadora, não era um aristocrata, um oficial, um saduceu, nem mesmo um galileu. Ele era primeiro e acima de tudo um pai doente de preocupação com seu filho moribundo. Jesus usou o estado vulnerável da mente do homem para ensinar a ele a fé genuína. Ele disse de fato: "Vai cuidar dos seus negócios; o seu filho está bem [tradução livre]".

João diz que o homem "creu na palavra que Jesus lhe dissera". Que relevante! "Crer" é o principal traço da narrativa de João; no entanto, "crer" não é necessariamente confiar em Jesus como Messias e Salvador. Quando João usa o verbo "crer" sem um objeto — como em *e muitos outros creram* (1.7,50; 3.12,15; 4.41) —, ele descreve a fé salvífica, a confiança em Jesus como Salvador. Isso também é verdade na expressão "aquele que *nele* crê" (3.16,17, grifo do autor). O homem creu que o que Jesus disse era verdade, o que é um importante primeiro passo, mas não é a mesma fé que salvou os samaritanos (4.41).

Fica claro que para esse pai a palavra do Senhor é suficiente. João diz que ele "partiu" ou "continuou". É o mesmo verbo usado antes pelo Senhor para "ir".

4.51,52

Alguém que ler essas palavras muito depressa pode pensar que a palavra "partiu", em 4.50, significa que o homem começou a jornada para casa. Uma reação natural seria correr para casa a fim de verificar se o menino estava de fato melhor. Mas um exame atento dos detalhes da frase revela uma história diferente. O homem não foi correndo para Cafarnaum. Ele foi cuidar de seus negócios em Caná. Como sabemos disso? Ao juntar vários indícios.

Conforme mencionado antes, Cafarnaum não fica a mais que seis horas de caminhada ou duas horas de carro. (Os ricos não caminhavam quando tinham recursos para ir a cavalo!) Enquanto o homem voltava para casa, seus servos o encontraram trazendo a notícia de que seu filho se recuperara. Observe a hora da cura: sétima hora (13 horas)... de *ontem*. O pai só foi para casa *no dia seguinte* de seu encontro com Jesus.

Jesus disse: "Vai cuidar dos seus negócios [tradução livre]", e o homem fez exatamente isso.

4.53,54

Quando percebeu que a febre do filho cedera na mesma hora em que Jesus declarara que o menino estava curado, o homem *creu*. Observe a ausência de qualquer objeto direto. Enquanto antes ele "creu na palavra que Jesus lhe dissera", agora ele simplesmente "creu". Esse é o tipo de fé que leva a pessoa a ter um relacionamento certo com Deus por intermédio de seu Filho, Jesus. Essa fé ultrapassa a mera aceitação da mensagem dele para confiar em Jesus como Salvador, Messias e Filho de Deus.

O homem creu no Salvador junto com toda a sua família.

Sabemos por meio do relato de outro evangelho que Jesus realizou muitos mais sinais na Galileia e na Judeia e que sua crescente fama trouxe multidões em busca de cura física e espiritual. Em pouco tempo, começou a se formar um movimento quando seguidores foram atrás do rabi de Nazaré, que também aconteceu de ser descendente de Davi. Eles acreditaram em suas palavras e pareceram acreditar nele. Eles também procuravam um rei para liderá-los. Mas será que eles aceitariam o reino prometido por Jesus ou queriam um rei feito por eles mesmos?

Quando Jesus tomou a direção de Jerusalém, seus seguidores enfrentaram uma escolha difícil.

APLICAÇÃO
João 4.43-54
CRENÇA FÁCIL *VERSUS* FÉ SALVÍFICA

Quando D. James Kennedy escreveu o texto para o *Evangelismo explosivo*, um programa maravilhoso de treinamento para evangelismo, ele teve o cuidado de esclarecer o que queremos dizer com o convite "Creia em Jesus". Ele primeiro descreve o que a fé salvífica *não* é.

> A primeira coisa em que as pessoas erram em relação à fé salvífica é isto: a admissão intelectual de determinados fatos históricos. Algumas pessoas acreditam em Jesus Cristo do mesmo modo que acreditam em Napoleão ou George Washington. Elas acreditam que ele viveu de fato. Ele foi uma pessoa de verdade na História, mas as pessoas não confiam nele para fazer qualquer coisa por elas agora.[20]

Kennedy chama esse tipo de crença de "mera admissão intelectual". A seguir, ele descreve outro tipo de crença que fica aquém da fé salvífica. A "fé temporal" é um passo na direção certa, contudo ainda fica aquém dela.

> Podemos dizer que, quando você confiou no Senhor em relação a suas finanças, você tinha uma fé financeira. Confiou no Senhor para cuidar da sua família — podemos denominar essa de fé quanto à família. Confiou no Senhor para ajudá-lo com suas decisões — pode chamar isso de fé quanto à decisão. Em relação às viagens, você teve fé quanto à viagem.
>
> Todas essas coisas têm um elemento em comum. Elas são temporais. [...] Mas a fé salvífica é a confiança em Cristo para salvar você — salvá-lo para sempre.[21]

A história relatada por João de um pai desesperado por ver seu filho mortalmente doente com saúde de novo ilustra a diferença entre a verdadeira fé salvífica e os outros tipos de crenças. Quando Jesus assegurou ao homem que o filho viveria, ele "creu na palavra que Jesus lhe dissera" (4.50). Ele acreditou que Jesus atenderia a seu pedido. É fé temporal. Mais tarde, quando o homem percebeu que a recuperação milagrosa do filho coincidiu com a palavra de Jesus, *ele creu* (4.53). Ele, então, acreditou em Jesus como o Messias, aceitando como verdade todas as declarações do Senhor e confiando no Salvador para a salvação.

Qual é a natureza da sua crença? Você recorre ao Senhor para proteger suas finanças, ou para restaurar a saúde de algum ente querido, ou ainda para proteger sua família? Se for esse o caso, não deixe de fazer isso! Ele quer que vamos a ele com todas as nossas angústias e preocupações. O Senhor deseja se tornar uma parte integral de nossas experiências diárias. Mas não pare aqui. Não deixe que sua confiança se estenda apenas a assuntos temporais.

Jesus disse a Nicodemos: *Deus amou tanto o mundo, que deu o seu Filho unigênito, para que todo aquele que nele crê não pereça, mas tenha a vida eterna* (Jo 3.16). Cada um de nós está acometido da doença terminal do pecado. E a justiça exige punição pelo pecado, a separação eterna de Deus. Como Jesus, o Salvador, pagou a pena por nossos pecados, podemos ter a vida eterna... ao confiar em Jesus para nos salvar.

Esse é o tipo de crença que Jesus nos chama a exercitar. Essa é a fé *salvífica*.

AUTENTICAÇÃO DA PALAVRA
(JO 5.1—12.50)

O ministério do Senhor começou bem. O destemido anúncio de João Batista rendera de imediato cinco discípulos com compromisso sem restrição de seguir o Filho de Deus. A transformação de água em vinho realizada por Jesus fortaleceu a fé de seus discípulos. Ele ensinou Nicodemos, realizou sinais em Jerusalém, redimiu a cidade de Samaria e curou o filho do oficial do rei, e todas essas coisas resultaram em multidões de todos os cantos de Israel confiando em Jesus como Salvador. Embora o ministério do Senhor tenha tido conflito, a resposta geral à Palavra foi de crença. Então algo, como o primeiro sopro de inverno na brisa outonal, começou a mudar. Nem todos acreditavam de imediato. Alguns começaram a se opor abertamente a ele... seguidos pelos demais. O Filho de Deus veio ao mundo para fazer brilhar a luz da verdade, contudo algumas mentes permaneciam nas trevas. A Palavra, em vez de unir Israel, começou a criar divisões penetrantes.

O autor humano de Hebreus chamou a Palavra de Deus de espada de dois gumes, uma lâmina afiadíssima que consegue dividir as partes constituintes de qualquer coisa (Hb 4.12). Afinal, dividir é o objetivo da espada. Além disso, essa espada — a Palavra — "é capaz de perceber os pensamentos e intenções do coração". Em outras palavras, embora a verdade ilumine os corações dispostos, ela também percebe que alguns corações estão obstinadamente nas trevas. Portanto, não é de surpreender que, quando a Palavra se tornou carne, o mundo tenha começado a se dividir em resposta a essa Palavra, Jesus.

Nessa seção da narrativa de João (Jo 5.1—12.50), Jesus oferece mais cinco "sinais" autenticando-se como o Messias prometido e também como Deus em carne humana. Cada sinal identifica o Filho de Deus mais claramente que o anterior até a verdade ser incontestável... para os corações dispostos, os corações preparados para recebê-lo. A verdade de Jesus Cristo também autentica aqueles que foram dados a ele (6.37,39; 17.2,6,9,24). As palavras e obras de Jesus separam os fiéis do "mundo", identificando-os como dele — almas confiantes que ele prometeu preservar até o último dia.

Conforme os cristãos são separados de seus pares descrentes, "o mundo", na narrativa de João, começa a assumir um caráter mais ameaçador. Na primeira seção (1.19—4.54), "o mundo" refere-se a toda a humanidade, a quem Deus ama e para quem enviou seu Filho para salvá-la (1.29; 3.16-19; 4.42). Na segunda seção (5.1—12.50), o Senhor continua a iluminar "o mundo"; no entanto, conforme João advertira seus primeiros leitores (1.10), "o mundo" começa a rejeitar Jesus, enquanto "os seus" continuam a acreditar, embora com fé débil e pouco entendimento. Após a segunda seção, "o mundo" passa a ser a expressão do Senhor para todos aqueles que rejeitam a Palavra (14.17,27,30,31; 15.18,19; 16.8,20,21,28,33; 17.5,6,9-11,13-18,21,23-25), provando assim serem eles mesmos inimigos manifestos de Deus e seu eleito.

No fim do ministério público de Jesus, a linha entre os cristãos e os não cristãos era inequívoca. A Palavra, como uma espada, dividiu Israel ao meio.

A cultura moderna julga a qualidade dos líderes por sua habilidade em unir as pessoas. Contudo, se aprendi alguma coisa nos meus anos de ministério pastoral, é que a verdade não une as pessoas; ela as divide. De fato, o modo mais fácil de unir as pessoas é esconder a verdade, dizer a elas o que querem ouvir. A História prova que o modo mais eficaz de conseguir um grande número de seguidores é vender uma imagem. Criar um símbolo em torno do qual as pessoas se juntem; e outro, para elas odiarem. Crie símbolos audazes, faça sua mensagem simples, ajuste-a às necessidades mais profundas das pessoas, convença-as de que o fato de segui-lo resolverá todos os problemas delas e — independentemente do que faça — mantenha a verdade real escondida. Isso exigirá controle absoluto e totalitário. Além disso, tem de transformar os proclamadores de verdade em um exemplo, mas a recompensa será o imenso poder na forma de uma grande multidão de seguidores.

A verdade, por sua vez, não tende a atrair muitos seguidores. Ao contrário, a verdade atrai inimigos como um ímã. Por isso, a liderança piedosa exige coragem, tenacidade, resiliência e, acima de tudo, humildade. Um proclamador da verdade não pode se preocupar com sua imagem ou com aplauso, com votos ou popularidade; ele tem de ficar satisfeito por apresentar a verdade, permitir que ela se sustente sozinha — deixar que ela atraia ou repila quem quer que seja — e, então, aceitar a rejeição pessoal como o resultado mais provável.

Se essa foi a experiência da Palavra — a verdade divina na carne humana —, tenha certeza de que não será diferente com você.

TERMOS FUNDAMENTAIS EM JOÃO 5.1—12.50

- **Amēn** (ἀμήν) [281], "amém", "verdadeiramente", "assim é", "certamente"

O termo *amēn* é simplesmente uma transliteração de uma exclamação hebraica, que as pessoas proferiam para afirmar um pronunciamento de Deus ou para confirmar a aceitação de uma diretiva divina (Dt 27.15; cf. 1Rs 1.36; 1Cr 16.36; Ne 5.13). Jesus usava o termo *amēn* para indicar que sua próxima declaração era uma nova revelação de Deus, que também tinha seu selo de autoridade como o Filho de Deus. *Veja João 5.19; 6.53; 8.51; 12.24.*

- **Doxa** (δόξα) [1391], "glória", "boa reputação", "sinal", "milagre"

Esse substantivo deriva do verbo *dokēo* [1380], "julgar, pensar". A literatura grega secular usa o termo com o sentido de "opinião", que pode ser tanto positiva quanto negativa.[1] Os judeus do século I escolhiam a palavra *doxa* para traduzir o termo hebraico *kabod* [H3519], o termo do Antigo Testamento para o esplendor radiante do caráter de Deus, que ele manifestava com frequência como luz (a *shekinah*). Por essa razão, o Novo Testamento faz associação estreita de *doxa* com a expressão visível da presença de Deus. *Veja João 1.14; 2.11; 11.40; 17.5.*

- **Ergon** (ἔργον) [2041], "obra (s)", "feito (s)", "ato (s)"

Esse termo refere-se fundamentalmente ao esforço, ao resultado do esforço de alguém ou ambas as coisas simultaneamente. As "obras" de Deus são vistas na criação do universo e em seu envolvimento contínuo com a criação na forma de provisão e proteção. As "obras" da humanidade podem ser ou tangíveis — como a arte, a construção e a lavoura — ou intangíveis. As "obras" intangíveis das pessoas têm em geral uma conotação moral e podem ser bem traduzidas por "boas obras". Esses esforços contribuem para o trabalho de Deus no universo e, dessa forma, agradam a ele. *Veja João 5.36; 6.29; 9.3; 10.25.*

- **Krinō** (κρίνω) [2919], "julgar", "separar e selecionar", "estimar", "decidir"

O sentido literal dessa palavra é "examinar e separar a fim de isolar os componentes de uma mistura". O principal uso do termo é metafórico no sentido de "analisar cuidadosamente os detalhes para chegar a uma conclusão". Em termos de uma pessoa, a ideia é analisar os detalhes de sua vida a fim de examiná-los e chegar a uma decisão sobre seu caráter. Os substantivos *krisis* e *krima* são ambos derivados desse verbo, mas têm um sentido um pouquinho diferente. *Krisis* [2920] é o ato de julgar. *Krima* [2917] é o resultado do julgamento, que pode ser um veredicto ou uma sentença. *Veja João 3.17; 5.30; 12.47; 16.11.*

Uma exposição do legalismo
JOÃO 5.1-18

Algumas observações sobre a tradução em João 5.1-18

A21

2 a. *língua dos hebreus*, ou seja, aramaico judaico; b. *Betesda*, alguns dos primeiros manuscritos trazem *Betsaida*
3 *esperando o movimento da água*; os primeiros manuscritos não contêm o restante do v. 3 nem do v. 4
5 *enfermo*, lit. *em sua doença*

NVI

2 *Betesda*; outros manuscritos trazem *Betezata* (NTLH), ainda outros trazem *Betsaida*
3 *ali* (nas entradas); alguns manuscritos acrescentam uma conclusão expandida para esse v. e para todo o v. 4: *esperavam um movimento nas águas.*[4] *De vez em quando descia um anjo do Senhor e agitava as águas. O primeiro que entrasse no tanque, depois de agitada as águas, era curado de qualquer doença que tivesse*

Os legalistas da época de Jesus, por excelência, eram os fariseus, uma irmandade de especialistas em religião.

O legalismo é um inimigo. Declaro isso não só fundamentado na Escritura; descobri, por experiência, sua capacidade de sufocar o espírito. Quando era um jovem cristão em busca de companheiros para compartilhar minha jornada espiritual, descobri-me rodeado por um grupo de legalistas e, sem perceber, comecei a abraçar as percepções deles. Comecei a medir a qualidade da minha vida espiritual e a da vida de outros por meio de uma lista de coisas que deviam ser feitas e outras que não podiam ser feitas, medindo o valor de todos em termos de desempenho e realização. Aspirava a ter a excelência espiritual, mas achei que podia fazer isso nos meus termos, como se a justiça dependesse completamente do meu esforço. Em vez de experimentar mais alegria em meu relacionamento com Cristo, passei a ser crítico, julgador e intolerante. Transformei-me gradualmente em um espírito endurecido, negativo e rígido. A liberdade se fora. A adoração era superficial e sem vida. O trabalho era penoso e enfadonho. Não percebi naquela época, mas o ambiente do legalismo estava me sufocando.

Como o legalismo é um matador sutil e silencioso, precisamos entender nosso inimigo antes de confrontá-lo. Precisamos saber o que ele é, como aparece e por que é errado.

O que é legalismo?

Legalismo é o estabelecimento de padrões cuidadosamente selecionados pelas pessoas com o objetivo de celebrar a realização humana sob o pretexto de agradar a Deus. O legalismo é a justiça conforme definida pelos seres humanos, que citam com frequência Deus como a origem do padrão. Na realidade, o padrão vem da cultura, tradição e, com mais frequência, das preferências pessoais daqueles que detêm posições de poder ou influência.

O legalismo se fundamenta em listas (os legalistas amam listas!). Se você cumpre cada item da lista de fazer e não fazer, é considerado aceitável da perspectiva espiritual. Mas, se não segue o padrão prescrito, é julgado indigno do favor de Deus e da aprovação dos outros. Naturalmente, os legalistas sempre acham que sabem como Deus julga e estão mais que dispostos a agir em nome dele.

Como surge o legalismo?

O legalismo quase sempre se enfeita com os mantos régios do traje religioso e brande as credenciais de organizações religiosas. Essas palavras não condenam as organizações cristãs nem as roupas que usam — estou apenas observando que os legalistas são atraídos por essas coisas e têm tido sucesso em se infiltrar nas igrejas, missões, organizações paraeclesiásticas, organizações de caridade e escolas. Quando conseguem se infiltrar, eles usam as pompas religiosas para convencer os outros de que a programação deles tem a aprovação de Deus. No fim, os seguidores começam a temer a desaprovação dos líderes, que ficam cada vez mais em evidência e controladores, enquanto o Senhor desaparece na obscuridade.

Por que o legalismo é errado?

O legalismo nega a graça de Deus e presume merecer o favor dele por meio de obras. É uma justiça feita pelo homem que exalta a humanidade, em vez de exaltar o Senhor. O legalismo produz ou orgulho ou depressão nas pessoas sob seu feitiço — orgulho para aqueles que cumprem a lista para sua própria satisfação; depressão para aqueles que reconhecem sua total incapacidade de cumprir perfeitamente a lista. A crítica é a principal motivação. O objetivo do legalismo é *fazer* críticas tanto quanto possível e evitar *recebê*-las a qualquer custo.

O legalismo é errado porque produz nas pessoas o que o Senhor menos quer: o orgulho, a autodepreciação, a hipocrisia e o sentimento de superioridade.

5.1,2

Jesus, depois de ministrar por um tempo na Galileia — período que pode corresponder a várias semanas ou até mesmo meses —, viajou para Jerusalém para observar "uma festa dos judeus". João não nos informa qual era essa festa, provavelmente porque essa informação não contribuía para seu propósito, ao contrário da Páscoa (2.23; 6.4; 11.55), que é profundamente relevante para o caso dele. Ele apenas nos informa a razão por que Jesus veio a Jerusalém. Ele, no começo de seu ministério, viajava para a capital só com o objetivo de adorar em cumprimento à lei judaica. No fim, ele entraria na cidade para reivindicá-la como o rei de Israel. Mas ainda não.

Quando Jesus, mais cedo, purificou o templo (2.13-22), ele reivindicou a propriedade do símbolo mais visível do judaísmo. Seu propósito era restaurar a adoração. Aqui, ele, em sua visita seguinte a Jerusalém, reivindica a propriedade da instituição mais preciosa e valorizada do judaísmo: o sábado. Seu propósito nessa ocasião era restaurar a graça.

O tanque de Betesda. O tanque descrito por João é muito semelhante a um complexo de duas piscinas rodeadas por cinco colunatas ao norte do templo de Herodes, visível aqui à esquerda. O complexo parece ter sido um sanatório, conhecido no mundo grego como *asklēpieion*. As três torres no centro da foto marcam o canto noroeste do complexo do templo.

Quando Jesus chegou a Jerusalém, ele aparentemente visitou o sanatório situado à sombra do grande templo construído por Herodes. As autoridades do templo, em especial os fariseus entre elas, nunca entrariam no lugar e, provavelmente, repreenderiam qualquer judeu que entrasse ali.

5.3,4

A porção de 5.3,4 não aparece nos manuscritos gregos mais antigos. É mais provável que um escriba anterior tenha acrescentado o texto como um esclarecimento fundamentado em seu conhecimento da tradição.

O nome *Betesda* é um tipo de jogo de palavras com o sentido de "casa de graça" ou "casa do derramamento [de água]". Uma combinação curiosa da religião hebraica com a superstição grega que afirmava que um anjo de Deus agitava periodicamente as águas e prometia a cura para o primeiro inválido que conseguisse entrar no tanque. (Sabemos agora que os tanques eram abastecidos periodicamente por uma fonte subterrânea que fazia a superfície da água se agitar.) Não podia haver uma imagem mais adequada da religião legalista em todo o Israel. Em volta do símbolo de vida repousavam pessoas desesperadamente doentes à espera de uma chance de participar de uma patética corrida de inválidos até a água, na qual a cura ia para o menos necessitado entre eles.

"Casa da graça"? Difícil de acreditar!

5.5,6

Enquanto Jesus visitava os doentes esgotados que tentavam em vão se curar, ele encontrou um homem que estava doente havia 38 anos, o que era mais tempo que a expectativa média de vida para um homem no Império Romano no século I. Ele estivera doente uma vida inteira. Portanto, a pergunta de Jesus soa absurda: "Queres ser curado?"

João afirma que Jesus "sab[ia]" a história da doença do homem. Alguém informou o Senhor antes ou ele exercera o conhecimento sobrenatural (1.47,48; 4.17); João não informa. As primeiras palavras de Jesus para o homem foram as de sua pergunta e, provavelmente, a intenção era conseguir cativar sua atenção antes de conduzir o homem (e nós também) em direção a uma importante verdade.

5.7,8

A resposta do homem é notável. O grego *coiné*, com frequência, determinava a ordem das palavras por uma questão de ênfase. Nesse caso, o doente enfatizou a palavra "homem" — ele não tinha um homem para ajudá-lo. Ele, claramente, reconhecia sua própria impotência; no entanto, o objeto de sua fé era confuso. Ele esperava por um pouco de superstição, talvez porque o templo de Herodes o tivesse decepcionado. A teologia em voga na época afirmava em geral que a doença era o resultado do julgamento de Deus pelo pecado (9.2); esse homem não encontraria muita empatia no templo.

Além disso, ele confiava na humanidade para ajudá-lo a vencer sua absurda corrida por cura, tendo obviamente perdido a esperança de ver a graça de Deus. Para ele, como para muitos em nossos dias, "Deus ajuda aqueles que ajudam a si mesmos".

5.9

Jesus não pregou. Não corrigiu a teologia falha do homem. Não lhe deu uma aula sobre a graça. As pessoas a quem falta esperança não precisam de mais conhecimento; elas precisam de compaixão. Jesus deu ao homem o que lhe faltava, algo que ele precisava muitíssimo. Deu-lhe a graça na forma de uma ordem: "Levanta-te, pega a tua maca e anda".

"Imediatamente" o corpo do homem respondeu ao poder de cura de Jesus. O homem respondeu às palavras do Senhor. A descrição da cena feita por João é, sem dúvida, uma exposição deliberadamente atenuada do fato. Tenho certeza de que o homem, depois de quatro décadas de pernas atrofiadas e esperança debilitada, saltou, correu, pulou e deu cambalhotas em volta daquele triste tanque. Ele deve ter dado um espetáculo, algo notável de ser visto.

Justo quando o leitor começa a celebrar a cura do homem, João diz algumas palavras que caem como um balde de água fria. Ele diz com efeito: "Ah, a propósito, *era sábado*". Qualquer pessoa que soubesse alguma coisa sobre os fariseus entenderia a importância dessa simples declaração. Sua brincadeira literária de acabar com a festa prenuncia uma bizarra guinada na história.

5.10

Embora João não interrompa o fluxo lógico da história, há uma aparente mudança de cena. O homem estava provavelmente levando sua maca para casa ou talvez para o templo, onde ele participaria da festa pela primeira vez em muitos anos. Ele foi censurado pelos "judeus" (termo de João para as "autoridades religiosas") por carregar algo no sábado, o que era estritamente proibido pela tradição, mas perfeitamente aceitável pela lei de Moisés em vista das circunstâncias extraordinárias.

Esse é o exemplo perfeito da obsessão legalista com a letra da lei, enquanto ignora a inspiração (ou o "espírito") da lei. Os fariseus aplicavam

Do meu diário

Doença e desespero

JOÃO 5.7,8

A cena no tanque de Betesda devia ser uma experiência de dilacerar a alma para qualquer visitante com capacidade para sentir empatia. Quando servi na ilha de Okinawa, era membro da banda da Terceira Divisão da Corporação dos Fuzileiros Navais. Em uma ocasião em particular, fomos convidados por um leprosário situado no extremo norte de Okinawa para tocar para eles. A lembrança daqueles homens e mulheres jamais me abandonará. Os corpos mutilados tropeçando, empurrando e puxando a si mesmos adiante, cada um carregando vestígios de um rosto humano. Eles se sentaram em uma fila perfeita de cadeiras de rodas preparadas para eles e ouviram extasiados nossa música. Mal conseguia tocar meu instrumento com a tristeza pesando em meu coração, vendo corpos terrivelmente desfigurados pelo mal de Hansen. Jamais esquecerei o som do aplauso deles, conseguindo batendo os tocos de membros em conjunto ou batendo as muletas no chão ou contra a cadeira.

Daria quase qualquer coisa, naquele dia, para ter o poder de curar. Que alegria Jesus deve ter sentido ao chegar ao mar de depravação humana e arrebatar uma alma das garras da doença. Pergunto-me às vezes por que ele não fez uma limpeza na área em torno do tanque de Betesda, em vez de escolher apenas um homem. Ainda assim, ele deixou o imaculado reino do céu para se tornar um de nós, para compartilhar nosso sofrimento, para experimentar a morte e, em última análise, para acabar com a tirania do mal por meio do sacrifício dele mesmo. E, em um dia próximo, Jesus esvaziará os hospitais, as colônias de leprosos e até mesmo os cemitérios do mundo. Então, viveremos em um mundo sem trevas, pecado, sofrimento, doença e morte. Temos a promessa dele de que será assim. E eu, por exemplo, antecipo com intensidade esse dia glorioso!

de modo estrito as palavras de Jeremias: *não leveis cargas no dia de sábado* (Jr 17.21), mas não reconheciam o contexto. Jeremias reclamou porque o sétimo dia em Jerusalém era dia útil como qualquer outro dia. Mais tarde, Neemias adotaria a mesma posição ao ordenar que as portas de Jerusalém fossem fechadas no último dia da semana, *para que nenhuma carga entrasse no dia de sábado* (Ne 13.19).

O Senhor instituiu o sábado como uma dádiva. Ele ordenou um dia de descanso para rejuvenescer o corpo e a mente do seu povo. Mais importante, o sábado foi concedido a fim de interromper o ciclo de rotina diária de modo que o povo não se esquecesse de que *Deus* é a fonte suprema de seu sustento; o trabalho deles é apenas um meio da provisão de Deus. O sábado permitia que as pessoas parassem de trabalhar a fim de não negligenciar uma necessidade vital: a adoração. Somos criados para adorar; por essa razão, a adoração nos faz bem. Mas os fariseus transformaram essa dádiva maravilhosa de Deus em um fardo, uma ocasião para crítica severa, uma desculpa para exercer poder e ainda mais uma oportunidade para lembrar a eles mesmos e aos outros seu valor moral superior.

O SÁBADO HEBRAICO

JOÃO 5.10

De acordo com Êxodo 20.11, o povo hebreu tinha de parar todo trabalho no sábado porque o criador "descansou" após o sexto dia da criação. Descansou porque estava cansado? É claro que não! A onipotência nunca precisa de descanso. O termo hebraico traduzido por "descanso" é *shabat* [H7673], que significa "cessar". O Senhor cessou o trabalho porque sua obra criativa estava completa, momento em que ele disse o seguinte sobre sua criação: "bom". Ao pôr do sol do sexto dia, ele provera tudo que suas criaturas — incluindo os seres humanos — precisariam para prosperar e cumprir seu propósito. Ele criou a humanidade para adorá-lo e desfrutá-lo para sempre.

Deus separou o sétimo dia — o sábado, o "tempo de cessação" por assim dizer — para ser uma dádiva perpétua que comemora a criação do mundo pelo Senhor e celebra a provisão de Deus. Ele pretendia que o sábado fosse um tempo de descanso e celebração, tempo para aproveitar a companhia da família e — mais que tudo — para celebrar a provisão e proteção divinas. No entanto, os fariseus, na época de Jesus, tinham transformado essa maravilhosa dádiva de graça em um fardo cansativo e tedioso.

À simples ordem "descansem", os fariseus acrescentaram uma longa lista de proibições específicas. E eles, caso tivessem esquecido algo, estabeleceram

> 38 categorias de atividades proibidas: carregar, queimar, extinguir, terminar, escrever, apagar, cozinhar, lavar, costurar, rasgar, amarrar, desamarrar, modelar, arar, plantar, colher, debulhar, peneirar, selecionar, coar, moer, misturar, pentear, fiar, tingir, tricotar, enrolar, tecer, descosturar, construir, demolir, armar armadilhas, tosquiar, abater, tirar a pele, curtir a pele, amaciar e marcar.
>
> A longa lista de atividades proibidas deixou a vida muito mais difícil para as pessoas ao proibir até mesmo as atividades comuns mais simples (veja também Mt 12.1,2,10; Lc 13.14-17; Jo 9.14-16). Os fariseus, ao focar a letra da lei, transformaram o dia de descanso em um fardo tedioso!

5.11-13

O homem curado explicou o motivo extraordinário para sua violação menor das regras dos fariseus: "Aquele que me curou, esse mesmo me disse: Pega a tua maca e anda". Mas observe a perspectiva pessimista dos fariseus que seria cômica, se não fosse tão aterradora: "Quem é o homem que te disse: Pega a tua maca e anda?"

Acho que qualquer pessoa normal ficaria pelo menos um pouco intrigada com a cura instantânea do homem. Mas os fariseus deixaram de lado uma oportunidade para celebrar a graça de Deus a fim de descobrir uma potencial ameaça à autoridade deles.

Imagine que você tem um vizinho que estava paralisado do pescoço para baixo por causa de um acidente que sofreu mais de trinta anos atrás. Um domingo de manhã, logo depois das 6 horas, o som de uma máquina de cortar grama o desperta com sobressalto de um sono profundo e gostoso. Aborrecido, você sai pela porta da frente para ver quem seria tão insensível a ponto de sacudir cada janela do quarteirão com aquele barulho infernal tão cedo em um dia de descanso. Ao ver seu vizinho antes paralisado cortando com alegria seu gramado em perfeito estado de saúde, o que você acha que diria? Se for uma pessoa normal, você diria: "Hank, o que aconteceu? Como você está bem?" Mas, se fosse um fariseu, você gritaria: "Hank, é manhã de domingo! Desligue essa coisa!"

Os fariseus, em vez de procurar aquele homem que operava maravilhas para louvá-lo, saem à cata de um causador de problemas que devia ser censurado.

5.14

João escreveu que Jesus "encontrou" o homem no templo, o que sugere firmemente que ele estivera procurando pelo homem, não que apenas o viu ali por acaso. De acordo com a lei do Antigo Testamento, o curado da lepra tinha de ser examinado por um sacerdote e ser declarado "limpo" (Lv 14.1-27; Mt 8.4; Mc 1.44). É possível que os fariseus tenham acrescentado essa exigência para as outras doenças. Ou o homem estava apenas agradecido por adorar ao lado de seus irmãos judeus. Independentemente do motivo, o homem estava no lugar certo, e Jesus o encontrou.

Alguns entenderam que a advertência de Jesus significava que a doença do homem fora causada pelo pecado dele, mas depois Jesus negou que houvesse uma relação *moral* de causa e efeito entre o pecado e as deficiências físicas (Jo 9.3). Uma explicação mais simples é que Jesus conhecia o coração do homem. Jesus, após libertar o homem de sua aflição física, tentava salvá-lo do sofrimento espiritual eterno. O "pior cenário" que Jesus tinha em mente era o inferno. A teologia judaica da época ensinava com acerto que o pecado merece punição; no entanto, os rabis atribuíam incorretamente a doença física à ira de Deus. A punição verdadeira e derradeira pelo pecado é o tormento eterno após a morte.

5.15

A resposta do homem à dádiva da graça incrivelmente generosa de Jesus é desconcertante. Ele, em vez de defender Jesus, parece usar a situação para tirar vantagem política. Ele diz na verdade: "Não queria violar suas regras — esse homem me disse para fazer isso. E quem sou eu para questionar alguém com o poder de curar? Sua briga é com ele, não comigo!"

A palavra grega traduzida por "retirou-se" é mais bem traduzida por "ir atrás" e, em geral, indica propósito. É uma expressão comum nos Evangelhos Sinóticos para discipulado. O indivíduo "vai atrás" de um mentor a fim de aprender com ele. O homem deixa de seguir Jesus e afirma sua obediência aos líderes judeus. Sua resposta a Jesus é bem diferente da resposta do outro homem curado pelo Senhor (9.13-34).

5.16

João encerra a história com dois comentários que explicam a fonte da crescente tensão entre Jesus e as autoridades religiosas. A disputa deles não é mera rixa entre teólogos. A questão em jogo é a autoridade. Jesus limpa o templo com autoridade divina; ele, como o Filho de Deus, possui a casa de Deus (2.16). As autoridades religiosas tinham usurpado a posse do Senhor de sua própria casa e resistem com tenacidade à confrontação de Jesus ao pecado deles.

Nessa ocasião, e em outras a seguir, Jesus confronta as autoridades religiosas com sua distorção da lei de Deus. Essa cura em particular demandava a pergunta: "A quem pertence o sábado?" As autoridades religiosas reivindicaram a posse do sábado ao fazer objeção à cura realizada por Jesus, pois ele fez "essas coisas no sábado" (sugerindo mais atos de graça além dessa cura em particular), atividades que a *tradição* farisaica proibia no sétimo dia.

5.17,18

Jesus responde à falsa reivindicação dos líderes religiosos de duas maneiras: primeiro, ao refutar a definição deles em causa própria de "trabalho" e, depois, ao afirmar sua posse do sábado como Deus.

Ele começa enfatizando que Deus nunca deixa de "trabalhar". Isso atinge o cerne da pressuposição teológica dos líderes religiosos de que "trabalho" inclui qualquer tipo de atividade. Eles apontam para Êxodo 20.9-11 como um precedente, que, por sua vez, aponta para Gênesis 2.3 (veja o quadro "O sábado hebraico", na p. 120).

Jesus, após refutar a teologia falha dos líderes religiosos, equipara seus atos de graça com a continuação do "trabalho" de Deus. Essa foi uma declaração clara de posse do sábado. Pelo fato de a lei ter vindo de Deus, este não pode ser condenado pela lei. O Filho de Deus apenas continua a fazer o que ele, como o criador, faz desde o sétimo dia da criação.

Sua intenção não passa despercebida pelas autoridades religiosas. Eles se ressentem com seu questionamento da autoridade ilegítima deles e rejeitam sua afirmação de igualdade com Deus. Isso precipita o complô para matá-lo.

■ ■ ■

A Palavra não se tornou carne para instituir uma nova religião. Jesus se tornou um de nós para restaurar um relacionamento rompido. Ele veio para restaurar a verdadeira adoração a Deus, que não presume conseguir a bênção do Senhor por meio das boas obras, mas se regozija no favor imerecido que ele se agrada em conceder. Infelizmente, as raízes do orgulho estão arraigadas fundo em nossa carne; por essa razão, a capacidade de aceitar a graça não vem com naturalidade, só de forma sobrenatural.

APLICAÇÃO
João 5.1-18
TRAVANDO GUERRA COM O LEGALISMO

O legalismo é um exterminador silencioso. Ele, como o monóxido de carbono, é inodoro, sem cor, sem sabor e tem o poder de embotar a mente, embalando-a em um sono profundo do qual ela nunca emerge. Por isso, jamais recomendo que uma pessoa fique em um lugar em que o veneno do legalismo substitua o ar fresco da graça. Um indivíduo não consegue resgatar uma organização permeada pelo legalismo. Ele só pode fugir, deixar o veneno para trás e procurar um lugar de graça. Então, quando os efeitos entorpecedores do legalismo passarem, ele pode chamar outros a seguir seu exemplo. Mas ninguém, nem mesmo o indivíduo que se recuperou totalmente, deve reentrar nesse lugar.

No entanto, temos a responsabilidade de responder ao legalismo quando ele tenta invadir os lugares de graça. Os pastores, professores e líderes têm de confrontar o legalismo de forma contundente, tomando atitudes específicas. Encontro em João 5.1-18 três respostas ao legalismo nas palavras e obras de Cristo.

Primeiro, temos de *expor* o legalismo. A verdade do evangelho — as boas-novas da graça de Deus recebida pela fé — tem de refutar as declarações da tradição, do costume ou de qualquer outro padrão de justiça que não seja ensinado de forma explícita na Escritura. E, nos pontos em que a Escritura é clara, ela tem de ser aplicada a chamar as pessoas a celebrar o Espírito de Deus que vive nelas por meio da obediência jubilosa.

Segundo, temos de *combater* o legalismo. O legalismo é um inimigo que não pode ser confrontado com violência; no entanto, precisamos, como em qualquer guerra, lutar com coragem e convicção, reconhecendo que o combate precisa de tenacidade. Temos, sem deixar de lado a bondade, de estar dispostos a confrontar o legalista com suas mentiras. Nas palavras de Jess Moody, autor de *A drink at Joel's place* [Um drinque na localidade de Joel]:

> A única maneira de viver com uma pessoa assim é ser intolerante com a intolerância dela. [...] Se você resistir a ela dessa maneira, então espere que ela se levante contra você como um boi bravo.
>
> O legalista falará com você e a seu respeito como tempestade violenta, mas você tem de aguentar a pressão porque é a única maneira de interromper a atitude psíquica predeterminada dele.
>
> A fera existente nele vem contra você com fascismo intimidador. Não há limites para as mentiras que ele criará a fim de derrubá-lo.
>
> Conforme Paulo diz, ele virá "espiar [sua] liberdade" e fazer tudo ao seu alcance para cativá-lo e despedaçar seu espírito. Você simplesmente não pode permitir que ele o subjugue. Toda vez que ele o golpear, bata nele de volta com dose muito grande de amor. Se continuar a fazer isso, ele ou se arrepende ou crucifica você.[2]

Terceiro, temos de *sobrepujar* o legalismo. Fazemos isso ao proclamar a graça em voz mais alta, com mais frequência e em mais lugares, e para mais pessoas que os falsos profetas do legalismo. As pessoas só escolhem a escravidão quando temem que a liberdade seja inalcançável, impossível, inacessível ou irreal. Uma vez que as pessoas experimentam a graça e ficam sabendo que a graça pode ser delas, o legalismo não tem chance.

As declarações de Cristo
JOÃO 5.19-30

Algumas observações sobre a tradução de João 5.19-30

A21	NVI
19 *o Pai*, lit. *Aquele* 27 *o Filho do homem* ou *um filho de homem*	27 "Filho do homem" é um título que Jesus usava para ele mesmo

Ele, assim como um cavalheiro de aparência distinta convoca seu povo em nome de Alá, louvou Jesus como um profeta genuíno e um digno exemplo da bondade humana. No entanto, o homem a seguir declarou com notável certeza que esse mesmo Jesus nunca afirmou ser qualquer coisa mais que um homem — que ele nunca afirmou ser Deus. Embora seja verdade que ninguém nunca registrou a frase exata "eu sou Deus", Jesus afirmou corajosamente sua divindade em termos tão precisos e claros que seus inimigos se sentiram afrontados, chamando-o de blasfemo por *faze*[*r*]*-se igual a Deus* (Jo 5.18). A magnitude das muitas declarações de Jesus pode iludir esse líder muçulmano, mas seus inimigos entendiam completamente o sentido pretendido por Jesus.

Quando Jesus foi ao tanque de Betesda em Jerusalém e escolheu curar um inválido supersticioso, ele sabia que isso chamaria a atenção das autoridades religiosas. Com certeza, eles, após repreenderem o homem por carregar sua maca, foram atrás de Jesus e o denunciaram por violar as regras deles. O verdadeiro propósito deles era eliminar uma ameaça à sua autoridade; no entanto, eles mascararam sua verdadeira intenção, ou seja, fingiram preservar a preeminência de Deus no sábado. Jesus não evitou a questão apresentada. Ele primeiro corrigiu a teologia falha deles e, depois, tratou da verdadeira questão em pauta: "a quem pertence o sábado?" O Senhor respondeu a essa pergunta com seis declarações específicas:

- Ele era igual a Deus (5.19,20).
- Ele é o doador de vida (5.21,26).
- Ele é o juiz final (5.22,23).
- Ele determinará o destino eterno da humanidade (5.24).
- Ele ressuscitará os mortos (5.25-29).
- Ele está sempre fazendo a vontade de Deus (5.30).

5.19,20

Quando Jesus disse *Meu Pai trabalha até agora, e eu trabalho também* (5.17), os líderes religiosos entenderam exatamente o que ele queria dizer. Ele *dizia que Deus era seu Pai, fazendo-se igual a Deus* (5.18). A fala que se segue apresenta a verdade de sua divindade em termos que ninguém de sua época podia confundir.

Jesus começou com um duplo *amēn* [281], com o sentido de "verdadeiramente, verdadeiramente". Ele, a seguir, afirmou sua igualdade com Deus, chamando a si mesmo de Filho de Deus e se referindo a Deus como Pai. Embora o Pai e o Filho sejam pessoas distintas, o Pai e o Filho são iguais e unidos. O Pai e o Filho, como tais, não podem agir em oposição um ao outro.

O Filho, aqui na terra na forma humana, é a revelação perfeita do Pai. Além disso, o que o Pai sabe, o Filho sabe, porque eles são um único ser; por conseguinte, eles compartilham a mesma mente.

5.21

Jesus é o doador de vida

Você, para conseguir doar vida, tem de ser a fonte da vida. Essa seria uma declaração exorbitante para qualquer homem. Os médicos dão medicamentos ou administram tratamento a fim de adiar a morte, mas não podem dar vida a um corpo morto. Os profetas do Antigo Testamento foram os instrumentos humanos do poder divino na ressuscitação de algum indivíduo morto, mas nenhum deles ousou reivindicar o crédito por esse evento. Só Deus pode criar algo do nada e, depois, enchê-lo com vida.

A ocasião em que mais nos sentimos impotentes é quando um ente querido morre. Se nosso ente querido está doente, podemos trazer remédios. Se nosso ente querido está exaurido, podemos oferecer descanso. Se nosso ente querido está desanimado, desalentado, podemos fornecer encorajamento e consolo. Se nosso ente querido está destituído, podemos fornecer apoio financeiro. Mas o que acontece se ele morre? Tudo que podemos fazer é prantear nossa perda. Só Deus tem o poder de restaurar a vida.

5.22,23

Jesus é o juiz final

Pergunte a qualquer pessoa: "Quem é o juiz final do homem?", e raramente a resposta será outra que não "Deus". Só Deus pode discernir as intenções do coração, porque ele é onisciente. Só ele pode avaliar o valor de uma pessoa sem ser hipócrita, porque ele é perfeitamente justo. Só ele pode decidir o destino da humanidade, porque ele nos fez e é soberano.

O Pai delega todo julgamento ao Filho, porque o Filho é igual ao Pai. Por conseguinte, Jesus afirma merecer a mesma honra devida ao Pai.

5.24

Jesus determinará o destino eterno da humanidade

Jesus, mais uma vez, permeia a declaração com um duplo *amēn*, "em verdade, em verdade". Jesus, em geral, chama as pessoas a crer nele mesmo (3.16); nesse caso, ele chama à crença no Pai para reforçar o tema da unidade completa de Pai e Filho. Crer em um é crer no outro porque as duas pessoas são uma. Além disso, essa crença causa impacto no destino eterno do indivíduo (3.18).

5.25-29

Ele ressuscitará os mortos

Mais uma vez, o duplo *amēn*, "em verdade, em verdade", coloca ênfase na declaração imediata em que Jesus afirma ser aquele que convoca o morto para o julgamento final.

Seu palavreado em 5.25 é interessante porque o verbo "ouvir" assume um duplo sentido. *Os mortos* [*toda a humanidade que está morta*] *ouvirão a voz do Filho de Deus*, mas apenas *os que a ouvirem viverão*. O primeiro "ouvir" é literal; ou seja, a mera exposição ao som de sua voz. O segundo tem que ver com compreender a mensagem e acreditar nela. A ironia, obviamente, é que as pessoas mortas não podem ouvir nada. Sua declaração tem tanto um aspecto presente quanto futuro. Ele convocará os mortos para o julgamento do último dia; no entanto, os "mortos" — aqueles que não têm vida espiritual nele — podem agora receber vida.

Jesus valida sua qualificação para ser o juiz de toda a humanidade porque ele é tanto o Filho de Deus, que pode dar vida, quanto o Filho do homem, que experimentou a vida como ser humano, ainda assim sem pecado.

5.28,29

Jesus, ao descrever o destino da humanidade, explica os dois destinos possíveis: "vida", que é vida eterna, ou "julgamento". Essa declaração, tomada sozinha, pareceria dizer que o destino eterno da pessoa é determinado por suas obras; ou seja, as obras ruins levam ao julgamento, enquanto as boas obras resultam em vida.

É verdade que o fundamento para o julgamento será o comportamento da pessoa, quer bom quer mau. O termo grego para "julgamento" em 5.24,29 é *krisis*, a forma substantiva do verbo *krinō*, "julgar, separar e selecionar, estimar, decidir" (veja a seção Termos fundamentais, na p. 113).

Teoricamente, uma pessoa pode ir para julgamento diante do juiz e ela, se for descoberto que é moralmente perfeita, consegue a vida eterna. No entanto, no sentido prático, ninguém é moralmente perfeito. Por essa razão, enfrentar o julgamento sem a graça é enfrentar a condenação. Por conseguinte, Jesus usa as duas ideias de modo intercambiável; o julgamento é condenação. Seu ponto, portanto, é evitar totalmente o julgamento... por meio da graça recebida por intermédio da fé (5.24).

5.30

Jesus está sempre fazendo a vontade de Deus

A declaração final de Jesus liga seus atos na terra à vontade do Pai no céu. Tudo que o Filho faz reflete as intenções do Pai porque eles são um só ser.

Observe a repentina mudança de perspectiva. Jesus, ao longo do discurso, referiu-se a si mesmo na terceira pessoa, usando os títulos "Filho de Deus" e "Filho do homem". Jesus, quando passou dessa porção do discurso (5.19-30) para a seguinte (5.31-47), reafirmou sua declaração original: *O Filho nada pode fazer por si mesmo, senão o que vir o Pai fazer* (5.19), só que na primeira pessoa: "eu". O ponto de Jesus é claro. Ele não se refere a nenhuma outra pessoa; ele fez essas declarações a respeito de si mesmo.

■ ■ ■

Pare por alguns minutos e reflita com seriedade sobre essas seis declarações. Pense na melhor pessoa, viva ou morta, de toda a História (que não Jesus Cristo). Imagine-a de pé diante de você para fazer um discurso do qual constasse esses seis pontos:

- Sou igual a Deus Pai.
- Sou o doador de vida.
- Sou o juiz final de toda a humanidade.

- Tenho o destino de todos os seres humanos em minha mão.
- Ressuscitarei os mortos.
- Tudo que faço é a vontade de Deus.

Como você responderia?

De todos os grandes filósofos, professores, artistas e estadistas que já viveram, nenhum deles ousaria fazer essas declarações, a menos que fosse completamente insano ou descaradamente maligno. A não ser que ele fosse de fato Deus em carne humana.

APLICAÇÃO

João 5.19-30

DECLARAÇÕES QUE EXIGEM RESPOSTA

Jesus declara seis verdades a respeito de si mesmo em João 5.19-30, e todas apontam para uma única declaração abrangente e universal que exige uma resposta.[3] Jesus afirma igualdade com Deus, e essa afirmação não deixa espaço para a humanidade fazer concessões, nenhum meio-termo ao qual se agarrar. Temos de escolher acreditar em sua declaração ou rejeitá-la.

Se escolher rejeitar sua declaração de divindade, então você tem de escolher entre duas alternativas de explicação. Se Jesus sabe que suas declarações são falsas ou se não sabe. Se ele deturpou deliberadamente a si mesmo, então é um mentiroso da pior espécie, maligno até a alma por exigir a adoração de seus iguais. Se ele, por outro lado, é um mero homem que acredita genuinamente ser Deus, então esse homem perdeu completamente a razão; é totalmente insano. Portanto, se Jesus estava equivocado a respeito de sua identidade, não era um bom homem nem um mestre que merecesse ser ouvido. Nenhuma de suas palavras seria digna de confiança.

Se escolher acreditar na declaração de divindade de Jesus, então você tem de escolher entre outro par de alternativas de resposta: rebelião ou confiança. Aceitar o fato da divindade de Jesus sem confiar nele para a salvação coloca-o em uma posição nada melhor que a dos demônios. Eles acreditam na realidade de Deus... e estremecem de ódio e medo (Tg 2.19). É possível acreditar na existência de Deus e até mesmo aceitar a verdade de ele se tornar um homem na pessoa de Jesus Cristo e, ainda assim, rejeitar sua oferta de graça e sofrer a justa pena pelo pecado.

Como isso é possível? Ao confiar nas falsas declarações da religião, em vez de receber a dádiva de graça de Deus. A religião não é nada mais que uma tentativa da humanidade de conseguir entrar no céu em seus próprios termos, principalmente alcançando bondade suficiente pelo próprio esforço da pessoa. Infelizmente, a estrada para o inferno está apinhada de pessoas que confiam orgulhosamente na própria bondade, em vez de admitir com humildade sua pobreza moral e receber a vida eterna como uma dádiva.

A resposta exigida pelo Senhor é aceitar as declarações de Jesus como verdade e confiar completamente nele, recebendo sua dádiva de vida eterna. De todas as alternativas, essa é a única coisa lógica a fazer.

As testemunhas de defesa
JOÃO 5.31-47

Algumas observações sobre a tradução em João 5.31-47

A21	NVI
31 *verdadeiro*, ou seja, admissível como evidência legal **35** *por um pouco de tempo*, lit. *uma hora* **39** *Vós examinais* ou (uma ordem) *pesquisem as Escrituras!* **44** *glória* ou *honra* ou *fama*	**44** *Deus único*; alguns manuscritos trazem *do único*

Ao longo da história humana, as culturas civilizadas mantêm a ordem ao criar leis e, depois, ao impor essas leis por meio do sistema judiciário. Apesar de esses sistemas de justiça variarem muitíssimo, e alguns sem dúvida serem mais eficientes que outros, o propósito deles é basicamente o mesmo: descobrir a verdade em qualquer assunto dado. Pelo menos, esse é o propósito declarado desses sistemas. Conforme todos nós, em uma ocasião ou outra, observamos, a verdade é bem irrelevante para um juiz e/ou júri que se recusam a aceitar os fatos.

Embora Jesus ainda não tenha sido arrastado para o tribunal, ele, ainda assim, está em julgamento. As autoridades do templo encontram um homem desobedecendo a suas tradições, homem esse que, por sua vez, apontou um dedo acusador para Jesus (Jo 5.11). Assim, uma confrontação inicial só é acrescentada à lista deles de supostos crimes; Jesus aceitou de imediato a responsabilidade por desobedecer à tradição e, a seguir, acrescentou a isso a declaração de ser igual a Deus (5.17,18).

Do meu diário

Legalistas... você tem de amá-los

JOÃO 5.31-47

O desconfortável espaço "entre uma rocha e um lugar duro" é um terreno conhecido para um pastor; mantenho um travesseiro ali. Nunca tenho certeza de quanto tempo vai demorar minha próxima estadia. O "lugar duro" é a vida no mundo real; a "rocha", em geral, é a ingênua expectativa que os legalistas bem-intencionados têm de um pastor.

Pegue, por exemplo, a questão criada por um cinzeiro que eu costumava ter no meu gabinete na igreja. Muito antes do "antitabagismo" se tornar moda, não era incomum as pessoas acenderem um cigarro quando a emoção aumentava. Isso era especialmente verdade para não cristãos e cristãos convertidos havia pouco tempo. Como você pode imaginar, as pessoas, com frequência, acabavam indo ao meu gabinete quando estavam no limite do desespero, no fundo do poço. E decidi muito tempo atrás que, quando alguém está em destroços por causa da dor da perda de um filho ou devastado por um caso extraconjugal, essa não é a hora de focar os riscos do tabaco para a saúde e a necessidade de cuidar do dom da vida concedido por Deus.

Uma membra da igreja ficou profundamente atormentada pela ideia de um pastor ter um cinzeiro em seu gabinete; então ela me confrontou: "Por quê? Por que você tem um cinzeiro no lugar em que prepara os sermões e ministra ao povo de Deus?" Tive vontade de dizer a ela que não queria que o povo de Deus jogasse o cigarro no carpete.

Aprendi muitos anos atrás que os legalistas, na maioria, são bem-intencionados. A maioria deles acha sinceramente que o mundo devia operar de acordo com o padrão deles de certo e errado em assuntos a respeito dos quais a Bíblia não se pronuncia. Também aprendi que, após explicar sua posição, por mais que debata o assunto, isso não aplacará o desconforto da pessoa com sua atitude. O legalismo não é uma dificuldade que pode ser superada com mais informação. Só a graça pode fazer isso. Demonstre muito amor e muita aceitação aos legalistas, a despeito da crítica deles. Jesus confrontou os legalistas de sua época porque ele é Deus; o crescimento espiritual desses religiosos é responsabilidade dele. Nosso trabalho no meio-tempo é apresentar a verdade em amor e, depois, inundá-los de graça.

João apresenta o diálogo entre Jesus e as autoridades de forma resumida, em vez de apresentar de modo cronológico. A interação do Senhor com as autoridades religiosas ocorreu ao longo de vários dias ou até mesmo semanas, resumida pela passagem de 5.18. Depois da primeira confrontação, observamos a passagem do tempo e o constante aumento do ressentimento por parte das autoridades do templo. João descreve esse tempo estendido com verbos no tempo "imperfeito", que a língua grega usa para descrever a ação contínua, habitual ou repetitiva. As autoridades *"procuravam* ainda mais matá-lo" porque ele, contínua ou repetidamente, *"infringia* o sábado, mas também porque *dizia* que Deus era seu Pai, *fazendo-se* igual a Deus" (grifo do autor). No fim, essa crescente tensão levou ao que se pode denominar "conselho de guerra".[4] As autoridades do templo, em vez de levarem Jesus para o tribunal, trouxeram um tribunal improvisado até Jesus. Eles assumiram o papel de juiz e esperavam que o júri da opinião pública ficasse do lado deles.

Jesus recebeu o desafio deles com uma declaração da verdade na forma de seis destemidas declarações de divindade (5.19-30). Em 5.30, sua repentina mudança de perspectiva da terceira ("Filho de Deus" e "Filho do homem") para a primeira pessoa ("eu") marca a transição em sua refutação.

Agora, o Senhor, após estabelecer sua premissa, começou a chamar testemunhas para sustentar suas declarações. Jesus, antes de encerrar seu caso em 5.47, chama cinco testemunhas para a tribuna:

- Testemunha nº 1: Deus Pai (5.32,37,38)
- Testemunha nº 2: João, o percussor (5.33-35)
- Testemunha nº 3: os "sinais" de Jesus (5.36)
- Testemunha nº 4: as Escrituras (5.39-44)
- Testemunha nº 5: Moisés (5.45-47)

5.31

Jesus iniciou seu caso citando um princípio orientador do procedimento da corte judaica, que tem origem na lei de Moisés (Dt 17.6; 19.15). O testemunho de um réu só é considerado válido se apoiado por fato inquestionável ou testemunho confiável. Além disso, o testemunho tem de ser de mais de uma testemunha. As cortes judaicas aceitavam o testemunho corroborativo de várias testemunhas como provas inquestionáveis — verdade que não podia ser negada.

5.32,37,38

João, traduzindo as palavras aramaicas de Jesus, podia ter escolhido uma de duas palavras gregas para "outro", *allos* [243] ou *heteros* [2087].

Essas duas palavras são basicamente sinônimas com uma leve nuança. Enquanto *heteros* significa "outro de um tipo diferente", *allos* significa "outro do mesmo tipo". Esse "outro", é claro, é Deus Pai (5.36,37). Jesus, sem negar completa unidade ou unicidade com o Pai, trata o testemunho do Pai como independente. Se seus acusadores objetassem, eles estariam admitindo que ele e o Pai eram de fato um único ser. Seus acusadores, ao não objetar, têm de receber o testemunho independente do Todo-poderoso como evidência.

Jesus refere-se a mais de nove séculos de profecia, e ele cumpriu com precisão todas elas. Ele cumpriu até mesmo os detalhes da profecia sobre os quais não tinha nenhum controle (falando da perspectiva humana), como o modo, época e lugar de seu nascimento (Is 7.14; Dn 9.25; Mq 5.2). Os juízes e júri que o julgavam incluíam os escribas, homens que dedicavam a vida a preservar a Escritura e que naturalmente tinham se tornado especialistas na interpretação e aplicação da Escritura. Os fariseus devotavam a vida à obediência meticulosa da lei, acreditando que a purificação moral de Israel apressaria a vinda do Messias. Infelizmente, esses homens, como a maioria das pessoas religiosas, preservavam e transmitiam a verdade diariamente e, ainda assim, não a viviam.

5.33-35

Antes, as autoridades religiosas tinham procurado João Batista porque a propagação de seu ministério fez os judeus começarem a procurar o Messias. O impacto causado por João Batista foi tão profundo que poucos duvidaram de sua posição como genuíno profeta de Deus (Mt 14.5; 21.26; Mc 11.32; Lc 20.6). No entanto, o entusiasmo despertado por ele durou pouco tempo. Ele era a lâmpada, não a luz. Era o precursor, não o Cristo. João Batista completou seu ministério ao apresentar o Messias e, depois, ficar de lado. Mas Jesus não era o Messias que Israel queria. Ele veio para estabelecer um tipo diferente de reinado, não um reinado que levantaria um exército; que derrotaria Roma; que conquistaria o mundo; e que conduziria Israel a uma nova era dourada de poder e prosperidade. Pelo menos, ainda não. O verdadeiro Messias — como oposto ao messias de expectativas egoístas — veio para conquistar corações. Ele veio para transformar corações de pedra em corações de carne, os quais então bateriam em perfeito compasso com a lei (Jr 31.31-33; Ez 11.19,20; 36.26).

5.36

Apesar de João Batista ter sido uma testemunha poderosa e uma voz autêntica em nome de Deus, ele nunca realizou milagres (Jo 10.41). Jesus, no entanto, realizou muitos "sinais" (2.23; 3.2), incluindo o extraordinário milagre que provocou seu atual julgamento. Esses milagres, por si mesmos, não estabelecem sua divindade; outros meros mortais foram os meios pelos quais Deus realizou "obras" sobrenaturais. No entanto, os milagres eram aceitos havia muito tempo como o selo da aprovação de Deus na mensagem dos operadores de milagres. Os sinais de Jesus autenticavam sua mensagem: "sou igual ao Pai". Além disso, os milagres eram consistentes com o caráter e os planos de Deus.

5.39-44

O verbo "examinar" pode ser traduzido como uma ordem ou como uma declaração. A A21 escolhe traduzir o verbo como uma declaração; no entanto, acredito que Jesus lança um desafio: "Vá em frente, examinem as Escrituras!" Seu ponto era duplo. Primeiro, o desafio de Jesus antecipa a conclusão a que eles chegariam se ousassem tomar a mensagem da Escritura ao pé da letra. Se eles ainda fossem intelectualmente honestos, o Antigo Testamento os levaria à conclusão de que ele, sem dúvida, é o Filho de Deus. Segundo, esses profissionais da religião examinam a Palavra de Deus em busca de critérios por meio dos quais possam dar mérito à sua própria salvação e não encontram a Palavra em pessoa, que lhes promete dar justiça pela graça, por meio da fé. Ele desafia os especialistas religiosos a continuarem sua busca vã enquanto faz referência às graves consequências da obstinação deles. Eles, em vez de lerem a Escritura como um meio de conhecer Deus, transformaram a lei em seu deus.

Jesus sustentou sua acusação primeiro contrastando sua motivação com a deles: enquanto ele não busca a aprovação dos homens (sugerindo que ele busca apenas a aprovação de Deus), as autoridades religiosas sacrificam diariamente seu amor por Deus pela admiração das pessoas. Jesus, a seguir, apontou para o absurdo de eles aceitarem mestres que fazem um nome para si mesmos enquanto rejeitam aquele que glorifica o Pai.

5.45-47

A quinta e última testemunha de Jesus não é outro senão Moisés, o homem reverenciado por todos os judeus como um pai fundador de sua fé e o maior de todos os profetas. Apenas a vinda do "profeta maior", o Messias (veja Dt 18.15-19), suplantaria o grande Moisés. Além disso, foram os escritos de Moisés que as autoridades do templo transformaram em uma religião de obras e perverteram para torná-los seu meio de rejeitar o Cristo. Você se lembra de que foi a suposta violação da lei de Moisés por Jesus que primeiro chamou a atenção deles.

Moisés nunca pretendeu que a lei se tornasse um fim em si mesma. A lei não pode se tornar o meio de uma justiça feita por si mesma porque ninguém consegue obedecer a ela de modo perfeito. A lei, por conseguinte, só pode acusar, nunca justificar. Moisés, ao contrário, predisse o fracasso do povo de Israel e prometeu um Salvador para guiá-los... *se* eles prestassem atenção às palavras desse Salvador.

■ ■ ■

Por que os líderes religiosos não acreditaram nessas testemunhas da verdade de Jesus Cristo? Jesus mencionou dois motivos inter-relacionados:

1. *Eles não estavam dispostos* (5.40-43). Aceitar Jesus como o Filho de Deus não é um problema intelectual; é uma crise da vontade. O juiz e o júri, como muitos casos de tribunal na História, aceitaram apenas os fatos que sustentavam sua conclusão prévia e descartaram os outros fatos.
2. *Eles eram orgulhosos* (5.43,44). O orgulho é a virtude secreta de toda religião, e a glória é sua recompensa. Os que alcançam a justiça feita pelo homem preferem rejeitar a verdade da graça de Deus a desistir da glória pessoal já alcançada.

Os líderes religiosos não rejeitaram Jesus porque eram incapazes de crer, mas porque não estavam dispostos a crer. A incapacidade de crer é o resultado da mente embotada, e os discípulos se esforçaram para superar esse obstáculo durante boa parte do ministério de Jesus na terra. O Senhor é notavelmente paciente com nossas fraquezas, conforme João ilustra no segmento seguinte de sua narrativa. A relutância a falta de vontade em acreditar, por sua vez, resultam do orgulho, e o orgulho leva invariavelmente à destruição.

APLICAÇÃO
João 5.31-47
CINCO MOTIVOS, DOIS OBSTÁCULOS E UM CAMINHO

Jesus deu cinco motivos aos fariseus para crerem que ele é o Filho de Deus, cinco apelos às autoridades que eles declaravam respeitar. Os fariseus, a despeito disso e de outra evidência irrefutável provando a divindade de Jesus, continuaram irredutíveis.

Fique atento a pessoas desse tipo enquanto atravessa a vida. Alguns ficam genuinamente curiosos a respeito de Jesus Cristo, e suas perguntas podem se tornar uma oportunidade para levá-los à fé nele (1Pe 3.15).

Mas não se engane, nem todos os debates sobre assuntos espirituais são provocados pela curiosidade; o debate religioso, mais frequentemente, é apenas o estratagema do rebelde. As pessoas o envolvem no debate com o único propósito de questionar a verdade, não de entender e crer. Isso faz parte de um jogo maroto que jogam consigo mesmos. O propósito deles para debater com um cristão é fingir ter bons motivos para continuar em seu caminho atual; se o cristão não consegue refutar suas objeções nem apresentar um motivo convincente para crer em Cristo, eles não se sentem obrigados a submeter o controle de sua vida a ninguém mais. Na realidade, eles não conseguem tolerar a crença firme do cristão de que Deus, não a humanidade, controla o destino do universo. No fim do debate, o cristão está exaurido, e os rebeldes se sentem justificados... durante um tempo. Logo eles envolvem compulsivamente outro cristão incauto, levado pela mesma necessidade e sem entender as possíveis consequências, como um garoto que passa assobiando pela sepultura.

Eis algumas formas de saber quando um rebelde quer brincar de "me converta, se puder":

- A pessoa o desafia com uma opinião negativa a respeito de Deus ou alguma outra preocupação teológica e, depois, espera que você a convença. (Por exemplo, "Deus não se importa com as pessoas ou ele poderia acabar com todo o sofrimento.")
- A pessoa apresenta um enigma teológico para o qual não tem uma resposta definida. (Por exemplo, "E quanto àqueles que nunca ouviram falar de Jesus?")
- A pessoa se atreve a julgar a bondade de Deus pelos padrões humanos, em especial pelos seus próprios padrões. (Por exemplo, "Não consigo crer em um Deus que manda alguém para o inferno".)
- A pessoa tenta convencê-lo de que sua fé é irracional ou de que Deus não existe.
- A pessoa muda a conversa para outro assunto sempre que você começa a tentar voltar ao primeiro assunto.
- A pessoa fica com raiva e beligerante ou recorre a insultos.
- A pessoa quer comparar as qualificações ou lança dúvidas quanto a suas qualificações.

Se você suspeita de que está em um debate com um rebelde, termine a conversa de forma polida. Tente até dar seu motivo para encurtar a conversa. A tentação de continuar pode ser estimulante, mas nunca vi alguém ser convencido do reino por meio de uma discussão desse tipo. Na melhor das hipóteses, você pode conseguir um empate porque com um rebelde o desafio não é o intelecto; é a vontade. Se você tem de deixar a pessoa com algo, deixe-a com um testemunho de sua própria experiência. Poucas pessoas conseguem refutar isso.

Por outro lado, as pessoas genuinamente curiosas ouvem, em vez de discutir. Elas perguntam, em vez de desafiar. São receptivas e humildes, não controversas e insolentes. Elas aceitam que algumas perguntas não podem ser respondidas de forma adequada e respeitam o ocasional "não sei". Respondem de forma positiva à empatia, enquanto os rebeldes não se deixam afetar pela compaixão. E o melhor de tudo: com as pessoas genuinamente curiosas, a conversa flui naturalmente para uma apresentação do evangelho. Nem todos reagem às boas-novas na mesma hora, mas aqueles que querem conhecer a verdade, pelo menos, acabam por ouvir sem brigar.

A especialidade de Deus: impossibilidades
JOÃO 6.1-21

Algumas observações sobre a tradução em João 6.1-21

A21

2 *sinais* ou *milagres atestadores*
7 o denário equivalia ao salário de um dia de trabalho
10 *assentar-se*, lit. *reclinar*
14 *sinal* ou *milagre atestador*
15 *prestes a vir* ou *para vir*

NVI

7 *duzentos denários* não comprariam pão suficiente, grego *duzentos denários* não seriam suficientes. Um denário equivalia ao salário de um dia inteiro de trabalho
14 *devia vir ao mundo*; veja Dt 18.15,18; Ml 4.5,6
19 *cinco ou seis quilômetros*, grego *vinte e cinco ou trinta estádios* [4,6 ou 5,5 quilômetros]
20 *Sou eu* ou *o "Eu Sou" está aqui*; o texto grego traz *Eu sou*. Veja Êx 3.14

Jesus, depois de seu confronto com a elite religiosa em Jerusalém, voltou para a Galileia, onde os eventos lhe deram a oportunidade de oferecer a seus discípulos uma perspectiva divina dos desafios terrenos. Essa tinha de ser uma lição crucial para os homens que ele, depois, comissionaria com as seguintes palavras: *Assim como o Pai me enviou, também eu vos envio* (Jo 20.21).

A vida no planeta Terra, às vezes, pode ser uma luta degradante. Alguns desafios parecem maiores que nossos parcos recursos, algumas exigências ultrapassam em muito nossa capacidade para satisfazê-las, algumas respostas estão muito acima de nosso alcance intelectual, e alguns problemas são complexos demais para serem resolvidos. Encaremos, o mundo é grande, e somos pequenos. E, para piorar, somos naturalmente predispostos a pensar apenas no plano horizontal. Nada é impossível para Deus, contudo pensamos habitualmente em termos do que *nós* temos a oferecer e do que pode ser realizado pelos meios *naturais*.

Alguns podem dizer que isso é falta de fé ou fracasso em crer, mas não João, o apóstolo. Ele relembra uma época em que um pequeno grupo de homens escolheu crer no Filho de Deus e deixou tudo para trás a fim de segui-lo. Eles, com frequência, ainda se esforçavam para entender as palavras de Jesus e, repetidamente, não entendiam o que o viam fazer. O problema deles era completamente diferente da falta de fé em Jesus encontrada entre os líderes religiosos de Jerusalém. Os discípulos não entendiam o que viram e ouviram, contudo escolheram crer no Filho de Deus; as autoridades do templo entendiam melhor que ninguém quem Jesus declarava ser, todavia escolheram rejeitá-lo. A descrença e a ignorância são problemas distintos, e Jesus lidava com eles da forma apropriada. Ele condena a descrença, enquanto, pacientemente, transforma a mente dos cristãos em luta.

O CALENDÁRIO JUDAICO E O CICLO DE FESTAS

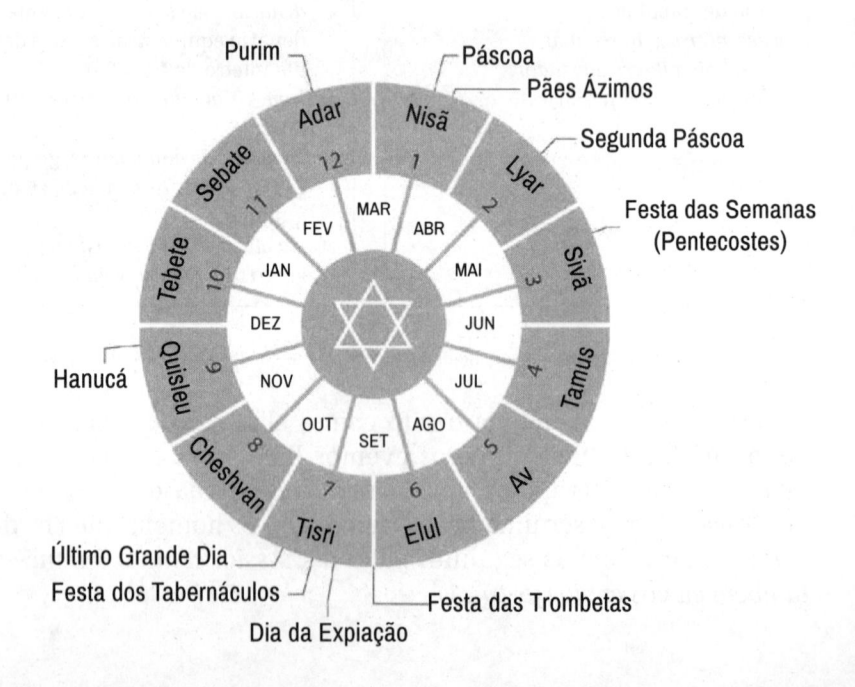

6.1-3

Passaram-se vários meses depois dos eventos registrados em 5.1-47. João nos informa que a Páscoa (março-abril) estava próxima (6.4). Assim, se a "festa" mencionada em 5.1 é a Festa dos Tabernáculos (setembro-outubro), o tempo provavelmente foi menos de seis meses. Os judeus, nesse ínterim, observavam tanto o Hanucá (novembro-dezembro) quanto o Purim (fevereiro-março), mas nenhuma dessas celebrações exigia que as pessoas fossem para Jerusalém. Durante esse tempo, o Senhor continuou a ministrar na Judeia e na Galileia.

Conforme ele cura os doentes e proclama as boas-novas, as multidões começam a segui-lo. Na verdade, elas não o seguem apenas; seguem-no sem descanso em cada movimento que ele faz. Os outros evangelhos nos informam que os discípulos tinham acabado de concluir uma extensa jornada de pregação deles mesmos e precisavam de descanso e encorajamento (Mc 6.30,31); então Jesus "retirou-se" com eles para algum lugar no deserto a oeste de Betsaida (Lc 9.10). Mas mesmo assim eles não conseguiram escapar das multidões. O Senhor sabia que a maioria das pessoas o procurava para o ganho egoísta e nada mais; não obstante, ele, ao contrário dos discípulos, sentia compaixão por elas, mesmo quando se tornavam um transtorno.

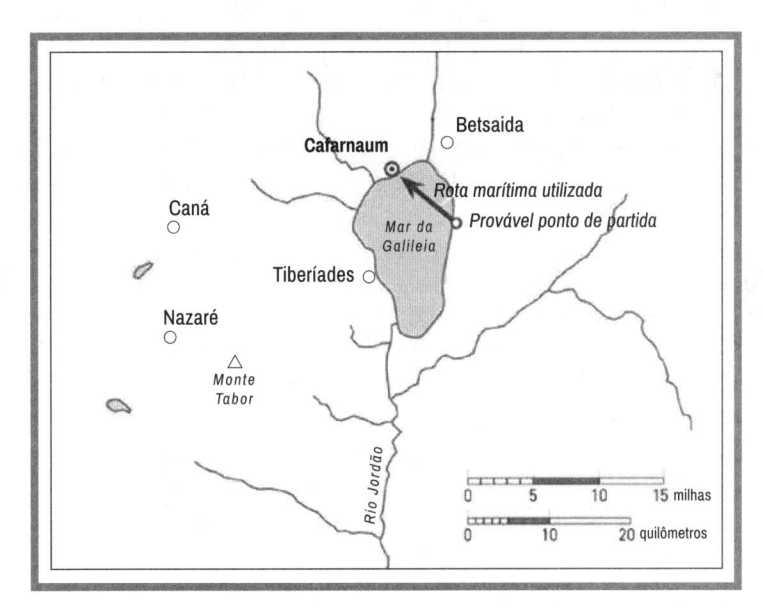

Mapa do mar da Galileia. Jesus alimentou uma multidão de seguidores em algum lugar da região montanhosa a nordeste do mar da Galileia. De acordo com os outros evangelhos, ele depois ordenou que os discípulos fossem por mar até Cafarnaum. Infelizmente, um vento forte — mais provavelmente vindo do oeste (Mt 14.24) — impediu o progresso deles, de modo que os homens estavam *cansados de remar* (Mc 6.48).

6.4

João inclui de vez em quando uma referência de tempo em sua narrativa. Sua referência da Páscoa que se aproxima nos informa algo sobre o estado de espírito das pessoas, muito semelhante a quando iniciamos uma história com as palavras "O Natal estava bem próximo e...". A Páscoa estava bem próxima, e uma grande congregação de hebreus se reunira no deserto. Em um cenário assim, Moisés, cordeiros pascais, pão ázimos, errância pelo deserto e maná teriam facilmente se misturado na mente de todos os presentes. Jesus reconheceu uma oportunidade e decidiu tirar o máximo da situação. Ele, em um único "sinal" milagroso, poderia ensinar uma lição valiosa para seus discípulos, definir claramente sua missão na terra, examinar a multidão em busca de autênticos fiéis e definir um curso para o Calvário.

6.5,6

Jesus, tendo recuado não menos que seis quilômetros deserto adentro, "levantando então os olhos" (cf. 4.35), conseguiu ver a multidão que se aproximava. De acordo com Mateus, a multidão era composta de cinco mil homens, mais as esposas e filhos (Mt 14.21); talvez houvesse dez mil pessoas ao todo. Jesus, ao ver a multidão, escolheu um discípulo específico: Filipe. Seu propósito era "testar" seus pupilos.

O termo *peirazō* [3985], a palavra grega para "testar", tem uma ampla gama de sentidos, que inclui conotações positivas e negativas. Jesus foi *tentado* ao longo de seu ministério (Hb 2.18; 4.15), de modo mais direto por Satanás, a quem Mateus chamou *peirazōn*, "o tentador". Mas o termo também pode ser positivo. Para Tiago, a fé alcança a plena maturidade por meio das *provações* (Tg 1.2,3,12), uma disposição que concorda com Pedro (1Pe 4.12,13). Portanto, a natureza de um "teste" depende da intenção da pessoa que o conduz. Nesse caso, Jesus viu uma oportunidade de deixar seus discípulos falharem para que pudesse fortalecê-los.

Jesus escolhe Filipe para o teste porque ele é o pessimista estatístico do grupo. Esse é um problema comum. Todo grupo tem pelo menos um pessimista por perto, e quase todos têm uma boa porção de Filipe neles. Embora a pergunta inicial de Jesus seja séria, ainda assim pretende revelar uma atitude específica. É claro que Jesus sabe o tempo todo o que fará, e isso é uma parte crucial da lição.

6.7

Filipe não responde à pergunta feita. Jesus pergunta sobre "onde" comprar; Filipe responde com "quanto". O *denário* era uma moeda romana de prata equivalente, aproximadamente, a um dia de trabalho do trabalhador comum e semiespecializado (Mt 20.2-13). Filipe logo avalia o poder de compra de duzentos denários, que talvez fosse quanto tinham em caixa. Embora essa soma seja considerável, é insignificante comparada com a necessidade.

Filipe vê o problema em termos de satisfazer a exigência mínima. Se é impossível conseguir "um pouco" para cada pessoa, nem vale a pena considerar ter abundância. Os pessimistas estatísticos pensam assim.

6.8,9

Enquanto Filipe calcula, André movimenta-se discretamente no meio da multidão. Enquanto Filipe não olha além de seus próprios recursos, André pensa na possibilidade de as pessoas, com um pouco de liderança, suprirem a necessidade por si mesmas. Mas as pessoas têm pouco ou nada. Ele menciona sem graça o saco de lanche de um menino contendo "cinco pães de cevada e dois peixinhos".

Tudo na declaração de André enfatiza a inadequação. O termo grego para "rapaz" é um duplo diminutivo; ele é "um menininho". Em termos de provisão, as crianças pequenas não são úteis. Os poucos "pães de cevada" do menino são comuns na dieta da região do Mediterrâneo. Os pães podem ter um pouco de fermento, têm a forma de pequenos discos de cerca de dez a treze centímetros de diâmetro e, depois, são assados. E o termo grego para "peixe" é a forma diminutiva de uma palavra com o sentido de "peixinho". Eles eram pequenos peixes temperados, parecidos com a sardinha, incluídos por uma questão de sabor. Afinal esse é o lanche do menino; portanto, não há muito com que trabalhar. Embora isso traga à mente uma experiência semelhante com Elias (2Rs 4.42-44), as proporções nesse caso são extremas.

Enquanto André relata fielmente qual provisão encontrou, seu comentário final revela sua perspectiva limitada: "mas o que é isso para tanta gente?"

6.10,11

Imagino o Senhor dando um sorriso tranquilizador enquanto instrui os discípulos. No linguajar da época, ele disse: "Peçam que as pessoas se reclinem". A postura para comer na época era se reclinar apoiado em um cotovelo.

Imagine a cena. Os discípulos organizam as pessoas em grupos de cinquenta (Mc 6.39; Lc 9.14) e os instruem a se preparar para a refeição.

Ninguém vê nenhuma comida, e os discípulos não têm ideia de como as pessoas seriam alimentadas. Quando a organização é concluída, o Senhor põe o saquinho de lanche na sua frente e dá graças. Imagino os discípulos lançando olhares furtivos uns para os outros enquanto Jesus ora: "Obrigado, Pai, pelo alimento que essa grande multidão está prestes a desfrutar".

A seguir, Jesus multiplica a parca oferta. Mais uma vez, imagine a cena. Ele partiu um lanche em dois; a seguir, mais uma vez, e mais uma vez, e mais uma vez. Ele dividiu o lanche milhares de vezes no período de horas, presumindo-se que tenha trabalhado sozinho. E cada pessoa recebeu mais que "um pouco"; todos receberam o suficiente para ficarem "satisfeitos". Para a maioria deles, essa era a primeira refeição completa em muito tempo. Restos não eram algo comum de se ver nos tempos antigos.

6.12,13

João nunca inclui detalhes sem um bom motivo. A oferta fora escassa; o milagre, impressionante; e a provisão, abundante, mas a lição não estava completa. O Senhor instrui cada um dos discípulos a recolher os restos de alimento. Cada um deles pega um cesto de vime chamado *kophinos* — usado tipicamente para carregar as provisões de uma pessoa para uma jornada de dois ou três dias (Jz 6.19; Sl 81.6) — e juntar pedaços não comidos suficientes para a provisão dos Doze.

No fim do dia, a lição dos discípulos está bem clara. O tamanho de um desafio nunca deve ser medido em termos da nossa capacidade. O que temos para oferecer nunca será suficiente. Deus nunca nos chama a prover; isso é responsabilidade dele. Ao contrário, ele nos chama a entregar seja o que for que tivermos — mesmo que não seja mais que um pequeno embrulho com um lanche. Seu chamado vem com uma promessa: *você cuida de acrescentar, estou no comando da multiplicação, e a missão à qual o convido a se juntar será realizada.*

6.14,15

João comenta rapidamente sobre a resposta do povo, que é importante mais tarde para a história. O Senhor realizou esse "sinal" para instruir o povo e também seus discípulos. Ali, no deserto, eles, tendo consumido o milagre para o deleite de seu estômago, reconheceram Jesus como "o profeta" (Dt 18.15-18; Jo 1.21).

Jesus rejeita o caminho para o trono seguido pela maioria dos reis terrenos. Ele recusa-se a aproveitar a onda de apoio popular em

Jerusalém. Sabe que seu caminho é de sofrimento, conforme fora profetizado durante séculos e planejado desde o início pelo Pai (Jo 18.36). Além disso, ele sabe que as pessoas foram estimuladas pelo estômago, não pelo coração. Jesus escolhe não se dirigir imediatamente à multidão; em vez disso, segue mais para o interior dessa região montanhosa do deserto.

6.16-18

Conforme começa a anoitecer, a multidão se dispersa, e os discípulos embarcam em seu barco de pesca para Cafarnaum, conforme a instrução do Senhor (Mt 14.22,23; Mc 6.45,46). Jesus percebe-os (sem dúvida, de modo sobrenatural — veja Mc 6.48), na alta madrugada (Mt 14.25), lutando para se manterem à tona e no curso. Uma ventania forte, como acontece com frequência, desce sobre o mar. O mar da Galileia está situado 209 metros abaixo do nível do mar, em uma falha profunda entre o deserto Arábico e o mar Mediterrâneo. Os ventos chicoteiam com frequência através da garganta e voltam muito agitados e fortes para o mar da Galileia, o que representava um pesadelo para os veleiros sem recursos do século I. Conforme observa um comentarista, "mesmo hoje a situação é parecida. As lanchas a motor são periodicamente advertidas de permanecer no cais enquanto os ventos chicoteiam a água formando picos brancos de espuma".[5]

6.19-21

Os homens remam com toda a força para chegarem à terra em Cafarnaum, mas os ventos se opõem a eles durante horas. Esse é outro exemplo vívido da inadequação humana. Por contraste, Jesus demonstra domínio sobre os elementos ao caminhar sobre a água a fim de resgatá-los.

Quando Jesus alcança o bote, ele os acalma, declarando: *egō eimi*, "sou eu". Ele segue essa declaração com uma ordem sucinta — literalmente, "parem de ter medo". E, quando ele entra no barco, eles "logo" chegam ao seu destino. João apresenta essa cena sem dar explicação nem comentar nada, presumivelmente porque o ponto está claro. Jesus trouxe mais uma vez seu poder abundante para salvar a inadequação humana, transformando uma situação impossível em uma oportunidade para fortalecer a confiança de seus fiéis.

■ ■ ■

Os discípulos têm de ser elogiados por continuarem a confiar no Senhor, a despeito de sua mente ainda entorpecida. Embora eles continuem a confiar em Jesus, falham tragicamente em conseguir qualquer percepção do "sinal" que acabaram de testemunhar no deserto. De acordo com Marcos, *o coração deles estava endurecido* (Mc 6.52). Essa expressão idiomática não significa que eles são maus ou cruéis (como significa em outras línguas). Antes, o raciocínio e as emoções deles resistem ao desenvolvimento. Diríamos que eles são "obtusos". Ainda assim, Jesus continua a ser paciente com os discípulos. Se ele os repreende, faz isso com gentileza (Mt 14.31).

As pessoas que foram alimentadas no deserto também são obtusas, mas por motivos completamente diferentes. Jesus, ao aportar em Cafarnaum, confrontaria os motivos egoístas deles de frente.

APLICAÇÃO
João 6.1-21
MILAGRE MATEMÁTICO

Filipe, em certa manhãzinha de primavera na Galileia, enfrentou um problema matemático que não conseguiu resolver. Jesus olhou encosta abaixo de uma montanha para ver uma multidão de estômago vazio. Ele, imediatamente, desafiou Filipe com a tarefa de alimentá-la. O pobre discípulo não precisava de uma calculadora para saber que não havia uma solução natural para o problema. Na verdade, uma rápida estimativa foi prova suficiente de que o desafio de Jesus não podia ser resolvido com o dinheiro que tinham.

Todo cristão, cedo ou tarde, enfrenta um teste que a matemática declara ser impossível de solucionar. Como temos de responder a isso? Quando observo Filipe, André e os outros discípulos, o menino e Jesus, encontro um modelo de obediência fiel que merece ser imitada. Pense nos seguintes passos da próxima vez que um problema matemático desafiar a obra de Deus.

Primeiro, *reconheça sua inadequação e a onipotência do Senhor*. Talvez Filipe pudesse ter respondido à ordem de Jesus, dizendo: "Senhor, não temos a capacidade de realizar o que pede, mas nada é difícil demais para o Senhor". Isso não é recuar de um desafio nem fugir da responsabilidade. Não há nada profano em reconhecer o tamanho do desafio. Precisamos apenas de nos lembrar de que o poder do Senhor é sempre maior, não importa a dificuldade que enfrentemos.

Segundo, *tenha certeza de que o desafio diante de você glorifica o Senhor, obedece a um de seus mandamentos na Escritura ou ajuda a cumprir uma ordem escritural (como a Grande Comissão)*. O Senhor nunca desafiou seus discípulos a se desmoralizarem. A tarefa impossível que ele deu a Filipe tinha uma solução, apesar de essa solução ser sobrenatural. E o mesmo é verdade em relação a nós. Jesus deu uma ordem logo antes de ascender ao céu para ocupar seu lugar na glória: *fazei discípulos de todas as nações* (Mt 28.19,20). Da perspectiva humana, essa é uma tarefa impossível. Ele também nos pede para secarmos o oceano Pacífico com uma colher de chá. Isso não é possível... de modo natural. Não obstante, se ele ordena algo, isso pode ser feito... de modo sobrenatural.

A dificuldade que enfrentamos hoje é que, em geral, não recebemos ordens pessoais do Senhor, como "construa um recinto apto a abrigar vários propósitos distintos para desenvolver um trabalho de alcance da vizinhança". O ministério seria muito mais simples se ele simplesmente enviasse instruções pelo correio. Em vez disso, ele transmite sua visão e seus valores por intermédio da Bíblia. Por isso, temos de trabalhar juntos e manter uns aos outros honestos enquanto testamos nossos planos. O desafio glorifica a Deus? O desafio obedece a um mandamento da Escritura? O desafio cumpre um mandato escritural?

Terceiro, *devolva o desafio ao Senhor como uma oportunidade para ele realizá-lo em seu lugar e receber a glória pela vitória*. O Senhor gosta de realizar o impossível em nosso nome e compartilhar os espólios da vitória, sobretudo quando o triunfo é o resultado da obediência. E quanto prazer Jesus sentiria se Filipe tivesse dito: "Senhor, isso é muito mais do que aquilo com que conseguimos lidar, mas nada é difícil demais para o Senhor. Como o Senhor alimentará essa multidão?"

Quarto, *faça o que puder, supra o que tiver, aumente seu esforço e depois permita que o Senhor o multiplique (ou não) a seu critério*. O Senhor não materializou alimento do nada — embora pudesse ter feito isso. Em vez disso, usou o parco lanche de um menino modesto e discreto... e multiplicou o lanche. Jesus não precisa de ajuda. Ele pode fazer qualquer coisa, enfim tudo, ele mesmo. Não obstante, ele nos chama a fazer nossa parte — não por causa dele, mas por nossa causa. Ele nos convida a nos tornarmos parte de seu plano como um meio de graça, para que quando a vitória for alcançada possamos dizer juntos: "*Nós triunfamos!*"

No fim do dia, enquanto os discípulos reúnem o excesso de alimento, a solução do problema matemático é óbvia. Jesus, na verdade, diz: "Vocês fazem a soma, eu cuido da multiplicação, e tudo que ordenei a vocês será realizado... com plenitude de sobra".

O pão vindo do céu
JOÃO 6.22-71

Algumas observações sobre a tradução em João 6.22-71

A21

33 *aquele que desce do céu* ou *ele que vem*
64 *o trairia* ou *o entregaria*
71 *haveria de traí-lo* ou *estava pretendendo*

NVI

27 Jesus usava o título "Filho do homem" para si mesmo
31 *deu a comer pão dos céus*; veja Êx 16.4; Sl 78.24
41 *os judeus*, grego *povo judeu*; também em 6.52
69 *o Santo de Deus*; outros manuscritos trazem *o Senhor é o santo de Deus*, e ainda outros trazem *o Senhor é o Cristo, o Filho do Deus vivo*

As pessoas, aproximadamente de 20 a 25 vezes por semana, são compelidas a se envolver em uma atividade em particular e sacrificam quase tudo pela oportunidade. Para a maioria, é uma prioridade. As chances são de que você já tenha feito isso algum dia e que provavelmente faça de novo antes do fim de outro dia. Realizamos essa atividade sozinhos, mas preferimos realizá-la com companhia. Incluímos essa atividade em quase todas as ocasiões festivas que planejamos e, às vezes, ela é a ocasião festiva!

Acho que você já adivinhou que estou falando de *comer*. Não só dependemos do alimento para sobreviver; nós o celebramos como arte, o saboreamos como luxo, o compartilhamos como comunhão e até mesmo abusamos dele como terapia. Nunca vi um guia de viagem que não salientasse a importância do que comer e com que frequência. O alimento é o principal assunto de inúmeras revistas, livros, *sites* e programas de televisão. Temos até mesmo canais de televisão — mais de um — dedicados à preparação e consumo de alimentos durante 24 horas por dia, sete dias por semana, o ano todo.

Aqueles de nós que nos beneficiamos da abundância do século 21 não apreciamos completamente a perspectiva das pessoas que lutam para sobreviver na Galileia, Samaria e Judeia do século 21. Passar tempo em países em desenvolvimento onde a próxima refeição nunca está garantida nos ajuda a apreciar a importância da provisão milagrosa de Jesus de alimento no deserto. João enfatiza o fato de que cada pessoa recebeu tanto quanto desejava e que a provisão de alimento excedeu a capacidade deles de comer. Sem dúvida, para muitos deles essa é a primeira vez em muito tempo que vão dormir de estômago cheio. Finalmente, depois de tanto sofrimento sob o férreo governo de Roma, depois de tanta privação nas mãos dos injustos aristocratas, depois de tanta corrupção no templo, Deus envia um Salvador. Jesus, o homem que cura, o provedor, o reformador, o rei! Com certeza a chegada dele assinala o início de uma revolução que terminaria com a pobreza, restauraria a justiça e conduziria o reino de Deus a outra era dourada. Afinal, essa era a promessa de Deus (Dt 30.9,10; Is 9.7; Jr 29.14; 30.3,18; 32.44; Ez 37.24-26). Finalmente, o Messias chega e traz consigo *abundância*! Talvez dez mil homens, mulheres e crianças se perguntem para onde Cristo os levaria a seguir e como ele reivindicaria seu trono.

Não podemos criticar muito aquela multidão no deserto. Eles acordaram com fome na manhã seguinte, exatamente como cada um de nós acordará amanhã. Enquanto a maioria voltara para casa, muitos buscavam na região montanhosa na costa nordeste do mar da Galileia por seu recém-encontrado provedor e líder. Mas ficaram desapontados ao descobrir que seu *ticket*-refeição já tinha partido.

6.22-25

Mateus e Marcos nos informam que o Senhor enviou os discípulos na frente para Cafarnaum enquanto ele dispersava a multidão. A grande maioria deles foi embora, talvez para casa, mas um contingente ficou para trás procurando por Jesus. Eles viram os Doze partirem no mar sem o Senhor, e não sobrou nenhum outro barco, portanto presumiram que ele ainda usufruía a solidão na região montanhosa circunvizinha. No fim, eles perceberam que ele partira; então embarcaram em pequenos barcos atracados ali perto.

Os barcos vinham de Tiberíades, uma cidade no litoral oeste do mar da Galileia, fundada por Herodes Antipas, com o nome dado pelo imperador Tibério, herdeiro dos títulos e poder de César Augusto. Como a cidade fora construída no local do cemitério judaico, os religiosos judeus se recusaram a viver ali, o que deixou a cidade aberta para os judeus helenizados e para os aliados políticos de Herodes.

As pessoas ou ouviram as instruções do Senhor para os discípulos ou presumiram que ele, a seguir, iria para Cafarnaum. A sinagoga ali é um centro de ensino judaico para a região. As pessoas ficam surpresas por encontrar Jesus tão longe de onde o viram pela última vez em um espaço tão curto de tempo, mas a pergunta delas sugere mais que um desejo de saber quando e como ele chegara ali. Fundamentados na resposta de Jesus, eles querem saber por que ele está ali (e talvez não onde eles achavam que ele estaria) e por que ele os evitara de forma deliberada.

Sinagoga do século IV em Cafarnaum. A sinagoga judaica cumpria muitas das mesmas funções na comunidade local quanto a igreja cristã nos dias modernos: adoração, instrução e comunhão. Jesus, como um rabi excepcionalmente popular, ensinava na sinagoga de Cafarnaum. Hoje, essa sinagoga de pedra calcária branca do século IV repousa sobre a fundação da sinagoga de basalto negro que Jesus conheceu em sua época.

6.26,27

Jesus responde aos porta-vozes da multidão com uma acusação, acusação essa que ecoa as palavras de Moisés (Dt 8.2,3). O povo da aliança de Deus vagou pelo deserto porque não confiou nele. Recuaram da terra prometida porque os desafios físicos pareceram gigantes diante deles. Durante os quarenta anos de sua peregrinação no deserto, o Senhor os sustentou com maná, *alimento do céu* (Sl 105.40; Êx 16.4), enquanto lhes ensinava que o verdadeiro alimento é a Palavra de Deus. Onde os israelitas falham, Jesus triunfa (Mt 4.4), e ele deseja profundamente que eles saibam de sua vitória.

Jesus contrasta o alimento físico, que é o resultado do trabalho e logo perece, com o alimento espiritual, que vem pela graça e dura para sempre. Os dois são necessários, pois eles satisfazem duas necessidades humanas legítimas; a vida não continua sem ambos. No entanto, nossa natureza caída e carnal anseia por um em detrimento do outro. A distinção entre "alimento que perece" e "alimento que dura para a vida eterna" é claramente simbólica. O alimento físico representa qualquer coisa e todas as coisas que satisfazem os desejos legítimos do corpo: nutrição, vestimenta, abrigo, remédio, sexo, exercício e descanso. O alimento espiritual, por sua vez, representa a necessidade da alma humana de ser sustentada por seu criador.

Jesus desafia a multidão a parar de trabalhar pelo alimento que perece e devotar igual paixão na satisfação da fome de sua alma. Ele diz de fato: "Como Deus sustentou fisicamente os hebreus no deserto e os chamou a ser enchidos com sua Palavra, também satisfiz sua necessidade física ontem e agora os chamo a receber alimento espiritual". Observe a ironia no convite do Senhor: T*RABALHAI* [...] *pela comida que permanece para a vida eterna, A QUAL o Filho do homem vos DARÁ* (destaques do autor). Esse paradoxo ecoa o convide de Deus registrado em Isaías 55.1: *Vinde e comprai vinho e leite, sem dinheiro e sem custo.*

6.28,29

A primeira resposta dessas pessoas à oferta de graça de Jesus é especialmente divertida em grego. Minha tradução e ênfase imitam a estrutura da sentença em grego: "O que temos de *fazer* para *fazer* os *trabalhos* de Deus? Eles perdem completamente a perspectiva de Jesus. Eles ignoram o "dará" e focam o "trabalhai".

Eles estão tão consumidos pelas preocupações físicas que não compreendem a linguagem figurativa de Jesus. João usa essa falha na comunicação para ilustrar a natureza da cegueira espiritual, causada pela fixação obstinada nos assuntos físicos, terrenos. Quando o mundo caiu nas trevas, ele deixou de compreender a luz (Jo 1.5). Os que escolhem servir ao sistema mundano caído ficam cada vez mais autocentrados, orgulhosos, míopes e incapazes de erguer os olhos longe o suficiente para compreender coisas como a fome espiritual e a graça de Deus. Conforme a conversa continua, a tensão entre a linguagem figurativa de Jesus e a interpretação literal dos porta-vozes chega a ponto de estourar. Fica provado que eles são absurdamente obtusos.

Jesus estende seu paradoxo anterior. O único "trabalho" exigido é crer no Filho, o que não envolve trabalho algum.

6.30-33

Na superfície, essa exigência de um "sinal" é uma mudança bizarra na atitude do dia anterior quando essas mesmas pessoas exclamaram: *Este é verdadeiramente o profeta que haveria de vir ao mundo* (6.14). Mas é de fato uma extensão da perspectiva anterior deles. Observe a ênfase que põem no "fazes" e no "realizas". Observe também a exigência deles por crença: "para que o vejamos e creiamos". A "crença" deles no deserto

Do meu diário

Sinais dos nossos tempos

JOÃO 6.28,29

Quando vivia na Califórnia, um amigo ilustrou o absurdo da natureza humana ao me levar em um passeio de arrepiar os cabelos.

Eu vivia em uma cidade que na época era cercada e atravessada por vias expressas ainda em construção. Às vezes, enquanto guiava grudado nos carros ao longo de uma rua de asfalto estreita, ficava tentado a ir para uma daquelas autoestradas em obras, mas me continha. Certo dia, estava sentado no banco do passageiro enquanto meu amigo guiava. Ele virou-se para mim e disse: "Chuck, quero mostrar uma coisa em que você não vai acreditar". Aí, ele saiu da estrada, foi um pouco para baixo de uma vala e para essa estrada imaculada ainda a ser aberta.

A despeito dos meus protestos, ele apertou o acelerador e logo estávamos a 112 quilômetros por hora nessa nova autoestrada. Logo apareceu uma grande placa com os dizeres: "Só tráfego da construção". Fiquei mais tenso, mas ele continuou em frente. A seguir, outra placa: "Perigo". Meu coração começou a bater mais rápido. Depois, outra: "Ponte em construção", o aviso estava ressaltado por flechas imensas com luz piscando. Naquele momento, eu mal notava a junta branca da minha mão agarrada à maçaneta da porta, meu amigo não diminuiu a velocidade nem por um momento.

Finalmente, ele pisou no freio, cantando pneu, e parou. Quando saímos do carro, dei graças em silêncio e o segui até depois de um conjunto de barricadas de madeira. Estávamos na beira de um viaduto construído pela metade, um precipício que nos lançaria em um abismo de detritos trinta metros abaixo.

Meu amigo apontou em uma direção e disse: "Está vendo aquele detrito ali?" Concordei com um gesto de cabeça. Ele apontou para outro ponto. "Está vendo aquele bem ali? Mais duas pessoas de motocicleta. Os dois morreram."

Alguns dias depois, duas pessoas dirigiam por essa estrada, ignoraram todos os avisos, não ligaram para as barricadas e mergulharam para a morte, levando dois outros com eles. É improvável que os dois tenham cometido suicídio. Eles fizeram com seu carro o que muitos fazem na vida: não prestaram atenção aos claros avisos e, depois, pagaram um preço horroroso por isso.

O sábio do Antigo Testamento está correto: Há um caminho que ao homem parece correto, mas o fim dele conduz à morte (Pv 14.12).

não é menos temporal e terrena que sua fome. Assim que a imagem do "sinal" de Jesus desapareceu das córneas deles, a necessidade de ver de novo voltou.

Ironicamente, eles citam a provisão do maná por intermédio de Moisés como um precedente para o pedido deles!

Jesus responde com um duplo *amēn* [281] a fim de enfatizar a declaração que se segue. Ele, a seguir, corrige a falha de memória deles da história hebraica. Moisés não proveu coisa alguma; Deus proveu o maná. O pronome plural "vos (todos)" liga a identidade de seus ouvintes com a dos "pais", os antigos hebreus que receberam o maná e, mesmo assim, não confiaram em seu Deus. Jesus associa mais uma vez a provisão do maná com a graça de Deus, cuja maior porção desse maná era a provisão de sua Palavra (Dt 8.2,3). Isso também é uma alusão à provisão do Pai de sua Palavra na carne humana, o próprio Filho de Deus.

6.34,35

O pedido das pessoas é semelhante ao da mulher samaritana ao lado do poço. Quando lhe foi oferecida a água viva que mata a sede de forma permanente, ela respondeu: *Senhor, dá-me dessa água, para que eu não tenha mais sede, nem tenha de vir aqui tirá-la* (Jo 4.15). Apesar de sua resposta ser reservada, ela, não obstante, entendeu a linguagem espiritual de Jesus. Por contraste, a inclusão do termo "sempre" na resposta aqui sugere que essas pessoas não entenderam. Por essa razão, Jesus é inequivocamente claro. Em uma única sentença ele liga os conceitos de fé, pão, vida eterna e ele mesmo.

6.36-40

As pessoas disseram antes que, para elas, ver é crer (6.30). Depois de terem recebido um sinal, elas pedem um sinal. Tendo visto a Jesus, recusam-se a crer. Jesus as repreende por sua descrença e, depois, apresenta uma perspectiva diferente sobre a relação entre "sinais" e fé.

Essas pessoas afirmam que um sinal milagroso lhes daria a capacidade de crer. De acordo com Jesus, a fé responde a Deus quando ele se revela. Assim, a presença de Deus se torna um tipo de fator decisivo. Aqueles que são seus respondem em fé e são atraídos para ele, enquanto os que não são seus respondem com incredulidade e o rejeitam. Jesus, Deus na carne humana, veio para a terra para reunir os seus, identificados pela fé nele.

6.41,42

A crítica dos judeus descrentes lembra as críticas de seus ancestrais no deserto. Eles reclamaram de não terem alimento; então o Senhor proveu o pão do céu. A seguir, reclamaram de ter só o maná; então o Senhor proveu codornizes (Êx 16). O maná era tanto sua provisão de graça quanto um teste (Êx 16.4; Dt 8.16). O modo como recebiam o maná e como seguiam as instruções do Senhor revelava a legitimidade de sua fé.

Embora Jesus fale de sua concepção milagrosa e nascimento natural — o meio pelo qual Deus se tornou carne —, essas pessoas não aceitam a verdade de sua vinda do céu. A família de Jesus provavelmente visitava Cafarnaum com frequência. E mais, seus irmãos aparentemente transformaram a cidade em seu lar (Jo 2.12). Essas pessoas viram Jesus durante sua infância e acham que sabem tudo sobre as raízes dele. Para eles, a expressão "desceu do céu" sugere que de repente e misteriosamente algo se materializou do nada, o que evidentemente não aconteceu.

6.43-51

"Comeram" é a imagem que Jesus usa para ilustrar uma verdade espiritual: as pessoas têm de se apropriar do sacrifício dele pela fé. Ele, *o cordeiro de Deus que tira o pecado do mundo* (1.29), poderia se tornar o sacrifício de expiação que pagaria a pena pelo pecado em nome de todo o mundo. No entanto, são beneficiados só aqueles que creem nele, recebem essa dádiva e, depois, a aplicam a seus pecados.

Essa verdade foi ilustrada na primeira Páscoa. Os israelitas foram instruídos a sacrificar um cordeiro em nome de toda a família, aplicar o sangue do animal na ombreira e na verga da porta da casa, preparar a carne para ser consumida e ficar dentro de casa enquanto o anjo da morte descia sobre o Egito. Os que não aplicaram o sangue prantearam a morte do filho primogênito. Os que se apropriaram desse símbolo de expiação para sua casa foram poupados. Enquanto eles comiam a carne do cordeiro pascal, o anjo da morte passava sobre suas casas (Êx 12.3-49).

Jesus, em algum ponto de seu ministério, começa a ensinar por meio de parábolas — histórias simbólicas usando imagens familiares para ensinar verdades espirituais. Ele explicou aos discípulos o motivo para essa mudança: *Por isso eu lhes falo por meio de parábolas; porque, vendo, não veem; e, ouvindo, não ouvem nem entendem* (Mt 13.13). As parábolas permitem ao observador ver o que seu coração escolhe ver, coração esse guiado por sua fé em Jesus.

Os pregadores, às vezes, são culpados de ultrapassar os limites de suas ilustrações. Se um orador não tiver cuidado, ele permitirá que a metáfora domine a lição e, involuntariamente, ensinará o erro. No entanto, esse não é o caso de Jesus. Ele leva intencionalmente sua metáfora a extremos para alcançar dois objetivos. Primeiro, deixar qualquer pessoa razoável sem desculpa para adotar uma interpretação física de seu ensinamento. Como é absurdo imaginar que ele tinha o canibalismo em mente! Segundo, ele separa o joio do trigo, permitindo que as próprias inclinações dos descrentes os levem com o vento.

6.52

Este é o som da zombaria: "Como pode ele nos dar sua carne para comer?"

6.53-58

Jesus não tenta esclarecer o entendimento equivocado deles. O problema deles não é intelectual. Jesus, ao contrário, aumenta a confusão deles. No entanto, não há perigo de perder cristãos genuínos. Jesus, a despeito de sua linguagem enigmática e ensinamento difícil, reafirma pela terceira vez em seu discurso os seguidores autênticos: *Eu o ressuscitarei no último dia* (6.39,40,44,54).

6.59-65

Os discípulos de Jesus, nessa época do ministério dele, chegam a dezenas de milhares com vários graus de devoção. Pelo menos centenas deles são sérios o suficiente para considerá-lo seu rabi e defenderiam ativamente um movimento para torná-lo rei. Mas Jesus sabe que a devoção deles é o tipo de devoção instável que brota rapidamente e logo seca no calor. Os discípulos volúveis descrevem o ensinamento de Jesus como *sklēros* [4642], cujo sentido literal é "rígido", "duro" ou "bruto". Figurativamente, o termo descreve algo ou alguém como "inflexível" ou "recebido com desconforto". Notícias estressantes ou conceitos desafiadores podem ser denominados "duros". O ensinamento de Jesus não é difícil de *entender*, mas apenas difícil de *aceitar*.

Jesus percebe a dificuldade dos homens e pergunta se o ensinamento os tinha literalmente "escandaliza [do]". O termo grego é *skadalizō* [4624].[6] O sentido original e mais literal é "ir para a frente e para trás" ou "bater a porta", como com uma armadilha para animais acionada por mola. Portanto, o verbo, em geral, significa "fechar algo em". O uso figurativo dessa palavra é raro fora dos escritos judaicos e cristãos, mas não totalmente ausente. Um dramaturgo grego descreve um acusador injusto arrastando homens inocentes para o tribunal e "preparando armadilhas" com suas perguntas.[7] Paulo usa com frequência o termo para descrever Jesus como uma pedra de tropeço intelectual e moral para qualquer um que se oponha a Deus e se ache justo (Rm 9.33; 11.9; 1Co 1.23; Gl 5.11).

Jesus desafia os queixosos com uma pergunta. Na verdade, ele pergunta: "Vocês não conseguem aceitar minha declaração de que vim do céu e de que vocês têm de comer minha carne e beber meu sangue; então o que pensarão quando eu disser que vou ascender ao céu?" Em outras palavras, "se for impossível para vocês aceitar esse ensinamento, não têm capacidade para entender nada do que tenho a dizer".

Jesus, a seguir, reitera sua declaração anterior: *Ninguém pode vir a mim, se o Pai que me enviou não o trouxer* (Jo 6.44). O que Deus tem a ensinar é tão totalmente contrário às sensibilidades pecaminosas e egoístas da humanidade que ninguém consegue entender o ensinamento divino sem a ajuda divina. As pessoas interpretam as palavras de Jesus no sentido literal porque lhes falta a sabedoria espiritual que Deus concede àqueles que comungam com ele. E mais importante: as pessoas estão tão enredadas em sua ignorância pecaminosa que ninguém consegue escapar, a menos que Deus o traga para si mesmo.

6.66-69

De acordo com os outros evangelhos, Jesus transformou Cafarnaum em sua residência temporária (Mt 4.13-16; Mc 2.1), onde as multidões o procuravam em busca de cura e instrução (Mc 1.28,29; 2.2,13). É provável que o ensinamento de Jesus em Cafarnaum tenha acontecido ao longo de um período de discursos repetidos e diálogos longos. Como resultado do ensinamento de Jesus, muitos de seus "discípulos", que incluem multidões de seguidores além dos Doze, deixam de segui-lo. Jesus já sabia a resposta para sua pergunta; ele desafia os Doze a fim de reforçar o ensinamento sobre a verdadeira natureza da salvação.

Quando é perguntado aos Doze se eles também querem deixar de segui-lo, Pedro fala pelo grupo. Ele responde com uma pergunta que revela sua motivação para ficar: "Senhor, para quem iremos?" A resposta implícita é: "Para ninguém, pois Jesus é nossa única opção". A resposta sincera de Pedro o distingue dos desertores descrentes. Enquanto eles acham que entendem Jesus e o rejeitam, Pedro crê em Jesus, embora admitindo que não entende completamente seu ensinamento. Sua qualificação, "Tu tens as palavras de vida eterna", apenas repete e imita o Senhor (Jo 6.63). A natureza da salvação e da fé não é apenas um problema intelectual; é principalmente volitivo. Os homens querem ver e, depois, crer (6.30); os discípulos creem e, no fim, começam a ver (14.16-19; 17.24; 20.29).

6.70,71

Jesus usa essa conversa para ressaltar outra verdade. Da perspectiva de Pedro, os Doze escolhem crer em Cristo e segui-lo. Jesus não rejeita a declaração de Pedro; ele apenas a aprimora e completa: "Escolhi a vós". No entanto, nem tudo é o que parece. Um comentário parafraseia a última declaração de Jesus deste jeito: "Bem dito, Simão Barjonas, mas esse 'nós' não abraça um círculo tão amplo como você pensa na simplicidade do seu coração, pois, embora eu tenha escolhido vocês doze, mesmo um desses é um 'diabo'".[8]

Pelo menos nesse caso, a "escolha" de Cristo não se refere à salvação, mas ao seu chamado, "siga-me". Nem todos que são chamados e parecem crer foram "escolhidos" no sentido da salvação (Mt 22.14).

■ ■ ■

A maioria das pessoas admite que quer um salvador; no entanto, exatamente que tipo de salvador elas desejam depende do tipo de crise da qual querem escapar. As pessoas lutando com a solidão querem companhia. As pessoas sofrendo uma crise de identidade querem alguém que lhes dê sentido. O faminto quer um provedor; o oprimido, um defensor; o descontente, um revolucionário; o desesperançado, uma inspiração. O orgulhoso? Bem, ele não precisa absolutamente de nenhum salvador.

A multidão no deserto acha que precisa de um salvador para levá-los para a terra da qual fluem leite e mel, alguém para encher seu estômago e afugentar seus inimigos. Um dia, Jesus será esse tipo de salvador. As promessas do Antigo Testamento de abundância física e um reino governado pelo Messias serão cumpridas. Israel terá de fato sua era dourada, mas só quando o Salvador acabar de satisfazer a necessidade mais crucial de todas: a necessidade de salvação da crise do pecado. Todavia, só aqueles que reconhecem sua necessidade buscam o Filho de Deus.

APLICAÇÃO
João 6.22-71
TRÊS RESPOSTAS PARA O CHAMADO DE VERDADE

A palavra "evangelho" vem do termo grego *euaggélion*, cujo sentido é "boa notícia". O evangelho é de fato uma boa notícia ou boa história; no entanto, essa bondade tem uma borda afiada. É difícil aceitar a limitação do evangelho; sua exclusividade é ofensiva. Jesus diz: *Eu sou o caminho, [...] ninguém chega ao Pai, a não ser por mim* (Jo 14.6). E Jesus não faz nada para suavizar sua mensagem, em especial entre os judeus. Para uma audiência que tem todo o cuidado de remover o sangue de qualquer carne que consome, ele diz: *Em verdade, em verdade vos digo: Se não comerdes a carne do Filho do homem, e não beberdes o seu sangue, não tereis vida em vós mesmos* (6.53). Pareceria que Jesus, deliberadamente, deixa o evangelho difícil de ser aceito, em vez de tornar fácil... algo que a abordagem de hoje "amigável para com aqueles que buscam" acharia estranho.

O propósito da mensagem do evangelho não é convencer os detratores nem mudar o coração dos rebeldes; esse é o papel do Espírito Santo. A mensagem do evangelho é o meio pelo qual o coração preparado responde a seu criador. As boas-novas são o chamado de Deus; a crença é a resposta "dos seus" (veja 5.25; 10.14). Essa verdade é bem ilustrada nos eventos após a alimentação da multidão. Enquanto Jesus proclama o evangelho e se apresenta como o único meio de salvação, observamos três respostas da parte da audiência.

1. *Deserção aberta* (6.66)

Muitos anos atrás, cultivei uma amizade estreita com um médico brilhante. Ele tinha mais de um título de doutorado em Medicina e passara muitos anos em treinamento, incluindo uma residência na Clínica Mayo. Dizer que ele era competente seria uma meia verdade bastante rudimentar.

Durante muito tempo, gostávamos de conversar sobre a vida, o trabalho e a família — conversar sobre nada e tudo. Eu gostava de fato daquele homem e queria compartilhar com ele a decisão mais importante da minha vida, mas esperava por uma abertura ou oportunidade natural. Um dia, surgiu essa ocasião oportuna. Ele me perguntou onde eu me baseava nisso ou naquilo, o que logo levou ao evangelho. Peguei um guardanapo e desenhei um homem ao lado de um grande abismo e Deus do outro lado. A seguir, desenhei uma cruz ligando o grande abismo e expliquei como o sacrifício do Filho de Deus nos permite ir ao Pai. Quando terminei talvez a explicação mais clara das boas-novas que acho que já dei, meu amigo pegou o guardanapo, dobrou-o e disse: "Nem em um milhão de anos eu poderia acreditar nisso". Muitos rejeitam o evangelho aberta e permanentemente. Nenhuma quantidade de explicação ou súplica mudará nada.

2. *Firme determinação* (6.67-69)

Apesar de Pedro ser com frequência o mais criticado dos discípulos, sua resposta para o ensinamento difícil de Jesus ilustra a fé genuína. Ele não finge entender tudo que Jesus ensina, todavia se apega tenazmente a seu mestre. Ele, na verdade, diz: "Senhor, não tenho outra opção; o Senhor tem as palavras da vida eterna, mesmo que não consigamos entendê-las completamente". Ele entendeu a ordem certa: primeiro crer, depois entender.

Uma fé assim é sobrenatural e dura até o fim dos dias. Não espere que toda pergunta seja respondida. Não adie a confiança em Cristo porque você não consegue resolver todos os enigmas teológicos. Deus o chama a crer; responda em fé. Em tempo, ele elucidará os mistérios enquanto você atravessa a vida com ele. E, quando estiver na presença dele na eternidade, tudo ficará claro.

3. *Engano sutil* (6.70,71)

A terceira resposta me aborrece. Judas ilustra esse tipo de resposta. Ele se conta entre os fiéis, diz e faz tudo necessário para parecer genuíno e até mesmo arrisca sua vida com os outros discípulos. Todavia, Judas nunca creu de fato. Ele ilude os outros e talvez até a si mesmo, mas sua ilusão ou engano sutil, no fim, resultou em tragédia.

Nem todo falso cristão é um Judas. Muitos são frequentadores de igreja bem-intencionados que se comportam como seus pares cristãos, motivados por quaisquer motivos, nenhum dos quais fé autêntica. Infelizmente, um dia eles ficarão diante do Salvador para ouvir uma repreensão, em vez de boas-vindas (Mt 7.21-23). Eles esperam ser recompensados por seu bom serviço, mas somos salvos pela graça, não pelas obras (Ef 2.8,9).

Ver como Jesus apresenta o evangelho e como cada indivíduo responde de acordo com a inclinação do coração me dá grande conforto quando compartilho o evangelho. Eu costumava me preocupar acreditando que, se minha apresentação não fosse clara e convincente, uma alma poderia ser perdida... por causa da minha falha. Que pressão inacreditável para um mero homem! Felizmente, esse não é o caso. A alma da outra pessoa não é minha ou sua para ganhar ou perder. Somos encarregados da responsabilidade de anunciar as "boas-novas" o melhor que pudermos;

a resposta do indivíduo é um assunto particular com Deus. Só eles dois sabem com certeza se a resposta é autêntica ou apenas fingimento.

Jesus na cova dos leões
JOÃO 7.1-52

Algumas observações sobre a tradução em João 7.1-52

A21	NVI
4 *que procura ser conhecido*, lit. *e*	8 *não subirei a esta festa*; alguns manuscritos trazem *não vou ainda*
24 *julgueis*, lit. *julgue o justo julgamento*	35 *espalhado entre os gregos* ou *os judeus que vivem entre os gregos?*
26 *o Cristo*, ou seja, *o Messias*	37 *Se alguém tem sede, venha a mim e beba* ou *deixe todo aquele que está com sede vir a mim e beber.*
31 a. *o Cristo*, ou seja, *o Messias*; b. *sinais*, ou *milagres atestadores*	39 *o Espírito ainda não tinha sido dado*; diversos manuscritos anteriores trazem *mas como ainda não havia Espírito Santo*
37 a. *se alguém tem sede*; os v. 37,38 também podem trazer: *se alguém está com sede [...] deixe-o vir [...], aquele que crê em mim como*; b. *venha a mim*, ou *deixe-o continuar vindo a mim e deixe-o continuar a beber*	40 *este homem é o profeta*, veja Dt 18.15,18; Ml 4.5,6
38 *interior*, lit. *de seu estômago*	42 *onde viveu Davi*; veja Mq 5.2
41 *o Cristo*, ou seja, *o Messias*	52 *da Galileia não surge profeta*; alguns manuscritos trazem *o profeta não vem*

Quando eu era criança, uma das minhas histórias favoritas da Bíblia era "Daniel na cova dos leões". Talvez você tenha ouvido essa conhecida história. Um profeta de 80 anos, um homem fiel e íntegro, conquistou a amizade do rei Dario. Mas alguns outros homens ficaram com inveja da confiança que o homem mais velho desfrutava junto ao rei e planejaram matá-lo. Por meio de uma complexa cadeia de eventos, Dario foi forçado a mandar Daniel para a morte quase certa. Ele tinha de ser jogado na cova dos leões, presumivelmente para ser comido na mesma hora. Após o idoso profeta ser empurrado pela entrada, *uma pedra foi trazida e posta sobre a boca da cova; e o rei a selou com seu anel e com o anel dos seus nobres, para que nada fosse mudado com respeito a Daniel* (Dn 6.17).

Lembro-me que meu professor da escola dominical tinha boa memória e uma imaginação vívida. Conseguia ver os leões famintos andando e ouvir os ecos dos rugidos em um calabouço cavernoso de pedra. Então, antes de ouvir o fim da história, encolhia-me enquanto imaginava o medo do homem idoso gritando enquanto os leões o dilaceravam membro a membro. Lembro-me de que os leões, para minha surpresa e alívio, nem o tocaram. Nenhum dente nem garra sequer roçou sua pele. O Senhor, graciosamente, libertou Daniel do instinto assassino dessas feras selvagens.

> *Ao romper do dia, o rei se levantou e foi depressa à cova dos leões. Quando chegou à cova, chamou por Daniel com voz triste; e disse o rei a Daniel: Ó Daniel, servo do Deus vivo, acaso o teu Deus, a quem serves continuamente, pôde livrar-te dos leões? Então Daniel falou ao rei: Ó rei, vive para sempre. O meu Deus enviou seu anjo e fechou a boca dos leões, e eles não me fizeram mal algum, porque foi achada inocência em mim diante dele; e também diante de ti não cometi delito algum, ó rei.*
> (Dn 6.19-22)

Uma vez que Daniel foi tirado incólume da cova dos leões, os homens que tinham orquestrado o esquema sofreram a sentença que planejaram para Daniel. Eles caíram na boca aberta dos leões e foram dilacerados antes de tocar o chão.

Anos mais tarde, concluí que a história devia chamar "Os leões na cova de Daniel". É o Senhor quem dá a vida ou tira, e não há leão em toda a criação que ele não possa subjugar. Talvez os inimigos de Daniel achassem que estavam no comando, mas cometeram um grave erro.

Os leões da época de Jesus não vagavam sobre quatro patas. Eles eram altos e orgulhosos, paramentados nas esplendorosas vestimentas da justiça feita pelo homem, outorgada por uma religião hipócrita. As autoridades do templo em Jerusalém querem o assassinato de Jesus porque ele expõe continuamente o ciúme e a ganância deles. Ele cura, cumpre a profecia, perdoa os pecados e dá glória ao Pai enquanto não guarda nada para si mesmo. Ele é diferente de qualquer rabi ou líder político que alguém já viu. Ele ameaça o poder das autoridades, e eles o querem morto. Jesus está prestes a entrar na cova dos leões.

7.1,2

Os eventos em Cafarnaum acontecem pouco antes da Páscoa (Jo 6.4), em março ou abril, e a Festa dos Tabernáculos (setembro/outubro) está se aproximando. Durante seis meses ou mais, Jesus esteve ministrando na Galileia, em que seu ensinamento "duro" na sinagoga silenciou qualquer conversa de torná-lo rei. No entanto, mesmo depois desse joeirar, a multidão continuou a segui-lo na Galileia. Nesse meio-tempo, um crescente número de secretos aspirantes messiânicos manteve Jerusalém inquieta.

Festa contemporânea dos tabernáculos, "Cabanas". Em cumprimento à ordem de Deus (Lv 23.34-44), as famílias judias continuaram a celebrar uma festa de uma semana no outono em casas temporárias construídas para a ocasião. Esses "tabernáculos" ou "tendas" lembravam o povo de Deus da aliança de sua proteção no deserto enquanto eles celebravam a contínua provisão do Senhor por meio da colheita do produto da terra prometida. Hoje, os judeus continuam observando essa festa na celebração da Festa dos Tabernáculos (Sucot).

7.3-5

Os judeus celebravam três festivais nos quais era exigida a presença de todos os homens de Israel (Êx 23.17; 34.23): Páscoa, Pentecostes e Tabernáculos (Cabanas). Cada festival servia para lembrar ao povo judeu algo que seus ancestrais aprenderam sobre o Senhor por intermédio de uma experiência em particular. A Festa dos Tabernáculos, realizada durante o tempo da colheita, lembrava o povo hebreu do êxodo do Egito de seus ancestrais, a errância no deserto e a "reunião" deles na terra prometida. Essa celebração tinha ainda mais sentido depois do exílio e aguardava o tempo em que o Messias reuniria todos os descendentes de Abraão em uma nação hebraica revivida.

Os irmãos de Jesus zombam dele, sugerindo que ele vá a Jerusalém e realize alguns truques mágicos a fim de reunir o mundo atrás dele. Eles, com certeza, viram os "sinais" milagrosos realizados por ele e provavelmente, por motivos egoístas, querem torná-lo rei. A zombaria deles sugere que, se Jesus fosse o artigo genuíno, não se importaria em atender a esses desafios.

7.6-9

Diversas vezes ao longo da narrativa de João, Jesus fala de sua "hora" ou "tempo", o que se refere ao momento em que sua glória seria revelada ao mundo. O meio de sua glória seria o sofrimento, o qual a maioria de seus seguidores não entendia, nem mesmo na véspera de sua prisão e crucificação. Em todas as circunstâncias, exceto nessa, ele usou o termo *hōra* [5610], "hora". Aqui, no entanto, o termo grego traduzido por "tempo" é *kairos* [2540], "período limitado de tempo". A literatura grega secular e a tradução grega do Antigo Testamento usam esse termo para indicar um momento decisivo em que uma era dá lugar a outra. Por exemplo, alguém diz: "Quando o Sul declarou guerra, chegou o *momento* de Lincoln". Talvez a pessoa queira dizer: "A partir daquele *instante*, o camponês de Springfield seria transformado em um tesouro nacional".

Jesus, como em 6.26-71 e nas parábolas, fala de maneira a ser entendido em dois níveis. A interpretação da pessoa naturalmente segue seu entendimento escolhido de quem Jesus é, e ele permite que cada pessoa seja levada por sua concepção equivocada voluntária. Na superfície, Jesus parece responder a seus irmãos ao pé da letra. Eles zombam dele com a sugestão de que deve tornar pública sua identidade como o rei-Messias conquistador que Israel anseia por ver. Ele, em resposta, falou verdadeiramente, dizendo de fato: "O momento decisivo para eu me anunciar ainda não chegou, mas o presente sempre é a hora certa para vocês fazerem isso". A seguir, ele declara o motivo por que o testemunho de seus irmãos seria bem recebido por um mundo dedicado ao mal: eles fazem parte do mundo!

Claro que o sentido mais profundo das palavras de Jesus se referia à sua missão. A Festa dos Tabernáculos é uma celebração da colheita a ser desfrutada quando a colheita é concluída. Jesus tinha mais trabalho a fazer na Galileia antes de subir a Jerusalém (4.35-38).

Muitos manuscritos e traduções incluem a palavra "ainda" na declaração de Jesus: "Não vou a essa festa porque [ainda]", mas é mais provável que o original omita esse "ainda" em particular. Alguns estudiosos sugerem que Jesus mentiu para os irmãos, mas ele não mentiu. Sua declaração não exclui a possibilidade de ele ir mais tarde, que é sua intenção o tempo todo. Ele simplesmente não quer ser acompanhado pelos irmãos arrogantes, que usariam seu comparecimento para avançar a agenda deles. Em vez disso, Jesus iria de modo mais discreto com seus discípulos e, depois, lidaria com os habitantes da Judeia no tempo e do jeito que ele mesmo escolhesse.

7.10,11

Merece comentário o fato de Jesus reconhecer o perigo mortal representado pelas autoridades do templo. Na Judeia, ele está em constante perigo de ser assassinado. Embora o Messias tenha vindo para sacrificar sua vida, ele não deixaria o momento e as circunstâncias de sua morte nas mãos de seus inimigos. Ele ditaria os termos de sua execução para realizar sua missão. Contanto que ele permaneça escondido onde nenhum inimigo o encontre ou apareça diante de uma multidão, ocasião em que as autoridades religiosas não ousariam tocar nele, Jesus pode ministrar em Jerusalém. Por isso, ele entra na cidade sem chamar atenção, talvez até se misturando à multidão. Entrementes, uma antecipação silenciosa estimula o debate entre as pessoas comuns em Jerusalém. Alguns favorecem Jesus; outros o condenam. Ninguém afirma sua verdadeira identidade como Cristo e o Filho de Deus.

7.14-19

A Festa dos Tabernáculos é uma celebração com duração de uma semana (Dt 16.13-15). No terceiro ou quarto dia da celebração, Jesus está de pé no templo para ensinar, o que é incomum para um rabi. No entanto, a credibilidade do mestre depende muitíssimo de seu histórico educacional. Quem o treinou? Ele é associado a que escola? À escola de Hillel? De Shammai? De João Batista? As autoridades religiosas (não os judeus comuns) estão atônitas. Não porque ele sabe ler e escrever — a maioria dos homens judeus era letrada. Eles também não objetam o excesso de segurança de Jesus para ensinar sem ter preparação formal. O que eles não entendem é como ele pode ser tão instruído sem ter frequentado o seminário (Mt 7.28,29; Mc 1.22).

Jesus responde com uma repreensão contundente fundamentada na lógica elementar. Aqueles que são instruídos no íntimo com a fonte suprema de verdade (Deus) não têm problema em reconhecer outros que falam a verdade. Além disso, as pessoas que se importam com a verdade não se importam com credenciais, contanto que a verdade seja ensinada. Ele oferece, então, outro padrão pelo qual julgar as qualificações de um mestre: sua obediência à verdade revelada antes, a lei.

Essa é uma reviravolta irônica. As autoridades religiosas estão com raiva de Jesus e o repreendem por desobedecer à tradição, as regras feitas pelo homem pelas quais eles substituíram a lei de Moisés (Mt 15.3,7-9; Mc 7.8). Jesus, com essa declaração, virou a mesa. Ele acusa-os de tentar matá-lo, a despeito da violação da lei por parte deles.

7.20-24

Em resposta à repreensão das autoridades religiosas por Jesus, a multidão, que em geral se divide, a despeito de sua ignorância espiritual, repreende o Senhor como um homem possuído pelo demônio. Dizer a alguém "Tens demônio" pode ser tomado de forma literal ou figurativa. Nesse caso, é o antigo equivalente a alguém dizer: "Você está delirando, é um lunático, paranoico!" Eles obviamente não sabem que os líderes religiosos querem matar Jesus. Afinal, as autoridades do templo eram representantes oficiais de Deus, os guardiões da casa do Todo-poderoso.

Jesus ignora o insulto e continua sua acusação, referindo-se à cura do inválido no tanque de Betesda (Jo 5.18). O antecedente do pronome plural "lhes" (ARC) não está claro. O conteúdo da repreensão de Jesus parece ser dirigido contra as autoridades religiosas, em vez de à "multidão". No entanto, ele, em todo o resto da fala, dirige livremente suas repreensões a um ou outro ou a ambos, colocando assim a multidão e as autoridades na mesma categoria.

Jesus, para continuar seu argumento anterior (7.16-19), recorre ao precedente específico de Moisés (o autor humano da lei divina), a circuncisão (o ritual mais apreciado por eles) e o sábado (a instituição pervertida pela tradição feita pelo homem). A circuncisão tem de acontecer no oitavo dia de vida de todo bebê do sexo masculino nascido de pais hebreus, independentemente do dia em que caia o oitavo dia. Isso significava que alguma parte das tradições do sábado feitas pelo homem seria desobedecida. Se o ritual da circuncisão podia prevalecer às regras do sábado, por que não a cura milagrosa orquestrada por Deus de um homem desesperadamente doente? O mais tardar em 100 d.C., o judaísmo rabínico chegou a essa mesma conclusão:

> Os rabis contaram 248 partes do corpo humano. No Talmude (*b. Yoma* 85b), R. Eleazar ben Azaria (c. 100 d.C.) afirma: "Se a circuncisão, ligada a apenas um dos 248 membros do corpo humano, suspende o sábado, será que ainda mais o salvamento do corpo todo não teria de suspender o sábado?" O judaísmo rabínico considerava tão absolutamente obrigatória a ordem de Levítico 12.3 para circuncidar no oitavo dia de vida que na Mishnah *m. Shabbat* 18.3; 19.1,2 e *m. Nedarim* 3.11 defendem que a ordem para circuncidar se sobrepõe à ordem para observar o sábado.[9]

A "aparência" a que Jesus se refere é o espetáculo simbólico de justiça que, sem dúvida, era impressionante no templo. Jesus chama os judeus a ignorar as vestes pomposas e grandes chapéus a fim de discernir quem diz a verdade ao comparar suas obras com as ordens da Escritura. As obras de Jesus refletem a graça de Deus e não violam o sábado. As autoridades religiosas condenam esse ato de misericórdia porque ele viola as regras feitas pelo homem, que eles mesmos violavam cada vez que circuncidavam um recém-nascido no sábado.

7.25-31

Os líderes religiosos são incapazes de fazer qualquer coisa para silenciar Jesus ou eliminá-lo. Prendê-lo em público dividiria a multidão ou talvez a incitasse a se rebelar. E eles, com certeza, não conseguem derrotar o raciocínio dele. Essa paralisia deixa os judeus comuns se perguntando se os líderes estão indecisos em relação a Jesus ou se talvez o silêncio deles seja a aprovação tácita de Jesus como o Messias.

Aparentemente, outra tradição na teologia judaica (que ainda é comum hoje) interpreta o "de repente" em Malaquias 3.1 com o sentido de que o Messias apareceria misteriosamente e talvez de forma mágica (cf. Jo 6.41,42). A queixa deles é irônica em vista de João 9.29, passagem em que reclamam: *Mas este não sabemos de onde vem*. Não obstante, muitos começam a crer, embora achem difícil superar as evidências tradicionais do Messias que vieram a esperar.

7.32-36

Jesus fala mais uma vez em múltiplas camadas. Ele prediz sua ascensão ao lado do Pai e declara que os líderes religiosos nem mesmo veriam o céu. O destino eterno deles é muitíssimo diferente do destino dos discípulos (13.36; 14.4). Mas, como João ilustrara com a multidão na Galileia (6.26-54), a cegueira espiritual dos descrentes os limita ao entendimento estritamente literal. Eles se perguntam se Jesus pode deixar Israel totalmente em ordem para conquistar convertidos entre os judeus dispersos por todo o Império Romano.

7.37-39

Um ritual observado a cada dia da Festa dos Tabernáculos envolve uma procissão solene em que um sacerdote carrega uma taça de água do tanque de Siloé (alimentado pela fonte de Giom) através da Porta das Águas até o pátio interno do templo. Enquanto a congregação entoa um hino baseado em Isaías 12.3, o sacerdote derrama a água sobre o altar, comemorando a provisão de água no deserto feita pelo Senhor (Nm 20.8-11).

A Festa dos Tabernáculos foi construída em direção a uma convocação culminante (Lv 23.36), durante a qual Jesus se levanta para se dirigir às multidões de pessoas no templo. Talvez logo antes ou até mesmo durante a procissão do sacerdote do tanque de Siloé, Jesus chama todas as pessoas a receber dele a "água viva", não diferente de sua oferta à mulher samaritana (4.13,14). O comentário editorial de João esclarece para o leitor que a "água viva" é na verdade o Espírito Santo, que só seria concedido aos cristãos após a morte e a ressurreição de Jesus.

7.40-44

A multidão fica dividida. Observe a distinção feita por ela entre "o profeta" e "o Cristo", que os teólogos do século I achavam ser dois indivíduos distintos. São na verdade uma pessoa, e Jesus está se dirigindo a eles no templo. Não obstante, muitos estão confusos com a aparente origem de Jesus na região da Galileia, quando a profecia proclamava que o Messias viria de Judá (Mq 5.2).

Como acontece com frequência com Jesus, a audiência se divide em duas com base em sua reação à verdade. Alguns creem, enquanto outros buscam a destruição de Jesus. No entanto, ninguém ousa tocá-lo em público enquanto as opiniões continuam divididas.

7.45-52

Os "guardas" aqui são os mesmos homens comissionados pelos fariseus para prender Jesus à força e acusá-lo de crime (7.32). Mas Jesus é diferente dos outros homens que questionavam a autoridade dos líderes religiosos. Os outros são charlatões e falsos messias. Ninguém pode refutar a verdade de que Jesus estava pregando no templo.

Os fariseus não julgam a verdade fundamentados na Escritura ou em qualquer outro padrão de Deus. Eles, para defender sua asserção de que Jesus é um herege, oferecem como evidência o fato de que são unânimes contra ele (7.48) e a autoproclamada perícia na lei (7.49). Eles determinam o certo e o errado em termos de poder, não fundamentados na verdade divina. Quando são questionados, eles apontam para seus diplomas, em vez de apontarem para as Escrituras.

Um deles, todavia, não tem tanta certeza. Nicodemos não acredita publicamente, mas não consegue descartar com facilidade Jesus nem ignorar seus ensinamentos. Por conseguinte, ele apresenta uma defesa razoável para Jesus sem expor seus verdadeiros anseios. A repreensão de seus irmãos fariseus incluía uma declaração patentemente inverídica: "Da Galileia não surge profeta". Elias, Jonas e talvez Naum eram da região conhecida no século I como Galileia (1Rs 17.1; 2Rs 14.25).

■ ■ ■

Jerusalém é a cova dos leões para Jesus. Ele entra ali voluntariamente e, depois, move-se com habilidade entre a segurança da reclusão e a seguridade da arena pública enquanto contava com seu Pai para fechar a mandíbula raivosa de seus inimigos. Sua "hora" ainda estava a meses de distância, e havia trabalho a ser feito nesse intervalo... muito trabalho na Judeia.

APLICAÇÃO
João 7.1-52
CAMINHANDO COM LEÕES

Ninguém entendeu mais que Jesus o perigo representado pelos inimigos do evangelho. Muito antes da Festa dos Tabernáculos, as autoridades religiosas queriam matá-lo (Jo 5.18; 7.1,19,25). Embora Jesus soubesse que queriam matá-lo, ele se recusou a recuar da tarefa que o Pai lhe confiara. Isso não quer dizer que o Senhor realizou seu propósito com impulsividade temerária. Embora ele tenha vindo à terra para morrer pelos pecados do mundo, sua missão não era suicida. Ele não usou a primeira oportunidade disponível para ser preso. Ao contrário, esquivou-se várias vezes de ser capturado até chegar sua "hora". Reconhecer o perigo como uma possível consequência do serviço a Deus não exige que a pessoa persiga um último desejo. Antes, é uma questão de estabelecer prioridades. O que é mais importante? Os propósitos de Deus ou a própria segurança? O risco faz parte do chamado.

Você, como cristão, sem dúvida enfrenta circunstâncias em que fazer o certo necessariamente envolve perigo. Durante esses períodos, você tem de equilibrar três questões principais: a confiança em Deus, o perigo vindo dos inimigos e a dedicação à missão. Quando o Senhor caminhou entre os leões em Jerusalém, ele equilibrou perfeitamente todas as três questões. Eis como.

Primeiro, *ele avalia o perigo* (7.1,7). Jesus não vai ingenuamente para a cova dos leões. Ele sabe que a elite religiosa de Jerusalém quer matá-lo. Eles têm pessoas observando sua chegada para que possam prendê-lo sem chamar a atenção e, depois, descartá-lo sem que ninguém saiba como encontrou seu fim. Jesus, sempre ciente do perigo, caminha com sabedoria.

Segundo, *ele inventa uma estratégia para anular o perigo* (7.10,14). Jesus reconhece que as autoridades religiosas não podem prendê-lo se não souberem seu paradeiro e que não ousariam prendê-lo na frente de testemunhas. Prender Jesus em público e, depois, matá-lo voltaria o apoio popular contra a elite religiosa, e nada significa mais para eles que a aprovação humana (12.43). Por essa razão, Jesus usa esse fato a seu favor. Ele se mistura com a multidão quando entra ou sai do templo e, depois, só se dirige às autoridades religiosas na presença de muitas pessoas.

Terceiro, *ele só arrisca a segurança quando sua missão põe perigo em seu caminho* (7.8,14). Os irmãos de Jesus caçoam dele ao sugerir que ele caminhe corajosamente para o templo, fique diante das multidões e se proclame o Cristo. Mas a missão do Senhor era *ser* o Cristo, não apenas se proclamar o Cristo. Ele veio para incorporar a verdade divina e proclamá-la ao povo de Deus, o povo da aliança. Para realizar isso, ele viaja para toda parte da Judeia, Samaria e Galileia. Agora, ele tem de confrontar os líderes do templo cara a cara.

Quarto, *ele escolhe só fazer o que traz glória a Deus e evita buscar glória para si mesmo* (7.18). O Filho de Deus veio à terra para ser nosso Salvador, não para se tornar mártir. A morte de um líder popular pode se tornar o catalisador para a revolução; Jesus não veio para isso. Ele fala e age em favor do Pai e faz só o que é necessário para concluir sua missão.

Quinto, *ele confia no Pai para preservar sua segurança até que chegue sua "hora"* (7.30,32,33). O Senhor não adota uma atitude fatalista do tipo "morro quando morrer", mas confia seu destino ao tempo do Pai. Ele sabe que a morte o aguarda e que as autoridades religiosas seriam o meio para sua morte, mas também reconhece que nada acontece, a menos que Deus permita.

Sexto, *ele permanece em sua tarefa até que ela esteja concluída e, depois, recua do perigo* (7.37-39; 8.59). O Senhor não se afasta do templo porque o perigo aumenta. Ele frequenta a festa até a convocação final (veja comentário sobre 8.12), momento em que ele faz seu discurso mais provocativo ainda no templo. Jesus, após envolver seus inimigos em debate e ter realizado o propósito do Pai, sai da cova dos leões até sua missão exigir que volte a ela (8.59; 9.35).

O sistema mundano odiava Jesus e continua a odiar aqueles que o seguem (15.18,19; 17.13,14). Na maior parte das vezes, podemos servir a Cristo e evitar o perigo; mas às vezes a obediência e o perigo andam de mãos dadas. Nem todo planejamento do mundo impedirá que nos defrontemos com esses perigos. No entanto, quando somos confrontados com essas circunstâncias, não podemos jogar a cautela para o alto nem adotar uma atitude de paladino em relação ao risco. Em vez disso, oremos com fervor, avaliemos o perigo, planejemos nossa abordagem, fiquemos focados no objetivo, tentemos glorificar a Deus em todos os nossos atos, confiemos nele para realizar sua vontade, completemos a tarefa à mão sem relutância e, depois, retiremo-nos para a segurança quando for o momento certo.

Cartas escritas na areia
JOÃO 7.53—8.11

Algumas observações sobre a tradução em João 7.53—8.11

> **A21**
>
> 53 *cada um*; manuscritos posteriores acrescentam a história da mulher adúltera, numerando-a como João 7.53—8.11

Jamais gostei da expressão "crítica textual". A expressão sugere que especialistas na área dedicaram a vida a criticar a Bíblia até o texto da Escritura ficar sem sentido ou deixar de ser confiável. Sem dúvida, alguns estudiosos tentam fazer exatamente isso. Mas há muitos homens e mulheres excelentes que perseguem a verdadeira intenção da "crítica textual": verificar quais dos milhares de manuscritos antigos contêm as palavras originais dos escritores do Novo Testamento zelosamente escritas sob a inspiração do Espírito Santo.

Quando Paulo, Lucas, Tiago, Pedro, João e outros homens do cristianismo do século I escreveram, o Espírito Santo os incitou a incluir toda a informação de que precisaríamos para crer em Deus e obedecer a ele, e o Espírito Santo os guardou de cometer erro enquanto escreviam. O que emergiu foi a verdade divina, preservada na tinta posta sobre o papiro. E, como essas palavras foram imediatamente reconhecidas como a verdade divina inerrante, os copistas fizeram duplicatas à mão para distribuir às outras igrejas. Depois, foram feitas cópias dessas cópias e, mais tarde, mais cópias foram produzidas dessas cópias. Logo, centenas de cópias circulavam entre as igrejas. Nesse meio-tempo, o papiro dos textos originais se deteriorou.

Os pergaminhos originais se foram há muito tempo, e, infelizmente, o processo de cópia não foi perfeito. Uma palavra acrescentada aqui, uma palavra jogada ali, algumas cartas misturadas com outras... Assim, esses pequenos erros em um manuscrito passaram a fazer parte de cada cópia feita do original. De vez em quando um escriba, inadvertidamente, criava um erro ao tentar corrigir um engano anterior — ou o que ele pensava ser um erro —, propagando assim outra "variante". Muitos séculos depois, há mais de cinco mil manuscritos ou fragmentos de manuscritos, todos eles contendo alguma porção das palavras originais do Novo Testamento.

Um bom exemplo desse fenômeno apareceu anos atrás em um quadro de avisos por todos os Estados Unidos. Alguém copiou o que eu escrevera em uma peça que intitulei "Atitudes". Eles digitaram isso em uma folha de papel a fim de produzir um pôster rudimentar. Alguém gostou do texto e o copiou para alguns amigos, que o expuseram em seu quadro de avisos. Mais tarde, cópias daquelas cópias foram feitas à mão e/ou passadas por *fax* e copiadas de novo. Logo, minha peça original fora copiada e passada por *fax* tantas vezes que estava quase ilegível — as letras estavam manchadas, indistintas e esmaecidas. Contudo, poucas pessoas tinham dificuldade para ler a citação, mesmo com letras e palavras faltando.

Os manuscritos originais passaram por um processo similar, só que com muito mais cuidado. Os escribas eram famosos por sua diligência; ainda assim, depois de centenas de cópias, alguns erros foram propagados. Apesar disso, não é nada para nos preocuparmos. Não é tão ruim quanto soa. Embora esse sistema de cópias manuais fosse bem menos que perfeito, ainda assim, preservou a verdade divina conforme foi escrita pelas mãos originais quase dois mil anos atrás. Os erros, na maioria, são irrelevantes; portanto, o sentido do texto original não foi afetado. Nos casos em que o sentido foi impactado, o número de manuscritos deixou relativamente fácil localizar o erro e corrigi-lo. E, como a maioria das variantes envolve *adições* ao texto original, em geral é fácil determinar o vocabulário original. Felizmente, contamos com a dedicação e o conhecimento de "críticos textuais" para analisar e comparar milhares de cópias antigas a fim de recuperar o texto original da Escritura. As Bíblias que temos hoje são cópias extremamente confiáveis dos textos originais — tão próximas da exatidão quanto qualquer igreja da época as teria — e tudo graças ao esforço de estudiosos piedosos.

Quando chegamos ao capítulo 8 do relato de João do ministério terreno de Jesus, enfrento um dilema — um com o qual os estudiosos lutam há mais de um século. O fato de o assunto envolver uma das histórias mais amadas de todo o Novo Testamento é um complicador a mais, e a história é a da mulher surpreendida em adultério. Nas Bíblias impressas hoje, o texto desse episódio começa com 7.53 e continua até 8.11; no entanto, o episódio não aparece de modo algum nos primeiros manuscritos de João, enquanto as cópias posteriores incluem o texto em lugares variados. Uma família de manuscritos situa a história depois de Lucas 21.38. Para complicar as coisas ainda mais, o vocabulário e estilo dessa passagem não casam com o resto do evangelho de João.

Então, o que deve ser feito? A história claramente não é original à narrativa de João. É possível que esse incidente tenha de fato ocorrido e preservado de alguma maneira fora da Escritura só para ser incluído muito depois. De qualquer maneira, a probabilidade de isso ter acontecido é questionável, considerando a extensão de tempo entre o século I e o VI, quando o episódio aparece nos manuscritos com uma anotação especial indicando a dúvida dos escribas. Muitos excelentes estudiosos cristãos consideram a história autêntica porque o consenso geral da história da Igreja a julga digna e porque nada na história contradiz outro ensinamento. Na verdade, a passagem se ajusta muito bem da perspectiva teológica com o ensinamento de Jesus e reflete sua atitude em relação a pecadores não hipócritas em outras ocasiões em seu ministério — sobretudo seu encontro com a mulher samaritana.

Embora eu pessoalmente não aceite esse segmento de texto como original a João e não o considere nem inspirado nem isento de erro, com certeza não o considero sem valor. Por isso, faço sermões dessa passagem (embora fazendo verificação cruzada da minha teologia e princípios com a Escritura) e acredito que ela merece nossa atenção aqui.

A história começa cedinho em uma manhã quando Jesus ensina no pátio externo do templo. Ele, em bom estilo rabínico, senta-se enquanto dá instrução. A seguir, um grupo irado de escribas e fariseus — técnicos rígidos da Escritura — interrompem o ensino do Senhor, empurrando uma mulher diante dele e seus ouvintes. Ela fora pega no próprio ato de adultério. Por isso, era a isca perfeita para a armadilha deles.

Jesus, tendo afirmado sua autoridade em assuntos da lei e declarado que todos os seus atos são a vontade do Pai, é posto em uma situação difícil quando os escribas e os fariseus querem saber o que ele faria com a mulher. Claro que eles não se importam de fato com a opinião dele. Eles, como em muitas outras ocasiões, só esperam encontrar algum meio de pegar Jesus em uma armadilha com as próprias palavras dele (Mt 22.15; Mc 12.13; Lc 20.20). Reconhecidamente, a pergunta deles é problemática. A lei de Moisés condena os adúlteros a serem apedrejados publicamente (Lv 20.10; Dt 22.22-24), mas a lei romana reservava a execução para as cortes romanas. Os judeus não tinham autoridade para apedrejar a mulher sem a permissão romana. Era o cenário perfeito. Jesus, para honrar a lei de Deus, incorreria na ira de Roma. Jesus, para se submeter à lei romana, teria de ignorar a lei de Deus.

Antes de os homens terminarem o breve discurso, Jesus para e começa a escrever algo na areia com o dedo. Uma vez que não somos informados, só podemos especular o que ele escreveu. Seja quem for que preservou a história, obviamente não achou que o conteúdo da escrita de Jesus fosse tão importante quanto o ato de escrever.

Seja o que for que ele escreveu, teve pouco efeito no ar carrancudo dos acusadores. Eles estão obcecados por seu desejo de ver Jesus cair na armadilha de suas próprias palavras. Eles o pressionam a responder, talvez achando que evitar dar um veredicto fica muito estranho para Jesus na frente de seus discípulos. (Os fariseus se importam com a imagem mais que com qualquer coisa.) Jesus, finalmente, fica de pé e lança um desafio. Ele, na verdade, diz: "O único juiz digno é aquele que não pode ser condenado pela lei que supostamente defende; portanto, deixe que o juiz perfeitamente qualificado entre vocês seja o primeiro a executar justiça". Então, ele retoma sua escrita.

Os juízes hipócritas, um a um, do mais velho ao mais jovem, se retiram, deixando apenas a mulher no centro do pátio. Os juízes indignos não podem julgar, e o juiz soberano se recusa a condenar, embora ele tenha essa prerrogativa. Ele, verdadeiro com sua Palavra, não veio para condenar o perdido, mas para nos salvar (Jo 3.16,17).

Os motivos para a rejeição
JOÃO 8.12-59

Algumas observações sobre a tradução em João 8.12-59

A21

13 *verdadeiro* ou *válido*
14 *verdadeiro* ou *válido*
15 *segundo*, ou seja, por um padrão carnal
17 *verdadeiro*, ou seja, válido ou admissível
24 *Eu Sou*; muitas autoridades associam essa fala com Êx 3.14, EU SOU O QUE SOU
25 *o que venho dizendo*, ou *o que tenho dito a vocês desde o início*
28 *Eu Sou*; veja nota v. 24
29 *não me deixou só* ou *não deixou*
37 *não encontra lugar* ou *não faz progresso*
38 *diante de meu Pai* ou *na presença de*
42 *ele me enviou*, lit. *aquele*
43 *a minha mensagem* ou *meu modo de falar*
44 a. *mente*, lit. *a mentira*; b. *mentira*, lit. pronome neutro
56 *por ver o meu dia*, lit. *a fim de que ele pudesse ver*
58 *existisse*, lit. *viesse a ser*
59 *escondeu-se*, lit. *estava escondido*

NVI

16 *o Pai*; alguns manuscritos trazem *aquele*
17 *é válido*; veja Dt 19.15
22 *os judeus*, grego *povo judeu*; também em 8.31,48,52,57
24 *se vocês não crerem que Eu Sou*, grego *a menos que vocês creiam que Eu Sou*. Veja Êx 3.14
25 *tenho dito o tempo todo* ou *por que falaria para vocês?*
28 *quando vocês levantarem o Filho do homem, saberão que Eu Sou*, grego *quando vocês levantarem o Filho do homem, então, saberão que Eu Sou*. "Filho do homem" é um título que Jesus usava para si mesmo
39 *se vocês fossem filhos de Abraão, fariam as obras que Abraão fez*; alguns manuscritos trazem *se vocês são realmente os filhos de Abraão, seguem o exemplo dele*
57 *Você ainda não tem cinquenta anos, e viu Abraão?*; alguns manuscritos

> trazem *Como você pode dizer que Abraão o vê?*
> **58** *antes de Abraão nascer, Eu Sou* ou *antes mesmo de Abraão nascer, eu sempre tenho estado vivo*; o texto grego traz *Abraão era, Eu Sou*. Veja Êx 3.14

Certa vez ouvi uma pessoa descrever o cristão ideal como "alguém completamente destemido, sempre alegre e constantemente preocupado". Talvez a teologia possa ser refinada, mas isso faz muito sentido, e sentido prático. É inquestionável que os cristãos podiam se destacar por serem um pouco menos temerosos e muito mais alegres, mas estarem "em apuros"? Isso mesmo, em constante apuros.

Essa descrição não sugere que se espera que saiamos à procura de apuros ou convidando-os para entrarem em nossa vida. No entanto, se temos de representar e proclamar fielmente a verdade, os problemas e a preocupação serão nossas companhias constantes. Sabemos disso em um plano instintivo e com muita frequência optamos por manter a verdade escondida. Encaremos isto: preferimos ser queridos a arriscar ser rejeitados ao simplesmente declarar o que sabemos ser verdade.

Jesus foi um indivíduo radical, uma personalidade muito imponente. Não intimidante, não ameaçador. Imponente. Formidável. Destemido. Ele entrou no templo, encontrou pessoas tateando nas trevas espirituais e sedentas por verdade divina e afirmou com coragem: *Rios de água viva correrão do interior de quem crê em mim* (Jo 7.38); *Eu sou a luz do mundo; quem me seguir jamais andará em trevas, mas terá a luz da vida* (8.12). Ele falou com destemor a verdade e sem pedir desculpa, caminhou com júbilo na verdade com seu Pai e, por isso, estava em constante apuro por seu amor sem limite pela verdade.

Jesus sabia melhor que ninguém o preço a ser pago por falar e viver a verdade porque ele é a verdade divina encarnada, a luz feita carne. Mateus relembra uma declaração particularmente chocante feita por Jesus: *Não penseis que vim trazer paz à terra; não vim trazer paz, mas espada* (Mt 10.34). O propósito da espada é dividir. Da perspectiva física, ela separa uma parte do corpo do resto. Da perspectiva figurativa, a espada da verdade é tão afiada que pode deslizar entre a alma e o espírito para deixar as intenções da humanidade à vista de todos (Hb 4.12). E, da perspectiva social, a espada separa os grupos em duas categorias: atrai aqueles que se renderão a ela e incita a violência naqueles que não se renderão a ela. Não há espaço para concessões diante da resplandecente espada da verdade. Renda-se a ela ou lute com ela.

Durante a Festa dos Tabernáculos, Jesus trouxe uma espada para o templo. Alguns se renderam a ela. Outros começaram uma luta fútil, exaustiva e autodestrutiva. A resposta deles é um estudo nos estágios da rejeição:

ESTÁGIOS DA REJEIÇÃO

Contradição	Cinismo	Negação	Insulto	Sarcasmo	Violência
O teu testemunho não é verdadeiro (8.13)	Onde está teu pai?; Não somos filhos de prostituição (8.19,41)	Nunca fomos escravos de ninguém (8.33)	És samaritano e tens demônio (8.48)	Quem tu pensas que és? (8.53)	Então eles pegaram em pedras para apedrejá-lo (8.59)

8.12-18

Esse discurso continua de onde parou a passagem 7.52. O texto deveria ser:

> 7.52 Mas eles lhe responderam: Tu também és da Galileia? Examina e vê que da Galileia não surge profeta.
> 8.12 Então Jesus voltou a falar-lhes: Eu sou a luz do mundo; quem me seguir jamais andará em trevas, mas terá a luz da vida.

No entanto, João indica uma mudança de cena com a palavra "então", o que é típico dele. Esses discursos em particular aconteceram ao longo de vários dias — não necessariamente no último dia da festa — e foram, sem dúvida, repetidos várias vezes enquanto os visitantes entravam e saíam do templo. Jesus, quando começou esse discurso com as palavras *Eu sou a luz do mundo*, estava perto do tesouro do templo (8.20).

O tesouro do templo ficava no pátio das mulheres e, de acordo com alguns historiadores, consistia em treze receptáculos grandes de bronze no formato de trombeta. A pequena boca de cada trombeta tinha um sinal que indicava o propósito específico para o dinheiro coletado. Naturalmente, o tamanho da oferta de cada pessoa era ouvido conforme o barulho das moedas caíam contra o bronze. Durante a Festa dos

Candelabros para a festa dos tabernáculos no templo. De acordo com a Mishná, o registro escrito da tradição oral judaica, os sacerdotes erigiam quatro candelabros gigantes no pátio das mulheres durante a Festa dos Tabernáculos. Todas as noites, ao pôr do sol, os homens jovens subiam em escadas para acender essas imensas lâmpadas a óleo que, de acordo com a dissertação da Mishná Sucá 5.3, refletiam em todos os pátios de Jerusalém.

Tabernáculos, todas as noites os sacerdotes, logo depois do sacrifício da tarde antes do pôr do sol, entravam no pátio das mulheres para acender dois (alguns historiadores dizem quatro) candeeiros gigantes no formato de candelabros. Talvez Jesus, quando os sacerdotes começaram a acender as lâmpadas suspensas, tenha declarado: *Eu sou a luz do mundo; quem me seguir jamais andará em trevas*. Observe como a declaração é exclusiva. Ele não diz "Eu sou *uma* luz" — uma entre muitas — mas *a* luz, a única fonte de verdade. Mais tarde, ele convidaria uma multidão de ouvintes a se tornarem filhos da luz por meio da fé (12.36). Ele, certa vez, previu o futuro de seus discípulos ao dizer: *Vós sois a luz do mundo* (Mt 5.14).

Os fariseus na mesma hora questionaram Jesus, proclamando sua autodeclaração inválida porque não vinha acompanhada de nenhuma prova (cf. Jo 3.11,12). Com base no contexto da sentença, o termo grego traduzido por "verdadeiro" em 8.13 também pode ser traduzido por "real". Afinal, as pessoas podem declarar qualquer coisa a respeito de si mesmas; a mera declaração não estabelece a verdade. Jesus tomou o questionamento ao pé da letra e ofereceu o testemunho de Deus Pai.

8.19,20

Os fariseus responderam com cinismo: *Onde está teu pai?* Eles conheciam as circunstâncias aparentes do nascimento de Jesus (8.41) e que José morrera. A pergunta era uma difamação indireta ou forçada, feita na esfera de uma piada interna. Talvez o insulto tenha sido acompanhado de uma piscadela de olho e um olhar de ironia indicando que conheciam muito bem a situação embaraçosa concernente ao nascimento de Jesus.

Jesus ignorou o insulto e respondeu com uma repreensão irônica e com duplo sentido. Qualquer um que acreditasse que José fosse o genitor de Jesus claramente não conhecia a identidade do verdadeiro Pai de Jesus nem conhecia pessoalmente a Deus. Jesus — com sua segunda manifestação: *Se conhecêsseis a mim, também conheceríeis a meu Pai* — declarou ser ele mesmo o meio de conhecer Deus pessoalmente, porque Jesus é a perfeita representação do Pai.

8.21-27

Jesus repetiu a acusação de 7.33-36 contra os fariseus, dizendo que eles nunca veriam o céu porque não conheciam Deus. E a elite religiosa, mais uma vez, levou-o ao pé da letra. Por isso, Jesus explicou o sentido do que disse com linguagem simples. "De baixo" é o reino da criação caída. "De cima" é o reino celestial no qual não pode existir nenhum pecado. Os que nasceram aqui estão condenados a morrer em seu pecado e, depois, sofrer a punição eterna por suas obras (3.3). Os que nasceram de cima são santos e, por essa razão, não sofrerão julgamento. Jesus é do alto porque ele é Deus. Sua declaração é traduzida por "o que eu sou" (BJ); e a expressão grega é apenas *egō eimi* [1473, 1510], *Eu Sou*, a clássica autodesignação de Deus (veja Êx 3.14). Os fiéis nascem do alto por intermédio de sua fé (Jo 3.16,17).

Ao perguntarem a Jesus *Quem és tu?*, ele responde: *Exatamente o que venho dizendo que sou*. Mas os fariseus, por causa de sua obstinada cegueira, não entenderam a referência de Jesus ao Pai (cf. 3.13).

Se tiver tempo para rever 3.3-21, você descobrirá uma semelhança impressionante entre esse discurso e a conversa do Senhor com Nicodemos.

8.28-30

O termo "levantado" é obviamente uma referência à sua crucificação, a predição que Jesus fizera para Nicodemos talvez até dois anos antes (3.14,15). Ele, a seguir, repete o ensinamento de seu encontro com os fariseus depois de ter curado o inválido (5.19-47).

Jesus não sussurra a verdade uma vez e, a seguir, deixa a cena. Ele ensina as mesmas lições várias vezes e para muitas audiências todos os dias no templo. Os discursos preservados por João representam as inúmeras circunstâncias em que Jesus, após proclamar a verdade, passou a ser alvo da ira dos líderes religiosos. João, no entanto, inseriu uma sutil nota editorial para tranquilizar o leitor: embora os oponentes de Jesus continuassem firmes em sua rebelião, algumas pessoas creram.

8.31-36

Talvez o versículo 31 indique outra mudança de cena em que a conversa é reiniciada. Enquanto Jesus falava, muitos creram. A seguir, ele se dirigiu diretamente aos fariseus e a outros descrentes. Jesus garantiu a eles que a fé não é o fim de algo, como se tivessem chegado ao seu destino; a fé é um começo, um nascimento ao qual deve se seguir o crescimento, o amadurecimento. Os fiéis têm de continuar a obedecer. Os cristãos, quando ordenam sua vida segundo a verdade do Senhor, "conhecerão" a verdade. A palavra grega é *ginōskō* [1097], que é um dos pelo menos quatro termos que João podia escolher com o sentido de "conhecer". *Ginōskō*, ao contrário dos outros, enfatiza o entendimento, e não a mera observação sensorial. O termo grego é intimamente relacionado com o verbo hebraico *yada* [H3045], que descreve o tipo mais íntimo de conhecimento (Gn 3.5; 4.1).

Além disso, quando as pessoas "conhece [rem]" a verdade, elas "ser [ão] livres". O termo grego sugere libertação de escravidão por contrato. Quando alguém se endividava além de sua condição de pagamento, uma solução era trocar um termo de escravidão pelo indulto da dívida. Às vezes a extensão do serviço era o tempo de vida natural da pessoa. É claro que o endividamento é a pena pelo pecado; a liberdade é a libertação espiritual do julgamento e o dom gratuito da vida eterna.

A declaração de Jesus "A verdade vos libertará" passou a ser um tanto de truísmo e com razão. Embora o principal ponto de Jesus fosse espiritual e eterno, é fato que a verdade leva à liberdade no reino físico e temporal. Qualquer alcoólico em recuperação afirmará isso por experiência. Qualquer dependente de droga que está "limpo e sóbrio" há alguns anos dirá a mesma coisa: quando lidaram com a verdade de suas ânsias e com a verdade de suas responsabilidades pessoais, eles descobriram a liberdade. Na verdade, qualquer pecador arrependido afirmará o poder libertador da verdade... incluindo este que escreve essas palavras!

Jesus, como sempre, fala em várias camadas. Os fariseus, como sempre, miram a interpretação literal. E eles, sendo os homens autocentrados que eram, aplicam a declaração de Jesus à condição deles como descendentes de Abraão, com o que reivindicam superioridade racial, cultural e moral. Além disso, eles afirmam que nunca foram escravos de ninguém!

Bem, a não ser do Egito. Assíria. Babilônia. Pérsia. Macedônia. Síria. Roma.

O que será que eles pretendem dizer com isso? É possível que eles, a despeito de seus muitos mestres políticos, nunca tenham sido compelidos a adorar um homem como deus. Os judeus, a despeito do domínio e ocupação romanos, conseguiram adorar a Deus praticamente sem interferência de seus captores. Os fariseus, ali nos arredores do templo, talvez gesticulassem em direção ao santuário como se perguntassem: "De que liberdade precisamos que já não temos?"

Jesus esclarece o propósito de sua declaração. O senhor é o pecado. A declaração de Jesus de que "o escravo não permanece para sempre na casa; mas o filho permanece ali para sempre" tem a intenção de salientar a posição inferior do escravo. O pecado, o antigo senhor, usa as pessoas para seus próprios propósitos malignos, e, quando o corpo do escravo não tem mais uso, o escravo é descartado. O Filho veio para libertar os escravos do pecado, ou seja, de seu antigo senhor, permitindo que eles se tornem filhos de Deus.

8.37-42

Jesus afirma o fato de que seus ouvintes são descendentes de Abraão, pelo menos no sentido físico. No entanto, a herança que compartilham termina aí. Abraão é o ancestral espiritual de todos que põem sua confiança em Deus porque ele ouviu a palavra de Deus e obedeceu a ela. Por Jesus ser a Palavra de Deus em carne humana, rejeitá-lo é rejeitar Deus. Por conseguinte, os judeus descrentes eram descendentes de Abraão apenas no nome.

Os pronomes "meu" e "vosso" em 8.38 estão em itálico na *New American Standard Bible** porque não aparecem nos manuscritos gregos mais antigos. Os tradutores supriram esses pronomes fundamentados na melhor interpretação e no fato de que Deus e Satanás são os "pais" contrastados em 8.41 e 8.44. Se os pronomes foram originalmente deixados de fora, a declaração de Jesus é um imperativo. Ele, após repreender os fariseus por não prestarem atenção à Palavra de Deus, convida-os a ser verdadeiros hebreus ao lhes ordenar: "Falo das coisas que vi com o Pai; portanto, vocês também têm de fazer as coisas que ouviram do Pai" (8.38, tradução do autor).

Mas os fariseus, ao não fazer as obras de seu pai Abraão, rejeitam o Deus deles. Isso, conforme sugere Jesus, os torna filhos de Satanás,

---

* [NE] Em português isto não acontece por isso mantivemos a referência à qual Bíblia o autor faz menção.

o pai da mentira e o suprassumo da rebeldia contra Deus. A acusação de Jesus, em vez de estimular a reflexão e o arrependimento, provocou raiva, expressa pelos fariseus com um sorriso de escárnio em um tênue epíteto velado. O claro objetivo da expressão "filhos de prostituição" era a pressuposição de que Maria concebera Jesus de forma ilegítima.

O Senhor deixou esse insulto de lado enquanto tinha o outro (8.19) para reforçar seu ensinamento anterior de que ele estava na terra para fazer a vontade do Pai.

8.43-47

Jesus — após convidar os fariseus a crerem em Deus como crera seu ancestral Abraão e sentir o ferrão do insulto — revela a origem da descrença deles: eles querem fazer os desejos de Satanás, a quem ele chama de "pai" deles.

Uma característica particular de João é seu retrato do universo dividido de forma contundente entre luz e trevas, verdade e mentira, vida e morte, reinado de Deus e "o mundo". Para João, não há meio-termo. E talvez seja esse discurso que fixa sua perspectiva com firmeza, como se fosse concreto. Satanás é tudo que Deus não é, e praticar o pecado é estar do lado de Satanás contra Deus (1Jo 1.5-7). A razão simples e clara para a rejeição de Jesus, a Palavra de Deus, pelos fariseus é a dedicação deles ao pai da mentira.

8.48-57

Os fariseus respondem à acusação de Jesus com malignidade típica, começando com calúnia racial e, depois, contra-argumentando que Jesus é que é controlado por Satanás, não eles. Eles, com cortante sarcasmo, respondem à declaração de Jesus "Se alguém obedecer à minha palavra, nunca verá a morte" de forma típica: descrença alicerçada em uma interpretação míope da perspectiva espiritual. E Jesus responde como sempre o faz: permitindo que os inimigos da verdade sejam arrebatados por sua própria predisposição rebelde.

Jesus, no final do encontro, colocara seu machado na raiz da rebeldia deles: o orgulho. Jesus, embora igual ao Pai, não busca sua própria glória, mas faz tudo para glorificar o Pai. Os fariseus, por sua vez, glorificam a si mesmos e ousam rotular Deus como a fonte de sua glória.

8.58,59

Jesus conclui seu confronto com os fariseus com outra declaração ambígua de divindade, precedida por um solene duplo *amēn* [281]: "Antes que

Abraão existisse, Eu Sou". Essa declaração fez os fariseus começarem a juntar pedras para uma execução imediata sob a acusação de blasfêmia.

■ ■ ■

Acho tragicamente irônico que Jesus estivesse rodeado por homens especialistas no manuscrito, guardiões dedicados das Escrituras, mas que não reconheceram a Palavra viva quando confrontados pela Palavra encarnada. O Senhor confiou ao povo judeu o cuidado e a proclamação de sua Palavra. Eles tinham de expor a verdade de Deus todos os dias enquanto preservavam com fidelidade o texto, tendo um cuidado meticuloso, certificando-se de que cada geração sucessiva recebesse uma cópia corretamente transcrita da inerrante Palavra de Deus. Mas os fariseus, preocupados com cada *jota* ou *til* (ARC) da lei, não eram capazes de ligar os pontos óbvios.

A grande reunião de celebração da colheita, como a Festa dos Tabernáculos, chega ao fim. Jesus cumprira sua missão. Ele colheu mais fiéis cujo coração fora preparado pelo Pai.

APLICAÇÃO
João 8.12-59

CINCO MOTIVOS PARA AS PESSOAS REJEITAREM O MESSIAS

Por que será que as pessoas rejeitam Jesus como o Messias? Seu encontro com os especialistas religiosos em Jerusalém destaca pelo menos cinco motivos.

Primeiro, *falta-lhes conhecimento* (8.14). As pessoas não aceitam Jesus como o Messias porque não têm informações adequadas a respeito dele; não foram informadas ou receberam informações equivocadas.

Minha esposa, Cynthia, e eu desfrutávamos um jantar com amigos que foram criados em outro país. Eles nos disseram que cresceram sem qualquer conhecimento da Bíblia porque as Escrituras eram de posse exclusiva do clero, que, sozinho, lia, interpretava e aplicava a Palavra de Deus. Por isso, eles viveram em completa ignorância de Jesus. Eles, ao mudarem para uma cultura que encorajava todos a ler a Bíblia, ficaram maravilhados com o que tinham perdido até ali. Os dois vieram à fé em Cristo e parece que, por mais que lessem a Bíblia, jamais se sentiam satisfeitos — sempre queriam mais.

É por isso que levamos o evangelho ao redor do mundo — para alcançar aqueles que não o conhecem.

Segundo, *falta-lhes percepção* (8.15,23). Os especialistas religiosos "julga [m] segundo a carne" — ou seja, discernem apenas em termos natural, físico e empírico. Falta uma dimensão espiritual no pensamento deles que os impede de compreender as verdades espirituais.

Algumas pessoas rejeitam Jesus como o Messias porque se recusam a aceitar como real qualquer coisa que não possam ver, tocar, pesar, medir ou testar em um laboratório. Os filósofos chamam essas pessoas de "materialistas" — não porque elas valorizam o dinheiro ou as posses, mas porque acreditam que o universo consiste apenas em matéria e energia. Para os materialistas, não existe nada além do tangível, e tudo pode ser reduzido a uma explicação razoável, racional, quantificável e científica.

Essa não é uma mera falta de conhecimento. Faz-se a escolha de rejeitar a realidade de qualquer coisa sobrenatural — "além do natural". Por essa razão, as verdades espirituais não fazem mais sentido para eles que a cor vermelha para uma pessoa cega de nascença.

Terceiro, *falta-lhes apropriação* (8.37). Os especialistas religiosos eram expostos à Palavra de Deus porque o trabalho deles era copiar os manuscritos, aprender os princípios contidos nos manuscritos e aplicá-los à vida diária. A nação de Israel foi fundada sobre os livros de Moisés, como os Estados Unidos foi estabelecido por uma constituição. Ainda assim, os sacerdotes e os escribas nunca permitiram que aquilo impresso na página fizesse uma jornada até seu coração. Eles não internalizaram o que supostamente apreciavam.

Eis uma ilustração recente de como é possível estudar a verdade de Jesus Cristo e, ainda assim, nunca se apropriar dela.

> Em uma igreja na vila de Kalinovka, Rússia, o comparecimento à escola dominical aumentou depois que o clérigo começou a distribuir doces para as crianças campesinas. Um dos mais fiéis era um rapaz narigudo e combativo que recitava as Escrituras com piedade adequada, punha a recompensa no bolso e, depois, corria para os campos para comer o doce. O sacerdote simpatizava com o rapaz e o convenceu a frequentar a escola da igreja. Isso era preferível a fazer as pequenas tarefas domésticas, das quais os pais piedosos o isentaram. O clérigo, oferecendo outros incentivos, conseguiu ensinar ao rapaz os quatro evangelhos. Na verdade, ele conquistou um prêmio especial por aprender os quatro evangelhos de cor e recitá-los sem parar na igreja.[10]

Seis anos depois, o rapaz ainda gostava de recitar a Escritura. Hoje, sua alma está quem sabe onde; seu corpo jaz frio no chão sob uma placa com seu nome: Nikita Khrushchev. Ele conhecia os evangelhos melhor que os cristãos russos mais genuínos, contudo, aparentemente, sem se apropriar das verdades contidas neles.

Esse é um perigo particular para a segunda e terceira gerações de cristãos que se beneficiam do conhecimento da Bíblia de outros e desfrutam os benefícios de uma cultura cristã e, ainda assim, não se apropriam das verdades da Escritura. É possível até mesmo que filhos de pais piedosos saiam de casa, vivam sua vida e, depois, vão para o túmulo sem nunca terem se apropriado das verdades que ouviram.

Quatro, *falta-lhes desejo* (8.44). Os especialistas religiosos seguiam os desejos de sua natureza caída, em vez de deixar de lado o interesse próprio para obedecer a Deus.

Já encontrei mais de um indivíduo que se recusa a aceitar a verdade de Jesus Cristo porque não quer abrir mão do estilo de vida escolhido, independentemente de quão destrutivo esse estilo de vida tenha se tornado para a pessoa.

O dependente de droga jamais escolhe a sobriedade porque ama a droga de sua escolha; só quando passa a odiar a dependência, ele tenta acabar com ela. O mesmo é verdade para as buscas menos destrutivas, mas igualmente fúteis, como a riqueza, a diversão ou as relações ilícitas.

Cinco, *falta-lhes humildade* (8.52,53). Os especialistas religiosos rejeitavam Jesus como o Messias porque achavam que tinham superado a necessidade de um Salvador. Eles achavam que sua ancestralidade lhes garantia a aprovação de Deus. Além disso, acreditavam que seu conhecimento religioso e sua atividade religiosa lhes davam acesso exclusivo à verdade.

Quando uma pessoa começa a enumerar uma linhagem ou recitar um currículo, tenho praticamente certeza de que ela não aceitará a verdade de Jesus Cristo. Filhos de grandes pais piedosos. Membros de alta posição nessa ou naquela organização cristã. Autoridades religiosas. Autoridades denominacionais. Graduados em excelentes instituições de aprendizado superior. Nenhum deles entrará no céu sem antes deixar de lado o orgulho por tempo bastante para receber a graça de Deus. Mas a pessoa, para receber a graça, tem primeiro de reconhecer sua impotência sem ela. Isso exige a humildade de reconhecer a iniquidade de seu pecado.

Ao longo de meus anos de ministério, luto com o medo de que muitas pessoas da nossa igreja regularmente expostas à pregação e ao ensino da Palavra de Deus não tenham, todavia, aceitado Jesus como seu Messias. Naturalmente, não temos como testar para ver quem é cristão genuíno e quem não o é; no entanto, não podemos tomar como certo que todos os cristãos nominais da nossa congregação e classes de estudo bíblico nasceram de novo de fato.

O engano do homem cego
JOÃO 9.1-41

Algumas observações sobre a tradução em João 9.1-41

A21

9 *ele, porém, afirmava*, lit. *aquele*
16 *sinais* ou *milagres atestadores*
22 *Cristo*, ou seja, o Messias
32 *desde o princípio do mundo*, lit. *desde o início das eras não foi ouvido*

NVI

4 *me enviou*; outros manuscritos trazem: *tenho de realizar rapidamente a obra designada a mim por aquele que me enviou*; ainda outros trazem: *temos de realizar rapidamente as tarefas designadas a nós por aquele que me enviou*
24 *para a glória de Deus* ou *dê glória a Deus, não a Jesus*
38,39 *então o homem disse: "Senhor, eu creio". E o adorou. Disse Jesus*; alguns manuscritos não trazem essa frase

---

Imagine como seria a vida se você tivesse nascido sem a capacidade de ver. A pessoa cega de nascença experimenta o calor do sol no rosto, mas a beleza do pôr do sol só pode ser experimentada com os olhos. O cego de nascença pode inalar os aromas de um jardim, mas as palavras "vermelho", "amarelo", "púrpura" e "verde" não fazem sentido para ela. Ele ouve as ondas quebrando na areia e até mesmo sente o sabor do ar salgado à beira-mar, mas o panorama de um oceano azul-esverdeado salgado com ondas imensas se encontrando com a areia branca e brilhante é uma beleza que ele nunca conhecerá. Essas ricas experiências seriam perdidas ou diminuídas sem a capacidade de ver; contudo, os cegos de nascença, ao pé da letra, não sabem o que estão perdendo. A perspectiva deles está limitada ao que podem experimentar. E o cego de nascença — se não fosse pelo testemunho de amigos e entes queridos com visão — nunca suspeitariam que estavam perdendo tantas coisas belas.

Que metáfora perfeita para ilustrar a condição daqueles que vivem nas trevas do pecado — você, eu, todas as pessoas nascidas de um pai humano. Todos nós nascemos espiritualmente cegos, legado esse transmitido ao longo das gerações da humanidade. Além disso, nascemos em um mundo deformado pelo pecado e pelo mal, de modo que o bebê, antes mesmo de conseguir respirar fora do ventre, sofre as consequências do pecado humano — o pecado coletivo da humanidade no passado e os pecados individuais no presente.

Deus criou o mundo *bom* (Gn 1.31) e deu aos seres humanos a dignidade de administrar a criação como seus vice-regentes (Gn 1.26-28)... *e estragamos tudo!* A responsabilidade pelo estado atual do mundo é nossa como humanidade, a culpabilidade é nossa como humanidade e, todos os dias, acrescentamos ao problema do mal como indivíduos ao fazer o que não devemos e ao não fazer o que devemos. Por causa desse sistema mundano pecaminoso, nascemos espiritualmente cegos em um mundo habitado exclusivamente por pessoas cegas de nascença; por essa razão, não saberíamos o que estamos perdendo se não fosse pelo evento milagroso em que a luz de Deus entrou no mundo em carne, osso e sangue da humanidade com o propósito de nos conceder a visão.

Aconteceu de Jesus e seus discípulos — algum tempo depois da Festa dos Tabernáculos, mas antes da Festa da Dedicação (Hanucá, veja Jo 10.22) — depararem em algum lugar da cidade antiga de Jerusalém com um cego de nascença. Conforme a história se desenrola, ficamos sabendo que a "chance" do encontro estava programada desde o início dos tempos, e a aflição "sem sentido" do homem recebera o propósito divino desde a fundação da criação.

9.1

João fornece pouquíssimos detalhes sobre a época e o lugar desse encontro porque ele é uma continuação lógica do aumento do confronto de Jesus com a elite religiosa de Jerusalém. Sabemos que o encontro aconteceu depois da Festa dos Tabernáculos (setembro/outubro) e antes do Hanucá (novembro/dezembro) em algum ponto nos arredores de Jerusalém, mas fora do complexo do templo.

João apresenta o episódio como espontâneo, no sentido de que Jesus não tinha um encontro marcado em sua agenda. Na verdade, os apóstolos dão a impressão de que o encontro foi mera coincidência; mas, não se engane, o ar de casualidade é intencional. João só permite que aceitemos o incidente como casual para revelar a verdade. Enquanto o pecado provoca uma bagunça caótica no mundo, o criador insere a ordem. No ponto em que o pecaminoso sistema mundano causa aflição de forma aleatória e caprichosa, o Senhor dá propósito ao infortúnio — para sua própria glória *e* para o bem daqueles que creem. Algumas coisas nunca mudam.

9.2-4

As pessoas que tinham alguma deficiência em geral tentavam conseguir um ponto na movimentada rua que levava ao templo — e esse ainda é hoje um panorama comum perto dos lugares religiosos. Embora o homem cego de nascença, sem dúvida, estivesse junto com muitos outros naquele dia, ele chamou a atenção dos discípulos mais que seus iguais, provavelmente porque sua condição era congênita, não resultado de doença ou ferimento. A deficiência dele despertou a curiosidade dos discípulos.

A pergunta dos discípulos reflete um entendimento comum de pecado no judaísmo do século I, entendimento esse que infelizmente é comum hoje. Os discípulos veem a aflição do homem como a pena justa pelo pecado de alguém, quer pelo pecado do próprio, quer pelo de seus pais. Faz parte da natureza humana encontrar alguém para ser culpado pelos infortúnios da vida.

Os fariseus e saduceus consideravam qualquer infortúnio como o resultado direto do pecado de alguém. O mundo religioso tenta reduzir a vida a termos facilmente quantificáveis em que o bem consegue bênção enquanto a aflição é a justa pena pela transgressão. Esse é o fundamento da reivindicação de reis do "direito divino" e também é uma desculpa fácil cuja finalidade é ignorar aqueles que precisam de misericórdia.

Não devemos ser muito duros com os discípulos; eles apenas entendiam o mundo como lhes fora ensinado. A teologia deles era o resultado de gerações de homens cegos liderando outros homens cegos. O tratamento que eles dão ao homem me entristece mais que a ignorância deles. Os discípulos consideram o homem cego de nascença nada mais que um interessante caso teológico de estudo, não um irmão humano que precisa de compaixão. A falta de emoção deles me perturba.

Jesus responde à pergunta de forma direta e, a seguir, fornece aos discípulos um princípio teológico que pode ser aplicado a qualquer caso de provação ou de infortúnio. Deus não causou a provação do homem; o mundo fez isso. Ainda assim, o Senhor, antes de qualquer coisa ser criada, deu um propósito divino à provação do homem. O homem cego está na interseção da provação do mundo e da escolha de Deus ordenada de antemão para transformar a cegueira do homem em uma oportunidade para regozijo; ele estava à espera do momento ordenado de antemão quando "aconteceria" de Cristo passar por ele e, desse modo, cumprir a missão de seu Pai.

Observe o uso dos pronomes pelo Senhor nessa tradução literal da passagem 9.4: É necessário que [NÓS] *realizemos as obras daquele que* ME enviou". A "obra de Deus" é trazer a salvação para a humanidade a fim de redimir aqueles que crerão. Jesus veio para completar a obra de Deus por intermédio de obras específicas em total obediência, e ele nos chama a fazer o mesmo. O Senhor, a seguir, usa as imagens de dia e noite para advertir que seu tempo na terra logo chegaria ao fim — o que ilustra outra verdade teológica: o tempo de graça é limitado ao período antes de o mundo sofrer o julgamento final de Deus.

9.5-7

Jesus, assim que acabou de corrigir a teologia falha de seus discípulos, declarou: *Sou a luz do mundo* e, a seguir, ele deu a visão ao homem. Ele cuspiu na terra, misturou a saliva com a substância da criação do homem (Gn 2.7) e, a seguir, passou o barro sobre os olhos do homem. Jesus, nesse ato, afirmou sua autoridade sobre as deficiências, o pecado, a teologia ruim, a religião, o templo, o sábado e até mesmo sobre as autoridades religiosas que se opunham a ele. E ele teve essa oportunidade porque décadas antes veio ao mundo um bebê sem a capacidade de ver.

APÊNDICE: DEUS NÃO DISFARÇA SUA IRA

JOÃO 9.1-12

Já ouvi falar de mais de um casal, pais de criança com deficiência, perguntar: "O pecado de alguém provocou a deficiência ou anomalia do meu filho? Sou culpado por isso?"

A resposta é complicada porque envolve duas questões bem distintas que combinamos com frequência: as questões de consequência e da punição divina. Deixe-me falar com clareza: essas questões não são a mesma coisa. Deus está envolvido, mas não da maneira como pensamos naturalmente.

Deus, de um lado, permite em geral que nossos atos produzam as consequências esperadas. Antes de agirmos, ele instrui, adverte e, muitas vezes, intervém. Ele sempre nos coloca na melhor posição para escolher bem e nunca permite que sejamos tentados além do que somos capazes de resistir. No entanto, Deus, uma vez que fazemos nossa escolha, permite que colhamos o que semeamos. O uso de drogas ilícitas, o abuso do álcool e o tabaco podem prejudicar o desenvolvimento do feto, resultando em geral em algum tipo de complicação. Os pecados e as escolhas ruins produzem consequências indesejadas que podem ser muito semelhantes à punição. No entanto, esses efeitos negativos não são punição divina, mas graça divina. Colher os frutos infelizes que semeamos nos ensina a ser administradores responsáveis da nossa liberdade. Deus, em sua graça, usa as consequências dos nossos pecados e até mesmo os pecados do mundo para nos disciplinar e instruir.

A punição divina, de outro lado, é um produto muito real do pecado. Não obstante, ela não vem na forma de consequências naturais, mas pela ira

> sobrenatural. Deus não disfarça sua ira contra o pecado; ele não transmite as aflições como um adolescente mal-humorado e passivo-agressivo com poder ilimitado. O Senhor, quando pune o pecado, assume a responsabilidade pessoal por isso, não deixa espaço para questionamento, e sua punição para o pecado é severa e eterna. A punição pelo pecado não vem diretamente por intermédio do mundo, mas diretamente de Deus mesmo.
>
> Felizmente, a punição pelo pecado, para os indivíduos, tem sido adiada até o fim da vida física ou, para o mundo, até "o fim das eras". Até esse dia, é-nos concedida uma graciosa oportunidade, um período durante o qual é concedida uma escolha a cada um de nós.
>
> Cristo, quando morreu na cruz, colocou nossos pecados sobre si mesmo e sofreu a ira de Deus em nosso nome. Se aceitar seu dom de graça crendo nele, você nunca experimentará a ira — a punição divina — que merece. Jesus, em graça, tomou todos os pecados para si e não deixou *nenhum* para nós. Nenhum.
>
> Se, no entanto, você escolhe confiar em sua bondade ou espera que suas boas obras de algum modo purifiquem ou neutralizem seu mau comportamento — se rejeita o dom gratuito dele —, a ira de Deus o aguarda. Quando morrer, ou se o Senhor voltar antes disso, você com certeza sofrerá a punição divina por seus pecados. Mas não antes disso. Embora você continue a viver em rebeldia, o Senhor usa as consequências de seus pecados e escolhas ruins para ensiná-lo — estendendo, o tempo todo, a oferta de comunhão com ele.
>
> Deus não provoca o pecado nem incita a tentação e, tampouco, participa do mal. Mas ele usa os tristes resultados do pecado e das escolhas ruins para seus propósitos. Quando Jesus e os discípulos encontraram o homem cego de nascença — um defeito congênito —, ele aproveitou a oportunidade para esclarecer essa questão.[11]

Só podemos especular por que o Senhor usou uma mistura de saliva com terra para curar o homem. O método é semelhante à fórmula mágica para curar no *asklēpieion* (veja legenda da foto na p. 116) e similar a seu método para curar outras pessoas (Mc 7.33; 8.23). Não somos informados de por que Jesus mandou o homem se lavar no tanque. João acrescenta uma nota editorial de que o nome hebraico é baseado no verbo "enviar", mas não sabemos com certeza por que ele considerou essa informação importante.

Seria especulação inútil querer adivinhar coisas que não sabemos. Sabemos isto: Jesus foi enviado pelo Pai, o homem cego foi enviado por Jesus até o tanque com instruções específicas, o homem seguiu as instruções de Jesus ao pé da letra e recebeu a visão exatamente como fora prometido.

9.8-12

Tente imaginar a cena. A comunidade do homem, sem dúvida, o conhecia bem porque sua mendicância o transformara, durante muitos anos, em uma figura popular da comunidade. Os fariseus tinham pena dele por sua enfermidade infligida pelo pecado, os saduceus lamentavam em condescendente aprovação da justiça divina, algumas poucas pessoas demonstravam compaixão e outros silenciavam suas moedas tilintando no bolso enquanto passavam na ponta dos pés para não chamarem atenção. Um dia, esse mesmo homem saltou repentinamente para o templo sem a bengala e a sacola de mendigo, maravilhando-se com o esplendor da casa de Deus. O interessante é que os adoradores notaram um rosto familiar, todavia não enxergaram a verdade do que acontecera.

Assistimos a muitos debates e ouvimos milhares de perguntas, mas onde está o entusiasmo? Onde está a alegria por esse homem que foi curado de forma milagrosa? Eles, em vez de levá-lo a uma celebração, o arrastaram para uma inquisição. Fizeram-no ficar diante dos fariseus para responder a respeito de sua cura como se tivesse feito algo errado.

Do ponto de vista dos fariseus, algo estava de fato muito errado. Você se lembra da pergunta original dos discípulos, que começava com a suposição amplamente aceita de que a provação física era a prova positiva de que alguém pecara e estava sofrendo o julgamento de Deus. A cura repentina e obviamente milagrosa do homem colocou em dúvida tudo que os fariseus sabiam sobre Deus, pecado e justiça. *Será que o Senhor mudara de ideia? Será que tinha deixado de lado a justiça? Será que o homem não era mais culpado de pecado?* Assim, as questões teológicas eclipsaram o júbilo da celebração.

9.13-17

A narrativa de João, caracteristicamente, condensa o tempo. O versículo 14 sugere que a inquisição do homem aconteceu algum tempo depois do sábado, talvez alguns dias depois. O homem, quando perguntado como recebeu a visão, apenas relata os eventos, que estabelecem o padrão para o equilíbrio da interação deles. Os fariseus queriam que o homem respondesse de modo teológico; no entanto, o homem ateve-se firmemente aos fatos. Enquanto os fariseus tentavam virar os fatos para que se ajustassem às suas noções preconcebidas, o homem não se afastou de sua perspectiva principal, a não ser para dizer que Jesus era um "profeta" — ou seja, aquele que é enviado por Deus para proclamar sua Palavra.

9.18-23

Os fariseus tinham um problema nas mãos. Eles precisavam desesperadamente desacreditar Jesus a fim de manter a superioridade moral diante do povo. Contudo, até segundo a própria tradição deles, só um autêntico homem de Deus conseguia operar "sinais" milagrosos (3.2; 9.16). Por esse motivo, o milagre tinha de ser desacreditado. Os líderes religiosos, como o homem que fora curado não cooperaria, precisaram convocar seus pais, na esperança de descobrir algum fato adicional que sustentasse as intenções deles.

Essa não era uma busca pela verdade. Essa era uma análise minuciosa e deliberada dos fatos em que a evidência inconveniente era deixada de lado em favor do que ajudasse a construir um caso condenatório contra o inimigo dos fariseus.

A campanha de medo e intimidação adotada pelos fariseus era bem conhecida nessa época, por isso os pais transmitiram apenas os fatos básicos e atribuíram todo o ocorrido ao filho. Eles disseram de fato: "Ele não é nossa responsabilidade; se alguém tem de ser punido por esse testemunho, que seja ele".

9.24-29

Os fariseus se esforçam para montar um caso contra Jesus, o que os leva ao desespero. A declaração inicial na segunda inquisição feita ao homem curado revela a conclusão predeterminada deles, a despeito da esmagadora evidência em contrário. Observe a conversa. Os fariseus tentam convencer o homem a concordar com a conclusão de que Jesus é um "pecador", mas o homem se atém aos fatos. Então, os fariseus tentam examinar mais uma vez os fatos talvez para tentar encontrar alguma inconsistência no testemunho do homem. A resposta do homem (9.27) salienta o absurdo do questionamento. Isso enraivece os fariseus, que, a seguir, voltam à intimidação e ao ataque pessoal.

9.30-34

O homem, no começo da inquirição, mantivera uma atitude neutra em relação a Jesus. O homem não ficara preocupado com a pergunta sobre a identidade de Jesus e se este era um pecador ou não. Ele só sabia o que sua experiência lhe ensinara: antes ele era cego, agora ele via. No entanto, no fim a tentativa absurda dos fariseus de condenar Jesus apenas levou o homem mais para perto da crença genuína. Sua resposta final aos fariseus não podia ser mais diferente da resposta do inválido no tanque de Betesda (5.11-15).

O contraste entre o homem e os fariseus também não podia ser mais evidente, fato que ele salientou em sua fala final. Os líderes religiosos conheciam as Escrituras melhor que qualquer pessoa e eram treinados na história e teologia hebraicas; contudo, o homem cego de nascença (supostamente por punição de Deus pelo pecado) não teve dificuldade em juntar os fatos e chegar à conclusão óbvia. Sua resposta se fundamentava nas próprias tradições teológicas mais preciosas para os fariseus.

Os fariseus, no fim da inquirição, não tiveram opção, a não ser deixar de lado os fatos e mostrar seu trunfo: sua posição superior de poder. Pela minha experiência, há uma clara admissão de derrota quando alguém começa a citar seu currículo no meio de uma discussão. A derrota fica ainda mais clara quando essa pessoa recorre ao uso de poder para silenciar seus oponentes. Os fariseus, em essência, admitiram: "Não temos uma resposta; portanto, vamos excomungá-lo".

9.35-38

A relutância do homem em deixar de lado a verdade sobre Jesus faz paralelo estreito com o milagre da visão. Ele queria ver Jesus como ele é, enquanto os fariseus queriam uma desculpa para rejeitar Jesus. Contudo, embora o homem tenha demonstrado coragem incomum, a despeito da grave consequência da excomunhão, ele não conhecia Cristo como Salvador. Por essa razão, Jesus "encontr [ou-o]" (veja 1.41-45; 5.14). Naquele momento, o coração do homem estava preparado para o convite do Senhor; por conseguinte, sua resposta imediata foi a adoração.

9.39-41

À primeira vista, a declaração de Jesus "Eu vim a este mundo para julgamento" parece contradizer a passagem de 3.17, mas a leve diferença entre as palavras gregas *krisis* (3.17) e *krima* (9.39) é relevante. *Krisis* [2920] é o ato de julgar; *krima* [2917] é o resultado do julgamento. É como dizer: "Não vim ao mundo em uma posição de julgamento, mas a maneira como você responde a mim pode levar à sua condenação". Em 3.17, Jesus declara que seu propósito para vir à terra não era cobrar responsabilidade das pessoas pelo pecado nem se assentar em julgamento; ele fará isso em seu retorno (Dn 7.13,14; Ap 20.11-15). No entanto, o ponto aqui é que cada encontro com Jesus passa a ser um momento de verdade em que a resposta do indivíduo à luz revela seu destino eterno (Jo 3.19-21) — as verdadeiras naturezas do bem e do mal são expostas quando sujeitas à luz de Cristo.

Os fariseus, que desafiaram Jesus com a pergunta: "Será que nós também somos cegos?", não deixaram passar despercebido esse ponto. A estrutura da pergunta na língua original indica que a pessoa que a faz antecipa uma resposta negativa. Em outras palavras, os fariseus esperavam que Jesus dissesse: "Por quê? É claro que vocês não são cegos". Mas Jesus não cooperou com eles — ele sabia que os fariseus eram cegos da perspectiva espiritual.

A resposta de Jesus forma um paradoxo. Os cegos da perspectiva espiritual não acham que estão perdendo nada e, por conseguinte, negam sua necessidade. Os que "veem" são aqueles que admitem sua necessidade de visão espiritual. As pessoas cegas da perspectiva espiritual escondem sua pecaminosidade a fim de enganar a si mesmas e levar os outros a achar que não precisam de salvação. As pessoas com visão espiritual logo reconhecem sua pecaminosidade e necessidade desesperadora de um Salvador.

■ ■ ■

Essa história do homem cego de nascença, que recebe a visão, e dos fariseus, que enganaram a si mesmos em seu caminho através da cegueira, faz-me lembrar de um antigo dito que aprendi na infância: "O pior cego é aquele que não quer ver". João, em seu prólogo, adverte a respeito disso:

> *Pois a verdadeira luz, que ilumina a todo homem, estava chegando ao mundo. O Verbo estava no mundo, e este foi feito por meio dele, mas o mundo não o reconheceu. Ele veio para o que era seu, mas os seus não o receberam. Mas a todos que o receberam, aos que creem no seu nome, deu-lhes a prerrogativa de se tornarem filhos de Deus; os quais não nasceram de linhagem humana, nem do desejo da carne, nem da vontade do homem, mas de Deus* (Jo 1.9-13).

APLICAÇÃO
João 9.1-41
COMO RESPONDER À INTIMIDAÇÃO

Algumas pessoas se isolam da verdade, e elas, em sua maioria, colhem as consequências sem afetar ninguém ao seu redor. No entanto, os contadores de verdade, quando ocupam posições de autoridade, enfrentam um desagradável dilema: suprimir a verdade ou ficar em desacordo com a liderança. O homem cego de nascença se depara com esse dilema logo depois de o Senhor lhe conceder a visão. Os especialistas em religião que governam o templo não podem negar o milagre; então, eles pressionam o homem a fim de silenciar seu testemunho e, assim, desacreditar Jesus. Mas o homem se recusa a entrar no jogo deles.

Vejo na resposta do homem um modelo digno de ser seguido quando alguém com autoridade tenta silenciar a verdade por intermédio da intimidação.

Primeiro, *o homem recorre a fatos inegáveis* (9.15,25,32). As autoridades que silenciam a verdade por meio da intimidação esperam provocar um comportamento pecaminoso e, depois, buscam vindicação ao destruir ou silenciar seu alvo. Recorrer aos fatos traz o foco do debate de volta ao seu lugar: a objetividade impessoal, em vez da opinião pessoal. Essa atitude na verdade diz: "A verdade é sua verdadeira ameaça, não eu".

Segundo, *o homem responde de forma direta, mas sucinta* (9.17). As tentativas de evitar, minimizar ou suavizar a verdade nunca chegam a lugar algum. Tampouco chegam a algum lugar as tentativas de converter os inimigos da verdade. Na realidade, quanto mais palavras, mais aumentam a possibilidade de transformar o debate em conflito pessoal, o objetivo das autoridades que usam a intimidação. A resposta direta e sucinta deixa os inimigos da verdade com menos munição para destruir seu alvo.

Terceiro, *o homem se recusa a discutir* (9.26,27). As autoridades que silenciam a verdade por intermédio da intimidação esperam encontrar uma inconsistência ou algum meio de criar a dúvida fazendo seu alvo repetir os fatos ou reafirmar suas opiniões. A recusa em discutir tira dos inimigos da verdade qualquer oportunidade de transformar o debate em um assunto pessoal.

Quarto, *o homem continua sem medo e decidido* (9.30-33). Conforme muitos teólogos nos ensinam: "Toda verdade é verdade de Deus". Afastar-se da verdade é estar em desacordo com Deus. Contudo, as autoridades que silenciam a verdade pela intimidação tentam convencer suas vítimas de que o poder *delas* tem de ser temido, não o de Deus. A resolução de se ater firmemente à verdade tira o poder para intimidar dos inimigos da verdade.

A elite religiosa, no fim desse encontro, pareceu insensata quando suas táticas não funcionaram. Eles, derrotados pela verdade, se esconderam atrás de suas frágeis credenciais e, depois, abusaram de seu poder (9.34). Embora o homem tenha sofrido algumas consequências negativas, ele ganhou mais do que perdeu. Sua separação de uma instituição religiosa corrupta lhe permitiu receber nova vida em Jesus Cristo.

A porta viva
JOÃO 10.1-42

Algumas observações sobre a tradução em João 10.1-42

A21

10 *a tenham com plenitude* ou *abundância*

24 a. *até quando nos deixarás em suspense*, lit. *ergue nossa alma*; b. *o Cristo*, ou seja, *o Messias*

29 *Meu Pai*; um manuscrito antigo dizia *o que meu Pai me deu é maior que tudo*

30 *um* ou *uma unidade*; ou *uma essência*

38 *entender e saber*, lit. *saber e continuar sabendo*

NVI

8 *antes de mim*; alguns manuscritos não incluem *antes de mim*

9 *será salvo* ou *encontrará segurança*

19 *os judeus*, grego *povo judeu*; também em 10.24,31

29 *é maior do que todos*; outros manuscritos trazem *pois o que meu Pai me deu é mais poderoso que tudo*; ainda outros manuscritos trazem *pois ao considerar o que meu Pai me deu, ele é maior que todos*

34 a. *lei*, grego *sua própria lei*; b. *vocês são deuses*, Sl 82.6

Se uma imagem vale mil palavras, então um símbolo vale mil preleções. Jesus entendia o poder de uma imagem familiar para revelar os mistérios do céu. E nenhuma visão era mais comum na Judeia do século I que a do pastor guiando suas ovelhas. Podemos, com algum contexto histórico e cultural, aprender muito com os símbolos usados por Jesus para descrever a si mesmo. Ele, para as ovelhas perdidas de Israel, era a porta viva e o bom pastor.

Os pastores da Judeia do século I, ao contrário de muitos fazendeiros da Europa que criam ovelhas para alimento, cuidavam das ovelhas por causa da lã. Os animais pastavam, e seu pelo crescia como grossos tapetes de lã, o qual seria tosquiado e vendido por relevantes somas de dinheiro. Naturalmente, quanto maior o rebanho do pastor, maior a renda dele; portanto, a perda de apenas um animal não lhe custa apenas uns poucos gramas de lã a cada estação, mas a capacidade de ter mais ovelhas. Por esse motivo, ele nutria e protegia com fidelidade cada um dos animais durante toda a vida destes. Ele sacrificava seu próprio conforto para prover pastagem segura durante o dia e arriscava sua própria segurança para guardar o rebanho contra os ladrões e os predadores durante a noite. Por conseguinte, não era incomum o pastor conhecer cada um de seus animais individualmente e chamar cada um pelo nome.

O bom pastor jamais permitia que seu rebanho ficasse no campo quando anoitecia; os ladrões e os animais selvagens tiravam vantagem da escuridão para roubar ou matar as ovelhas. Se a pastagem era bem perto da vila, as ovelhas eram encaminhadas do campo para um redil comunitário, guardado por um guarda designado. De manhã, os pastores levavam mais uma vez suas ovelhas para pastar. Durante os meses de clima temperado, os pastores levavam com frequência seus rebanhos para o deserto a fim de encontrar a pastagem adequada. Os pastores sempre ficavam com o rebanho, acampando sob as estrelas durante semanas de cada vez. Quando escurecia a cada tarde, eles reuniam o rebanho em uma caverna ou alguma outra área natural cercada e dormiam na entrada do lugar.

Os pastores, com frequência, trabalhavam juntos e dividiam a mesma área cercada durante a noite. Na manhã seguinte, os rebanhos eram facilmente separados, chamando-se as ovelhas em direções opostas. O autor H. V. Morton assistiu a essa cena pessoalmente em suas viagens a Israel em 1934.

> Uma manhã cedinho, tive uma visão extraordinária perto de Belém. Evidentemente, dois pastores tinham passado a noite junto com suas ovelhas em uma caverna. As ovelhas estavam misturadas, e chegou o momento de os pastores seguirem em direções diferentes. Um deles ficou de pé a alguma distância das ovelhas e começou a chamar. Primeiro um, depois, outro, a seguir, quatro ou cinco animais correram em direção a ele; e continuou assim até ele contar seu rebanho inteiro.[12]

O relato de João é único entre os evangelhos no fato de que ele reconta as parábolas do Senhor; no entanto, ele lembra o uso que Jesus fazia da linguagem figurativa e das metáforas estendidas. Esse retrato de Jesus de si mesmo como *o bom pastor* empresta uma imagem familiar da profecia do Antigo Testamento (Jr 23; Ez 34; Zc 11) em que o Senhor adverte os infiéis líderes espirituais de Israel que ele mesmo viria fazer o trabalho de apascentar as ovelhas. Jesus afirmou ser o cumprimento dessa promessa feita havia muito tempo. As autoridades religiosas demoraram para apreender as implicações dessa declaração, mas entenderam a tempo.

10.1-6

João apresenta o discurso seguinte como uma continuação lógica do último, sem fornecer nenhuma informação sobre a época e o lugar do evento. Esse fato não é incomum para ele. João, a menos que os detalhes sobre o cenário forneçam percepção adicional, deixa-os de fora da narrativa. É muito provável que esse discurso tenha acontecido várias semanas depois como parte de uma conversa prolongada com várias audiências de fariseus (cf. 10.22).[13]

O principal ponto da metáfora de Jesus tem que ver com o papel da verdade no mundo. Jesus raramente apresentava a verdade a fim de transformar descrentes em crentes; a verdade na maioria das vezes passou a ser seu meio de atrair fiéis a viver no mundo sem ser contaminados pelo mundo. Jesus, começando com a alimentação da multidão no deserto (cap. 6) e os discursos que se seguiram a isso, apenas ensinou a verdade pura e simples sobre sua identidade, e seu rebanho começou a se dividir. Os fiéis genuínos seguiram a voz de seu mestre, enquanto aqueles que não eram "seus" o rejeitaram (6.44,65; 8.43,47; 10.14). As observações de H. V. Morton de perto de Jericó são especialmente úteis.

> [O pastor do Oriente Médio] nunca conduz [seu rebanho] como nossos pastores conduzem suas ovelhas. Ele sempre caminha à frente delas, conduzindo-as ao longo das estradas e colinas para novas pastagens, e ele, enquanto caminha, às vezes conversa com as ovelhas em voz alta em tom de cantilena, usando uma linguagem estranha, diferente de tudo que já ouvi na minha vida. A primeira vez em que ouvi essa linguagem de ovelha e cabras, estava nas colinas atrás de Jericó. Um pastor de cabras descera até o vale e estava subindo a encosta de uma colina do lado oposto quando, ao olhar ao redor, viu que suas cabras tinham ficado para trás a fim de devorar uma bonita porção de moitas. Ele, levantando a voz, falou para as cabras na linguagem que Pan deve falar nas montanhas da Grécia. [...] Pouco tempo depois de ele falar, um balido de resposta soou no rebanho, e um ou dois animais voltaram a cabeça na direção dele. Mas não lhe obedeceram. O pastor de cabras, a seguir, gritou uma palavra e deu uma espécie de balido de riso. Imediatamente uma cabra com um sino no pescoço parou de comer e, deixando o rebanho, desceu a colina trotando, atravessou o vale e subiu a encosta oposta. [...] Logo um pânico se espalhou entre o rebanho. Elas pararam de comer. Elas olharam para o pastor. Não dava para vê-lo. [...] Da distância veio o estranho chamado em tom de riso do pastor, e o rebanho, ao som do chamado, correu no vale e saltou colina acima atrás dele.[13]

10.7-10

Jesus seguiu seu primeiro duplo *amēn* (10.1) com outro, que interpreta o primeiro. Os predecessores de Jesus são os sacerdotes, escribas e fariseus

***Habitat* natural das ovelhas.** Os pastores, para proteger seus animais dos predadores e dos ladrões, reúnem seus animais em uma área naturalmente cercada, como essa caverna, e, depois, deitam atravessados na entrada para uma boa noite de sono. Jesus usou essa imagem familiar quando disse: *Eu sou a porta das ovelhas* (Jo 10.7).

que presentemente governavam os judeus. Jesus, ao identificá-los como "ladrões e assaltantes", lança-os no papel profetizado por Jeremias (Jr 23), Ezequiel (Ez 34) e Zacarias (Zc 11). Enquanto o bazar de Anás deixou o povo de Israel empobrecido física e espiritualmente (veja comentário sobre Jo 2.13,14), Jesus veio para trazer abundância genuína.

As pessoas no Ocidente (em especial os falsos profetas do movimento "Palavra de Fé") interpretam "abundância" com o sentido de prosperidade, abundância de dinheiro e posses, conforto material, a carteira recheada, o trabalho de prestígio, a casa mais bonita da cidade e o carro mais lustroso na rua. Contudo, não veja nisso nenhum indício de que Jesus oferecia alguma coisa a seus seguidores por meio da riqueza material. Nenhuma pilha de siclos. Nenhuma pensão. Nenhum seguro. Nem mesmo a garantia de segurança. Na verdade, ele prometeu-lhes o oposto disso (Lc 9.22-25).

Jesus não pregava contra a riqueza em si mesma. No que dizia respeito a Jesus, o dinheiro e as posses eram moralmente neutros e não tinham nenhuma relação com nada do novo reino, exceto que eles podem nos distrair do que o Senhor considera importante. Portanto, se a abundância não é dinheiro, posses nem conforto, o que será que ela é? Já que o círculo íntimo de seguidores de Jesus sofreu perseguição e eles morreram como mártires, que tipo será de abundância que eles receberam? A abundância oferecida por Jesus é a abundância espiritual que transcende as circunstâncias como renda, saúde, condições de vida e até mesmo a morte.

A vida abundante é a vida que nunca termina; não precisamos, todavia, esperar até o fim da nossa vida física para receber essa abundância e desfrutar dela. A vida abundante inclui paz, propósito, destino, propósito genuíno de vida, a alegria de enfrentar qualquer adversidade — incluindo o túmulo — sem medo e com a capacidade de suportar as provações com certeza confiante.

10.11-18

A declaração de Jesus é um forte *Eu Sou* (*egō eimi* [1473, 1510]) que faz parelha com a expressão *bom pastor*, a qual é particularmente enfática no grego. O que se segue é um claro prenúncio da perseguição que ele sofrerá e uma vigorosa afirmação de sua morte vicária em favor de seus fiéis. Tão importante quanto isso é o reconhecimento por Jesus de que a verdade sempre é um para-raios para o mal; ainda assim, ele não se esquiva quando o mal o golpeia com todo o poder do inferno. Jesus, como o criador, não pode ser vencido nem dominado por nada. Todavia, ele sofrerá e morrerá voluntariamente para realizar o plano redentor do Pai.

Isso separa Jesus dos líderes religiosos que supostamente pastoreiam o povo de Deus. Enquanto ele é abnegado, eles são egoístas. Enquanto ele entrega sua vida pelas ovelhas, eles abandonariam todas para salvar a si mesmos. Enquanto Jesus viveu em completa obediência ao Pai, eles obedeceram aos próprios desejos e cobiça.

Jesus, no meio do diálogo, mencionou "outras ovelhas". É quase certo que estas são os não judeus, como os samaritanos (como o povo de Sicar em 4.7-45) e os gentios ainda por ouvir as boas-novas.

10.19-21

Jesus declarara antes que sua espada da verdade divide as pessoas; sua voz da verdade convoca os seus. Conforme esperado, a divisão dos "judeus" (as autoridades religiosas) que ocorreu em 7.43 e 9.16 continuou como resultado desse discurso.

10.22-24

A Festa da Dedicação, hoje conhecida como Hanucá, é em geral celebrada em dezembro, aproximadamente dois meses depois Sucot, a Festa dos Tabernáculos (7.1—8.30). A Festa da Dedicação celebra a nova consagração do templo em 165 a.C., três anos depois de o altar ter sido profanado por Antíoco Epifânio. Foi o momento culminante da Revolta dos Macabeus, que, em essência, deu a Israel, por um breve período de tempo, sua independência. Durante o tempo de Jesus, o ressentimento judeu com a ocupação romana ficava especialmente evidente durante essa festa, e o desejo deles por um Messias era sentido de forma mais aguda que o normal.

A menção de João ao inverno seria redundante depois de mencionar o Hanucá se ele não usasse a estação para determinar o tom literário. O inverno da vida de Jesus se aproximava. Enquanto ele passava pelo pórtico oriental do templo, provavelmente após entrar pela porta oriental, as autoridades do templo cercaram Jesus. Eles pareciam dispostos a considerar a possibilidade de Jesus ter dito a verdade o tempo todo, que ele era de fato o Messias (cf. 1.19-34), talvez guiados pelo entusiasmo do feriado. Mas não se engane, eles queriam um messias feito sob medida para se ajustar a seus desejos.

10.25-31

Alguns estudiosos objetam que Jesus não lhes tinha "dito" de fato que ele é o Cristo. Mas imagino um ótimo motivo para ele ter evitado falar exatamente esta frase: "Eu sou o Cristo" (além do motivo que ele deu aqui). No século I, os teólogos judeus tinham ligado tanta informação equivocada ao título que o povo poderia esperar de Jesus o que Deus nunca pretendeu. Eles esperavam um tipo de "super-homem Davi", um rei guerreiro que os levaria a recuperar a independência e restaurar sua economia (6.15). Jesus, em sua segunda vinda, será o rei guerreiro de Israel, mas ele veio primeiro para salvar as pessoas de seus pecados. Os teólogos judeus ligaram mitos estranhos à chegada do Messias; reivindicar o título de "Cristo" seria adotar uma identidade mítica.

Jesus, em vez disso, realizou todos os "sinais" preditos no Antigo Testamento que claramente o identificavam como o Messias. Além disso, ele citou, parafraseou com liberdade as passagens messiânicas na Escritura e aludiu livremente a elas, identificando a si mesmo com o uso do vocabulário dos profetas. Qualquer pessoa disposta a deixar de lado suas expectativas preconcebidas por tempo suficiente para comparar as palavras e obras dele com a imagem apresentada pela Escritura não teria problema em reconhecê-lo.

Jesus deixou mais uma vez sua acusação anterior clara. Os líderes religiosos se recusaram a ouvir a Palavra de Deus encarnada porque muito tempo antes tinham rejeitado a Palavra escrita de Deus. A rejeição do verdadeiro Cristo por eles não foi nada além da continuação da rejeição de Deus por eles (5.17,37,38; 6.45; 7.27,28; 8.42-45, 9.29-34). Os cristãos genuínos, no entanto, dão ouvidos à voz da verdade e estão seguros por toda a eternidade no cuidado do bom pastor, que entregará sua vida por eles e usará seu poder divino para mantê-los seguros. A fé é a resposta autenticadora do cristão em seu Salvador. É o Salvador quem pratica a salvação, não o salvo. Por conseguinte, é a fidelidade de Cristo que sela a salvação do cristão, não a fidelidade do cristão. Claro e simples: os que creem em Cristo nunca se perderão.

Jesus concluiu essa porção de seu discurso com uma declaração ainda mais ousada e mais provocativa que *eu sou o Cristo*. Ele disse: *Eu e o Pai somos um*, uma alusão à principal declaração doutrinal da fé hebraica: *O Senhor, nosso Deus, é o único Senhor* (Dt 6.4). De qualquer forma, João registra a declaração de Jesus usando uma forma um pouquinho diferente da palavra grega para "um" na Septuaginta, a tradução grega do Antigo Testamento.[14] A forma "neutra" usada por João (como oposta à forma "masculina" da Septuaginta) indica simplicidade na essência. Portanto, uma tradução mais literal seria: "Nós (eu e o Pai) somos um ser". Isso é estabelecido inúmeras vezes por intermédio dos muitos "sinais" feitos por Jesus, incluindo as curas comoventes e autênticas.

Embora a língua portuguesa não consiga apreender a nuança sutil, mas profunda, na declaração de Jesus, ela fica claríssima para a audiência de Jesus. Eles, claramente, ligaram os pontos. Como resultado, eles se prepararam para apedrejá-lo por se identificar como Deus.

10.32-39

Jesus, em resposta à intenção dos judeus de apedrejá-lo, usou um complexo bocado de ironia comum à argumentação rabínica. Ele virou a acusação ao contrário com uma citação do Salmo 82, que diz:

> *Deus preside a assembleia divina;*
> *ele estabelece seu juízo no meio dos deuses.*
> *Até quando julgareis injustamente*
> *e favorecereis os ímpios?*
> *Fazei justiça ao pobre e ao órfão;*
> *procedei com retidão para com o aflito e o desamparado.*
> *Livrai o pobre e o necessitado,*
> *livrai-os das mãos dos ímpios.*
> *Eles nada sabem, nem entendem;*
> *vagueiam pelas trevas;*
> *todos os fundamentos da terra se abalam.*
> *Eu disse: Vós sois deuses,*
> *e todos sois filhos do altíssimo.*

*Todavia, como homens, morrereis
e, como qualquer dos príncipes, caireis.
Ó Deus, levanta-te, julga a terra;
pois a ti pertencem todas as nações.*

O salmista lembra aos juízes designados de Israel que eles são como pequenos deuses no fato de terem sido designados pelo juiz supremo para governar em lugar dele; por conseguinte, eles tinham de prestar contas ao Senhor. Jesus identifica os juízes indignos do salmo com os líderes religiosos de pé diante dele e declarou ser ele mesmo o cumprimento da linha inicial do poema: *Deus preside a assembleia divina; ele estabelece seu juízo no meio dos deuses* (Sl 82.1). Para esses governantes apóstatas de Israel julgar o juiz supremo não era nada menos que blasfêmia. Na realidade, são *eles* que devem ser apedrejados.

Jesus, a seguir, aponta a impossibilidade de superar a dúvida obstinada deles. Ele, quando se comportava como Deus — limpando o templo, alimentando os famintos, curando os doentes e cumprindo as promessas da Escritura — era rejeitado como alguém que se opunha a Deus (Jo 7.20; 8.48-52; 10.20). Ainda assim, eles clamaram por um "sinal" (2.18; 4.48; 6.30). Ele, a seguir, convida-os a avaliar suas obras, a prova perfeita de bondade segundo a sabedoria hebraica.

10.40-42

Jesus deixa Jerusalém para ministrar no deserto no lado leste do rio Jordão, onde João Batista proclamara a vinda do Messias. Agora, Herodes Antipas matara o precursor (Mt 14.3-12), deixando seus discípulos sem um líder. Esses discípulos, ao contrário dos pequenos "deuses" no templo, comparam as predições do Batista com as obras de Jesus e respondem com a fé.

■ ■ ■

Conforme o ministério de Jesus continuava, aumentava a distância espiritual entre suas ovelhas — "os seus" — e o mundo descrente. A verdade que ele proclamara sobre si mesmo e sua missão era a voz do pastor chamando suas ovelhas a segui-lo; no entanto, essa mesma verdade não só identificou seus inimigos, mas os incitou à violência. Mais tarde, ele diria a seus discípulos que o propósito de sua confrontação das autoridades religiosas apóstatas com a verdade era lhes dar uma oportunidade para consumar seu pecado (Jo 15.22-25).

Conforme a Festa da Dedicação chega ao fim, Jesus sai de Jerusalém. Ele tem trabalho importante para fazer em outro lugar. Não obstante, esse não seria seu último confronto com os líderes religiosos. A divisão entre os fiéis e os ímpios aumentava de forma constante, embora ainda não tivesse atingido o ponto de ruptura. Isso aconteceria logo.

APLICAÇÃO
João 10.1-42

QUATRO QUALIDADES DO REBANHO DO BOM PASTOR

Você faz parte do rebanho do bom pastor? Você, em algum ponto do seu passado, consegue se lembrar do momento em que se arrependeu de seu pecado, reconheceu sua total impotência para salvar a si mesmo e, a seguir, recebeu de Deus o dom da vida eterna por meio do sacrifício expiatório de Jesus Cristo em seu favor. A Bíblia ensina que essa decisão é o início de um processo de transformação que leva a vida toda. As ovelhas, conforme os anos passam, seguem fielmente seu pastor e ficam cada vez mais parecidas com ele.

Jesus, em seu discurso com os especialistas em religião, descreveu quatro qualidades das ovelhas de Deus. O objetivo dele era mostrar que nenhum especialista em religião mostrava qualquer evidência de ter essas qualidades e, por conseguinte, todos eles deviam ser vistos como intrusos.

Primeiro, *as ovelhas de Deus são sensíveis à liderança dele* (10.27a). Se você viajasse pelo mundo e tivesse uma conversa informal com cristãos de diferentes países e culturas, você, no fim, os ouviria descrever uma experiência em comum: o incitamento interior do Espírito Santo levando-os a fazer determinadas coisas ou a ir a determinados lugares. Fico maravilhado com as semelhanças nas descrições de pessoas que vivem de lados opostos do globo.

Segundo, *as ovelhas de Deus estão ansiosas por obedecer a suas ordens* (10.27b). As ovelhas seguem seu pastor porque elas, sem ele, morrem; elas caem presas de animais selvagens, vagueiam em lugares perigosos, não conseguem encontrar alimento e água e sucumbem aos elementos. As ovelhas obedientes vivem.

O cristão genuíno quer obedecer; ele é motivado pelo amor, não pelo medo. Além disso, os cristãos genuínos logo aprendem que a obediência lhes permite desfrutar a vida em sua plenitude.

Terceiro, *as ovelhas de Deus são confiantes* (10.28). As ovelhas domésticas e as ovelhas selvagens se comportam de forma muito diferente enquanto pastam. As ovelhas selvagens ficam sempre vigilantes contra predadores; elas mastigam com a cabeça levantada, examinando constantemente ao seu redor, à espreita de perigo. As ovelhas domésticas pastam com a cabeça abaixada, levantando-a apenas quando um barulho chama sua atenção. Quando as ovelhas têm um bom pastor, elas se sentem seguras; não vivem com medo constante.

Os cristãos descansam na confiança de que Cristo fez tudo para lhes garantir segurança eterna. Como ele é completamente fiel, podemos descansar na confiante garantia de que seremos preservados do mal até o mal não existir mais.

Quarto, *as ovelhas de Deus estão seguras* (10.29). Isso é um fato, não um sentimento. Independentemente de quão insensíveis, desobedientes ou hesitantes as ovelhas escolham ser, seu lugar no rebanho está garantido. Isso não sugere que o comportamento do cristão não é relevante ou sem importância. As pessoas que resistem obstinadamente ao amadurecimento e ao crescimento espiritual e que evidenciam que não houve nenhuma mudança em seus valores ou comportamento precisam questionar com seriedade sua condição espiritual. No entanto, a segurança eterna — como a própria salvação — não se fundamenta na bondade do cristão. Somos tão incapazes de nos agarrar à salvação quanto o éramos de obtê-la.

Enquanto você se agarra firmemente à quarta qualidade, gostaria de encorajá-lo a cultivar as três primeiras qualidades enquanto continua a seguir o Senhor. Continue sensível à liderança dele, obedeça-lhe com todo o cuidado e sem hesitação e descanse na confiança do poder dele para protegê-lo de todo o mal. Afinal, ele é o bom pastor; portanto, segui-lo é para seu próprio bem.

A volta do além
JOÃO 11.1-46

Algumas observações sobre a tradução em João 11.1-46

A21	NVI
12 *ficará bom*, lit. *será salvo* **13** *falava do sono*, lit. *letargia do sono* **16** *Dídimo*, ou seja, *gêmeo* **20** *ficou sentada em casa*, lit. *estava sentada* **27** a. *o Cristo*, ou seja, *o Messias*; b. *o Filho de Deus que devia vir ao mundo*; o título daquele que devia vir era o título messiânico **33** *abalado*, lit. *perturbou-se* **37** *ter evitado que este homem morresse*, lit. *fez com que esse homem também não morresse* **39** *já cheira mal*, lit. *ele cheira mal*	**2** *enxugara os pés com os cabelos*; esse incidente está registrado no capítulo 12 **18** *cerca de três quilômetros*, grego *ficava cerca de quinze estádios* [*cerca de 2,8 quilômetros*] **25** *e a vida*; alguns manuscritos não incluem *e a vida* **33** *agitou-se no espírito* ou *ele sentiu raiva em seu espírito*

A morte é um fato da vida do qual é impossível escapar.

A morte é implacável; ela vem com frequência sem aviso e golpeia sem misericórdia. A morte é inexorável; não pode ser enganada, subornada, lograda, superada ou iludida. A morte é indiscriminada: ela pega o jovem e o velho, o pobre e o rico, o doente e o saudável, o ímpio e o benevolente. E a morte é universal: todos, no fim, sucumbem à sua escuridão.

A morte é uma dura realidade da vida... mas nem sempre foi assim, e ela não precisa ser o fim.

11.1,2

Jesus, depois de seu último encontro com a elite religiosa em Jerusalém, refugiou-se no mesmo deserto que protegera João Batista da intenção assassina deles. O Senhor ministrou aos discípulos de João ali por um período de tempo desconhecido (embora não mais que três meses) antes de viajar para a Pereia ou talvez para a Galileia (11.7). Tudo que sabemos com certeza é que Jesus estava a mais de um dia de caminhada de Betânia, que era a casa de seus amigos Lázaro, Marta e Maria, apenas três quilômetros a leste de Jerusalém.

A nota editorial de João sobre a unção de Jesus por Maria demonstra que ele presume que sua audiência estava familiarizada com os Evangelhos Sinóticos (Mateus, Marcos e Lucas). João só conta a história em 12.1-8.

11.3-6

Lázaro não era um dos doze discípulos, mas o Senhor o amava. As irmãs do homem enviaram um mensageiro para informar Jesus de que seu amigo estava à beira da morte, acometido por uma doença séria. Jesus, no entanto, adiou de forma deliberada sua partida, declarando com confiança: "Essa doença não é para a morte". Dependendo da distância que Jesus estivesse de Betânia, é muito provável que ele soubesse o que os discípulos não sabiam na época: Lázaro já estava morto. Considere uma possível ordem dos eventos:

- **O primeiro dia:** o mensageiro chega com a notícia de que Lázaro está doente. Jesus decide ficar onde estava por dois dias. (A A21 acrescenta a palavra "ainda", mas a sentença em grego diz apenas: *Ele ficou dois dias no lugar em que estava.*) [11.1-5]
- **O segundo dia:** Jesus fica de forma deliberada onde estava. [11.6]
- **O terceiro dia:** Jesus parte para a Judeia. (As culturas orientais incluem o dia atual quando contam um lapso de dias, enquanto as culturas ocidentais começam a contar do amanhecer do dia seguinte.) [11.7-16]

- **O quarto dia:** Jesus continua sua jornada, tomando sua rota costumeira direto através de Samaria e chegando a Betânia tarde naquele dia.[15] Ele é informado que Lázaro estava morto havia quatro dias. [11.17]

Se meu cronograma hipotético estiver em algum ponto perto de ser acurado, Lázaro já estava morto quando o mensageiro chegou até Jesus. Independentemente de quando Lázaro morreu, Jesus não precisava voltar correndo para Betânia; a extensão de seu poder não é minimizada pela morte. A observação de João de que "Jesus amava Marta, a irmã dela e Lázaro" assegura-nos que Jesus não foi insensível em permitir que Maria e Marta sofressem a perda do irmão apenas para provar um ponto. Sua justiça e soberania são sempre fortalecidas por seu amor.

Observe um detalhe importante. Jesus não promete que Lázaro não morrerá; ele promete que sua morte não terminaria em morte. Qual a intenção dele? A morte pode reivindicar a vida de Lázaro, mas a morte não teria a palavra final no assunto.

11.7-16

Agora, Jerusalém passou a ser um lugar perigoso para Jesus; a verdade sem rodeios proclamada por ele o transformou em um para-raios. No entanto, Jesus não deixa a região para evitar o perigo; ele se retira porque ainda não chegara o tempo de sua morte expiatória. Quando os discípulos lembram Jesus do perigo, ele os recorda de sua missão e da necessidade de urgência (cf. 9.4). Naturalmente, eles ficam preocupados com a segurança de Jesus porque não querem ver sua esperança messiânica assassinada antes que ele tivesse a oportunidade de reivindicar seu trono e inaugurar o novo reino. É claro que a perspectiva dos discípulos era limitada. A morte pode reivindicar a vida de Jesus, mas a morte não teria a palavra final no assunto. Jesus usaria essa oportunidade para expandir a percepção deles.

Alguns criticam de forma injusta a visão de mundo sombria de Tomé. Ele apenas reconhece a verdade das circunstâncias de Jesus. Os líderes religiosos queriam um pouco mais do que ver Jesus morto e estavam dispostos a fazer quase qualquer coisa para matá-lo. Mesmo assim, Tomé ficou amedrontado ao lado de seu mestre em face do que parecia ser a morte certa.

11.17-19

Conforme João demonstra o poder do Senhor sobre a morte nessa porção da narrativa, ele lembra seus leitores do perigo iminente a apenas três quilômetros através do vale do Cedrom. A quantidade de tensão sentida pelo leitor depende totalmente de sua confiança no poder de Jesus. Os discípulos, sem dúvida, veem assassinato nos olhos de todos os fariseus que encontravam e se perguntavam como ou quando a conspiração se desenrolaria.

Entrementes, as pranteadoras se reuniram perto da casa de Lázaro. De acordo com o costume do Oriente Médio da Antiguidade, o homem morto era embrulhado em linho embebido em especiarias e posto no interior da gruta de sepultamento no mesmo dia em que morria. O clima não permitia qualquer adiamento. Jesus chegou no quarto dia após a morte, o que pode ser relevante em vista do ensinamento rabínico. A literatura judaica do século III d.C. ensina que a alma do indivíduo morto fica ao lado do corpo durante três dias, esperando para reentrar; depois disso, a alma, vendo a deterioração começar, desiste dessa esperança e parte.[16] Se essa literatura refletir o ensinamento estabelecido, a ressurreição depois do terceiro dia era impensável. Aparentemente, a morte mais a deterioração era mais desesperadora que a própria morte.

11.20-27

Marta e Maria reagem à morte do irmão com o mesmo tipo de desilusão e raiva que qualquer um de nós sentiria. Ainda assim, Jesus lida com ternura com elas, sem repreendê-las e sem expressar desapontamento com as duas irmãs. Ele ouve. Ele sente empatia. Ele restabelece a confiança delas com calma. O cuidado dele com elas representa um padrão maravilhoso para os pastores seguirem no cuidado com aqueles que pranteiam uma perda.

Não vejo repreensão nos comentários de Marta. Vejo pesar, uma triste aceitação dos eventos que ela esperara que fossem diferentes. Também vejo uma fé incipiente submersa em pesar. Nesse momento, ela não compreendeu a plena extensão do poder do Senhor. Jesus não precisa estar presente para curar alguém (4.46-54). A declaração de Marta: *Mas sei que, mesmo agora, Deus te concederá tudo quanto lhe pedires* não significa que ela esperava que Jesus trouxesse seu irmão de volta à vida (cf. 11.24,39). Ao contrário, essa é uma declaração de sua fé em Cristo, a despeito de seu desapontamento. A demora dele e a aparente decisão de não agir não diminuem sua confiança nele.

Jesus renova a confiança de Marta com uma declaração com duplo sentido: "Teu irmão ressuscitará". Marta aceitara o ensinamento de Jesus de que ele, no último dia, ressuscitaria aqueles que cressem nele (6.39,40,44,54). Essa é a vida abundante prometida por Jesus a seus seguidores (10.10); ela é eterna e incorruptível. Todavia, não temos que esperar até o "último dia" para começar a receber essa vida abundante.

Podemos recebê-la e desfrutá-la agora. Porque a "vida abundante" — eterna, incorruptível, transformadora de vida — não é um tipo especial de energia ou produto que de algum modo é transferido de Deus para um indivíduo. Essa ressurreição-vida é uma pessoa: Jesus.

Marta continua a expressar sua fé em Jesus, declarando que ele é o Cristo e o Filho de Deus. Ela demonstra um notavelmente maduro entendimento teológico, ainda mais que os Doze! Todavia, ela ainda não entendeu o sentido pleno do Senhor. Ela entenderia antes do pôr do sol.

11.28-34

Maria não conseguiu se encontrar a sós com o Senhor. Às vezes, a pessoa enlutada precisa de solidão, mas não a encontra porque entes queridos bem-intencionados temem deixá-la sozinhos. Por isso, Maria se encontra com Jesus na cidade acompanhada de um séquito. As declarações dela refletem as de Marta, talvez porque elas compartilhassem a mesma medida de desilusão.

Quando o grupo chegou, Jesus testemunhou o pesar delas, "comoveu-se profundamente no espírito" e ficou "abalado". Os termos gregos essenciais são *embrimaomai* [1690], que descreve uma atitude com rigor ou de raiva (Mt 9.30; Mc 1.43; 14.5), e *tarassō* [5015], cujo sentido literal é "agitar, sacudir" (Jo 5.7). Alguns estudiosos sugerem que a condição geral de descrença entre o povo enraiveceu Jesus, mas isso parece fora de lugar em vista de seu cuidado compassivo com Marta, cuja luta não era tanto com a fé incompleta quanto com o conhecimento incompleto. O Deus trino da Bíblia, ao contrário dos deuses egoístas da mitologia, sente empatia por sua criação. Além disso, ele está justificavelmente com raiva da crueldade do mal que oprime sua amada criação. A morte é a afronta suprema a seu ato criativo; ela tenta destruir o que pretende que dure para sempre.

11.35-37

Jesus, ao chegar ao túmulo de Lázaro, chora (palavras literais, "chorou"). E o comentário das pessoas foi correto. Jesus amava de fato Lázaro. Embora o Filho de Deus seja totalmente divino, ele é completamente humano. Além disso, ele é a representação perfeita do Pai, que é Espírito, e ainda assim ligado emocionalmente às criaturas semelhantes a ele. Quando choramos, nosso criador chora conosco; não com o tipo de desesperança que sofremos por causa da nossa ignorância, mas com compaixão. Ninguém odeia mais as devastadoras consequências do pecado que ele.

No entanto, algumas das pessoas refletiram o mesmo pensamento limitado que contaminava Marta e Maria — a mesma ignorância que demonstramos quando subestimamos o poder de Deus.

11.38-42

Jesus, enquanto se aproxima do túmulo, é mais uma vez movido pela raiva (*embrimaomai*). Ele ordena aos homens da multidão para tirar a pedra da entrada do túmulo, ato esse proibido pela tradição rabínica. Os homens que obedecem à ordem do Senhor se arriscam a sofrer impureza ritual; mesmo assim, obedecem.

Quando Marta protesta que o cheiro do corpo em decomposição do irmão com certeza se sobrepunha ao aroma das especiarias usadas no funeral, Jesus lembra-a da conversa que tiveram antes e promete que sua crença permitirá que ela veja *a glória de Deus* (11.4). Jesus, uma vez que a pedra é removida, ora em voz alta para que as testemunhas do milagre entendam que ele e o Pai estão unidos no milagre. A morte não é a vontade do Pai; ele *odeia* a morte. Por conseguinte, ele não está anulando a decisão de seu Pai de "tomar" Lázaro; ele reclama Lázaro do inimigo da vida.

11.43,44

O homem morto, em cumprimento à predição anterior do Senhor (5.28), responde à voz de Jesus. Certa vez, ouvi um pregador do interior dizer que, se Jesus não tivesse chamado Lázaro pelo nome, todas os túmulos ao alcance de sua voz teriam se aberto, e seus habitantes mortos havia tempos responderiam ao chamado dele. Um dia, "todos os que estão nos sepulcros ouvirão a sua voz e sairão", mas naquele dia só Lázaro foi chamado.

Ele saiu da tumba ainda com tiras de linho embebidas em especiarias enroladas pelo corpo, talvez até mesmo com dificuldade para se mexer. Os cadáveres eram tipicamente envoltos em 35 a 45 quilos de resinas perfumadas (19.39,40). As testemunhas do milagre tiveram de ajudar Lázaro a se livrar das tiras de sepultamento. João inclui esses detalhes para esclarecer a diferença crucial entre a experiência de Lázaro e a de Jesus (20.5-7). Lázaro, em vez de estar ressurreto, foi *ressuscitado*. Seu antigo corpo foi reanimado, mas era o mesmo corpo que caíra doente e parara de funcionar. Algum tempo depois, Lázaro, após ser chamado do além, foi mais uma vez para esse sepulcro. Ele ficou doente ou sofreu um ferimento fatal ou apenas ficou fraco com a idade e morreu. Ele foi enterrado, e seu corpo se decompôs. E aguarda sua ressurreição (1Ts 4.13-17).

Em um dia ainda futuro, Lázaro, junto com todos que morreram "em Cristo", serão chamados do além não para reiniciar a vida em corpos que mais uma vez morrerão, mas para desfrutar a vida eterna em corpos que não sofrem, não ficam doentes, não morrem e não se decompõem. Essa não será uma mera ressuscitação. Esse será o ato glorioso da *ressurreição*!

14.45,46

Muitos dos líderes religiosos que visitaram Marta e Maria durante seu luto testemunharam o poder de Jesus sobre a morte e escolheram crer. No entanto, alguns não creram. Nem mesmo o levantar do morto os convenceu! João conclui a história como começou, com um lembrete do perigo enfrentado por Jesus estando tão perto de Jerusalém (11.8,16,18).

■ ■ ■

Sempre que conduzo o funeral de alguém que crê em Jesus Cristo, as promessas da Páscoa tomam conta de minha mente. A morte não é o fim para esse indivíduo. Choramos porque sentimos saudade de ver o rosto do ente querido, ouvir a voz familiar, sentir o toque reconfortante e tranquilizador. Mas choramos com a certeza confiante de que a alma dos mortos em Cristo está vivendo com júbilo na presença do nosso criador à espera da ressurreição do corpo (2Co 5.1-10). Choramos ante a expectativa de vê-los de novo.

Não é assim para os descrentes. O funeral deles está entre as experiências mais terríveis da minha vida. Eles permaneceram obstinadamente surdos para a voz de Cristo durante a vida, e, quando a voz dele agitar a terra por ocasião da sua volta, eles ficarão imóveis como pedras. Ninguém na terra jamais os verá de novo, e eles estarão sozinhos para sempre, para sempre sujeitos às consequências do pecado.

Não permita que você seja um deles! Pare agora mesmo e deposite sua completa confiança no Filho de Deus. Quero ter o prazer de encontrá-lo — se não nesta vida, na vida no além.

APLICAÇÃO
João 11.1-46

UM MOMENTO MELHOR, UM PLANO MELHOR, UM FUTURO MELHOR

Admito que às vezes fico muito frustrado com o Senhor. Meus pedidos de oração são em sua maioria feitos com um motivo puro, raramente egoísta; ainda assim, ele, com frequência, permite que os eventos se desenrolem de maneiras que não compreendo. Seu tempo raramente é o que eu esperaria de um Deus que ama seu povo. O dinheiro necessário para um ministério crucial é muito pouco ou chega tarde demais. Pessoas más prosperam financeiramente, enquanto pessoas boas sofrem com câncer. Os caminhos e o tempo do Senhor desafiam minha confiança com muito mais frequência do que eu gostaria, de modo que me descubro repetindo na mente estas palavras como um mantra: "O Senhor está certo em todos os seus caminhos".

Quando li a história da perda de Marta e Maria, fiquei confortado ao saber que não estava sozinho em minha experiência. Aqui estão duas mulheres que conheceram pessoalmente o Filho de Deus tanto quanto conheço meus amigos mais chegados e, ainda assim, tiveram dificuldade em entender a maneira como ele lidou com a doença de Lázaro. Por que será que ele não foi para Betânia tão logo soube da notícia? Será que ele não se importava? Por que será que ele permitiu que Lázaro sofresse essa doença um momento a mais que o necessário? Contudo, cada uma das mulheres — para crédito delas — expressou continuada devoção ao Senhor; elas não censuraram com amargura nem questionaram a bondade de Jesus. Apenas expressaram desapontamento, sutilmente mesclado com perplexidade.

O Senhor sentiu empatia pela dor de suas amigas e compartilhou a raiva delas com a implacável opressão da morte. Afinal, a morte não é invenção de Deus; é a consequência do pecado. Como ele respondeu a essa última expressão do mal ilustra duas verdades que se entretecem como uma trama para criar uma bela tapeçaria de graça.

Primeiro, *quando os eventos não andam como achamos que deveriam, Deus tem o melhor momento e o melhor modo.* Aprendi ao longo dos anos nunca me afligir por perder um voo. Um amigo meu voava da Flórida para Dallas com conexão em *New Orleans*. Ele fez a conexão com muito tempo de sobra e se sentiu sortudo por conseguir um lugar no avião com excesso de reservas. Infelizmente, houve um erro. Outro senhor reservara aquele assento com mais de um mês de antecedência, de modo que meu amigo foi forçado a pegar outro voo muito mais tarde.

Isso aconteceu muito antes da era dos celulares e da Internet, dos cartões de embarque gerados pelo computador ou até mesmo das secretárias eletrônicas; a comunicação era cara e nem de perto tão instantânea. Quando ligou para casa, sua esposa estava desesperada de preocupação. O avião do qual ele fora forçado a sair sofrera uma colisão no ar. É desnecessário dizer que meu amigo ficou muito agradecido pelo que ele considerara um terrível inconveniente. O Senhor tinha um melhor momento e um melhor modo de levá-lo para casa.

Quando algo difícil acontece, raramente sabemos de qual circunstância alternativa o Senhor nos poupou. Mas uma coisa é certa: sempre ficaríamos agradecidos se víssemos as coisas da perspectiva dele. Deus sabe o que faz.

Segundo, *a perspectiva de Deus é eterna, não temporal*. Se o Senhor fosse responder a cada oração por cura, restaurando a saúde desses doentes, ninguém morreria, mas ficaríamos presos em um corpo que sente dor, fica doente, sofre ferimento, fica cansado e esgotado... para sempre. Seríamos forçados a andar em uma perpétua montanha-russa de doença e saúde, ferimento e cura, até finalmente cansarmos de viver e, por conseguinte, desejarmos morrer! Graças a Deus, ele tem um modo melhor. Ele trouxe Lázaro de volta da morte para o bem maior de todos, mas o homem, no fim, troca com alegria sua carne caída pela esperança de um corpo que não pode ser tocado pelo mal.

Tendemos a ver nossa existência limitada aos 70 ou 80 anos, antes de nosso corpo não mais se sustentar e, então, deixar de funcionar. A Bíblia nos garante que essa parte da nossa existência não é nada comparada com o que receberemos após a morte.

Admito que as palavras que digo para mim mesmo quando estou angustiado, "O Senhor está certo em todos os seus caminhos", parecem vazias, meras palavras. Mas elas me acalmam até o Senhor, finalmente, irromper e justificar a confiança que ponho nele, embora raramente me dando as explicações que quero. Seu Espírito, ao contrário, fala a meu espírito em um lugar mais profundo que as meras palavras não penetram e, depois, encontro repouso na bondade de seu caráter irrepreensível e plano perfeito.

O momento de ruptura
JOÃO 11.47-57

Algumas observações sobre a tradução em João 11.47-57

A21	NVI
47 *sinais* ou *milagres atestadores* 51 *por si mesmo*, lit. *de si mesmo*	48 *nosso lugar* ou *nossa posição*; o texto grego traz *nosso lugar*

Se você já viveu bastante, já experimentou pelo menos um "momento da verdade" — aquele doce e terrível instante quando a verdade sobre algum assunto em particular não pode mais ser negada, minimizada, racionalizada nem disfarçada. Aí está ela, em toda a sua glória intensa e implacável, exigindo uma escolha. Você pode enterrar a verdade e, depois, viver em negação maníaca e tensa pelo resto dos seus dias ou pode se submeter a essa verdade e, depois, repousar na liberdade da verdade. Se já enfrentou um momento como esse, você sabe — por mais que tente encontrá-lo — que não existe nenhuma concessão de meio-termo que lhe permita evitar as angustiantes consequências de uma ou outra escolha. A negação é uma encosta escorregadia que leva a um pântano de fingimento e decepção. A aceitação exige escolhas transformadoras de vida que causam intenso sofrimento a todos os envolvidos. Pelo menos com a verdade, o sofrimento é um tipo de cura. Mas isso não deixa a escolha mais fácil.

O rei Davi teve seu momento da verdade quando o profeta Natã pôs o dedo indicador em seu rosto e disse: *Esse homem és tu!* (2Sm 12.7). O profeta, com esse ato, expôs o pecado secreto do rei e o chamou a prestar contas.

> *Assim diz o Senhor, Deus de Israel: Eu te ungi rei sobre Israel, livrei-te da mão de Saul, e te dei a casa e as mulheres de teu senhor; também te dei a nação de Israel e de Judá. E se isso fosse pouco, te acrescentaria outro tanto. Por que desprezaste a palavra do Senhor, fazendo o mal aos seus olhos? Tu mataste à espada Urias, o heteu, e tomaste para ti a sua mulher; sim, tu o mataste com a espada dos amonitas* (2Sm 12.7-9).

O momento da verdade de Davi lhe deu duas escolhas, e apenas duas: silenciar o profeta para sempre ou se arrepender. Foi uma escolha entre o poder e a verdade. Ele podia ter ficado como seu predecessor, Saul, que se agarrou ciumentamente ao poder e o exerceu para caçar o ungido do Senhor (1Sm 16.13), esperando matá-lo. Davi, ao contrário, provou ser muito diferente de Saul; Davi era um homem segundo o coração de Deus (1Sm 13.14), a despeito de seus pecados horrorosos. Ele escolheu se submeter à verdade e, depois, repousar na inevitável recompensa dela: livramento do tumulto, libertação do medo e, no fim, paz com Deus (Sl 32; 51).

O ministério público de Jesus foi um momento de três anos da verdade para os líderes religiosos da Israel do século I. A Palavra de Deus, prometida havia séculos, agora estava diante deles em carne e sangue, a verdade encarnada. Eles negaram a verdade, contestaram a verdade, marginalizaram a verdade e até mesmo tentaram silenciar a verdade, mas Jesus não será posto de lado nem afastado. Ele não aceita nenhum meio-termo, nenhuma concessão. Cada indivíduo tem de decidir o que fazer com ele. Negá-lo ou se submeter a ele? Rejeitá-lo ou acreditar nele? Abraçá-lo e vivenciar a liberdade ou matá-lo e conservar a ilusão de poder?

Depois de Jesus exercer poder sobre a morte, muitos líderes religiosos começaram a mudar de opinião e crer no Filho de Deus (Jo 11.45). Por isso, os guardiões do poder religioso de Jerusalém (veja comentário sobre 10.32-39) não podiam mais se esquivar da questão de Jesus.

11.47,48

Na época de Jesus, os judeus instituíram o que pode ser considerado um governo provisório em antecipação ao Messias, que governaria como rei. Até ali, eles investiram o sumo sacerdote de todos os direitos e privilégios de um monarca (1Mac 14.35-49) com o entendimento de que ele se afastaria quando o Cristo viesse reclamar seu lugar de direito no trono de Israel. O sumo sacerdote — exceto durante o reinado de Herodes, o Grande, que foi intitulado "rei dos judeus" por Roma — tradicionalmente guiava a nação como seu líder provisório. Israel, ao longo de sua história, também contava com um corpo de anciãos para a liderança do dia a dia, um conselho conhecido como Sinédrio, que servia tanto como parlamento quanto como corte suprema. Esse conselho de governo composto por setenta homens instruídos estabelecia a política judaica (dentro dos limites estipulados por Roma) e decidia sobre os casos judiciais civis e criminais.

O Sinédrio tinha como alta prioridade a manutenção do difícil equilíbrio entre o desejo de Roma de dominar seus vassalos e a ânsia do povo judeu por independência. Normalmente, o sumo sacerdote (designado por Roma) e o Sinédrio (que defendia os judeus com ideias próprias) se envolveram em um tipo de rivalidade pública, cada um aspirando a trabalhar contra o outro, contudo um e outro não querendo nada diferente. Qualquer tipo de mudança poderia ameaçar tirar o poder de todos.

O conselho se reuniu a fim de decidir o que deviam fazer com Jesus; ele carregava todas as credenciais escriturais e realizara todos os "sinais" certos do Messias, mas não tinha um exército. Tomar o partido de Jesus (segundo o entendimento deles do papel de Cristo) era desafiar Roma. Mas desafiar Roma sem um exército era um convite ao pior tipo de morte. Os generais romanos eram conhecidos por enfileirar os corpos dos homens e mulheres crucificados ao longo das estradas das cidades rebeldes e vender os filhos deles como escravos.

11.48-53

Durante boa parte da história de Israel, o sumo sacerdote presidia o Sinédrio agindo como moderador e voz oficial, mas isso terminou por volta de 200 a.C. quando o conselho sentiu a necessidade de haver um equilíbrio de poderes. Naquela época, eles criaram o cargo de *Nasi*, para presidir o conselho, e o cargo de *Av Bet Din*, "Chefe da casa de lei", para presidir os assuntos envolvendo a lei. Na época de Jesus, o *Nasi* era um descendente do lendário professor judeu Hillel.[17]

O fato de o sumo sacerdote participar de uma reunião especial do Sinédrio não era algo sem precedentes, mas sugeria que algo extraordinário estava acontecendo, muito semelhante ao presidente dos Estados Unidos comparecer a uma reunião especial do Congresso.

O sumo sacerdote "naquele ano" era Caifás, o genro corrupto e títere do verdadeiro poder no templo, Anás. Quando Caifás ouviu o debate, ele emitiu uma profecia involuntária. Ele, embora não fosse um genuíno homem de Deus, falou ironicamente uma verdade profunda. Ele apenas sugeriu que transformassem Jesus em bode expiatório caso Roma quisesse culpar alguém pela agitação das multidões. João aponta para a verdade teológica da morte vicária de Jesus pelos pecados dos cristãos de Israel e das nações gentias no exterior.

No fim da reunião, os líderes religiosos tinham decidido sua posição oficial a respeito de Jesus. Submeter-se à verdade exigiria que eles abrissem mão de seu poder, o que eles se recusavam a fazer. Portanto, eles, como não aceitariam a verdade de que Jesus é o Messias, decidiriam oficialmente matá-lo.

11.54-57

Jesus, de momento, evitou contato com as autoridades religiosas, mas não por medo. Ele apenas não precisava de mais discussão. O dado fora jogado. Chegara o ponto de ruptura, o ponto sem volta. Cada homem ligado aos poderes oficiais da nação, de um modo ou de outro, tomara sua decisão. Da próxima vez que ele se encontrasse com as autoridades religiosas do templo, seria no âmbito oficial. Logo ele entraria em Jerusalém como o rei Jesus, o Messias, chegando para reivindicar o trono de Israel e assumir o comando de seu templo.

A exata localização da cidade de "Efraim" se perdeu para a História; o nome, no entanto, pode se referir a Efrom, um antigo lugar perto da atual *et-Taiyibeh*, cerca de um dia de caminhada a nordeste de Jerusalém.

APLICAÇÃO
João 11.47-57
SÊ SINCERO CONTIGO MESMO

Quando eu era jovem, ouvia os sermões e lições sobre a vida de Jesus e a conspiração para matá-lo com grande confusão. Não conseguia entender por que alguém mataria o Filho de Deus, a não ser que fosse por genuína ignorância ou se a total insanidade tivesse nublado sua visão. Especulava comigo mesmo: se o Senhor tivesse falado com eles apenas mais uma vez, será que não teriam percebido seu erro? Talvez mais um milagre tivesse ajudado que eles vissem a verdade; uma grande e coletiva interjeição de entendimento ("Ahhhh!, entendi") precederia o pedido de desculpas do fundo do coração e a completa aceitação de Jesus como seu Messias havia muito esperado.

Quando perdi a inexperiente inocência da juventude, aceitei a triste, todavia muito comum, realidade: algumas pessoas não querem a verdade. As mentiras que dizem para si mesmas deixam o mundo delas sob controle. Pelo menos é isso que elas se esforçam tanto para acreditar. E elas destruirão qualquer ameaça que busque acabar com seu mundo de fantasia porque ficam aterrorizadas de ter de enfrentar a verdade de que somos de fato impotentes.

Será que existe uma mentira mais insensata que a mentira que dizemos para nós mesmos?

O tom trivial de João, ao descrever os últimos dias do ministério público de Jesus em Jerusalém, enfatiza uma realidade aterradora. Os líderes religiosos rejeitaram de forma obstinada a verdade de Jesus Cristo, por isso ele os entregou à autoilusão. Os teólogos chamam isso de "abandono judicial".[18] Essa dura decisão de amor da parte de Deus não é uma liberação passiva, mas uma "entrega" ativa para o propósito da redenção. Quando o Senhor entrega alguém ao seu pecado, tenha certeza disto: as consequências são graves e bastante sérias. É um momento decisivo em que a pessoa ou sucumbe ao arrependimento ou continua obstinadamente em rebelião, mesmo em face da condenação.

Como meio de aplicação, só tenho um ponto: *busque as verdades que mais teme encontrar; elas detêm a maior promessa de liberdade e a mais grave ameaça de destruição.* Isso provoca diversas perguntas de pesquisa. Reflita sobre cada uma delas com seriedade.

- A que verdades você resiste?
- Que voz você silencia ou mantém a distância para não ouvir o que sabe instintivamente ser verdade?
- Como o Senhor o confrontou nos últimos tempos?
- Será que você abafou sua consciência com atividade, trabalho, relacionamentos ou algum outro tipo de escape?
- Você ignora a voz interior da razão advertindo-o de parar com algum comportamento que sabe ser errado?

Incito-o a responder a cada uma dessas perguntas — de forma honesta. Preste atenção à verdade; escolha a liberdade que ela traz ou, com certeza, o resultado subsequente será a inimaginável destruição.

A busca antes de se esconder
JOÃO 12.1-50

Algumas observações sobre a tradução em João 12.1-50

A21

3 *alto preço*, ou seja, 328,9 gramas, equivalente a 12 onças
4 *traí-lo* ou *entregá-lo*
5 *trezentos denários*, equivalente ao salário de onze meses
7 *para o dia da preparação do meu corpo*, ou seja, o costume de preparar o corpo para o sepultamento
18 *sinal* ou *milagre atestador*
25 *vida*, lit. *alma*
26 *servir* ou *é servindo*
34 *o Cristo*, ou seja, o Messias
36 *ocultou-se*, lit. *estava escondido*
37 *sinais* ou *sinais atestadores*
40 *se convertam*, lit. *ser virados*, ou seja, dar meia-volta
42 *expulsos*, ou seja, excomungado
49 *por mim mesmo*, lit. *de mim mesmo*

NVI

2 à mesa ou *que reclinou*
3 *pegou um frasco*, grego *pegou 327 gramas*
9 *multidão de judeus*, grego *povo judeu*; também em 12.11
11 *se afastando* ou *desertara de suas tradições*; o texto grego traz *desertara*
15 a. *cidade de Sião*, grego *filha de Sião*; b. *jumentinho*, Zc 9.9
17 *continuou a espalhar*, grego *estava testificando*
23 "Filho do homem" é um título usado por Jesus para referir a si mesmo
34 *a lei*, grego *da lei*
38 *o braço do Senhor*, Is 53.1
40 *e eu os cure*, Is 6.10

O capítulo 12 da narrativa de João marca uma transição relevante na vida de Jesus. Embora menos de três anos tenham decorrido nos onze primeiros capítulos, João diminui o ritmo de sua narrativa para cobrir menos de uma semana nesse capítulo e, depois, três dias dos capítulos 13– –20. Esse segmento também marca uma repentina mudança do ministério público para o mentoreamento privado. Os capítulos 1—11 apresentam Jesus viajando através da estreita faixa de terra que é Israel, conduzindo um amplo ministério público, curando e ensinando multidões de seguidores. Sua imensa popularidade chamou a atenção dos chefes dos sacerdotes e dos fariseus e, ao mesmo tempo, protegeu-o de ser assassinado, de forma mais notável durante sua entrada triunfal em Jerusalém. Isso lhe deu ampla oportunidade de proclamar a Palavra de Deus no templo, de confrontar os líderes religiosos a respeito do abuso de poder por parte deles, de corrigir a teologia deles em relação ao pecado e à salvação e de esclarecer as distorcidas expectativas messiânicas deles. Seu ministério de apresentação da verdade de Deus (da qual ele era a incorporação literal) atraiu os que temiam verdadeiramente o Senhor e cujo coração estava preparado para responder a ele. No entanto, essa mesma verdade também repeliu descrentes, levando-os ao ponto de ruptura.

ÚLTIMA SEMANA: DO PÚBLICO PARA O PRIVADO
De acordo com o evangelho de João

Betânia	Efraim	Betânia	Jerusalém		
PÚBLICO					PRIVADO
João 11.1-45 **Milagre**	João 11.46-57 **Fuga** o ponto de ruptura	João 12.1-11 **Ceia** a adoração de Maria versus a ganância de Judas	João 12.12-19 **Entrada** a adoração do povo versus a inveja dos "judeus"	João 12.20-50 **Gregos**	João 13—17 **Conferência** Jesus retirou-se e ocultou-se (12.36b)
		6 dias antes	5 dias antes	4 dias antes	a noite anterior

À medida que se aproximava a "hora" designada de Jesus — o tempo de seu sofrimento, morte, sepultamento, ressurreição e ascensão —, a obra de preparação foi completada. Sua última semana na terra seria passada na companhia de seus amigos mais próximos, enquanto ele preparava seus discípulos para o que tinham à frente, o tempo todo caminhando para a cruz que seu Pai preparara de antemão.

12.1,2

Jesus, seis antes de sua crucificação, voltou a Betânia, a apenas três quilômetros do vespeiro de inimigos conspiratórios em Jerusalém. João 11.45 nos informa que, quando Jesus trouxe Lázaro de volta à vida, vários "judeus" — chefes dos sacerdotes, escribas e fariseus — creram no Filho de Deus. O relato paralelo desse evento nos Evangelhos Sinóticos nos informa que um fariseu chamado Simão fez uma ceia em homenagem a Jesus (Mt 26.6-13; Mc 14.3-9; Lc 7.36-50).

Alguns comentaristas objetam a sugestão de que o relato de Lucas 7 é o mesmo de João 12, principalmente por dois motivos. Primeiro, eles consideram que Jesus estava na Galileia na época; no entanto, a leitura cuidadosa revela que, embora Jesus estivesse nas cidades galileias de

Cafarnaum (Lc 7.1) e Naim (onde ressuscitou outro homem da morte; Lc 7.11) antes de jantar com o fariseu, Lucas não diz nada sobre o local em que aconteceu a própria refeição. Nada no texto exclui a possiblidade de o banquete ter acontecido na Judeia.

Uma segunda objeção aponta para a caracterização da mulher como "imoral" ou "pecadora" (Lc 7.37,39), enquanto Maria de Betânia é descrita como uma seguidora de Cristo muito devota e piedosa. Se Maria foi uma mulher de moral questionável particularmente notória antes de encontrar Jesus, há ainda mais motivo para acreditar que ela se tornou uma mulher de Deus particularmente notável depois de crer nele. Seria como Lucas enfatizar a pecaminosidade da vida pregressa dela enquanto relata a história de sua incontida adoração de Jesus na presença de um legalista.

Se os quatro relatos descrevem o mesmo evento, o banquete aconteceu na casa de um fariseu chamado Simão, que não era bem-vindo no templo por causa de sua lepra — ou, mais provavelmente por causa de Jesus, a lepra fora curada.[19] Jesus e Lázaro se reclinaram à mesa junto com os outros convidados, enquanto Marta ajudava a servir. Jesus estaria reclinado de lado com os pés afastados da mesa para trás do corpo.

12.3-6

Talvez Maria não tenha sido convidada para o banquete pelo fariseu leproso, que talvez tivesse deixado seus caminhos hipócritas para trás. Ou Maria decidiu abandonar sua obrigação de servir a fim de expressar sua devoção por Jesus (cf. Lc 10.38-42). Fosse como fosse, ela, em algum momento durante a refeição, abriu um vidro de alabastro com um caro perfume e ungiu a cabeça de Jesus (Mt 26.7; Mc 14.3). A seguir, Maria — movida por sua imensa gratidão pela graça e tomada pelo pesar da provação que ele estava prestes a sofrer — ajoelhou-se aos pés dele, abriu o vidro de alabastro e esvaziou o vidro de perfume nos pés de Jesus em um generoso gesto de adoração. Ela molhou os pés de Jesus com lágrimas e os secou com seu cabelo. O aroma de sua devoção espontânea encheu o cômodo.

Maria, ao fazer isso, violou diversas normas culturais. Primeiro, sua sociedade esperava que ela estivesse servindo. Segundo, tocar o pé de outra pessoa era considerado degradante; o fato de Maria enxugar os pés de Jesus com seus cabelos — a coroa e a glória de uma mulher — deixou-a sem nenhuma dignidade pública. Terceiro, uma mulher nunca soltava os cabelos em público — jamais. Quarto, o perfume que ela esvaziou em Jesus era um tesouro típico guardado pelas mulheres para seu dote. Seu pródigo gesto de adoração a deixou sem dote, reduzindo assim suas possibilidades de um casamento favorável.

Simão protestou consigo mesmo: *Se este homem fosse profeta, saberia quem o está tocando e que espécie de mulher ela é, pois é uma pecadora* (Lc 7.39). Judas objetou por outro motivo. Ele assistiu horrorizado enquanto testemunhava o salário de quase um ano de um trabalhador comum escorrer pelas fendas do chão. João, escrevendo mais de sessenta anos depois, sabia o verdadeiro motivo da objeção de Judas. O tesoureiro de confiança desviava fundos do grupo havia algum tempo. O homem era ganancioso até o último fio de cabelo, a despeito de sua sugestão soar piedosa.

Judas cultivava uma vida dupla havia meses ou, possivelmente, anos. A verdade, como uma lâmina cortante, divide tudo que fique diante dela, separando até mesmo a alma do espírito para revelar o coração do homem (Hb 4.12). No caso de Judas, a verdade criou um abismo aberto entre sua pessoa pública e o eu privado. Sua charmosa fachada religiosa escondia um tempestuoso ressentimento, cuidadosamente escondido de todos que esperava impressionar.

12.7,8

Não sabemos com certeza o que passava pela mente de Maria enquanto ela adorava o Senhor com seu tesouro aromático, mas o Senhor deu um propósito teológico profundo ao gesto dela. O primeiro passo na preparação de um corpo para o sepultamento era lavá-lo com água e ungi-lo com óleo perfumado. Jesus usou a expressão de devoção de Maria para sinalizar a vinda de sua própria morte.

A repreensão pública feita por Jesus a Judas, por fim, trouxe o discípulo insincero ao seu ponto de ruptura. De acordo com Mateus e Marcos, foi após esse evento que ele decidiu trair o Senhor.

12.9-11

Jesus, a despeito de joeirar as multidões, continuou muitíssimo popular. Havia, sem dúvida, cristãos genuínos nas multidões, mas nesse caso a motivação parece ser mera curiosidade. E a presença deles revelou a localização de Jesus, que antes ele mantivera discreta. Uma vez que os líderes religiosos souberam da presença de Jesus e conseguiram a ajuda de um espião no círculo íntimo de Jesus, começou a se formar e avançar uma conspiração para matá-lo.

12.12-19

A narrativa de João muda repentinamente da perfumada sala de banquete em Betânia para uma movimentada rua que leva a Jerusalém, na qual se aglomeravam os adoradores em antecipação à Festa da Páscoa.

Os adoradores, como em outras festas, perguntam-se se Jesus viria e assistem com ansiedade à chegada dele (veja Jo 7.11; 11.56). Eles, após a chegada de Jesus, enfileiraram-se ao longo do caminho pelo qual ele passaria para entrar na cidade, com ramos de palmeira e roupas, clamando: "Hosana", que significa "salve-nos". O clamor incluía as palavras de um salmo messiânico (Sl 118.26).

Jesus entrou muitas vezes na cidade de Jerusalém durante seu ministério, mas essa "entrada triunfal" na capital da nação hebraica foi diferente em um aspecto importante. Ele não visitava mais a cidade como um adorador; nesse dia ele reclamou a cidade como rei. No entanto, Jesus, ao contrário de um guerreiro conquistador, entrou na cidade sobre um símbolo de paz. Ele chegou montado em um humilde jumentinho, em vez de estar no alto de um cavalo branco empertigado ou em uma carruagem imponente com uma parelha de cavalos. João cita Zacarias 9.9 para enfatizar o fato de que Jesus cumpriu uma conhecida profecia messiânica.

"Filha de Sião" é uma expressão terna para os cidadãos de Jerusalém.

Os eventos desse dia só fariam sentido para os discípulos após a ascensão de Jesus ao céu e o recebimento do Espírito Santo por eles.

Os fariseus, por sua vez, entenderam muito bem o sentido do evento. A reação deles esconde o seu verdadeiro motivo. Eles valorizavam a aprovação dos homens acima de tudo — acima da verdade, da lei e até mesmo do bem-estar de Israel. Como a chegada do Messias tiraria deles a lealdade do povo, deixando-os sem poder, eles não tinham outra opção além de eliminar Jesus.

12.20-22

Esses "gregos" podiam ser gentios "tementes a Deus" interessados em se converter, mas, por algum motivo, incapazes disso. Os eunucos, por exemplo, não eram elegíveis. No entanto, é mais provável que esses gregos fossem prosélitos. A plena participação na Festa da Páscoa era aberta a qualquer gentio que tivesse se juntado à aliança de Deus com Abraão por meio da circuncisão e, no século I, pelo batismo na água. Por que eles se aproximaram de Filipe, não de um dos outros discípulos, é um assunto de conjectura. Talvez tenham sido atraídos pelo nome grego, que significa "amante de cavalos". Filipe, então, levou-os até André (outro nome grego, cujo sentido é "virilidade"), e os dois levaram os prosélitos para ver Jesus.

12.23-26

De algum modo, a curiosidade dos gentios assinalou para Jesus que sua "hora" chegara. Jesus, ao longo de seu ministério, estivera antecipando o tempo em que seria *glorificado* (2.4; 7.6,8,30; 8.20), que ele definiu como morte de sofrimento, levantando-se de novo e, depois, subindo ao céu (7.39; 12.16,23; 13.32). O Senhor parece dirigir sua resposta para a audiência mais ampla, enquanto ignora completamente os prosélitos. É provável que Jesus tenha se encontrado com os "gregos" em particular e que João tenha escolhido salientar a relevância da vinda deles a ele, em vez de os detalhes da conversa.

Jesus veio aos judeus com o evangelho, e este cumprira seu propósito; atraiu os "seus" enquanto repeliu os descrentes. Se o caminho de Jesus para a cruz consistia em uma série de portas, só uma permaneceu. Quando os gentios vieram vê-lo e talvez até tenham crido, a profecia foi cumprida. Era uma predição citada por Jesus durante a limpeza e a purificação do segundo templo (Mt 21.13; Mc 11.17; Lc 19.46):

> *E os estrangeiros que se unirem ao* Senhor
> *para cultuá-lo e amar o nome do* Senhor,
> *tornando-se assim seus servos,*
> *todos os que guardarem o sábado, sem profaná-lo,*
> *e os que abraçarem a minha aliança,*
> *eu os levarei ao meu santo monte*
> *e os alegrarei na minha casa de oração;*
> *os seus holocaustos e os seus sacrifícios serão aceitos no meu altar;*
> *porque a minha casa será chamada casa de oração para todos os povos. Assim diz o* Senhor *Deus, que ajunta os dispersos de Israel:*
> *Ajuntarei ainda outros, além dos que já foram ajuntados* (Is 56.6-8).

Jesus sabia que, uma vez que esse elemento final do plano do Pai estivesse no lugar, nada ficaria entre ele e a cruz. Sua temível hora chegara. Jesus, em celebração desse momento, delineou o resto da história cristã em apenas três sentenças: ele explicou o fundamento teológico de sua morte vicária em favor dos pecadores (Jo 12.24), anunciou um princípio essencial do reino que ele aplicaria pessoalmente (12.25) e chamou os cristãos a seguirem seu exemplo por meio do discipulado (12.26).

12.27-30

A percepção de que nada estava entre Jesus e a cruz levou a um pungente vislumbre de sua humanidade. Em um momento particularmente transparente, vemos o Senhor dominado pelo horror que o esperava; ele sabia que enfrentaria a agonia em escala cósmica muito mais que a dor física da crucificação. Não obstante, foi para essa agonia que ele viera à terra, fato confirmado pelo Pai por meio da voz vinda do céu.

Alguns entendiam as palavras, enquanto outros ouviam apenas trovões.

12.31-33

Jesus reafirmou seu ensinamento anterior de que a proclamação da verdade é uma forma de julgamento pela qual os indivíduos decidem seu próprio destino por meio da fé ou da descrença (3.18,19; 5.24; 9.39; 12.48). A expressão "levantado da terra", usada por ele, é outro exemplo de sentido duplo intencional. No sentido literal, a frase era uma expressão idiomática familiar para crucificação, a morte que ele sofreria em favor de todos. Ele chama "todos" a morrerem com ele por procuração (Rm 6.3-8). Em outras palavras, qualquer um pode se apropriar da morte expiatória de Jesus (que pagou a pena completa pelo pecado) em seu próprio cômputo por intermédio da fé. Aqueles que escolhem não crer não se beneficiarão dessa dádiva da graça, julgando e condenando, assim, a si próprios. Contudo, a expressão "levantado da terra", em um sentido figurativo, também descreve ele ser levantado da morte, ascender ao céu e, depois, chamar "todos" a se juntarem a ele ali.

Jesus declarou que sua morte vicária — da qual nos apropriamos pela fé — é o golpe fatal desferido contra o mal. O mal, obviamente, prolonga-se por um tempo, mas seu fim é inevitável. A morte do mal, não obstante, pode ser uma realidade presente para o cristão, que, pela fé em Cristo, não é mais escravo do pecado (Rm 6.8,9).

12.34-36

A multidão entendeu de pronto a porção literal da afirmação de Jesus de que ele, o Cristo, seria "levantado da terra". O desafio deles reflete um problema teológico referente ao Messias que persiste entre os judeus hoje. O Messias descrito no Antigo Testamento é um rei guerreiro que derrotará os inimigos de Israel, os levará à prosperidade e governará para sempre assentado no trono de Davi. Todavia, ele também é um servo sofredor que morrerá em favor de seu povo. Como um homem morto derrota algum inimigo e governa de algum trono?

Muitos judeus, para resolver o enigma, teorizavam — como muitos fazem hoje — que o Messias seria *dois* indivíduos agindo em harmonia. Os judeus dos dias de Jesus não consideravam a possibilidade de um único indivíduo morrer em favor de seu povo e, depois, ressuscitar do túmulo para se tornar o rei eterno deles. Claramente, as pessoas na audiência de Jesus não apreenderam o aspecto figurativo da declaração dele.

Jesus, após completar sua revelação, retirou-se para a segurança da solidão não para evitar a morte — ele veio à terra para morrer —, mas para passar suas horas finais preparando seus discípulos.

12.37-43

Os outros versículos restantes do capítulo 12 são um pós-escrito em duas partes para o fim dessa seção da narrativa de João. A primeira parte (12.36-43) consiste em comentários editoriais de João em relação à condição da crença entre o povo de Israel. A segunda parte (12.44-50) é um resumo do ensinamento de Jesus ao longo de seu ministério de pouco mais de três anos.

João cita duas passagens de Isaías para explicar a resposta descrente por parte dos líderes religiosos de Israel. As duas passagens dão suporte à sua explicação de que os ateus foram "cegados" e "endurecidos" por Deus e, por conseguinte, não conseguiam crer. Embora isso soe claramente injusto — como alguém pode ser impedido de crer e, depois, ser justamente punido pela descrença? —, é necessário entender a natureza do "endurecimento" divino. No caso de Jesus, a verdade veio a ser o meio pelo qual o coração das pessoas era suavizado a ponto de se entregar ou endurecido em sua posição escolhida de rebelião.

APÊNDICE: UMA HISTÓRIA DE DOIS CORAÇÕES

Quando a Bíblia afirma que o Senhor "endureceu" o coração de alguém, o que será exatamente que isso significa? À primeira vista, isso poderia parecer injusto. Como o Senhor justifica punir alguém por rejeitá-lo quando o coração da pessoa foi "endurecido" por Deus? Talvez o melhor exemplo do endurecimento divino do coração de alguém esteja no contraste entre Moisés e o faraó.

Esses dois homens começaram a vida sob circunstâncias semelhantes. Os dois cresceram na família do soberano egípcio. Ambos receberam educação nas escolas de sacerdotes idólatras. Ambos desfrutaram um padrão de vida muito superior ao daquela existência na mina de lama dos escravos. Ambos vieram a ser herdeiros de todos os privilégios da realeza. No entanto, o caminho dos dois se separou quando Deus interveio na vida de um deles. Embora Moisés fosse culpado de assassinato, o Senhor o escondeu em um lugar deserto, no meio do nada, onde Moisés devotou os quarenta anos seguintes a transformar seu caráter.

O faraó, por sua vez, continuou a levar sua existência privilegiada no palácio do Egito e, no fim, passou a ser o soberano do país. Ele não sofreu a humilhação de se tornar fugitivo; não sofreu a existência miserável de um pastor itinerante no deserto. Ele passou quarenta anos vivendo como sempre vivera.

Quando chegou o momento apropriado para a cena seguinte no plano redentor de Deus, ele pôs os dois homens face a face. Moisés exigiu a libertação

> dos israelitas, mas o faraó recusou, declarando o direito de soberania sobre eles. Nesse momento, o Senhor podia ter piscado os olhos e reduzido o Egito a um fio de algodão na página da história. Em vez disso, ele respondeu com uma série de calamidades que aumentaram gradualmente em gravidade. O propósito declarado de Deus: *Para te mostrar o meu poder, e para que o meu nome seja anunciado em toda a terra* (Êx 9.16).
>
> O faraó dedicou-*se* obstinadamente ao mal em direta oposição ao plano redentor de Deus. Essa foi a escolha pessoal do faraó. Ele escolheu o mal; Deus não escolheu o mal por ele. No entanto, Deus "endureceu-o"; ou seja, *Deus consolidou a decisão de buscar o mal que estava profundamente incrustado em seu coração.* E o Senhor estava totalmente certo em fazer isso. Ele não *deve* graça a ninguém. Por conseguinte, ele não foi menos justo ao permitir que o faraó permanecesse na sua escolha pelo mal e sofresse as consequências dessa escolha. Além disso, o Senhor transformou o mal do faraó em uma oportunidade para afirmar sua própria reivindicação soberana sobre os israelitas e demonstrar seu poder para triunfar sobre o mal.
>
> Na epístola aos Romanos, Paulo relata os caminhos divergentes seguidos por Moisés e o faraó para justificar o caráter justo de Deus (Rm 9.14-18). A história deles faz isso de duas maneiras. Primeiro, demonstra a graça de Deus; ele interveio na vida dos dois homens, dando a ambos toda oportunidade para se humilhar e aceitar o direito soberano do Senhor. Segundo, demonstra a justiça de Deus; ele respondeu a cada homem de acordo com a escolha de cada um.
>
> Jesus, no fim do seu ministério, separou com sucesso os fiéis dos ímpios, os corações dispostos dos corações rebeldes, e confirmou cada indivíduo em sua escolha. Ele recebeu com graças os corações dispostos, enquanto "endureceu" os outros (Jo 12.37-43). E a Escritura, com o termo "endureceu", declara que ele consolidou a decisão de cada homem ou mulher rebelde em buscar o mal que estava profundamente incrustado em seu coração.[20]

João qualifica sua denúncia dos líderes judeus ao observar que alguns creram secretamente e continuaram em silêncio por medo de perder o favor de seus pares.

12.44-50

Essa série de sete declarações de Jesus é um resumo do ensinamento que ele transmitiu ao longo de seu ministério público. Encontro cinco verdades atemporais no resumo sobre Jesus:

1. Jesus é um com o Pai; crer em um é crer no outro (12.44,45).
2. Jesus é a representação pessoal, a incorporação literal de toda verdade; portanto, crer na verdade divina não é aceitar determinado conjunto de fatos, mas crer na pessoa chamada Jesus (12.46).
3. Jesus não veio para condenar ninguém, mas para apresentar a si mesmo como a verdade a ser crida; os que falham em crer nele condenam a si mesmos (12.47,48).
4. Tudo que Jesus faz é necessariamente a vontade do Pai porque eles são da mesma essência (12.49).
5. O motivo para o Pai ter enviado o Filho à terra era prover a humanidade com a capacidade de receber vida eterna só pela graça, só por meio da fé (12.50).

■ ■ ■

Jesus, uma vez que proclamou as boas-novas ao mundo e cumpriu todas as profecias do Antigo Testamento referentes ao Messias, concluiu seu ministério público. Na seção seguinte, Jesus, em isolamento, prepara seus discípulos para sua partida e o futuro trabalho deles de evangelismo e de fazer discípulos.

APLICAÇÃO
João 12.1-50
LIBERDADE PARA ADORAR

Quando Deus estabeleceu Israel na terra prometida a Abraão e seus descendentes, ele os orientou a construir um lugar de adoração e lhes deu instruções detalhadas a seguir. No começo, Israel adorava Deus em uma tenda, um "tabernáculo". Mais tarde, Salomão ergueu um templo em Jerusalém. E, daí em diante, os seguidores de Deus, por muitas gerações, viajavam para esse local no topo do monte para oferecer seus sacrifícios, para buscar o perdão de Deus e para adorá-lo.

No entanto, o Filho de Deus, quando chegou, trouxe consigo uma mudança na ordem de adoração.

Jesus, em sua conversa com a mulher samaritana ao lado do poço, disse: *Mulher, crê em mim, a hora vem em que nem neste monte nem em Jerusalém adorareis o Pai. [...] Mas virá a hora, e de fato já chegou, em que os verdadeiros adoradores adorarão o Pai no Espírito e em verdade; porque são esses os adoradores que o Pai procura* (Jo 4.21,23).

Quando Deus caminhou na terra em carne humana, ninguém precisava de um templo ou sacerdote para interagir com o Todo-poderoso; as pessoas podiam se encontrar face a face com Deus. Os adoradores não tinham de viajar para um local determinado; Deus veio a eles na pessoa de seu Filho. A adoração não seguia uma forma prescrita; Deus acolhia qualquer expressão de adoração oferecida com sinceridade. Desde o momento em que o Filho de Deus chegou à terra, ele liberou a adoração do templo — que fora uma necessidade anterior — para que todos pudessem adorar livremente.

Esse capítulo do evangelho de João enfatiza essa importante mudança de paradigma ao descrever diversos atos de adoração, começando com a adoração espontânea e extravagante de Maria. Com ela, aprendemos que a adoração deve ser um derramamento de completa devoção, não retendo nada, adoração essa expressa por um coração sincero. No entanto, com muita frequência entramos no santuário da igreja na hora designada, seguimos a orientação do líder de adoração, cantamos sem sentimento e, depois, saímos do prédio tão vazios quanto entramos. Ouvimos com frequência a queixa: "Não fui tocado pela adoração esta semana".

Aproveite os dias que você tem até o domingo para se preparar para a adoração com três atividades simples.

1. Comece a fazer uma lista de bênçãos em um caderno — todas as formas como Deus o tem protegido de dano ou provido às suas necessidades. Mantenha essa lista em um lugar à mão, como sua escrivaninha de trabalho, a porta da geladeira ou a bancada da cozinha. Aumente a lista conforme as coisas acontecem com você. A adoração flui naturalmente de um coração agradecido.
2. Escreva em um cartão, para cada um dos próximos dias, um dos atributos de Deus, como onisciência, onipotência, soberania, compaixão, amor, constância... A seguir, mantenha a lista no bolso ou bolsa ou em algum lugar com o qual tenha contato constante. Ao longo do dia, medite sobre como esse atributo torna Deus digno de ser adorado. Reflita sobre como esse atributo o beneficia pessoalmente.
3. Faça questão de dizer a pelo menos uma pessoa em cada um dos próximos dias como Deus tem transformado sua vida e por que reserva tempo toda semana para adorá-lo.

Complete esses três exercícios simples e veja como essa preparação afeta sua adoração no domingo.

CONFIRMAÇÃO DA PALAVRA
(JO 13.1—17.26)

Eu tinha 10 anos de idade quando meu pai me disse o que nós dois pensávamos que seriam suas últimas palavras antes de morrer.

Ele estava velho demais para servir no exército quando os Estados Unidos entraram na Segunda Guerra Mundial. Mas ele queria fazer sua parte, por isso mudamos para Houston, Texas, onde ele arrumou um trabalho em uma indústria de armamentos. Ele trabalhava muito e duro para ajudar a manufaturar as partes dos tanques e aeronaves usadas para vencer a tirania da Alemanha nazista e do Japão imperialista. Mas ele trabalhou demais e duro demais — os Swindolls não são conhecidos por fazer as coisas pela metade. Como resultado disso, ele sofreu um colapso físico. Os médicos estavam confusos sobre como curar meu pai enquanto ele rapidamente enfraquecia cada vez mais. Não demorou para ele chegar às portas da morte, enquanto todos oravam por um milagre. Jamais esquecerei o tipo especial de silêncio que cai em uma casa quando há alguém que está em seu leito de morte.

Uma noite, meu pai me chamou em seu quarto. Ele mal conseguia falar além de um sussurro. Então, inclinei-me perto dele enquanto ele me aconselhava sobre a vida — como devia viver como um homem e como devia me conduzir como seu filho. Após alguns poucos minutos, ele terminou. Ele não tinha força para conversar muito tempo. Saí do quarto e atravessei o corredor até o quartinho que dividia com meu irmão mais velho. Completamente só, fechei a porta, caí sobre a cama e solucei, convencido de que nunca mais o veria vivo. Não conseguia imaginar minha vida sem ele.

Essa experiência me perseguiu durante muito tempo. Felizmente, meu pai se recuperou completamente e viveu muitos anos. Na realidade, ele, após a morte da minha mãe, veio viver conosco em Fullerton, Califórnia. Às vezes, antes de ir para a cama, dou uma olhada nele, só para descobrir que está adormecido. Ver sua forma inerte dormindo na quietude de seu quarto com frequência me leva de volta àquela noite horrorosa em Houston e aos minutos em que achei que seriam seus últimos momentos.

As palavras finais são coisas poderosas. Jesus, conforme se aproximava a "hora" da sua Paixão, aproveitou a oportunidade para passar uma última noite com seus discípulos. Ele sabia que os discípulos não estavam preparados para o tempo difícil e confuso que estavam prestes a enfrentar. Os discípulos, como a maioria das pessoas do Israel do século I, esperavam que o Messias reivindicasse o trono, derrotasse os inimigos, levasse Israel a ter um poder e prosperidade sem precedentes e trouxesse o mundo inteiro sob seu domínio. Jesus predissera a própria morte e ressurreição de antemão; ainda assim, sua prisão, julgamentos, tortura, crucificação, sepultamento, ressurreição e partida da terra viriam como um terrível choque, como um sonho perfeito que se transforma em pesadelo.

Conforme a noite seguia, Jesus falava da vida e do ministério na terra sem sua presença física. Os discípulos logo começaram a entender a gravidade desse momento. E o coração "perturb [ado]" deles foi logo tomado pelo mesmo medo do abandono que os órfãos sentem quando percebem que estão sozinhos no mundo.

Eles não conseguiam imaginar a vida sem ele.

TERMOS FUNDAMENTAIS EM JOÃO 13.1—17.26

- **Doxazō** (δοξάζω) [1392], "glorificar", "tornar glorioso", "tornar excelente", "revelar o valor de algo ou alguém"

Na tradução do Antigo Testamento para o grego, a *doxa* [1391] de Deus, em geral, é uma manifestação física de sua natureza santa e justa. *Doxa*, no vocabulário do céu, é a retidão tornada visível. No evangelho de João, a glorificação acontece quando a natureza justa de Deus é revelada. Por conseguinte, o corpo é glorificado quando reflete mais uma vez a imagem plena de Deus, que ficou distorcida pela Queda. No fim, os cristãos compartilharão a glória de Cristo (Rm 8.17; Cl 1.27; 3.4) quando receberem um corpo ressurreto como o dele (Fp 3.21). *Veja João 12.28; 13.31; 16.14; 17.1.*

- **Ginōskō** (γινώσκω) [1097], "conhecer", "entender", "compreender"

Esse termo e seu primo próximo, *oida* [1492], referem-se à compreensão inteligente com ênfase no processo ou ato de conhecer. O "conhecimento" e a "obediência", em toda a literatura de João, são inseparáveis (como o são na literatura do Antigo Testamento). No cenáculo, Jesus pôs grande ênfase em seus seguidores conhecerem a mente de Deus para que possam se tornar parte integral do plano redentor dele.

Infelizmente, os discípulos tiveram dificuldade com a falta de entendimento até receberem o Espírito Santo. *Veja João 10.14; 14.7,17; 17.3.*

- **Menō** (μένω) [3306], "residir", "permanecer", "ficar", "viver"

  O uso normal e casual desse verbo tem seu sujeito "permanecendo" em um lugar por um período de tempo, como uma residência, uma ocupação ou uma condição de estar. O indivíduo "reside" em sua casa, "permanece" em sua ocupação durante vários anos ou "fica" casado. João — tirando sua influência de Jesus — dá ao termo um sentido teológico profundamente relevante em toda a sua literatura. O cristão, ao "residir", tem acesso a todas as promessas do céu; sua única limitação são os efeitos do pecado. Ele "reside" ao "conhecer" Deus, o que necessariamente inclui a obediência. *Veja João 14.16; 15.4,7,10.*

- **Miseō** (μισέω) [3404], "odiar", "detestar", "perseguir com ódio", "ser odiado"

  Nas culturas semíticas, existem duas categorias de "ódio", ao contrário das culturas ocidentais modernas, que têm apenas uma categoria de ódio. Eu os denominarei de "ódio comparativo" e "ódio ontológico". As culturas semíticas usam com frequência o termo "ódio" no contexto de comparação (por exemplo, Mt 6.24; Lc 14.26), que envolve pouca ou nenhuma emoção. Diz-se que um objeto preferido é "amado" enquanto outro é "odiado". O ódio comparativo expressa preferência ou prioridade. O ódio ontológico, por sua vez, é o tipo mais familiar nas culturas ocidentais; ele expressa sentimentos e/ou ações maliciosos em relação a seu objeto (por exemplo, Mt 24.10; Lc 6.22). O ódio do mundo por Jesus é ódio ontológico. *Veja João 15.18,19,23; 17.14.*

- **Paraklētos** (παράκλητος) [3875], "ajudador", "advogado", "confortador", "encorajador"

  Esse termo, como *agapē* [26], não era muito usado fora do Novo Testamento; por isso, ele passou a ser um empréstimo linguístico ideal para João descrever o ministério do Espírito Santo. (Não sabemos que termo aramaico Jesus usou no cenáculo.) Os gregos seculares usavam o termo para descrever as ações de um defensor "advogando" em favor de seu cliente — fornecendo orientação, conselho e até mesmo falando em seu favor diante do juiz. Os filósofos judeus, que foram muitíssimo influenciados pelos gregos, expandiram a ideia de advogar para personificar a sabedoria. A ideia cristã do *Paraklētos* vem em grande parte dos escritos de João. *Veja João 14.16,26; 15.26; 16.7.*

A humildade personificada
JOÃO 13.1-17

Algumas observações sobre a tradução em João 13.1-17

A21

1 *até o fim*, ou *ao máximo*; ou *eternamente*
13 *fazeis bem*, lit. *dizeis bem*

NVI

1 *até o fim*, ou *ele mostrou-lhes a plena extensão de seu amor*
2 *induzido*, ou *o diabo já planejara para Judas*
10 *apenas lavar os pés*, alguns manuscritos não incluem *exceto os pés*

Jesus afirmou com frequência sua identidade e até mesmo usou metáforas vívidas para descrever seu relacionamento com a humanidade (Jo 6.35; 8.12; 9.5; 10.9,11; 11.25), mas ele raramente falava de si mesmo de forma direta. Isso ocorreu quando uma congregação de judeus se reuniu para ouvi-lo pregar: ele convidou todos que estivessem cansados de tentar satisfazer as exigências impossíveis da religião a encontrar descanso nele, pois, disse ele, *sou manso e humilde de coração* (Mt 11.29). O adjetivo grego traduzido por "humilde" deriva de um verbo que significa "abaixar" ou "tornar pequeno ou insignificante". A humildade era expressa fisicamente ao se abaixar a cabeça, ajoelhar ou até mesmo se prostrar. Não é relevante que ele tenha usado *esse* termo para descrever a si mesmo?

A humildade é a postura perfeita do cristão. Não significa se curvar em derrota ou vergonha. Nosso padrão é Jesus. O humilde Filho de Deus não pode ser derrotado e não tem motivo para sentir vergonha. Embora ele fosse "manso e humilde", a onipotência que deixou de lado para vir como nós podia ser reassumida em um segundo. A humildade não é para o destituído. Ao contrário, a humildade autêntica só é possível para os homens e mulheres vitoriosos!

Enquanto a noite caía no cenáculo, Jesus tinha muitas lições a ensinar; mas, antes de tudo, ensinou-lhes a importantíssima e nobre arte de prostrar-se e ser humilde.

13.1

João começa essa seção da sua narrativa com uma declaração sumária do ministério de Jesus entre os discípulos. Enquanto sua "hora" estava próxima, ele amou os "seus" *eis telos* [1519, 5056] — sentido literal, "até o objetivo final". Ele amou-os por completo, na totalidade, todo o caminho até o fim. Ele concluíra o treinamento deles. Durante essa última noite com os Doze, ele precisou apenas rever as lições mais importantes e revela o futuro imediato deles.

João tem muito cuidado em observar a sequência e sincronização da última ceia de Jesus com seus discípulos e seu subsequente martírio. Antes do fim dessa seção, ele estabelece uma clara conexão entre o cordeiro da Páscoa e Jesus, *o cordeiro de Deus que tira o pecado do mundo* (1.29).

13.2-5

Os versículos 2-4 formam um complexo muito longo de sentenças. É possível ver a forma simples ao juntar a primeira frase de cada versículo: *Enquanto jantavam,* [...] *Jesus levantou-se da mesa*. As orações corroborativas estabelecem a sequência e sincronização e descrevem os pensamentos interiores de Jesus de modo que entendamos a total relevância de seu ato seguinte.

O versículo 2 revela que Judas já estava determinado a trair o Senhor quando se reclinou à mesa com os outros discípulos. De acordo com Lucas, Judas já recebera o dinheiro (Lc 22.3-6) e procurava uma boa oportunidade para entregar Jesus às autoridades do templo.

O versículo 3 revela que Jesus sabia que estava prestes a passar por grande sofrimento, morte, levantar da sepultura e, depois, receber a glória como governante de toda a criação (veja Dn 7.13,14).

O versículo 4 nos informa que Jesus, a despeito de saber tudo isso, saiu da mesa e silenciosamente trocou seu manto pela roupa de um escravo. Mas não qualquer escravo; antes, a mais baixa categoria de escravos, o escravo que lava a sujeira da estrada dos pés dos convidados. Naquela época, quando uma família convidava alguém para jantar em sua casa, eles costumavam colocar um servo ao lado da porta com uma bacia, um jarro e toalha. O servo, a cada convidado que chegava, tirava as sandálias dele (veja Jo 1.27), lavava os pés do convidado e, depois, limpava a sujeira com água e uma toalha limpa. É mais provável que João presumisse que seus leitores estivessem familiarizados com os outros três relatos dessa última noite. Sabemos através de Lucas 22.24 que os discípulos estiveram mais uma vez discutindo quem entre eles se ajustava melhor às posições mais proeminentes no novo governo do Senhor. Eles, mesmo na véspera da crucificação do Senhor, ainda esperavam que Jesus derrubasse os romanos e estabelecesse uma nova monarquia, que levaria à promoção deles. Mas Jesus veio para estabelecer um novo tipo de reino. No reino de Deus, o indivíduo recebe maior autoridade por meio do serviço humilde. Se alguém na sala merecia ser tratado como rei, esse alguém era Jesus. Se alguém merecia devoção, era o Senhor. Contudo, ele tomou sobre si mesmo o tornar-se servo de todos. Jesus lavou os pés dos discípulos... de todos eles... incluindo Judas!

13.6-11

Jesus já lavara os pés de vários dos discípulos antes de chegar aos pés de Pedro. O impetuoso discípulo protestou, dizendo ao pé da letra: "Jesus, o Senhor? Lavando meus pés?" O Senhor garantiu ao seu pupilo que a relevância da lavagem — e, aliás, de toda a noite — ficaria clara em seu devido tempo. Mas Pedro protestou de novo: *O Senhor não vai absolutamente lavar meus pés na eternidade!* Hoje dizemos: "Nunca! Nem em um milhão de anos!"

Pedro, à primeira vista, parece muito humilde, como se dissesse: "Oh, Senhor, ao contrário, eu devo lavar seus pés!" Mas ele não falou com esse sentido. É o orgulho altivo que se recusa a aceitar graça de outro, do tipo que não fica vulnerável na frente dos outros. Se Pedro estava com os pés sujos, ele mesmo os lavaria! "Não há nenhuma necessidade de caridade aqui, muito obrigado!"

Jesus lembrou a Pedro que a eternidade não é dele para ser desfrutada à parte da graça. Pedro, não sendo um homem moderado, passou na mesma hora para o outro extremo, pedindo um banho completo! Mas Jesus rejeitou a interpretação dele da lavagem dos pés. Como Pedro cria no Filho de Deus e recebera salvação do pecado pela graça, ele já estava limpo. (Talvez possamos dizer: "Uma vez banhado, para sempre banhado!") No entanto, a graça de Deus continua ao longo da vida do cristão, cujos pés recebem a sujeira do mundo.

Os temas predominantes de Jesus durante a noite foram a necessidade de contínua comunhão com Deus, a ajuda do Espírito Santo, o amor e a união no corpo de cristãos e o perigo representado pelo mundo. Sua ilustração inicial reuniu esses temas. Embora o cristão, no sentido legal, tenha sido purificado do pecado — os pecados passados, presentes e futuros não serão contados contra ele na eternidade —, ele luta continuamente para permanecer puro em sua experiência nesta vida antes de entrar na eternidade.

O comentário editorial de João nos lembra de que Jesus sabia que Judas procurava uma oportunidade para trair seu mestre, mesmo quando recebeu esse comovente ato de graça dele.

13.12-17

Jesus, uma vez que terminou seu ato inicial de humildade, começou a ensinar. Primeiro, ele explicou seu propósito. Ele, no clássico modo didático, apresentou uma questão cuidadosamente preparada para seus discípulos. Pediu-lhes para interpretar o sentido da lavagem dos pés deles. Suspeito que ele tenha recebido algumas respostas criativas, algumas, sem dúvida, divertidas. A seguir, ele estabeleceu dois princípios de humildade que tinham de se tornar fundamentais para seu reino.

Primeiro, *a humildade não discrimina; a humildade é expressa para todos igualmente.* Jesus não pediu que seus discípulos lavassem seus pés de volta, mas que lavassem os pés uns dos outros. Enfrentemos isso, a maioria de nós ficaria na fila para lavar os pés do Salvador porque *ele merece!* Mas quantos de nós estamos preparados para lavar os pés de outra pessoa na igreja, em particular de alguém de quem não gostamos muito? Essa lição atingiu os discípulos com mais força ainda mais tarde quando eles se recordaram de que Jesus se inclinara diante de Judas para lavar seus pés junto com os outros.

Segundo, *a humildade vira a estrutura da autoridade de ponta-cabeça.* Jesus, mais cedo em seu ministério, afirmara sem rodeios: *Se alguém quiser ser o primeiro, será o último e o servo de todos* (Mc 9.35; cf. Mt 18.4; 19.30; 20.16; Mc 10.31; Lc 9.48; 13.30). Jesus, como o rei do novo reino, reduziu a si mesmo para se tornar o menor da humanidade, tomando sobre si os pecados do mundo — *tornando-se*, por assim dizer, pecado (2Co 5.21) — e, depois, sofreu a morte mais humilhante já imaginada pelo homem. Embora nenhum outro ser humano possa chegar a ser humilde como ele o foi, somos convocados a imitar nosso mestre.

Não nos tornamos "maior [es]" no novo reino ao sermos crucificados; a necessidade de morte vicária foi totalmente satisfeita por Cristo. Tornamo-nos "maior [es]" no novo reino ao nos curvarmos para servir uns aos outros.

■ ■ ■

Deixe-me ser completamente transparente com você. Acho a ideia da lavagem de pés — tanto literal quanto figurativa — muito mais fácil de ensinar que a prática dela. Mas Jesus não prometeu liberar bênçãos para aqueles que ensinam a lavagem de pés, mas para aqueles que a *praticam.* A humildade não é aprendida na sala de aula nem mesmo quando o tópico de estudo é a Bíblia. A humildade é o comportamento que o indivíduo escolhe tornar habitual, a ponto de ele esquecer a grandiosidade ou se tornar humilde. As pessoas que lembro como genuinamente humildes raramente pensam em si mesmas. Elas não precisam fazer isso. A bênção que recebem no processo de servir aos outros lhes fornece todo o contentamento que qualquer homem ou mulher pode desejar.

Jesus ensinou a humildade por intermédio de seu exemplo; ele personificou a humildade. Tomemos a decisão de aprender a humildade como ele a ensinou.

APLICAÇÃO
João 13.1-17
CULTIVANDO A NOBRE ARTE DE SE PROSTRAR

Quando Jesus tirou seu traje, vestiu-se como um servo e se abaixou para lavar os pés de seus discípulos, ele ensinou diversas lições importantes para os homens sobre a humildade, não sendo a menor delas que a humildade é uma ação, não apenas uma atitude. A pessoa não se sente humilde nem tem pensamentos humildes. Na verdade, a pessoa genuinamente humilde não pensa de forma alguma em si mesma. A humildade é um comportamento, e em sua forma mais pura envolve pouca emoção, exceto talvez afeto.

Com isso em mente, permita-me tirar alguns princípios da lição sobre a humildade de Jesus.

Primeiro, *a humildade acontece sem ser anunciada*. Jesus não se levantou da mesa e anunciou com ousadia: "Bem agora demonstrarei a humildade". Ele apenas começou a lavar os pés dos discípulos. Uma vez que alguém chama atenção para sua obra de serviço, a obra fica contaminada pelo orgulho (Mt 23.1-12). Não se anuncia uma obra humilde nem antes nem depois de ser feita. (Jesus quebrou essa regra após lavar os pés dos discípulos por causa da instrução, mas fez isso apenas dessa vez.)

Segundo, *a humildade é estar disposto a receber serviço sem constrangimento*. Em geral, sentimos constrangimento pelos atos de serviço porque achamos que as "regras" normais de posição ou classe foram violadas. Na mente de Pedro, o menor devia servir ao maior. Jesus inverteu essa norma mundial. O "maior" no reino de Deus serve e recebe serviço sem pensar em posição, valor ou classe.

Terceiro, *a humildade não é sinal de fraqueza*. Jesus não servia a seus discípulos porque era fraco, ou precisava da boa vontade deles, ou ainda desejava a aprovação deles ou ansiava pela lealdade deles. Jesus, ninguém menos que o Deus Todo-poderoso, curvou-se para servir às pessoas que ele amava. Ele lavou aqueles 24 pés porque estavam sujos e precisavam ser lavados.

Quarto, *a humildade não discrimina*. Jesus lavou os pés de cada homem na sala, incluindo os pés de Judas, o homem que ele sabia que já fizera planos para traí-lo. Jesus não enfileirou os discípulos por ordem de proximidade, lealdade ou qualquer outro padrão. Ele não esperou que o traidor partisse em sua missão maligna para lavar os pés dos discípulos. Ele lavou os pés que precisavam ser lavados sem favoritismo nem preconceito.

A título de aplicação, eis dois princípios adicionais para se ter em mente.

Primeiro, *a humildade inclui servir uns aos outros, não apenas ao Senhor*. Servir ao Senhor é o maior deleite no mundo. Servir uns aos outros nem sempre equivale a uma recompensa. O Senhor é digno do serviço e fácil de amar; nossos irmãos e irmãs maculados e pecadores, no entanto, nem sempre são passíveis de ser amados e, com frequência, não demonstram gratidão. Ainda assim, a humildade genuína não busca outra recompensa além da alegria do serviço em si mesmo.

Segundo, *a alegria da humildade só pode ser vivenciada por meio da humildade em ação*. A humildade vem por intermédio do *fazer*, não apenas de ler a respeito dela, ouvir os outros falarem dela ou ver os outros a praticarem. Jesus demonstrou humildade e, depois, incitou seus discípulos a seguir seu exemplo.

Alguém, após ouvir meu sermão sobre esse tópico, comentou: "Sabe, tenho de aprender a amar melhor fulano porque vou passar a vida eterna com ele!" Ele está certo. Mas gostaria de transformar sua forma de pensar. Se a humildade — servindo e sendo servido sem levar em consideração a posição ou classe — define nossa experiência mútua no céu, por que esperar até chegarmos lá? Deus nos encoraja a criar um pouquinho do céu aqui na terra e nos dá a habilidade para isso... então o que estamos esperando?

Quão alto é seu quociente de aceitação?

JOÃO 13.18-30

Algumas observações sobre a tradução em João 13.18-30

A21	NVI
21 *trairá* ou *me entregará*	18 *voltou-se contra mim*, Sl 41.9 19 *creiam que Eu Sou*, ou *que o "Eu Sou" veio*, ou *que eu sou o Senhor*; o texto grego traz *que Eu Sou*. Veja Êx 3.14 21 *perturbou-se em espírito*, grego estava perturbado em seu espírito 23 *reclinado ao lado dele*, grego estava reclinado no peito de Jesus. Provavelmente "o discípulo a quem Jesus amava" era João

Durante muitos anos, os sistemas educacionais em todo o mundo sujeitam os estudantes a uma bateria de testes para determinar qual o Q.I., "quociente intelectual", de cada indivíduo. Isso quantifica a capacidade de cada pessoa de lembrar os fatos, pensar de forma criativa, juntar informações de modo lógico e, finalmente, resolver problemas. O Q.I. passou a ser um meio de identificar os alunos intelectualmente dotados para que fossem desafiados a maximizar suas habilidades; no entanto, também passou a ser um pretexto para empurrar muitas outras pessoas para a periferia da educação.

Em 1983, Howard Gardner, professor da Universidade de Harvard, propôs uma nova teoria, sugerindo que a inteligência tem muitas formas distintas. Um indivíduo pode ser um gênio matemático e, ainda assim, ter dificuldade para fazer funcionar seu sistema de entretenimento em casa. Outro pode marcar o índice mais alto de Q.I. já registrado e, todavia, não conseguir interagir com os outros no nível mais básico de competência. O dr. Gardner reconhece a existência de "inteligências múltiplas" e reage com firmeza contra determinar o valor da pessoa baseado em um único tipo de inteligência escolhido de forma um tanto arbitrária. O indivíduo tem mais coisas que sua capacidade de resolver enigmas mentais.

Jesus nunca deu valor supremo ao Q.I. de alguém; ele se preocupava muito mais com o desenvolvimento do Q.A. — o "quociente de aceitação" — de seus discípulos. Enquanto o Q.I. quantifica a capacidade mental do indivíduo, o Q.A. mede a capacidade de se relacionar do indivíduo.

Defino "aceitação" como a capacidade do indivíduo de receber outras pessoas e reconhecer o valor delas sem as incluir em um padrão predeterminado nem exigir algum desempenho específico. Eis como um autor descreve essa liberdade da perspectiva daqueles que escolhemos aceitar:

> **Aceitação.** Significa você ser valorizado exatamente como é. Permite que você seja *verdadeiro* e *real*. Você não é forçado a se enquadrar na noção que outro indivíduo tem de quem você realmente é. A aceitação significa que suas ideias são levadas a sério, uma vez que elas o refletem. Você pode falar sobre como se sente em seu interior e por que se sente dessa maneira — e alguém se importa de fato com isso.
>
> A aceitação significa que você pode expor suas ideias sem ser aniquilado. Pode expressar pensamentos hereges e discuti-los com questionamento inteligente. Você se sente seguro. Ninguém o julgará, mesmo que não concorde com você. A aceitação não significa que você nunca será corrigido ou que nunca mostrarão que está errado; significa apenas que é seguro ser *você* e que ninguém *o* destruirá por preconceito.[1]

Essa qualidade da aceitação, exemplificada e encorajada por Jesus, exige algum esclarecimento, para que ninguém a entenda de forma equivocada. Primeiro, a aceitação não anula o discernimento. A maturidade cristã exige discernimento. Aceitar alguém não é ficar cego para as fraquezas da pessoa, mas deixar de lado essas fraquezas quando escolher honrar a pessoa. É demonstrar amor sem considerar as falhas do outro.

Segundo, a aceitação não nega a pecaminosidade humana. A aceitação, ao contrário, leva a pecaminosidade totalmente em consideração quando um recebe o outro em comunhão. Se procura uma pessoa perfeita com quem compartilhar companheirismo e amizade, você está fadado a ser solitário.

Terceiro, a aceitação dá completa liberdade para cada indivíduo ser publicamente autêntico sem ter medo de ser rejeitado. Cada pessoa fica completamente à vontade sabendo que ser ela mesma não leva à condenação nem à rejeição.

Jesus, depois de se levantar após lavar os pés dos discípulos, vestiu seu manto e ensinou-lhes sobre a humildade. Ele, no entanto, advertiu que ninguém ao redor da mesa entenderia a lição, muito menos a aplicaria. O fato de Jesus ter acabado de lavar os pés de seu traidor se tornaria a ocasião para sua próxima lição. A humildade não só se curva para servir aos outros; a humildade oferece amizade às pessoas modestas e também às pessoas desprezíveis.

13.18-20

Jesus anunciou que alguém reclinado à mesa naquela noite não receberia qualquer bênção. Um entre eles comeu o pão ázimo provido pelo Filho de Deus como um meio de traí-lo, que o Senhor notou ao citar o Salmo 41.9. Ele disse de fato: "Talvez o traidor ache que vai espertamente ficar incógnito, mas sua traição foi revelada muito antes de ele nascer". Não se engane; essa foi uma advertência final.

Imagine-se reclinado à mesa ao lado de Jesus. Como será que você responderia se Jesus mencionasse seu pecado secreto e, a seguir, predissesse sua ruína? Não sei como você reagiria, mas eu me arrependeria! "Não, Senhor! Salva-me da minha pecaminosidade!" Mas não Judas. Desde antes do início da ceia (Jo 13.2; veja Lc 22.3-6), Judas estava determinado a trair Jesus com as autoridades religiosas; ele só precisava determinar o momento mais oportuno para isso.

Jesus sabia que a traição de Judas logo abalaria a fé dos outros discípulos em seus fundamentos. Por isso, ele tranquilizou de antemão os discípulos. "Receber" alguém enviado por Cristo é receber Cristo, e receber Cristo é receber o Pai. Uma tradução mais bem feita do termo grego é "aceitar". Ele tranquilizou seus discípulos de que a aceitação deles tinha apoio divino.

13.21,22

João descreve o estado interior de Jesus como "perturb [ado]". É a mesma palavra grega usada em 11.33, 12.27, 14.1 e 14.27. Ela significa "agitado", presumivelmente pela profunda angústia ou, às vezes, raiva. Acredito que o Senhor lamentou genuinamente a perda de Judas. Acredito que o amor que ele sentia por seu traidor quase partiu seu coração.

13.22-26

Pedro aparentemente se assentou à mesa do lado oposto de Jesus, muito distante para ter uma conversa particular. Por essa razão, ele disse a João que perguntasse a Jesus a identidade do traidor. A posição costumeira para jantar era se deitar sobre o lado esquerdo e se apoiar em um cotovelo, com os pés formando um ângulo afastado da mesa. João estava reclinado à direita de Jesus. Ele, em vez de virar a cabeça, apenas inclinou as costas na direção do peito de Jesus e olhou para cima.

Só se faz isso com um amigo ou parente muito próximo, mas essa atitude não era incomum ao redor de uma mesa de jantar do Oriente Médio.

O DUPLO *AMÉN* ("EM VERDADE, EM VERDADE") EM JOÃO

1.51	E acrescentou: *Em verdade, em verdade vos digo que vereis o céu aberto, e os anjos de Deus subindo e descendo sobre o Filho do homem.*
3.3	Jesus lhe respondeu: *Em verdade, em verdade te digo que ninguém pode ver o reino de Deus se não nascer de novo.*
3.5	Jesus respondeu: *Em verdade, em verdade te digo que, se alguém não nascer da água e do Espírito, não pode entrar no reino de Deus.*
3.11	*Em verdade, em verdade te digo que nós dizemos o que conhecemos e testemunhamos o que vimos; mesmo assim não aceitais o nosso testemunho!*
5.19	E disse-lhes Jesus: *Em verdade, em verdade vos digo que o Filho nada pode fazer por si mesmo, senão o que vir o Pai fazer; porque tudo quanto ele faz, o Filho faz também.*
5.24	*Em verdade, em verdade vos digo que quem ouve a minha palavra e crê naquele que me enviou tem a vida eterna e não vai a julgamento, mas já passou da morte para a vida.*
5.25	*Em verdade, em verdade vos digo que virá a hora, e já chegou, em que os mortos ouvirão a voz do Filho de Deus, e os que a ouvirem viverão.*
6.26	Jesus lhes respondeu: *Em verdade, em verdade vos digo que me buscais, não porque vistes sinais, mas porque comestes do pão e ficastes satisfeitos.*

CONFIRMAÇÃO DA PALAVRA (JO 13.1—17.26)

6.32	Jesus lhes respondeu: *Em verdade, em verdade vos digo: Não foi Moisés quem vos deu pão do céu; mas meu Pai é quem vos dá o verdadeiro pão do céu.*
6.47	*Em verdade, em verdade vos digo: Quem crê tem a vida eterna.*
6.53	Então Jesus lhes disse: *Em verdade, em verdade vos digo: Se não comerdes a carne do Filho do homem, e não beberdes o seu sangue, não tereis vida em vós mesmos.*
8.34	Jesus continuou: *Em verdade, em verdade vos digo que todo aquele que comete pecado é escravo do pecado.*
8.51	*Em verdade, em verdade vos digo que, se alguém obedecer à minha palavra, nunca verá a morte.*
8.58	Jesus lhes respondeu: *Em verdade, em verdade vos digo que, antes que Abraão existisse, Eu Sou.*
10.1	*Em verdade, em verdade vos digo: Quem não entra no aprisco das ovelhas pela porta, mas sobe por outra parte, este é ladrão e assaltante.*
10.7	Então, Jesus voltou a falar-lhes: *Em verdade, em verdade vos digo: Eu sou a porta das ovelhas.*
12.24	*Em verdade, em verdade vos digo: Se o grão de trigo não cair na terra e não morrer, ficará só; mas, se morrer, dará muito fruto.*
13.16	*Em verdade, em verdade vos digo: O escravo não é maior que seu senhor, nem o mensageiro é maior que aquele que o enviou.*
13.20	*Em verdade, em verdade vos digo: Quem receber aquele que eu enviar estará recebendo a mim; e quem me receber, estará recebendo aquele que me enviou.*
13.21	Havendo falado essas coisas, Jesus perturbou-se em espírito e declarou: *Em verdade, em verdade vos digo que um de vós me trairá.*
13.38	Jesus respondeu: *Darás a vida por mim? Em verdade, em verdade te digo: Antes que o galo cante, tu me negarás três vezes.*
14.12	*Em verdade, em verdade vos digo: Aquele que crê em mim também fará as obras que eu faço, e as fará maiores, pois estou indo para o Pai.*
16.20	*Em verdade, em verdade vos digo que chorareis e vos lamentareis, mas o mundo se alegrará. Ficareis tristes, porém a vossa tristeza se transformará em alegria.*
16.23	*Naquele dia, nada me perguntareis. Em verdade, em verdade vos digo que o Pai vos concederá tudo quanto lhe pedirdes em meu nome.*
21.18	*Em verdade, em verdade te digo que, quando eras mais moço, te vestias a ti mesmo e andavas por onde querias. Mas, quando fores velho, estenderás as mãos e outro te vestirá e te levará para onde não queres ir.*

Jesus revelou a João a identidade do traidor com um gesto familiar de amizade. Jesus mergulhou um pedaço de pão ázimo em uma das tigelas com uma pasta feita de ervas amargas ou talvez guisado de carneiro e o deu a Judas. Judas, aparentemente, reclinou-se e alcançou o pão com facilidade, sugerindo que talvez estivesse deitado aos pés de Jesus, o lugar de honra em um banquete.

Esse foi o ato final de graça de Jesus para Judas. Ele lavou os pés do homem e lhe deu um lugar de honra ao seu lado; depois, o Senhor, a despeito do pecado no coração do traidor, ofereceu-lhe comunhão.

13.27-30

O versículo 27 é um dos mais assustadores de toda a Escritura. Assim como há os corações receptivos a receber Cristo, também há os corações receptivos a receber Satanás.

O pecado secreto inevitavelmente cauteriza a mente e altera os valores do indivíduo. Os fraudadores, como Judas, raramente roubam muito de início. Mas conforme o furto passa a ser habitual e, depois, ritualizado, o ladrão tem de aprender a racionalizar seu pecado ou enfrentar a terrível possibilidade de se arrepender. Ele, guiado pela vergonha, mantém seu pecado em segredo. Entrementes, o ciclo de compulsão e vergonha põe uma cunha entre seus pensamentos particulares e a figura pública — com frequência piedosa — mantida com meticulosidade. O pecador, no fim, aceita sua fachada pública como seu verdadeiro eu, em uma desesperada tentativa de escapar da implacável perseguição da vergonha. Um fraudador, quando pego em pecado, quase sempre parece chocado. E ele, de algumas maneiras, fica surpreso com as acusações porque está convencido de que ninguém consegue ver a verdadeira pessoa que ele escondeu muito tempo atrás em seu interior.

Judas cultivara uma vida dupla durante meses ou, é bem possível, anos (6.70,71). Sua charmosa fachada religiosa mantinha um violento ressentimento seguramente escondido dos outros. Ninguém suspeitava de seu pecado secreto, muito menos questionava sua lealdade. Mesmo quando ele recebeu o pedaço de pão de Jesus e saiu na noite sem dar explicação, ninguém suspeitou de nada.

■ ■ ■

João escreveu esses eventos cerca de sessenta anos após terem acontecido, o que lhe deu muito tempo para refletir sobre eles. Além disso, o Espírito Santo dirigiu o foco de sua mente para certos detalhes a fim de transmitir profundas verdades espirituais. As lições vivas de Jesus sobre a humildade e a aceitação aconteceram enquanto Judas estava presente. O Senhor lavou os pés dele, deu-lhe o assento de honra à mesa e até mesmo lhe ofereceu comunhão. Como Jesus era totalmente humano, experimentando todas as emoções, fraquezas e tentações que sofremos, temos certeza de que os gestos de aceitação não foram fáceis. A graça, com frequência, é uma dádiva difícil de dar.

APLICAÇÃO

João 13.18-30
COMO DETECTAR UM Q.A. EM QUEDA

Se a graça é nossa doutrina definidora como cristãos genuínos, então nossa capacidade de aceitar os outros é com certeza um teste visível da nossa fé. Sou francamente conservador em minha teologia e encontro maior afinidade entre meus companheiros teólogos conservadores, por isso aprecio o desejo inflexível deles por doutrina pura e sua rápida identificação e ocasional reprovação dos falsos mestres. E junto-me à corajosa posição deles contra o avanço do mal no mundo. No entanto, será que diminuímos nosso Q.A. para manter um alto Q.I. teológico?

Eis três sinais de um quociente de aceitação em queda, três indicações de que a graça não resolveu o hiato entre a cabeça e o coração da pessoa.

Primeiro, *a pessoa com um Q.A. em queda não está disposta a aceitar com imparcialidade as pessoas.* Aceitar a pessoa enquanto se mantém parcial? Isso acontece o tempo todo. O apóstolo Tiago refere-se a isso quando admoesta os líderes da igreja:

> *Meus irmãos, como tendes fé em nosso Senhor Jesus Cristo, Senhor da glória, não façais discriminação de pessoas. Porque, se entrar na vossa reunião algum homem com um anel de ouro no dedo e roupas caras, e entrar também algum pobre com roupas sujas, e mostrardes atenção para o que vem com roupas caras e lhe disserdes: Senta-te aqui num lugar de honra; e disserdes ao pobre: Fica em pé, ou senta-te junto ao estrado onde ponho meus pés, não estareis fazendo distinção entre vós mesmos e não vos tornareis juízes que se baseiam em padrões malignos?* (Tg 2.1-4)

Ninguém rejeitou abertamente o homem com roupas sujas; no entanto, eles esperavam que ele conhecesse seu lugar.

Do mesmo modo, hoje somos com frequência parciais no modo como tratamos as pessoas. Os ricos conseguem os bons assentos e posições na liderança; as pessoas com históricos suspeitos são bem-vindas, contanto que usem zelosamente a letra escarlate apropriada: *A* para *adultério*; *E* para *trauma emocional*; *S* para *solteiro* ou *D* para (Deus perdoe!) *divórcio*. Uma vez que elas provem seu valor ou pacientemente dissipem nossas suspeitas, garantimos a elas mais acesso ao privilegiado círculo íntimo dos completamente aceitos. Como isso é errado! Como não é nada parecido com Cristo!

Segundo, *a pessoa com um Q.A. em queda não está disposta a aceitar sem crítica o estilo pessoal do outro.* Não me refiro a questões de moralidade ou doutrina, mas à escolha de expressão pessoal do indivíduo. Em algumas igrejas, o pastor usa um manto. Em outras, um terno brilhante. Em ainda outras, traje social. Em muitas, calça *jeans* e camiseta. Se Cristo é pregado, e almas são acrescentadas ao reino, quem se importa com a roupa!

As igrejas se dividem a respeito de diferentes gostos musicais. Alguns cristãos não estão dispostos a participar até o fim de um culto em que a música seja de outro estilo. Eles lamentam e reclamam porque os outros ousaram gostar de um culto de adoração do qual eles, pessoalmente, não gostaram. Ah, eles estão dispostos a aceitar os outros que preferem um estilo diferente, contanto que eles frequentem *outro* culto.

Terceiro, *a pessoa com um Q.A. em queda não está disposta a sofrer ofensas sem guardar rancor.* A pessoa que guarda rancor rejeita aqueles que não atendem a suas expectativas e aceita apenas aqueles que atendem a elas. Essa atitude é mais característica dos ímpios que dos membros genuínos do corpo de Cristo. Já ouvi mais de um ímpio rejeitar a noção de ir à igreja porque "ela está cheia de um bando de hipócritas". A isso, digo: "Entre, tem espaço para mais um!"

Encaremos, as relações nas igrejas seriam muito mais tranquilas se elas estivessem cheias de pessoas perfeitas. Mas o segredo para a aceitação não é a perfeição, por isso temos de aprender a deixar de lado as ofensas e aceitar uns aos outros, não a despeito das nossas falhas — isso é amor condicional —, mas *com* nossas falhas — isso é amor incondicional.

A aceitação não significa que temos de baixar o padrão bíblico de justiça e retidão, ser como as outras pessoas ou até mesmo adotar o estilo pessoal delas como nosso. A aceitação é apenas honrar o valor do outro como a feitura única de um Deus deliciosamente criativo. A aceitação é ter a graça de deixar os outros serem.

Da perspectiva intelectual, é provável que você seja brilhante, talvez até acima da média. Mas qual será seu índice de Q.A.? É alto? Baixo? No reino de Deus, é isso que realmente importa.

Agapē: o amor genuíno

JOÃO 13.31-38

Algumas observações sobre a tradução em João 13.31-38

A21	NVI
31 é ou *foi* **32** *e se Deus é glorificado nele*; a maioria dos mais antigos manuscritos não contém essa frase	**31** "Filho do homem" é um título usado por Jesus para ele mesmo **32** *se Deus é glorificado nele*; diversos dos mais antigos manuscritos não incluem essa frase

Em 1970, Francis Schaeffer escreveu o livro *A marca do cristão*, um volume fino com uma mensagem de peso. Se você tiver coragem para lê-lo, não encontrará nada escrito sobre adesivos para carros, emblemas de peixes, cruzes de lapela ou pulseiras comercializadas com habilidade. Por sinal, não lerá uma palavra sobre doutrina bíblica nem membresia da igreja. O livro é sobre a verdadeira marca do cristão: o amor.

João 13 é um capítulo penetrante e desafiador. Jesus ensinou seus discípulos sobre a humildade e a aceitação — lições que só o impactariam completamente depois que a verdade da traição de Judas se tornou um fato da História. Assim que Judas desapareceu na escuridão, Jesus continuou sua revisão do ensinamento cristão fundamental, que começa com o amor.

13.31,32

Jesus, ao longo da narrativa de João, fala de uma "hora" por vir na qual o Filho de Deus seria "glorificado". Jesus anunciou a chegada de sua hora usando a forma do termo grego *doxa* [1391] cinco vezes em dois versículos. A palavra *doxa* tem origem no verbo *dokeō* [1380], que significa "pensar, supor". Ser glorificado é ser vindicado aos olhos de todas as testemunhas. Portanto, o conceito de glória, no vocabulário de Jesus, significava que a verdade que ele ensinara e a verdade de sua identidade seriam justificadas aos olhos de toda a humanidade. Sua identidade como a Palavra em carne humana seria confirmada por sua ida para a cruz, sua ressurreição e sua ascensão ao céu.

Com a partida de Judas para traí-lo, o processo de glorificação começara.

13.33-35

Jesus entendia que a traição de um discípulo terminaria finalmente em sua conquista da morte para toda a humanidade. No entanto, os onze restantes não sabiam de nada. Embora Jesus tivesse predito sua própria morte com frequência e tivesse prometido muitas vezes ressuscitar dos mortos (Mt 12.40; 16.21; 17.23; 20.19; Mc 9.9; 10.34; 14.28; Lc 9.22; 24.7; Jo 2.19-22), seus seguidores mais íntimos não ligaram os pontos. No que dizia respeito a eles, a traição de Judas e a morte de Jesus representavam o fim de todas as suas esperanças messiânicas. Por esse motivo, Jesus renovou a confiança deles em termos mais simples e mais diretos. Ele queria que eles soubessem que o plano de Deus não fora frustrado; sua iminente provação era uma parte necessária do plano.

Jesus, para tranquilizar seus discípulos, revelou três fatos: sua partida era iminente. As pessoas procurariam por ele. Ninguém poderia vir com ele. E o anúncio os aturdiu. Jesus fora o centro do mundo deles por não menos que três anos e meio. Eles nunca esperaram que isso mudasse.

Quando os homens ficaram ali sentados em silêncio estupefatos, Jesus lançou uma ordem completamente nova. Embora ele não fosse mais estar entre eles fisicamente, parte do suporte deles viria de uns para com os outros. Como ele os amara, eles tinham de amar uns aos outros. Os homens finalmente aprenderam a amar seu mestre e se acostumaram ao seu amor fiel por eles. Ele esperava agora que cada um entre os onze restantes cultivasse esse mesmo relacionamento com os outros dez.

UM NOVO TIPO DE AMOR

JOÃO 13.33-35

A palavra grega *agapē* raramente é encontrada fora da Bíblia. A língua grega celebrava o *erōs*, o amor intoxicante e impulsivo entre homens e mulheres, e honrava a *philia*, o afeto caloroso e nobre de amizade profunda. Mas *agapē*, lamentavelmente, continuou sem ser desenvolvido como um termo. Os autores humanos do Novo Testamento precisavam de uma palavra grega para expressar o tipo de amor ensinado por Cristo e ordenado por ele na reunião no cenáculo, mas os termos gregos mais comuns não eram suficientes. Felizmente, o termo *agapē* era relativamente desconhecido e muitíssimo indefinido, ajustando-se, assim, perfeitamente aos propósitos deles. O termo, como um odre vazio, esperava para ser enchido com um sentido caracteristicamente cristão.

Enquanto os cristãos começaram a adotar esse novo tipo de amor, seus contemporâneos seculares menosprezavam a constante perda de virtude na sociedade romana. Cada vez mais seus pares trocavam a venerável *philia* pelo passageiro *erōs*. Enquanto as duas culturas se moveram em direções opostas, o contraste não podia ser mais absoluto.

ERŌS[2]	AGAPĒ
O amor geral do mundo buscando satisfação onde puder.	Um amor que faz distinções, escolhendo seu objeto e se guardando para ele.
Determinado por um impulso mais ou menos indefinido em direção a seu objeto [ele ou ela].	Um ato livre e decisivo determinado por seu sujeito [nós].
Em seu sentido mais elevado, é usado para o impulso do homem para o alto, do seu amor pelo divino.	Relaciona-se na maior parte ao amor de Deus, ao amor do mais alto levantando o mais humilde, elevando o mais humilde acima dos outros.
A busca nos outros do cumprimento de seu próprio anseio de vida.	Traduzido com frequência por "demonstrar amor"; é um amor doador, ativo em favor do outro.

> Fundamentado na tradução de João do ensinamento de Cristo, o Senhor predisse: *Nisto todos saberão que sois meus discípulos, se vos amardes uns aos outros* (Jo 13.35). Em vista do contraste com *erōs*, não é de espantar!

Enquanto Jesus caminhou entre eles na terra, ninguém duvidou de quem esses homens eram discípulos. Não obstante, uma vez que ele voltasse para o céu, o amor mútuo teria de ser forte o bastante para manter a identidade deles diante do mundo em vigilância. O amor deles, com Jesus fisicamente ausente, os sustentaria. Em um sentido muito real, o amor entre o mestre e o discípulo seria multiplicado por dez depois de ele deixar a terra.

O tipo de amor que Jesus chamou esses homens a expressar é denominado *agapē* [26] — o tipo de amor que busca o bem mais alto e mais sublime para o outro. Se os homens tivessem algum problema para entender o sentido desse termo e de como expressá-lo, tudo que tinham de fazer era recordar seu tempo com Jesus. Ele fora a ilustração viva para eles por mais de três anos.

13.36-38

Quando Jesus completou sua exortação para os discípulos, de, na sua ausência, amarem uns aos outros, Pedro reagiu ao anúncio da partida do Senhor. Só podemos imaginar o que Pedro estava pensando, embora com certeza não envolvesse o amor por seus irmãos discípulos. Não é possível negar a paixão dele; todavia, sua motivação era suspeita. Jesus ordenou a seus seguidores que amassem uns aos outros, contudo Pedro declarou amor supremo por Jesus, a ponto até mesmo de morrer ao lado dele na batalha. O impulsivo discípulo estava claramente preparado para defender seu Senhor... mas onde estava sua obediência?

Jesus guardaria a lição sobre o amor e a obediência para outra hora (21.15-22). Por ora, ele apenas afirmou a simples verdade de que o amor de Pedro era tão instável quanto seu zelo. O tipo de batalha que Jesus previa para os discípulos não podia ser combatida com o tipo de espada de lâmina de aço. Ele queria soldados empunhando uma espada de verdade, obedientes até o fim e unidos em *agapē*.

■ ■ ■

Algum tempo atrás, uma senhora perdeu o marido e pediu que eu conduzisse o funeral dele. Ele fora um homem excepcionalmente bom e combinava bem com essa mulher. Eles eram o tipo raro de casal que pensava constantemente em modos de levar a família, os amigos e os vizinhos à fé em Jesus Cristo. Ela, enquanto expressava seus desejos para a cerimônia fúnebre, disse: "Sei que se meu marido estivesse sentado bem aqui do meu lado, ele concordaria. Quero que essa cerimônia fúnebre honre a Jesus Cristo. E tenho em mente especialmente uma vizinha nossa. Tentamos várias maneiras de alcançá-la. Nós a convidamos para jantar e lhe demos fitas, folhetos e outros pequenos presentes, mas nunca conseguimos tocar seu coração".

Por isso, eu disse: "Tudo bem, oremos agora mesmo para que ela seja alcançada de algum modo por intermédio de todo esse processo". E assim fizemos.

Na manhã do funeral, dei uma passada na casa dela para ver como a mulher estava. Fiquei surpreso em ver sua vizinha sentada ali com ela e um fluxo constante de membros da igreja indo e vindo. Alguns trouxeram alimentos. Outros ajudaram a limpar a casa e fizeram pequenas tarefas deixadas por fazer pelo marido dela. Um casal se ofereceu para levá-la a qualquer lugar que precisasse ir e até mesmo se ofereceu para lhe emprestar o carro. A maioria apenas deu uma passada para compartilhar seu pesar e prantear com ela.

Alguns dias depois, meu telefone tocou. Era a viúva. Alegria e pesar se misturavam em sua voz enquanto falava.

— Você se lembra da vizinha de que lhe falei?

— Claro que me lembro.

— Ela ficou aqui até todo mundo ir embora e me disse: "Mas que amor. Eram todos membros da sua família?"

O comentário dela se tornou a oportunidade perfeita para a viúva dizer: "São sim, de um modo diferente da que você está pensando, somos todos da mesma família".

Se você tem um símbolo na forma de peixe em seu carro, isso é ótimo. As pessoas o associarão com um movimento. Você expõe o símbolo no formato de cruz? Nada mal a respeito disso. As pessoas o ligarão a uma religião. Se carrega uma Bíblia para onde vai, as pessoas presumem que você frequenta um tipo particular de igreja. Se você, por sua vez, revela amor autêntico até o âmago — amor observável —, então as pessoas saberão que você é um seguidor de Jesus Cristo.

APLICAÇÃO
João 13.31-38
NÃO É AMOR ATÉ VOCÊ O DISTRIBUIR

O mundo tem dificuldade em entender o amor. A maioria das pessoas pensa principalmente no amor romântico, essa doença misteriosa que ataca alguém como um prazeroso caso de gripe — não se consegue comer, dormir, concentrar-se em qualquer coisa que não seja o ente amado —, uma doença para a qual o tempo é a única cura. Esse tipo de amor vem e vai ao bel-prazer e vence toda lógica. Ninguém sabe a causa dele.

Muitos aceitam a existência de amor familiar, mas ele em geral é conflituoso. Em muitas famílias, o amor é algo a que se tem de aguentar em feriados especiais e pelo tempo absolutamente necessário. A lealdade é a principal palavra para esse tipo de amor; a bondade é totalmente opcional.

O amor autêntico — *agapē* — incorpora as mais excelentes qualidades do amor romântico e do amor familiar, mas ele é permanente e sempre caracterizado pela bondade. Além disso, o amor *agapē* carrega três qualidades distintas que o separam como distintamente feito pelo céu.

Primeiro, *o amor autêntico é incondicional em sua expressão*. Jesus, ao longo dos evangelhos, expressa amor por todos os tipos de pessoas "indesejáveis", incluindo os colaboradores romanos, prostitutas, ladrões, zelotes, fanáticos religiosos, governantes ricos, pessoas da classe trabalhadora, advogados irredimíveis e os desesperadamente destituídos. Ele não afastava ninguém que quisesse seu amor e até mesmo chorava por aqueles que não queriam. O amor autêntico doa sem condições.

Segundo, *o amor autêntico é abnegado em seu motivo*. O amor *agapē* não espera nada de volta pela bondade e dá sem considerar o próprio interesse. É fácil amar aqueles que expressam gratidão e retribuem com amor. Mas o amor autêntico é bondoso com os outros, independentemente da capacidade deles de retornar essa bondade, incluindo aqueles que simplesmente a recusam. Amar o não amável por causa dele é a essência do *agapē*.

Terceiro, *o amor autêntico é ilimitado em seus benefícios*. Pelo fato de o amor *agapē* ser em si mesmo a recompensa, ele sempre beneficia o doador. A satisfação do amor autêntico nunca desvanece, mas só se ele for incondicional e abnegado. Na verdade, muitos atos de amor autêntico deixam com frequência o doador com o sentimento semelhante de ter recebido a maior alegria de suas obras!

O amor *agapē* — ao contrário da elação do amor romântico e da lealdade do amor familiar, que vivem como emoções escondidas no coração — não pode existir à parte da ação. Pelo menos um poeta anônimo entendeu o que se pretende dizer por amor autêntico:

> Um sino só é um sino quando soa
> Uma canção só é uma canção quando entoada
> O amor não é posto em seu coração para ficar ali
> O amor só é amor quando é distribuído.[3]

Palavras tranquilas para corações atormentados

JOÃO 14.1-24

Algumas observações sobre a tradução em João 14.1-24

A21

1 *crede* ou *você crê em Deus*
16 *consolador*, grego *paracletos*, alguém chamado para ajudar; ou *confortador, advogado, intercessor*
19 *dentro em pouco o mundo*, lit. *ainda um pouco mais e o mundo*

NVI

2 a. *na casa de meu Pai há muitos aposentos*, ou *há muitos cômodos da casa de meu Pai*; b. ou *se não fosse assim lhes diria que vou para preparar um lugar para vocês*. Alguns manuscritos trazem *se não fosse assim, eu lhes teria dito. Vou para preparar um lugar para vocês*
7 *conheceriam também o meu Pai*; alguns manuscritos trazem *se vocês já me conhecem de fato, sabem quem é meu Pai*
15 *obedecerão*; outros manuscritos trazem *vocês obedecerão*, ainda outros dizem *vocês devem obedecer*
16 *Conselheiro*, ou *confortador, encorajador*. O texto grego traz *paracleto*; também em 14.26
17 *estará em vocês*; alguns manuscritos trazem *e está em vocês*

Essa seção da Escritura em particular é boa para os que lutam com problemas de coração. Não me refiro ao tipo de problema que pode ser tratado com uma pílula de glicerina ou cirurgia de ponte de safena. Esse tipo de problema de coração, de alguns modos, é mais fácil de curar. Refiro-me ao tipo de problema de coração que tira o sono e mantém a mente agitada durante o dia. Esse tipo de problema induz o estresse e aniquila a alegria. Alguns o denominam de "preocupação, ansiedade", mas nós, cristãos, temos termos mais aceitáveis para esse sentimento, como "preocupação", "ansiedade", "falta de paz" ou, meu favorito, "carregar um fardo". "Carregar um fardo" para se referir a alguma situação que não podemos controlar soa muito mais espiritual que apenas admitir: "Estou doente de preocupação".

Os discípulos ficaram estupefatos ao ouvir o anúncio de Jesus: *Filhinhos, estarei convosco apenas mais um pouco. Vós me procurareis; e, como eu disse aos judeus, também vos digo agora: Para onde vou, não podeis ir* (Jo 13.33). Alguns momentos antes, o obviamente "perturb [ado]" mestre exclamara: *Em verdade, em verdade vos digo que um de vós me trairá* (13.21). Apenas João sabia que Judas era o culpado. Os outros, sem dúvida, especulavam: *Será que cometemos tal ofensa que o Senhor tem de se separar de nós?* Pedro protestou contra a necessidade do Senhor de se afastar deles todos, declarando-se leal até a morte, o que provocou a predição de que ele na verdade negaria três vezes seu mestre antes da madrugada.

É claro que Jesus não queria dizer que tinha de deixá-los para trás porque algum deles, ou todos eles, seria desleal. Não obstante, a desconexão entre a perspectiva do Senhor e a dos discípulos é imensa e drástica. Os homens, a despeito das muitas predições de Jesus referentes à morte, sepultamento e ressurreição dele, que ele denominara "glória", sentiram-se abandonados por ele, talvez até mesmo resignados com o fato de que não mereciam seu contínuo cuidado com eles. Foi isso que provocou o restabelecimento da confiança deles por Jesus na passagem 14.1-24. A separação deles não tinha nada que ver com o comportamento dos discípulos; a partida do Senhor fazia parte do plano de Deus para redimir o mundo, plano esse que ele determinara antes do início do tempo. Além disso, Cristo seria fiel com seus seguidores, independentemente do sucesso ou fracasso deles como discípulos.

A restauração da confiança nos onze discípulos restantes feita pelo Senhor nos apresenta seis verdades que trazem paz quando nosso coração estiver perturbado:

1. A fé pessoal em um Senhor pessoal traz alívio pessoal (14.1).
2. Nosso futuro de longo prazo está garantido (14.2,3).
3. A mão soberana de Deus está em operação na vida de cada cristão (14.8-11).
4. Os maiores resultados acontecem quando oramos em nome de Jesus e para a glória do Pai (14.12-14).
5. Não estamos sozinhos; foi-nos concedido um consolador que habita conosco (14.15-17).
6. Estamos irremediavelmente ligados a Cristo (14.18-21).

14.1

A fé em um Senhor pessoal traz alívio pessoal

A exortação do Senhor *Não se perturbe o vosso coração* (o mesmo termo grego usado em 13.21) pode parecer hipócrita se não considerarmos o contexto. Jesus não condenou a preocupação em si mesma; por sinal, nem a Bíblia condena.[4] Os sentimentos de angústia são comuns à humanidade, e o Senhor compartilhou essa parte da natureza humana. Ele, claramente, quer dizer: "Não se perturbe seu coração *pela minha partida*".

JESUS PREDIZ SUA MORTE E RESSURREIÇÃO

Mateus 12.40	pois, assim como Jonas esteve três dias e três noites no ventre do grande peixe, assim o Filho do homem estará três dias e três noites no coração da terra.
Mateus 16.21	Desse momento em diante, Jesus começou a mostrar aos discípulos que era necessário que ele fosse para Jerusalém, que sofresse muitas coisas da parte dos líderes religiosos, dos principais sacerdotes e dos escribas, e que fosse morto e ressuscitasse ao terceiro dia.
Mateus 17.22,23	Reunindo-se eles na Galileia, Jesus lhes disse: O Filho do homem está para ser entregue nas mãos dos homens. E eles o matarão, e ao terceiro dia ressuscitará. E eles se entristeceram muito.
Mateus 20.18,19	Estamos subindo para Jerusalém, onde o Filho do homem será entregue aos principais sacerdotes e aos escribas, e eles o condenarão à morte e o entregarão aos gentios para que zombem dele, o açoitem e o crucifiquem; mas ao terceiro dia ele ressuscitará.
Marcos 8.31,32	E começou a ensinar-lhes que era necessário que o Filho do homem sofresse muitas coisas, fosse rejeitado pelos líderes religiosos, principais sacerdotes e escribas, fosse morto e depois de três dias ressuscitasse. E ele dizia isso abertamente. Mas Pedro, chamando-o em particular, começou a repreendê-lo.
Marcos 9.31	pois ensinava a seus discípulos, dizendo-lhes: O Filho do homem será entregue nas mãos dos homens, que o matarão; e depois de três dias ressuscitará.
Marcos 10.33,34	Estamos subindo para Jerusalém, e o Filho do homem será entregue aos principais sacerdotes e aos escribas. Eles o condenarão à morte e o entregarão aos gentios; irão zombar dele e cuspir nele, açoitá-lo e matá-lo. Depois de três dias, ele ressuscitará.
Lucas 9.22	É necessário que o Filho do homem sofra muitas coisas, seja rejeitado pelas autoridades, pelos principais sacerdotes e pelos escribas, seja morto e ressuscite ao terceiro dia.
Lucas 18.31-33	Tomando consigo os Doze, Jesus lhes disse: Estamos subindo para Jerusalém, e se cumprirá com o Filho do homem tudo o que foi escrito pelos profetas; pois ele será entregue aos gentios, que haverão de ridicularizá-lo, insultá-lo e cuspir-lhe; e, depois de espancá-lo, eles o matarão; mas ele ressuscitará ao terceiro dia.

João 2.19-21	Jesus lhes respondeu: Destruí este santuário, e eu o levantarei em três dias. Os judeus prosseguiram: Este santuário levou quarenta e seis anos para ser edificado, e tu o levantarás em três dias? Mas o santuário ao qual ele se referia era o seu corpo.

Ele deu seguimento a essa exortação com uma palavra para crerem em Deus e em seu Filho. O tempo imperfeito do verbo sugere ação contínua: "Crede em". Crer em alguém é contar com a pessoa ou confiar nela. No caso de Deus, somos encorajados a confiar em sua capacidade e disposição para cuidar dos seus.

Encaremos, quando algo terrível acontece na vida, a humanidade na mesma hora levanta os olhos para o céu e faz uma de duas perguntas: "Por que Deus permite que isso aconteça?" ou: "Onde está Deus?" As duas sugerem que o Senhor ou é incapaz ou não está disposto a impedir a tragédia. Quando somos pressionados pelas aflições do mundo, começamos naturalmente a nos perguntar se ele nos abandonou; duvidamos de sua bondade ou poder.

Jesus pediu a confiança de seus seguidores em meio à confusão deles.

14.2,3

Nosso futuro de longo prazo está garantido

Jesus renovou a confiança de seus discípulos de que sua partida não tinha nada que ver com quaisquer de suas falhas pessoais, passadas ou futuras. A metáfora da construção da casa refere-se à sua ida para a cruz em favor de toda a humanidade a fim de garantir vida eterna para aqueles que creem. Ele declarou que sua partida era necessária e que sua volta está garantida.

A expressão "muitas moradas", em versões antigas, foi traduzida por "mansões", o que inspira o sonho em alguns de possuir sua própria propriedade semelhante a um castelo no céu. Eles simplesmente transferem seu materialismo frustrado para o reino espiritual. Nós, terráqueos, somos bons nisso! No entanto, o termo grego é *monai* [3438], um substantivo plural baseado no verbo *menō* [3306], cujo sentido é "habitar", "permanecer". Esse verbo é central para a última exortação de Jesus (15.1-11).

Jesus usou a metáfora de "morada" para ilustrar nosso futuro relacionamento com o Pai, não para revelar nossos prospectos em propriedade real. Nas culturas do antigo Oriente Médio, uma vez que o noivo contratava o casamento, ele tinha um período de tempo para acrescentar uma nova ala à casa da família. A seguir, ele, após o período de noivado, voltava para receber a noiva. Depois da festa de casamento, o novo casal se mudava para sua recém-acrescentada "morada" e passava a fazer parte integral da propriedade da família.

A promessa de Jesus de "voltar" refere-se tanto à sua ressurreição quanto ao arrebatamento da igreja no fim dos tempos.

14.4-7

Jesus lembrou aos discípulos que eles conheciam o caminho para o céu, embora eles tenham sem dúvida deixado de entender que o céu era o assunto dele. (Muito do que ele disse tivera a intenção de ser entendido quando os homens recebessem o Espírito Santo.) De todo jeito, o caminho que Jesus seguiria para o céu não seria o caminho seguido pelos discípulos. Jesus iria para o céu pelo caminho do sofrimento: o Getsêmani, os julgamentos, o açoitamento, a cruz, a morte e a ressurreição e, depois, a ascensão.

O Senhor — em resposta à pergunta de Tomé, obviamente fundamentada em uma interpretação literal das palavras de Jesus — declarou ser ele mesmo o caminho para o céu. Jesus, ao chamar a si mesmo de "o caminho, a verdade e a vida", uniu três temas predominantes que João teve o cuidado de entretecer ao longo de sua narrativa. As imagens de luz (verdade) e água (vida) são vistas praticamente em toda a história que leva à última ceia. Agora esses temas são unidos a uma das primeiras imagens usadas por Jesus em seu ministério: a do Filho do homem se tornando o meio pelo qual as pessoas entram no céu (1.51).

Enquanto o versículo 6 declara uma verdade essencial do evangelho, o versículo 7 é uma repreensão. Esse não é um ensinamento novo. Os discípulos estiveram observando e ouvindo Jesus por mais de três anos; contudo, alguns seguidores de fora do círculo dos Doze entenderam o ensinamento de Jesus melhor que eles (cf. 11.24).

14.8-11

A mão soberana de Deus está em operação na vida de cada cristão

A resposta de Jesus a Tomé levou a um questionamento por parte de Filipe, questionamento esse que, em um momento ou outro, é comumente expresso por todos. Vivemos sob a ilusão de que a vontade de Deus seria mais fácil de aceitar se recebêssemos uma visita pessoal dele. O sofrimento seria mais tolerável se Deus aparecesse com a garantia pessoal. As instruções seriam mais fáceis de serem seguidas se ele as transmitisse de forma audível. No entanto, não temamos nem falhamos apenas por causa da dúvida; temamos ou falhamos porque nossa natureza pecaminosa está escravizada pelo pecado (veja Rm 7).

Jesus lembrou a Filipe e aos outros que ele é o perfeito representante do Pai. O Pai não pode assumir uma forma visível e audível mais adequada que o Filho. Como eles são o mesmo ser, tudo que o Filho diz é um reflexo das palavras e obras do Pai. Portanto, tudo que Jesus disse e fez no cenáculo foi em obediência ao plano soberano de Deus.

14.12-14

Os maiores resultados acontecem quando oramos em nome de Jesus e para a glória do Pai

Muitos entendem que a promessa de Jesus significa "mencione isso, e é seu", mas isso reduz o Senhor a pouco mais que um gênio em uma garrafa. Ele nunca pretendeu que essa promessa significasse que a oração fosse um meio de dar livre curso aos desejos expressos por intermédio de pedidos para saciá-los. (O movimento "Palavra de Fé", em geral, substitui o termo "bênção" por "desejo", mas a intenção é a mesma. Esse movimento reduz o Deus Todo-poderoso e soberano a pouco mais que um gênio, a quem eles chamam para produzir o que quer que peçam.)

O versículo 12 estabelece o contexto. Quando Cristo vai ao Pai, seus discípulos têm de seguir com o ministério no vácuo deixado por ele. Aqueles que creem pegam do ponto em que Jesus deixou e estendem ainda mais o ministério dele. O versículo 13 segue direto do versículo 12. Jesus declarou que as súplicas oferecidas na continuação do ministério do Filho serão respondidas como se ele mesmo fizesse a oração. O versículo 14 esclarece uma condição subjacente à promessa. A fala ou ato em nome de alguém é o ato em seu favor ou em busca de seus interesses. Em outras palavras, o Senhor não garante responder aos pedidos que contradizem sua própria natureza ou se opõem aos planos dele.

Na maioria das vezes não oramos no interesse dos planos de Jesus ou para a glória de Deus. Buscamos, em nossa imaturidade, nosso próprio interesse e o que melhorará nossa situação. Depois, quando ficamos mais sábios em graça e fortes na fé, aprendemos a pedir pelo que *achamos* que é bom. Mas ainda temos dificuldade em saber o que é isso. Lembro-me de muitos pedidos que fiz em orações ardentes — petições nobres e abnegadas — apenas para agradecer a Deus depois por ele não ter atendido às minhas petições! Eu orava com conhecimento limitado e, às vezes, com uma ponta de presunção.

Jesus prometeu que, quando descobríssemos a vontade de Deus e alinhássemos nossas orações para cumprir os propósitos dele, nossas orações seriam tão poderosas quanto as dele.

14.15-17

Não estamos sozinhos; foi-nos concedido um consolador que habita conosco

Jesus estabeleceu uma conexão indestrutível entre o amor por Deus e a obediência a suas ordens. Enquanto Pedro quis expressar seu amor em um arroubo de glória com a espada em punho em uma última defesa de Jesus, seu mestre pediu algo muito mais difícil: a obediência diária e consistente. O Senhor, no entanto, conhece o coração humano; infelizmente somos incapazes de obedecer por nós mesmos. Jesus, em cumprimento parcial da promessa da nova aliança (Jr 31.31-33; 2Co 1.22; Ef 1.13,14), prometeu que o Espírito Santo habitaria no coração daqueles que creem nele.

Se essa notícia não impressionou aqueles onze homens, deveria ter impressionado. Ao longo do Antigo Testamento, o Espírito Santo era um dom raro e quase sempre temporário. Ele vinha sobre certo indivíduo por um breve período de tempo para um propósito especial e, depois, partia. Pouquíssimos indivíduos tiveram a garantia da presença interior do Espírito Santo para a vida; entre eles está João Batista (Lc 1.15). Por conseguinte, o anúncio de que cada um deles seria habitado pela presença de Deus era uma notícia impressionante.

Com a promessa da habitação do Espírito Santo vem uma mudança drástica em como Jesus vê o relacionamento entre os cristãos e "o mundo". Do começo ao fim da narrativa de João, Jesus usa o termo "mundo" para incluir toda a humanidade que está fundamental e organicamente ligada a esse sistema caído e, por conseguinte, é hostil a ele (Jo 1.10). Conforme a narrativa se desenvolve, observamos uma diferenciação gradual entre os "seus" e "o mundo" (13.1). O "seus" são um tanto diferentes. Eles permanecem um tanto mesclados com a criação, todavia já não estão mais ligados aos caminhos caídos do mundo. Jesus reconhece mais tarde que os "seus" têm de permanecer *no* mundo, mas não ser *do* mundo (15.19). Depois da promessa do Espírito Santo, Jesus retrata os cristãos e "o mundo" como inimigos mortais. Os cristãos, desse ponto em diante, são associados com Deus, e o mundo se opõe aos cristãos como se opõe a ele.

14.18-21

Estamos irremediavelmente ligados a Cristo

A promessa de Jesus de voltar envolve uma dupla predição. Ele voltará de fato por meio de sua ressurreição, e os discípulos o verão. Entretanto, sua própria ressurreição também torna possível a ressurreição de todos os cristãos. Também o veremos na vida eterna após a morte. Nesse meio-tempo, não estamos órfãos porque ele ainda está presente por

Do meu diário

O testemunho tornado barato e fácil

JOÃO 14.12-14

Muitos anos atrás, coloquei um emblema com a figura de um peixe — um Ichthus prateado — na traseira do meu Volkswagen. O emblema custou um real e, aproximadamente, 45 segundos para me anunciar como cristão nas vias expressas no sul da Califórnia. Comportar-me como um cristão nas vias expressas exigiu muito mais de mim!

Não tenho nada contra camisetas cristãs, adesivos com mensagens encorajadoras ou quaisquer outros enfeites benéficos que as pessoas queiram comprar. São todos excelentes. Mas me pergunto quantos cristãos esperam inconscientemente impactar o mundo com propaganda cristã, em vez de agir de modo que sua conduta faça a diferença. Admito que colocar o símbolo do peixe no meu carro fez que me sentisse bem na época, mas não é minha preferência hoje. Desde essa época, descobri que os descrentes não prestam muita atenção ao que vestimos ou expomos em nosso carro. Eles observam como nos comportamos.

Será que você está pronto para um desafio? Não será fácil, mas é relativamente descomplicado. Por que não colocar um emblema prateado de peixe no interior do carro? Bem no meio do volante. A seguir, veja se você consegue se comportar na rua de modo a fazer os outros motoristas pensarem: Ah, essa pessoa deve ser cristã!

Não tão barato nem tão fácil, mas definitivamente mais perto do que Cristo tinha em mente.

intermédio do Espírito Santo. Como o Filho e o Pai são duas pessoas e um ser, também o são o Filho e o Espírito.

Quando Jesus não pôde mais ser visto fisicamente pelo mundo, os cristãos continuaram a vê-lo porque lhes foi dada a visão (9.39). A presença do Espírito Santo é o meio pelo qual essa promessa é cumprida, ao passo que a obediência é o método pelo qual ela é cumprida. Conforme nos tornamos mais obedientes e, como resultado disso, nosso relacionamento com ele se fortalece, nós o "vemos" — não fisicamente (até sua volta), mas espiritualmente.

14.22-24

Judas (não o traidor, mas outro discípulo) fez uma pergunta que deu ao Senhor outra oportunidade para enfatizar a distinção entre os "seus" e "o mundo". Ele simplesmente reformulou sua declaração anterior de que o meio para o "ver" é a habitação do Espírito Santo em nosso interior, e o método pelo qual vemos Cristo é a obediência. Os que não creem são como pessoas sem olhos; eles não conseguem ver Cristo se não tiverem os meios para isso. Além disso, mesmo que tivessem olhos, eles se recusariam a abri-los por meio da obediência. Jesus usou essa linguagem figurativa para unir diversos conceitos. A obediência, o amor, as palavras de Cristo, o ver Cristo e a permanência são todas facetas da mesma resposta positiva a Deus, e tudo é possível por meio do Espírito Santo.

■ ■ ■

Temos a vantagem da História quando lemos esse relato da última ceia. Como conhecemos o futuro dos discípulos, vemos a experiência deles da perspectiva divina; por isso, permanecemos calmos enquanto eles se desesperam. Agora as mesas estão viradas. Se as pessoas no céu observarem de fato os eventos na terra, elas permanecerão calmas enquanto nos desesperamos. Elas observam nossa experiência da perspectiva divina.

Se apenas pudéssemos ver dessa perspectiva... De acordo com Jesus, podemos.

APLICAÇÃO
João 14.1-24
REMÉDIO PARA O CORAÇÃO

Fundamentado em meu estudo de João 13.33-38, encontro três origens para as inquietações do coração que afetaram os discípulos e continuam a contaminar os cristãos hoje. Jesus tratou dessas inquietações em João 14.

Inquietação do coração número 1: *a morte está próxima* (13.33a). O Filho de Deus enfrentou a morte iminente. Os discípulos naturalmente se preocupavam com o fato de que, se Jesus não escapasse de sua própria morte, que esperança alguém teria? A morte é o medo supremo; no entanto, também temos medo mortal da enfermidade, doença, acidentes, crime, guerra, pobreza e uma multidão de outras inquietações mortais. Tememos morrer e tememos que alguém que amamos seja levado pela morte.

Inquietação do coração número 2: *os problemas diários* (13.33b). Os discípulos se perguntavam: *Como vamos lidar com a vida diária sem Jesus?* Cada dia em que saímos da cama e retomamos a vida diária, corremos o risco de estragar algo valioso, de sofrer alguma dor, de ferir ou perder uma pessoa importante para nós ou de falhar em algo essencial. As pessoas sentem pressão, perdem o emprego, sofrem dor, aguentam dificuldades, sentem-se rejeitadas, enfrentam bancarrota e ficam doentes. E esses problemas da vida diária às vezes parecem esmagadores.

Inquietação do coração número 3: *a desobediência* (13.38). Como somos fundamentalmente pecaminosos desde o nascimento e nunca estaremos perto de ser sem mácula nesta vida, lutamos continuamente com as consequências da nossa própria desobediência. A culpa, a vergonha, o arrependimento, o remorso, a autocondenação, o medo de ser descoberto, o medo do arrependimento, a fuga da responsabilidade... Ah, como é cansativo caminhar com o pecado não resolvido pendurado em nosso coração como uma pedra imensa!

A morte gera medo. Os problemas diários causam ansiedade. A desobediência gera vergonha. Cada dia e todos os dias da nossa existência, atravessamos um fogo cruzado de medo, ansiedade e vergonha — a série completa de perigos para a humanidade.

Jesus, embora sem mácula, era verdadeiramente humano. Por isso, ele experimentou pessoalmente a gama completa das fraquezas e aflições humanas; portanto, temos um sumo sacerdote que ministra com completo entendimento. Ele, pouco antes de deixar a terra pelo céu, deu a seus discípulos — e a nós — seis verdades para ajudá-los a suportar com esperança as batalhas da vida (veja a discussão da introdução sobre 14.1-24).

Quero apresentar três técnicas práticas para contra-atacar os efeitos mortais do coração inquieto.

Técnica 1: *Combata o medo, medite sobre a verdade.* Para o cristão, o medo é o resultado da ignorância. As pessoas que têm medo de Deus não conhecem Cristo. As pessoas que temem o futuro não conhecem a profecia. As pessoas que temem o julgamento pelo pecado não conhecem as boas-novas. E as pessoas aterrorizadas com a morte não conhecem as promessas do Senhor. Os cristãos, por sua vez, não têm motivo para temer nada, incluindo a morte. Com certeza, ninguém aguarda a morte, e todos querem prolongar a vida, mas a morte em si mesma perde seu poder de amedrontar porque Cristo a derrotou.

A verdade divina afasta o medo.

Técnica 2: *Para reduzir a ansiedade, permita que a verdade divina guie todas as decisões.* Jesus não trouxe a verdade para a terra apenas por causa da educação; ele espera que absorvamos a verdade e apliquemos a verdade para que nossa vida se conforme aos caminhos dele. Quando sabemos que vivemos em harmonia com a vontade de Deus, a ansiedade desvanece. Medite sobre as verdades que Jesus disse no cenáculo e descubra novas maneiras de aplicá-las a cada situação da vida.

Técnica 3: *Para se libertar da vergonha, escolha amar a Cristo e servir a seu corpo.* A vergonha é autocondenação, um padrão de pensamento autocentrado inapropriado, uma vez que o arrependimento pelo pecado acontece, e Cristo remove toda a culpa. Mesmo assim, alguns continuam a lutar com a culpa porque continuam a desobedecer. Muitos outros lutam com a vergonha porque continuam focados em si mesmos. A solução é voltar a atenção para o exterior, escolhendo amar e servir a Cristo ao amar e servir a cada um dos outros.

Superando o medo
JOÃO 14.25-31

Algumas observações sobre a tradução em João 14.25-31

> **A21**
>
> **31** *faço aquilo que o Pai me ordenou*, lit. *e como o Pai [...] também eu*

Embora o medo seja uma resposta primeira, ele é totalmente não natural para a humanidade conforme Deus primeiro nos criou. A primeira emoção registrada na Bíblia é *não se envergonhavam* (Gn 2.25). Adão e Eva desfrutavam de perfeita intimidade com Deus e um com o outro, sem inibição pelo pecado e pela vergonha que ele traz. A segunda emoção mencionada especificamente na Escritura é o medo. Adão, após tentar esconder sua vergonha, confessou que o medo o levou a se esconder quando seu criador veio confrontá-lo (Gn 3.10). O medo é um produto da Queda e, desde sempre, tentamos lidar com ele. Medo de altura.

Medo de multidões. Medo de espaços abertos. Medo de germes. Medo da morte. Até já li em publicações de psicologia sobre o medo do medo!

O medo pode ser debilitante. O medo tira o talento e a valentia do atleta, seca a criatividade do artista, turva a clareza do líder e manda o soldado para o fundo da trincheira. Já vi pessoas paralisadas de medo, incapazes de mover um músculo. O medo, mais comumente, impede as pessoas de se tornarem tudo que Deus as criou para ser e as impede de amarem completamente umas às outras.

O anúncio de Jesus da sua partida colocou os discípulos em um turbilhão emocional. Eles não conseguiam imaginar seu futuro sem Jesus, e a perspectiva de seguir em frente sozinhos os aterrorizava... e com razão! Não consigo imaginar enfrentar a vida sem Cristo em minha vida. Aqueles onze homens trêmulos precisavam de coragem, como também necessitamos hoje. Por esse motivo, Jesus confrontou os medos deles com quatro verdades que, quando aplicadas, ajudam a dar aos cristãos o poder necessário para vencer qualquer tipo de medo:[5]

1. Podemos ser inadequados, mas o Espírito Santo nos torna competentes e corajosos (14.25,26).
2. Podemos ser medrosos, mas a paz de Jesus Cristo é para nos apossarmos dela (14.27).
3. Talvez as circunstâncias sejam desesperadoras, mas a vitória é garantida (14.28,29).
4. Talvez as circunstâncias sejam difíceis, mas podemos encontrar coragem na obediência (14.30,31).

14.25,26

Podemos ser inadequados, mas o Espírito Santo nos torna competentes e corajosos

A expressão "essas coisas" refere-se ao ensinamento do Senhor sobre obediência, amor e "permanência". Ele prometeu que tudo que lhes ensinara continuaria a ser ensinado pelo Espírito Santo vivendo no interior deles. A palavra traduzida por "consolador" é *paraklētos* [3875], a qual transliteramos para a forma do termo "paracleto".

O termo grego também pode ser traduzido por "advogado", "encorajador" ou até mesmo por "treinador". A palavra, em termos modernos, carrega a ideia de um treinador correndo lado a lado de alguém em uma corrida, fornecendo conselho, correção, esperança, conforto e perspectiva positiva. Um *paraklētos* ajuda o outro em direção à excelência. Ele, como um treinador encorajando e desafiando o atleta a alcançar um objetivo em particular, treina os cristãos a se dedicarem, a descartarem os impedimentos e a se tornarem obedientes como Cristo. O consolador faz isso de modo sobrenatural, em parte ao trazer as palavras de Cristo à mente e ao aplicá-las ao coração.

Os discípulos aprenderam volumes de verdade aos pés de Jesus, muito mais do que qualquer pessoa consegue se lembrar sem ajuda sobrenatural. Após Jesus ascender ao céu, os homens nunca o viram de novo como viram durante seu ministério terreno. Os dias deles de conversa casual cara a cara chegaram ao fim. Eles dependiam do Espírito Santo para lhes dar a recordação perfeita e ajudá-los a transmitir sem erro os ensinamentos do Senhor.

Embora não tenhamos sido encarregados de escrever a Escritura, ainda assim temos, como cristãos, o mesmo Espírito Santo habitando em nós. No período intermediário enquanto Jesus está ausente, antes de ele voltar, seu Espírito repousa em seus seguidores para nos instruir e nos recordar a verdade previamente revelada.

14.27

Podemos ser medrosos, mas a paz de Jesus Cristo é para nos apossarmos dela

Jesus deixou seus seguidores com um legado: "Deixo-vos a paz". Os discípulos enfrentariam dias incertos no futuro, em especial entre o período da morte de Jesus e o recebimento do Espírito Santo quase dois meses depois. Ele queria focar a atenção dos discípulos na vitória final.

Imagine assistir a um campeonato de futebol junto com um grupo de amigos. Se o jogo tiver sido gravado antes, e você já souber o resultado final (mas seus amigos não souberem), você experimentaria o jogo de forma muito distinta da de seus amigos. Talvez eles fiquem ofegantes quando o time deles errar ou se encolham quando os oponentes marcarem um gol. Mas você ficaria relativamente impassível porque já teria visto tudo através das lentes de um resultado garantido. Se algum de seus amigos quisesse ter paz em meio à sua dúvida, tudo que teria de fazer é olhar para você. Sua paz se tornaria a paz deles.

Um pouco depois, Jesus tranquilizaria seus discípulos: *Eu vos tenho dito essas coisas para que tenhais paz em mim. No mundo tereis tribulações; mas não vos desanimeis! Eu venci o mundo* (16.33).

14.28,29

Talvez as circunstâncias sejam desesperadoras, mas a vitória é garantida

Jesus comentou que sua morte iminente podia ser vista como uma calamidade ou como uma vitória, dependendo da perspectiva da pessoa.

Ele predissera sua morte e ressurreição muitas vezes, mas os discípulos não entenderam que estavam participando de algo muito maior que qualquer coisa que imaginassem. Se aceitassem o fato de que a morte do mestre deles fazia parte do plano do Pai, eles ficariam esperançosos, em vez de temerosos.

Observe o uso pelo Senhor do termo "quando", em vez de "se" em 14.29. O plano do Pai não é um plano "se", mas um plano "quando". Não há contingências para as quais planejar. Nada o impedirá. Embora o Senhor não tenha revogado sua dádiva da autodeterminação para cada indivíduo, ele escreve o futuro, e este não é mais mutável que o passado. Embora o futuro traga tribulação e nossas experiências nem sempre sejam prazerosas, podemos aguentar com esperança — certeza confiante — porque os planos de Deus têm a vitória garantida. Ninguém entendeu isso melhor que o Filho de Deus, que enfrentou a escuridão mais profunda que qualquer outro homem ou mulher jamais enfrentarão.

14.30,31

Talvez as circunstâncias sejam difíceis, mas podemos encontrar coragem na obediência

O "príncipe deste mundo" é Satanás. Quando o primeiro homem escolheu desobedecer a Deus, toda a criação caiu sob o domínio do autor do pecado, do mal, da morte e da corrupção. A encarnação de Deus na pessoa de Jesus Cristo foi uma invasão, uma libertação da força do único. E ele sofreu o ataque do inimigo a fim de libertar a humanidade do domínio do pecado.

Jesus advertiu que o inimigo planejava atacar logo. Nesse momento, Judas fazia planos com as autoridades religiosas para organizar uma coorte de guardas do templo e de soldados romanos. O Senhor garantiu aos seus seguidores que o meio de superar o medo do inimigo é a obediência. Ele declarou: "Faço exatamente o que o Pai me ordenou". Enquanto a perspectiva de sofrer a pena do pecado em nome de todo o mundo o inquietou profundamente, a obediência lhe deu a coragem necessária.

■ ■ ■

Jesus conversou sozinho com seus discípulos antes de ser preso a fim de equipá-los para o ministério sem sua presença física. Ele os chamou para fazer brilhar a luz da verdade em um mundo ainda governado pelo mal e os equipou fielmente com toda informação de que precisariam; mesmo assim, o medo ameaçava deixá-los impotentes. Por quê? Pelo mesmo motivo que o medo contamina os cristãos hoje: a falta de *confiança* na verdade das palavras do Senhor. Os discípulos confiavam em Cristo, mas lhes faltava confiança.

Há uma profunda diferença entre "confiar" e "confiança".

Confiar é a decisão de aceitar como verdade as palavras de Jesus e torná-las o alicerce para todas as decisões futuras. A confiança é o sentimento cada vez maior de paz conforme aplicamos as palavras de Cristo e as vemos confirmadas vez após vez. Confiar é uma decisão; a confiança é um sentimento.

Jesus, em resposta ao medo dos discípulos, confirmou mais uma vez a verdade que ensinara desde o início. Os cristãos não têm mais motivo para ter medo. Temos, ao contrário de Adão após sua desobediência, paz com Deus por causa do sacrifício expiatório de Jesus (Rm 5.1); portanto, a onipotência de Deus é nossa aliada contra qualquer inimigo concebível. Mas a confiança nessa verdade não acontece no instante em que cremos nele. Nossa decisão de confiar começa um processo de crescimento no qual experimentamos pessoalmente a verdade das palavras de Cristo por intermédio da obediência. E essa experiência, por sua vez, deixa cada vez menos espaço para o medo.

Jesus chamou "permanecer" a esse processo de confiança crescente por meio da obediência.

APLICAÇÃO
João 14.25-31
FOCO

A cada momento, escolhemos focar uma das cinco diferentes facetas da vida. Todas elas estão presentes e são bem reais, portanto não podemos ignorá-las. No entanto, apenas uma delas deve ser nosso *foco*.

- *O ego* — quando o ego passa a ser o foco da vida, o indivíduo fica arrogante e, inevitavelmente, desencorajado. Quando o mundo gira em torno do ego, interpretamos toda a vida em termos de como vemos a nós mesmos. Quando coisas boas ou ruins acontecem, concluímos que elas estão de algum modo relacionadas com a bondade ou a maldade inata. A autoestima saudável acaba por se transformar em vaidade, enquanto a baixa autoestima pode acabar em depressão.
- *As circunstâncias* — a maneira mais rápida de ser esmagado pelo medo ou pela desesperança é focar as circunstâncias. Focar as circunstâncias, de muitas maneiras, é o oposto de focar o ego. As pessoas que focam as circunstâncias presumem que nada no mundo ao redor delas pode ser afetado por suas escolhas. Elas se sentem

desamparadas e vitimadas por um mundo que sentem ser impotente para mudar.
- *As posses* — as pessoas com frequência substituem a aquisição e manutenção das coisas pelo que realmente satisfaz. O relacionamento com outras pessoas — laços próximos, íntimos, em que o indivíduo é conhecido e conhece outros — é amedrontador para alguns; eles acham que o relacionamento com as coisas é muito mais fácil de administrar. Isso é especialmente verdade no relacionamento com Deus; por isso, dedica-se grande esforço à tentativa de preencher o vazio com a forma de Cristo com as posses.
- *As pessoas* — precisamos das pessoas. Deus nos criou para os relacionamentos com os outros e também com ele mesmo. No entanto, os relacionamentos são os primeiros candidatos à idolatria. Deixamos com muita facilidade que a voz das pessoas à nossa volta ofusque a verdade da Escritura e substitua o incitamento interior do Espírito Santo. Alguns se permitem ser arremessados nas ondas da opinião dos outros.
- *O Senhor* — Jesus nos chamou a focar o Deus trino, que é soberano sobre o ego, as circunstâncias, as posses e as outras pessoas. Quando essas outras quatro influências estão subordinadas a ele, tudo encontra o equilíbrio certo. Vemos a nós mesmos como devemos, as circunstâncias passam a ser ferramentas da providência de Deus, as posses se transformam em bênçãos e as pessoas se tornam nossos iguais diante de Cristo — igualmente indignos de graça e igualmente dignos de amor.

Se for como eu, você é implacavelmente pragmático. Quer saber como converter essas verdades em ações que façam diferença. Como podemos fazer que o medo se torne obsoleto? Como podemos deixar o medo fora da nossa experiência diária? Eis algumas sugestões simples e diretas que funcionam bem para mim.

1. Reconheça sua fonte de poder. Se você confia em Cristo, tem em seu interior a presença e o poder do Deus Todo-poderoso. O Espírito Santo vive em você. Quando confrontado por algo que tema, escolha voltar sua atenção para o poder de Deus residindo em você e peça conscientemente a ele para assumir o controle de seu ser.

2. Comece cada dia com oração. Isso pode logo desfazer em uma rotina sem sentido com orações memorizadas. Haverá momentos em que você não saberá o que dizer. Então, diga: "Senhor, não sei o que dizer neste momento". Se nenhuma preocupação ou medo lhe vier à mente, transforme sua oração em uma ação de graças. Isso pode levar dois minutos ou duas horas. De todo jeito, começar o dia com oração é um meio de colocar conscientemente o Senhor no comando de cada novo dia. E, para mim, essa é uma fonte crucial de poder e paz.

3. Corrija seu hábito de ser pessimista. Nossa inclinação de temer o pior quando eventos desagradáveis se revelam é uma das principais razões por que Deus nos deu a profecia. É praticamente impossível continuar pessimista quando você conhece o futuro do plano de Deus. Não importa quão funesto o presente possa parecer, não importa quão vitorioso o mal pareça ser, temos a garantia de que o plano redentor de Deus *não pode* ser derrotado.

4. Devote-se à obediência. Quando somos obedientes, damos ao Acusador menos oportunidade para nos amedrontar. Quando as circunstâncias ruins nos rodeiam, Satanás ama nos dizer que somos culpados de desagradar ao Senhor e que a obediência não faz mais sentido. Nada pode estar mais distante da verdade — a desobediência gera medo. Obedeça ao Senhor por amor e, surpreendentemente, o medo se desvanecerá.

Permanência
JOÃO 15.1-11

Algumas observações sobre a tradução em João 15.1-11

A21

2 *limpa*, lit. *limpa*; usado para descrever a poda
3 *limpos*, ou seja, podados como um galho
4 *dar fruto*, lit. *dei*
8 *sereis*, ou *se tornarem meus discípulos*

Após saberem, na véspera da crucificação, da iminente partida de Jesus da terra, o medo tomou conta dos discípulos, que se sentiram como se estivessem sendo esmagados por mãos de aço. Como eles poderiam seguir em frente sem Jesus? O que seria do reino dele? Será que o Senhor os estava desafiando a construir um reino sem rei? Não era exatamente isso. Primeiro, Jesus prometeu que sua partida desempenhava um papel crucial no plano de Deus para redimir o mundo e que ele voltaria (Jo 14.1-15). Segundo, Jesus prometeu que não os deixaria para se arranjarem por si sós; estaria presente com eles na pessoa do Espírito Santo, cujo papel é ensinar e fornecer coragem (14.16-24). Terceiro, ele prometeu que a confiança na verdade de suas palavras e o conforto em sua presença contínua aumentariam conforme obedecessem a ele (14.25-31).

Os discípulos puseram sua confiança em Jesus Cristo, mas lhes faltava maturidade. O Senhor lhes ensinara a verdade divina durante três anos e meio, mas ela ainda não fora testada. Chegou a hora de esses cristãos ainda imaturos começarem a caminhar por conta própria. A única esperança deles de vencer o medo era permitir que a confiança na verdade de Jesus Cristo aumentasse e gradualmente substituísse o medo.

No capítulo 15, Jesus descreve três relacionamentos essenciais que todo cristão deve administrar se quiser cultivar a confiança e elevar-se acima das consequências da Queda, incluindo o medo:

Seção	Relação	Termo-chave	Ênfase
João 15.1-11	Do cristão com Cristo	"Permanecer" (usado dez vezes em onze versículos)	União
João 15.12-17	Do cristão com o cristão	"Amar" (usado quatro vezes em seis versículos)	Comunhão
João 15.18-27	Do cristão com o mundo	"Odiar" (usado sete vezes em dez versículos)	Perseguição

Conforme examinamos o texto de 15.1-11, quatro observações ajudam nossa interpretação. Primeiro, essa passagem só tem sentido para os cristãos. Qualquer descrente que tentar aplicar essas verdades ficará irremediavelmente confuso. Jesus não estava descrevendo como o indivíduo se torna cristão, mas como este pode viver como cristão após colocar sua confiança nele.

Segundo, Jesus usou muito a metáfora da vinha, um símbolo poderoso com raízes profundas no solo da história de Israel (Sl 80.8,9; Is 5.1-7; Ez 15.1-5; Os 10.1). Nenhuma ilustração tocava a alma hebraica como a imagem de um vinhateiro e sua vinha.

Terceiro, o assunto básico do ensinamento de Jesus é a permanência e não produzir frutos. Em nenhum ponto do discurso o cristão *recebe ordem* para produzir fruto. Ao contrário, recebemos a promessa de que, se permanecermos, o fruto resultará.

Quarto, a ilustração escolhida por Jesus seria familiar a todos os discípulos e praticamente a toda a audiência de João, mas pouco conhecida para nós hoje. Por essa razão, temos de ter cuidado para não explorar cada detalhe em busca de sentido simbólico. As ilustrações permitem que tenhamos uma visão panorâmica — que deve ser nosso foco aqui.

"**Treinamento" por vinhateiros.** Os vinhateiros encorajam o crescimento saudável por meio de um processo denominado "treinamento", no qual os galhos novos são levantados e cuidadosamente amarrados em um fio horizontal de uma treliça.

15.1,2

A imagem da vinha e do vinhateiro ilustra de forma pungente o cuidado especial de Deus com a nação de Israel, que forneceu aos profetas Isaías e Ezequiel a imagem perfeita para suas repreensões contundentes (Is 5.1-7; Ez 15.1-5). Deus plantara originalmente Israel na terra prometida para ser um meio de revelar sua Palavra para o mundo e de ensinar todas as nações sobre sua graça. Israel tinha de florescer como um exemplo vivo de como a obediência produz o fruto da justiça. Além disso, o Senhor prometera abençoar Israel quando o relacionamento de confiança da nação ficasse mais forte. Mas Israel falhou.

Jesus, ao declarar ser a "videira verdadeira", tomou o lugar de Israel, afirmando ser a videira autêntica e saudável que a nação não conseguiu se tornar (Is 5.1-7). O Pai, como cuidara da fracassada vinha de Israel, também cuidaria da florescente vinha do Filho.

Jesus, a seguir, resumiu o cuidado do vinhateiro pela vinha. O verbo grego *airō* [142], traduzido por "corta", tem a definição primária de "levantar do chão", embora possa significar e com frequência signifique "tomar sobre si e carregar o que foi levantado, levar".[6] João usa *airō* nos dois sentidos: "tirar" (Jo 11.39,48; 16.22; 17.15) e "levantar" (5.8-12; 8.59). Por conseguinte, é possível montar um caso forte para uma ou outra das definições.

Favoreço a definição de "levantar" por dois motivos. Primeiro, esses dois versículos introduzem a ilustração de modo sucinto, descrevendo o cuidado geral de um vinhateiro no cultivo da vinha. Os vinhateiros são raramente vistos cortando os ramos durante a estação de crescimento. Ao contrário, eles carregam um maço de fios e uma tesoura de poda enquanto caminham ao longo da carreira de videiras. Eles levantam com cuidado os ramos pensos e os amarram à treliça — procedimento denominado "treinamento". Também cortam estrategicamente os brotos menores dos ramos (a fim de maximizar a produção de frutos, procedimento denominado de "poda").

Favoreço a definição de "levantar" por um segundo motivo. Uma combinação de "tirar" e "podar" enfatiza demais a poda da vinha quando Jesus parece estar salientando o cuidado do Pai durante a estação de crescimento. A imagem de levar os ramos mortos é um detalhe que aparece mais tarde quando ele refina a ilustração.

15.3,4

O Senhor garante aos discípulos que eles já foram podados/desbastados. O adjetivo traduzido por "limpos" é baseado no mesmo verbo usado para "limpar" em 15.2. Ele seguiu essa garantia com a ordem para "permanecer". O verbo significa "permanecer" ou "ficar no lugar", muitas vezes em relação à casa do indivíduo. André e João, ao conhecerem Jesus, perguntaram-lhe: *Onde te hospedas* (ou permaneces)? (1.38). A palavra "permanecer" em termos dessa metáfora refere-se ao ramo que continua ligado à vinha. Os ramos que não recebem a seiva da vinha não podem produzir fruto — aliás, nem continuar a viver.

Uma chave para entender o que Jesus quer dizer com "permanecei" é a expressão "em mim", que reflete um conceito teológico denominado "verdade posicional" ou "identificação". Paulo, o apóstolo, descrevia com frequência os cristãos como estando "em Cristo". A "identificação" descreve o relacionamento do cristão com Cristo em que Deus o trata como trataria Jesus.

Imagine dirigir-se, com seu carro, em direção ao portão da frente do Palácio de Buckingham, em Londres. Você não iria muito longe antes de ter de dar meia-volta. Sem as credenciais apropriadas, os guardas o mandariam ir embora. No entanto, se a rainha mandasse seu carro oficial para pegá-lo e levá-lo ao portão, você receberia o tratamento que ela recebe. O guarda, por você estar no carro oficial da rainha, lhe daria o mesmo tratamento real devido à monarca da Grã-Bretanha. Do mesmo modo, estar "em Cristo" permite que o cristão compartilhe a identidade do Filho. Por conseguinte, aqueles que estão "em Cristo" desfrutam de todos os benefícios do relacionamento com ele, incluindo o acesso irrestrito ao Pai.

Jesus não usou essa ilustração para apresentar algum ponto sobre a salvação. Em 15.3, o Senhor afirmou a salvação dos discípulos, garantindo-lhes que Deus já fizera sua parte; eles já *est [ão] limpos*. Jesus, com o assunto da salvação resolvido, usou essa ilustração para discutir a vida cristã após a salvação. Ele passou da questão de *posição* — "em mim" — para a de *produção*. Uma vez que o indivíduo escolhe crer e receber a garantia de vida eterna, qual é nosso propósito? Como será que devemos viver? Vivemos, como os ramos da videira, para produzir fruto (15.2).

15.5

Enquanto examinamos essa ilustração, é extremamente importante manter dois pontos em foco: o assunto não é a salvação, mas a vitalidade como cristão. A imagem do "fruto" na literatura bíblica é uma metáfora comum para "evidência". O fruto prova a identidade de uma planta e revela seu estado de saúde (15.8).

Um especialista em horticultura sabe quando está olhando para uma pereira, em vez de uma macieira, só ao examinar as folhas e a casca da árvore. Os observadores sem treinamento têm dificuldade em identificar que tipo de árvore estão observando. Se a árvore, no entanto, estiver carregada de frutos, então não há risco de erro. Além disso, a boa qualidade do fruto é uma forte indicação de boa saúde. Até mesmo um novato em horticultura sabe que muitos frutos exuberantes e deliciosos só podem vir de uma planta forte e vibrante. Uma planta seriamente doente não pode realizar seu propósito.

Jesus deixa claro que os ramos são os discípulos — não os descrentes — e promete que a permanência levaria inevitavelmente à produção de fruto. Se eles permanecessem conectados a ele, receberiam a seiva substancial, ficariam fortes e, no fim, produziriam a evidência inequívoca de sua identidade como membros da vinha (15.8). Além disso, a presença do fruto testificaria a boa saúde deles em Cristo. De outro lado, os ramos que não produzem fruto não deixam de ser videiras; a saúde deles, no entanto, passa a ser suspeita e sua identidade pode ser questionada. Na verdade, os ramos que não permanecem conectados à videira secam e não servem para nada.

Os cristãos assumem com frequência que é sua responsabilidade produzir fruto, algo que têm de fazer em gratidão pelo que Cristo tem feito por eles. Eles se esforçam para produzir fruto apenas para falhar, recuperar-se, prometer fazer melhor, tentar mais uma vez e, depois, continuar esse ciclo infame de fracasso. Jesus instruiu seus seguidores a focar a atenção na permanência, não na produção.

15.6

A interpretação de João 15.6 pode ser motivo de caloroso debate entre os cristãos. Alguns sugerem que aqueles que não "permanece[m] em mim" são cristãos infiéis e perderam sua salvação, que o Vinhateiro decidiu que eles devem ser cortados e jogados fora. Mas Jesus disse que ninguém pode ser salvo e, depois, passar a ser não salvo (10.27-29). Outros sugerem que os ramos que não permanecem representam aqueles que nunca creram de forma genuína — as pessoas que rejeitam Jesus abertamente ou aqueles que apenas professam crer. A ilustração de Jesus, no entanto, aplica-se apenas aos cristãos. Sabemos isso porque João 15.2 fala de cada ramo "em mim", o que presume a existência de um relacionamento, e porque 15.3 especifica a audiência de Jesus como aqueles que já *est [ão] limpos*.

O mais provável é que Jesus tenha tirado de Ezequiel a imagem da ilustração:

> *De novo, a palavra do SENHOR veio a mim: Filho do homem, em que a madeira da videira é melhor do que a de qualquer árvore do bosque? Acaso a sua madeira é usada para fazer alguma coisa? Ou se faz com ela alguma estaca, onde se pendure alguma coisa? Quando é lançada no fogo para queimar, e o fogo devora ambas as suas extremidades, e o meio dela também fica queimado, serve para alguma obra? E quando estava inteira, não servia para nada; muito menos se faria com ela alguma obra se estivesse consumida ou carbonizada pelo fogo* (Ez 15.1-5).

O ponto é simplesmente este: os vinhateiros jogam fora os ramos separados porque não servem para nada. Conforme Warren Wiersbe afirma de forma bem sucinta:

> É insensato construir uma doutrina teológica sobre uma parábola ou alegoria. Jesus estava ensinando uma verdade principal — a vida frutífera do cristão —, e não devemos forçar demais os detalhes. Como o ramo improdutivo é inútil, também o cristão improdutivo é inútil; e é necessário se lidar com ambos. É uma coisa trágica que um cristão antes produtivo chegue a se desviar ou apostatar e perca seus privilégios de comunhão e serviço.[7]

Jesus usou a analogia de Ezequiel para dizer que os cristãos que não permanecem nele não são bons para nada. Não podemos produzir fruto por nossa conta. Entretanto, se permanecemos em Cristo, realizamos o propósito para o qual fomos criados e somos facilmente identificados como membros saudáveis da família de Deus (Jo 15.8).

15.7-9

Jesus passou rapidamente do negativo para o positivo. O cristão, quando permanece ou continua vitalmente conectado a Jesus Cristo, começa a assumir um caráter semelhante ao de Cristo. O cristão é transformado de dentro para fora. Sua mente abriga os tipos de pensamentos que Deus tem. O coração do cristão começa a refletir os valores de Deus (Jr 31.31-33). E, quando pensamos como Deus pensa, pedimos o que é coerente com seu plano, o que resulta em ele nos conceder o que pedimos.

15.10,11

Então, o que significa "permanecer"? Sabemos que a analogia só se aplica aos cristãos, e que a permanência produz algo na vida do cristão que faz que os outros logo os identifiquem como conectados a Cristo (15.8). Mas como o indivíduo "permanece em Cristo"? De acordo com Jesus, a pergunta é respondida em uma palavra: obediência. "Guardar os mandamentos" e "permanecer em amor" são sinônimos.

Observe as relações paralelas estabelecidas por Jesus. Sua conexão com o Pai é o padrão para nossa conexão com ele. Ele obedece ao Pai e o ama; obedecemos a Cristo e o amamos. A palavra grega descreve alguém em um estado de satisfação e alegria, como na hora da colheita (4.36) ou na festa de casamento (3.29). É uma palavra emotiva, usada com a intenção de ser o exato oposto de medo.

■ ■ ■

Jesus, no início do diálogo, falou sobre o medo dos discípulos no anúncio de sua partida. Ele primeiro garantiu a eles que a intenção da sua partida não era punir as deficiências deles; antes, sua partida era necessária para abençoá-los, a despeito das deficiências deles (14.1-15). A seguir, ele prometeu estar com eles por intermédio da presença permanente do Espírito Santo e que eles sentiriam sua presença contínua por meio do Espírito Santo (14.16-31). Jesus, além dessa garantia, nos deu um remédio contra o medo e um meio de experimentar sua presença contínua, a despeito de sua ausência física: a obediência (15.1-11). Quando obedecemos, a confiança substitui o medo (1Jo 2.28), resultando em alegria.

APLICAÇÃO
João 15.1-11
O FRUTO DA PERMANÊNCIA

Se você confia em Cristo, seu destino eterno está determinado. Você é escolhido por Deus, e nada o arrancará da mão dele. Sua *posição* em Cristo está segura; não obstante, sua *produção* é um outro assunto. Se você permanece em Cristo — ou seja, obedece a ele principalmente ao amar os outros —, desfruta de quatro resultados específicos.

Primeiro, *as orações são respondidas*. Essa afirmação não sugere que Deus se tornará nosso gênio pessoal da lâmpada. A promessa é condicional. Se estamos conectados à vinha e ficamos cada vez mais parecidos com Jesus, nossas orações não são egoístas, mas são o tipo de pedido que *ele* faria. Jesus recebeu tudo que pediu porque ele e o Pai estavam alinhados de forma completa e consistente em seu pensamento.

Segundo, *Deus é glorificado*. Conforme imitamos o caráter de Jesus, obedecendo às suas ordens do mesmo modo que ele obedeceu às do Pai, o Deus trino recebe todo o crédito. Ele se delicia em nos ver refletindo seu caráter e procura oportunidades para, em resposta, derramar suas bênçãos sobre seus filhos.

Terceiro, *o amor é estimulado*. Observe a ausência de luta ou esforço. Quando permanecemos em Cristo, as qualidades de caráter que honram o Senhor começam a emergir, como as uvas crescem naturalmente dos ramos saudáveis conectados à videira. Porque Deus é amor (1Jo 4.8), os outros notam essa qualidade divina se desenvolvendo em nosso interior.

Quarto, *a alegria transborda*. O termo "alegria" não se refere à felicidade nem à satisfação superficiais. A alegria é o contentamento profundo que transcende as circunstâncias difíceis e tira o maior deleite e prazer de cada experiência boa. Permanecer em Cristo, embora não diga respeito apenas à alegria, inspira alegria como você nunca vivenciou. A alegria profunda e satisfatória vem da posição em que você sente completa segurança e confiança — mesmo em meio à provação. Conforme ouvi certa vez: "A alegria é a bandeira que flutua sobre o castelo do nosso coração, anunciando que o rei está em casa".

Sabe, é possível pastorear uma igreja sem permanecer em Cristo. Fiz isso algumas vezes na minha vida e faz nos sentirmos péssimos, e essa atitude é terrível. É o jeito mais fácil que conheço de conseguir uma úlcera. Também é possível administrar um negócio como cristão, ensinar em aulas de Bíblia, ser uma esposa ou marido e até aconselhar as pessoas, fazendo tudo isso sem permanecer em Cristo. No entanto, qualquer bem que fazemos e qualquer sucesso que desfrutamos não terão um impacto duradouro. Do mesmo modo, quando obedecemos, quando permitimos que a força de Cristo flua por nosso intermédio, o Senhor produz resultados que desafiam a explicação natural — orações poderosamente eficazes, bênçãos que honram a Deus, amor ilimitado e alegria inexplicável.

As qualidades de um amigo
JOÃO 15.12-17

Samuel Taylor Coleridge foi um gênio solitário. Ele, nascido de pais idosos em Devonshire, Inglaterra, o mais jovem de dez filhos, não recebeu o amor que a maioria das crianças recebe e, por conseguinte, nunca teve a oportunidade de cultivar relacionamentos íntimos. Seu pai morreu antes de ele fazer 10 anos, após o que ele foi mandado para um internato famoso pelo tratamento severo e implacável que aplicavam aos alunos e, depois, passou a viver com vários membros de sua família. Ainda assim, seus cuidadores reconheceram seu intelecto excepcional e o matricularam em Cambridge, onde ele logo se destacou como erudito.

Coleridge veio a ser conhecido na escola por três hábitos notáveis: leitura voraz, escrita prolífica e pensamento radical. No fim, suas buscas filosóficas o afastaram da fé de seu pai, um notável clérigo, antes de sua morte e de Cambridge antes de se formar. Ele acumulou uma grande dívida, foi atrás da filosofia francesa, tentou fundar uma sociedade utópica na Pensilvânia, casou-se, divorciou-se, veio a ficar irremediavelmente dependente do ópio e, no fim, conseguiu se indispor com a família e também com os amigos.

Então, ele conheceu William Wordsworth, que ficou amigo do desarraigado gênio. Isso o levou ao período mais produtivo de escrita e publicação durante o qual ele escreveu os poemas "Remorso", "Amor", *Kubla Khan* e sua obra mais famosa "A balada do velho marinheiro". O personagem principal nessa emotiva autobiografia, lamenta:

> Ah, sozinho, sozinho, inteiramente só,
> Num largo, largo mar!
> E nunca nenhum santo se apiedou
> De minha alma a agoniar.[8]

No fim, Wordsworth interrompeu seu relacionamento com Coleridge, que ficara muitíssimo dependente do ópio, separou-se da segunda esposa, abandonou os filhos e não conseguia mais sustentar qualquer carga de trabalho expressiva. Ele se mudou para a casa de um farmacêutico, James Gillman, esperando reduzir sua dosagem de ópio, mas logo encontrou uma fonte secundária. Ainda assim, Gillman permitiu que Coleridge permanecesse sob os cuidados de sua família durante o resto de sua vida.

Coleridge, alguns anos antes de sua morte, reconheceu o valor de seu único amigo, no poema "Juventude e velhice", que inclui a frase: "A amizade é uma árvore acolhedora".[9]

Como isso é verdade! Quando jovem, eu negava a necessidade de amigos íntimos, convencido de que a necessidade de outras pessoas é um sinal de fraqueza emocional ou espiritual. Não gostava de ficar sozinho; então, procurava a companhia dos companheiros de brincadeiras. Mas não queria ter amigos íntimos que me desafiassem a me tornar um homem melhor. Ainda eu não sofrera a ferroada da vida no mundo real. Ainda não vivenciara uma tragédia que exigisse a ajuda de amigos devotados. No entanto, à medida que eu amadurecia, percebia que buscar amigos íntimos é um sinal de maturidade emocional e espiritual. Conforme me tornei mais sensato e experiente, comecei a ver que Jesus, o homem mais capaz e maduro que já viveu, buscou a companhia de doze homens e cultivou amizade íntima com alguns deles. Depois, ele, na véspera da sua crucificação, retirou-se com os Doze não só para compartilhar sua sabedoria, mas também para receber conforto e apoio.

O Senhor — durante seu discurso sobre como os homens e as gerações subsequentes de discípulos deviam se conduzir após sua partida — salientou a importância de ter amigos íntimos. Essas árvores acolhedoras espalham sua proteção com quatro ramos:
- A desconsideração pelo sacrifício pessoal (15.13).
- A dedicação a objetivos mútuos (15.14).
- A mútua confidencialidade (15.15).
- O desejo compartilhado por ser bem-sucedido (15.16).

15.12

As ordens de Jesus mencionadas em 15.10 são incorporadas nessa única "nova" ordem (13.34; cf. Mt 22.37-40; Mc 12.29-34). Ele ordenou que os cristãos amem uns aos outros.

A ordem, no sentido mundano do termo, soa impossível de ser realizada. Como seria possível amar alguém que mal conhecemos e por quem não nutrimos sentimentos? O conceito de amor do mundo é auto-orientado, fundamentado no desempenho e guiado pelo sentimento instável. As pessoas se apaixonam e deixam de amar como se fosse uma força fortuita e misteriosa que afeta duas mentes durante uma estação e que pode desvanecer com a mesma rapidez com que surgiu.

A palavra grega aqui não é o instável *erōs* nem mesmo a sincera *philia* [5373], mas o *agapē* [26]. (Veja a discussão anterior na seção "Um novo tipo de amor" na p. 242.) O *agapē* com frequência envolve um sentimento profundo, mas ele começa com uma decisão. O *agapē* não considera o mérito e não espera por inspiração. O *agapē* é o tipo de amor exemplificado por Deus, em especial no relacionamento com seu Filho. Além disso, o tempo do verbo no grego é "imperfeito", o que sugere ação repetida ou contínua: "amai-vos uns aos outros". E a qualidade desse amor tem de ser do mesmo tipo do amor que recebemos de Cristo. Ele é nosso exemplo e nosso padrão.

O Senhor, a seguir, descreve esse amor em termos práticos, apresentando quatro exemplos seguidos pela repetição da ordem (Jo 15.17).

15.13

A desconsideração pelo sacrifício pessoal

Embora esse versículo tenha em vista o ato de Jesus morrer em lugar de toda a humanidade, seu sacrifício ilustra um importante princípio. O exemplo supremo de amor pelo outro é a disposição em dar maior prioridade à vida da pessoa que à própria. Charles Dickens incorporou esse espírito em seu romance *Um conto de duas cidades*, cujas personagens foram pegas no turbilhão de insanidade e no desenfreado derramamento de sangue da Revolução Francesa. Na cena final (saqueadores, alertas!), Sydney Carton, o advogado dissoluto, tomou o lugar do amigo na guilhotina para garantir sua segurança. Os espectadores se recordaram da expressão serena de Carton enquanto subia os degraus do cadafalso, dizendo de fato: "O que faço é de longe a melhor coisa que fiz na vida; terei um descanso muito melhor do que jamais conheci".[10]

Esse sacrifício supremo é a expressão suprema de amor; no entanto, é improvável que enfrentemos uma escolha dessa. É mais frequente sermos solicitados a abrir mão da nossa vida em doses pequenas e diárias, em vez de em um grande gesto. E isso, de muitas maneiras, é mais difícil. O amor por um amigo não mantém um registro de sacrifício; esse tipo de amor valoriza o outro mais que ao ego, de modo que o sacrifício passa a ser um assunto de pouca importância.

15.14

A dedicação a objetivos mútuos

Essa declaração envolve uma condição. Se agirmos como ele ordena, somos identificados como seus amigos e recipientes de seu sacrifício (15.13). Isso não sugere que temos de obedecer de forma perfeita; afinal, não somos capazes de fazer isso. Ao contrário, a declaração fala da nossa intenção de perseguir os objetivos do Senhor ao seguir suas instruções.

O soldado no campo de batalha apoia o objetivo da missão ao seguir as ordens dadas pelo oficial no comando da operação — mesmo se morrer antes de realizar sua tarefa. Se desobedece de forma deliberada, então ele solapa a missão. O mesmo acontece conosco. Somos amigos do Senhor quando apoiamos seus objetivos.

15.15

A mútua confidencialidade

Esse uso de *philos* [5384], "amigo" ou "companheiro", é incomum em relação a Jesus, geralmente tratado como "Senhor", "mestre", "Rabi" ou "meu Deus". O termo *philos* nesse contexto sugere um relacionamento de iguais; entretanto, com certeza, não podemos reivindicar e tampouco afirmar igualdade com Cristo nem mesmo quando, no fim, ficarmos cara a cara com ele e formos feitos como ele (1Jo 3.2). O relacionamento é aquele em que Jesus nos eleva a um padrão mais alto do que merecemos; não obstante, a superioridade dele nunca é contestada.

Quando eu era rapaz, desfrutei da companhia de homens mais velhos que me tratavam como um homem; e senti por um tempo que era igual a eles. No entanto, sempre que eu entrava em um automóvel, era lembrado de que não era par deles. Eles tinham carteira de motorista, e eu não; eles sabiam conduzir o veículo, enquanto meus pés mal alcançavam os pedais. Também é assim com Cristo. Ele nos eleva à posição de "amigo", compartilha conosco os detalhes de seu plano redentor para o mundo e nos chama a ficar ao lado dele na realização disso. O Filho de Deus, por intermédio da permanência do Espírito Santo, permite-nos completo acesso à sua mente, compartilhando à vontade seus pensamentos e planos mais profundos conosco. Ele nos traz à comunhão com a Trindade, embora não sejamos moralmente perfeitos e não possuamos atributos divinos como onipotência e onisciência. Ele nos trata como iguais, embora nunca possamos de fato ser seus pares.

As amizades genuínas não são encontradas na superficialidade. A intimidade entre amigos deixa pouco espaço para segredos. E, quando os amigos compartilham todos os detalhes da vida, independentemente de quão embaraçosos e escandalosos sejam eles, sabemos que sempre há oportunidades para a recuperação, a cura e o crescimento. O criador Todo-poderoso do universo nos convida a nos relacionarmos com ele como amigos, a desfrutarmos da posição de par de nosso criador!

15.16

O desejo compartilhado por ser bem-sucedido

Esse versículo deixa claro que o relacionamento com o Senhor que somos chamados a compartilhar com ele é recíproco. Os cristãos são escolhidos e designados para o propósito da obediência ("produzir fruto"). Ele nos ordena a amar uns aos outros como ele nos ama e a nos juntar a ele na construção de seu reino. Conforme obedecemos, somos transformados. Conforme somos transformados, começamos a pensar com a mente de Cristo e a orar pelo que Deus deseja realizar. Por conseguinte, experimentamos cada vez mais unidade com Deus na mente e nos propósitos.

15.17

A ordem final do Senhor não só delineia seu ensinamento sobre o amor no reino de Deus; ela também introduz um novo conceito. Jesus começa a descrever o contraste entre o reino de Deus e *o mundo* (15.18-27). Um se caracteriza pelo amor, obediência, unidade e graça; o outro, pelo ódio, o egoísmo, a rejeição e a perseguição. Conforme estudamos a próxima passagem, a importância do nosso amor uns pelos outros fica tão óbvia quanto a luz brilhando na escuridão.

■ ■ ■

O relacionamento de amor que caracteriza a unidade da Trindade é o mesmo tipo de relacionamento de amor que o Senhor deseja para os seus. Além disso, nosso amor uns pelos outros nos permite receber o amor de Deus. O oposto também é verdade. Não podemos conhecer o amor de Deus se não amarmos as pessoas que ele enviou seu Filho para salvar (1Jo 3.10). Ao não amarmos uns aos outros, passamos a ser como o mundo, que é caracterizado pelo ódio. Jesus não deixa um meio-termo entre o amor e o ódio. Temos de escolher um ou outro.

APLICAÇÃO
João 15.12-17
ABRIGANDO UM AMIGO

Samuel Taylor Coleridge, no fim de sua vida, teve um fluxo constante de admiradores, mas os anos de dependência do ópio o deixaram com apenas um amigo genuíno. James Gillman passou a ser a árvore acolhedora de Coleridge.

Conforme observado acima, aprendemos com a discussão do Senhor sobre o amor que o amigo acolhedor espalha, e sua proteção tem quatro ramos.

1. *A desconsideração pelo sacrifício pessoal.* Sacrificar-se significa perder algo sem expectativa de receber alguma coisa em troca. A única motivação para o sacrifício tem que ser o bem mais sublime e maior da outra pessoa. Por isso, não sacrifique algo que não esteja disposto a perder. Não sacrifique algo, a menos que esteja disposto a não receber nada de volta e tenha seu sacrifício dado como garantido. Afinal, a graça provavelmente não é graça sem a possibilidade de ser abusada. Se não está disposto a se sacrificar sem nutrir sentimentos difíceis, duros, é melhor não oferecer esse tipo particular de bondade e admitir que a confiança compartilhada em sua amizade ainda não é tão profunda.

2. *A dedicação a objetivos mútuos.* As amizades genuínas são alicerçadas em valores compartilhados. Os objetivos individuais podem ser diferentes para dois amigos; ainda assim, seus objetivos não entram em conflito e eles, em última análise, honram os mesmos princípios. Por exemplo, uma mulher poder estar comprometida de todo o coração com missões no estrangeiro, enquanto sua amiga mais íntima se sente compelida a evangelizar perto de casa. Uma encoraja os objetivos da outra porque as duas compartilham os valores de propagar as boas-novas. A dedicação a objetivos mútuos não exige que os amigos persigam objetivos idênticos do mesmo modo. Não obstante, eles apoiam uns aos outros.
3. *A mútua confidencialidade.* Manter a confiança do outro envolve guardar os assuntos privados com absoluta discrição. Além disso, para aumentar a confiança é preciso cultivar honestidade completa entre os amigos. Há um punhado de homens em quem confio para me dar seu conselho honesto quando faço triagem dos meus planos. Dependo deles para compartilhar comigo seus pensamentos honestos, em especial quando discordam da minha abordagem. E, o mais difícil de tudo, presto atenção aos conselhos deles, mesmo quando não estou ainda convencido de que estão certos. Deixe-me dizer de outra maneira porque isso é crucial: o maior teste de confiança na minha amizade com esses homens é quando dou atenção aos conselhos deles *antes* de estar totalmente convencido. Se eles me dizem que determinado curso de ação é imprudente ou injusto, evito essa abordagem, independentemente de quão convencido eu esteja sobre a percepção deles. Não quero dizer que tomo decisões de acordo com a maioria; entretanto, confio nesses poucos amigos para me ajudar a contornar meus próprios pontos cegos.
4. *O desejo compartilhado por ser bem-sucedido.* Os amigos não solapam o esforço uns dos outros. Os amigos querem ver cada um dos outros alcançar os nobres desejos de seu coração, e ajudam uns aos outros a alcançar esses objetivos. Os amigos encorajam, desafiam, orientam, criticam, celebram e suplementam uns aos outros.

Cada uma dessas quatro qualidades pode ser aplicada a relacionamentos saudáveis em que cada amigo consegue e preserva a confiança do outro. Em alguns casos raros, a abnegação, dedicação, lealdade e suporte podem ser pervertidos para causar mais dano que bem. Se formos um amigo genuíno dos outros, temos de entender o que cada elemento acarreta ou não.

Quando jovem, eu queria ter tantos companheiros quanto fosse possível. Chamava equivocadamente esses companheiros casuais de "amigos". Mas, quando amadureci, percebi que ser amigável não é a mesma coisa que ser amigo. Temos de ser liberais com nossas gentilezas; não obstante, a amizade genuína e profunda é custosa. Por isso, agora escolho meus amigos íntimos de modo sábio porque percebo que não tenho recursos inesgotáveis para sacrificar. Só tenho tanto para dar em apoio aos esforços do outro. Além disso, não consigo manter a confiança de infinitos amigos. Por essa razão, minha lista de amigos genuínos é curta e, portanto, administrável, embora escolhesse desfrutar da camaradagem com muitos e oferecer gentileza a todos.

A promessa de perseguição
JOÃO 15.18—16.4

Algumas observações sobre a tradução em João 15.18—16.4

A21
18 *sabei*, ou (imperativo) *saiba que*
22 *pecado*, ou seja, culpa
24 *pecado*, ou seja, culpa
26 *consolador*, grego *paracletos*, alguém chamado para ajudar; ou *confortador, advogado, intercessor*
27 *dareis testemunho*, ou (imperativo) *e dê testemunho*
2 *eles vos expulsarão*, ou *eles os excomungarão*
4 *vos lembreis*, ou *lembrarão que eu lhes disse*

NVI
25 *na lei deles*; Sl 35.19; 69.4
26 *Conselheiro*, ou *confortador, encorajador ou conselheiro*. O texto grego traz *Paracleto*

Aqui nos Estados Unidos da América, não vivemos mais em uma nação cristã. Ouso dizer que não vivemos nem mesmo em uma nação pós-cristã. Hoje estou mais convencido que nunca que vivemos em uma nação anticristã. Quando será que a onda mudou? Ninguém sabe dizer com certeza quando isso aconteceu, mas, quando a correção política proíbe o humor à custa dos outros, exceto dos cristãos, e a cultura popular acha a blasfêmia divertida, a isso logo se segue um dilúvio de perseguição. A história nos ensina isso.

As palavras de Jesus são particularmente relevantes para nós. Nós, como discípulos, as recebemos durante um tempo de relativa paz e segurança. Mas nosso futuro não é menos certo que o daqueles que estavam reunidos na véspera da prisão de Jesus. Enquanto o Salvador preparava os onze discípulos restantes para o ministério após sua partida física do mundo, ele os incitou a extrair força de Deus por meio da obediência e a nutrir uns aos outros no mesmo tipo de amor compartilhado na Trindade. Mas ele também queria prepará-los para a realidade. Os seguidores de Jesus, apesar de a vitória estar garantida, são soldados em um grande conflito entre dois reinos: o reino de Deus e o sistema mundano governado por Satanás — as forças da luz e das trevas (Jo 1.5; 3.19-21; 8.12; 12.36; 1Jo 1.5-7; 2.8-11; Ap 21.23,24; 22.5). Além disso, a guerra traz provações, sofrimentos, trevas e até mesmo morte.

Nessa passagem, descobrimos respostas para quatro questões concernentes à natureza desse conflito e nosso papel como cristãos no meio dele:
- Quem será que se alinhará ao sistema mundano contra o reino de Deus?
- O que será que os inimigos do reino de Deus farão?
- Por que será que esse conflito acontecerá?
- Como será que deveremos nos conduzir durante o conflito?

15.18,19

Jesus identificou o inimigo do reino de Deus como "o mundo". A construção da sentença no grego e esse uso particular do termo traduzido por "se" indicam que se assume a condição como verdadeira. Seria como um homem dizendo: "Se o sol nascer amanhã, vou jogar golfe". Em outras palavras, o homem tem certeza de estar no campo de golfe no dia seguinte. Podemos, então, substituir o termo "se" por "porque".

"O mundo" não significa o planeta Terra, *per se*. O planeta não tem uma mente; então, ele não pode ser perverso. A natureza tem sido pervertida e corrompida pelo mal, mas ela não é má em si mesma. Na verdade, Paulo personificou a natureza como um espectador inocente que sofre os efeitos maléficos do mal, clamando por redenção ao seu legítimo Proprietário (veja Rm 8.20-22). "O mundo", em vez disso, representa o sistema mundano caído que opera de acordo com os valores de Satanás e está sujeito à maldição do pecado (Gn 3.14-19). "O mundo" também representa a porção da humanidade que vive segundo esse sistema de valores e serve de boa vontade aos seus fins. Jesus veio originalmente para redimir o mundo (Jo 3.17; 12.47), mas ele foi rejeitado pelo mundo (3.18; 12.48); por essa razão, ele começou a separar os "seus" do mundo (10.14,26,27; 13.1; 15.19). Sua crucificação declararia formalmente a linha divisória entre os reinos de Deus e de Satanás, e sua ressurreição exigiria uma escolha da parte de cada indivíduo.

O mundo ama ou odeia; não existe terreno neutro. O mundo ama ou odeia, dependendo de o indivíduo estar de acordo com ele ou não. A disposição do mundo é totalmente condicional, motivo pelo qual sabemos que a aceitação condicional oferecida pela religião legalista é do mundo, não de Cristo. O sistema do mundo, do qual a religião é uma parte (16.2), veste seu ódio com sofisticação, refinamento, cultura e paz. Mas o sistema do mundo é um inimigo rude e sentimentalista, que ignora Deus e, por conseguinte, despreza qualquer um que ouse se alinhar com o Senhor.

Se você não tem certeza disso, vá a lugares de ensino superior, busque os capitães da indústria, fique diante dos poderes políticos e, então, apresente com clareza o evangelho de Jesus Cristo. Observe como a "tolerância" deles se desvanece. Observe como a atitude serena e racional deles se transforma em mesquinho desdém. Advirto-o de planejar de antemão sua rota de fuga, pois logo a opinião popular não dará mais a eles motivo para esconder seu ódio, e eles darão plena vazão à sua raiva. As crônicas de tempos passados são provas de que o ciclo da história muda de direção mais uma vez.

15.20-24

O fruto do ódio é a perseguição. Jesus prometeu a seus seguidores mais próximos que a perseguição seria a recompensa deles no mundo. O termo grego traduzido por "perseguirão" significa "pôr em fuga", "perseguir" ou, conforme define A. T. Robertson, "perseguir como a um animal selvagem".[11] Na perseguição, o ódio passa a ser deliberado, não apenas coincidente. O mundo persegue os cristãos para descarregar seu ódio.

Jesus afirmou que o ódio do mundo sempre existiu e estava concentrado na casa de Deus sob a desculpa de devoção verdadeira. Antes de ele vir para a terra, o ódio do mundo não tinha tantas oportunidades para se expressar. O ódio matara os profetas do Senhor, poluíra as palavras dele, ignorara suas advertências e transformara sua casa em uma cova de bandidos, mas seria possível montar um caso — embora pobre — para a dúvida ou algum mal-entendido. Mas quando Jesus se apresentou em pessoa, em carne humana e em cumprimento a toda a expectativa messiânica, ele deixou toda a humanidade sem desculpas para rejeitá-lo. A carne do Filho de Deus se tornou a ocasião para "o mundo" — os que rejeitam Cristo — expor seu ódio por seu criador e, assim, consumar seu pecado.

15.25

Jesus explicou o motivo para a guerra do mundo a respeito do reino de Deus: porque os cristãos não são do mundo, e o mundo odeia o que não é dele (15.19); e porque o mundo não reconhece (ou "conhece") Deus como seu soberano (15.21) e, por essa razão, rejeita Cristo como emissário do Senhor. Além disso, o mundo persegue os cristãos em cumprimento de seu destino (15.25). O mundo é constitucionalmente predisposto a odiar qualquer coisa associada a Deus; por conseguinte, não pode se comportar de outro modo.

O ministério terreno de Jesus é uma grande ilustração dessa verdade, que João prenunciou no prólogo de sua narrativa (1.5,8-11).

A CONTROVÉRSIA DO *FILIOQUE*

JOÃO 15.26,27

A expressão *que procede do Pai* (Jo 15.26) está no cerne de uma controvérsia histórica entre as igrejas oriental e ocidental, principalmente quando se relaciona ao Credo niceno. O credo, ao afirmar o Espírito Santo, foi corrigido em 381 d.C. para afirmar: "[Cremos] no Espírito Santo, Senhor e fonte de vida, que procede do Pai); e com o Pai e o Filho é adorado e glorificado". E todas as igrejas, por mais de dois séculos, estiveram de acordo.

No século VI, as igrejas da Europa Ocidental, que falavam latim, corrigiram o credo mais uma vez para incluir as palavras "e o Filho" [chamado o *Filioque*]. Assim, o credo passava a afirmar: "[Cremos] no Espírito Santo, Senhor e fonte de vida, que procede do Pai *e do Filho*; e com o Pai e o Filho é adorado e glorificado".

As igrejas ocidentais argumentaram que a expressão acrescentada era necessária para preservar a igualdade do Pai e do Filho contra a heresia. A igreja oriental, no entanto, defendeu que a frase não foi incluída em João 15.26 e que a Escritura tinha de ser o parâmetro definitivo. No fim, as igrejas do Ocidente e do Oriente se separaram, em parte por causa dessa controvérsia.

Na verdade, Jesus não anunciou essa verdade com o propósito de definir a natureza da Trindade, mas para explicar o papel do Espírito Santo na vida dos cristãos e no plano de Deus e também para proclamar a verdade no mundo. Assim, os dois lados do debate têm um ponto forte quando tentam compor uma declaração oficial da crença na Trindade. Independentemente, tanto a igreja do Ocidente quanto a igreja do Oriente afirmam a mesma verdade: é inapropriado falar do Pai e do Filho como seres separados em relação ao Espírito. O Pai, o Filho e o Espírito são três pessoas e um só Deus.

15.26,27

Aparentemente, a abrupta menção do Senhor ao Espírito Santo foi proposital. O papel do Espírito na vida do cristão é prover coragem sobrenatural em face da perseguição. O sofrimento, com frequência, traz dúvida. O Espírito Santo testifica da verdade de Jesus Cristo nos cristãos e também, por intermédio deles, a seus perseguidores e outros que testemunham essa perseguição.

16.1-3

Quando os autores humanos da Escritura preparavam seus manuscritos, eles escreviam no estilo da época, que não incluía pontuação, parágrafos nem divisões de capítulo/versículo. Essas coisas foram acrescentadas por editores e tradutores posteriores e não são consideradas infalíveis como o texto original. A localização da quebra de capítulo, em geral, faz sentido e é lógica. Não obstante, a quebra entre os capítulos 15 e 16 é inadequada. João 16.1.4 pertence ao capítulo 15.

"Essas coisas" referem-se a tudo que Jesus dissera sobre o relacionamento do cristão com o mundo, que, na melhor das hipóteses, é tenso e, outras vezes, hostil e pode vir a ser mortal. Jesus revelou isso aos discípulos para que eles não ficassem alarmados e, então, tropeçassem em sua caminhada espiritual. De todo jeito, eles, como aconteceu com muitas lições de Jesus, não prestaram atenção, e todos eles tropeçaram e caíram. Quando Jesus foi preso, eles fugiram. Durante sua crucificação, a maioria deles se escondeu. Antes de sua ressurreição, todos se desesperaram. Depois de sua ressurreição, eles duvidaram. E, antes da vinda do Espírito Santo, eles titubearam. Só depois de receber o Espírito Santo, eles passaram a agir de forma decidida e a falar com coragem.

Jesus predisse o flagelo da religião nas costas dos cristãos genuínos. Na verdade, as pessoas religiosas matariam os cristãos achando que estavam agradando ao Senhor. Um exemplo é Paulo, que depois se tornou apóstolo: ele estava entre a multidão de autoridades religiosas que mataram o primeiro mártir cristão, Estêvão (At 7.54—8.1).

16.4

Esse versículo conclui a declaração do Senhor em 16.1 após o comentário parentético à parte em 16.2,3. Também faz a transição da perseguição inevitável após a partida de Jesus em direção à bênção do Espírito Santo.

O Senhor reconheceu que suas palavras faziam pouco sentido na época; os discípulos ainda não entendiam o que estava prestes a acontecer nem por que aconteceria. Mas suas palavras, no momento apropriado, viriam à mente deles e os ajudariam a compreender o sentido da tribulação que enfrentavam. Eles não teriam de se perguntar: *Será que estamos sofrendo perseguição por causa de alguma falha nossa?* Não, nada disso; a perseguição é uma consequência esperada e normal de viver em território hostil durante o grande conflito entre o bem e o mal, entre o Senhor e o governante deste mundo, Satanás.

■ ■ ■

Lembro-me de uma época em que li o livro de Apocalipse com secreto ceticismo. Parecia-me inconcebível que alguém se opusesse abertamente ao Deus vivo. Isso porque vivi em uma época em que os cineastas de Hollywood — poucos dos quais professavam fé em Jesus como o Messias — evitavam mostrar o rosto de um ator representando Cristo porque isso era considerado uma atitude irreverente. Tal era o respeito que os descrentes tinham pelo cristianismo. Assim, raciocinei que a blasfêmia predita por intermédio das visões de João foi causada pela ignorância. Quem se oporia de frente ao criador? Quem seria tão insensato a ponto de zombar daquele que detém o poder de vida e morte sobre toda a humanidade?

Muitas décadas depois, qualquer dúvida que pudesse ter quanto às visões de João se foram. Desde essa época, fui além da bolha de cultura cristã em torno de Houston, Texas, de antes da guerra. Vi as trevas da idolatria em nações não cristãs. Senti o ódio nascer no coração dos que propagavam sua religião por intermédio da violência e do terrorismo. Vi meu próprio país ficar cada vez mais tolerante com cada filosofia e religião concebíveis, *exceto* com o cristianismo. E, agora, só preciso ligar a televisão para ouvir multidões rindo estrondosamente enquanto um comediante ridiculariza o poder do Todo-poderoso ou ver os desenhos animados que passam tarde da noite retratando Jesus e Satanás como as principais personagens de uma situação de comédia.

Preparem-se, cristãos. A linha entre a sátira e a maldade é surpreendentemente tênue. O humor à custa de qualquer grupo em particular convida ao ódio, e o ódio abre caminho para a perseguição. Se caminhamos mais uma vez para uma época assim, não devemos nos surpreender. Jesus nos advertiu.

APLICAÇÃO

João 15.18—16.4

A PREPARAÇÃO PARA A PERSEGUIÇÃO

Os cristãos no mundo ocidental desfrutaram um longo período de relativa paz e notável autoridade, em particular nos Estados Unidos, que foram fundados sobre princípios cristãos. Mas temos de aceitar que isso foi uma anomalia no esquema maior da história mundial. Nosso verão ensolarado logo dará lugar à escuridão do inverno. Na verdade, a brisa outonal tem estado inequivocamente fresca ultimamente.

Isso não deveria ser uma surpresa. João nos advertiu em Apocalipse que, no fim, o mal passaria a ter um poder inimaginável sobre o mundo e seria indescritivelmente cruel com os cristãos genuínos, aqueles que verdadeiramente creem em Jesus Cristo. Há muitos anticristos que, um dia, se curvarão diante do anticristo. Muitas perseguições finalmente darão lugar à grande tribulação do fim dos tempos. Essa é a profecia, e ela acontecerá. Portanto, temos de nos preparar. Jesus explicou como isso acontecerá enquanto preparava seus discípulos para os momentos difíceis que tinham à frente.

Primeiro, *confie no Espírito Santo para prover sabedoria, habilidades e coragem* (15.26). *Quando vier o consolador, que eu vos enviarei da parte do Pai, o Espírito da verdade, que procede do Pai, esse dará testemunho acerca de mim. E vós também dareis testemunho, porque estais comigo desde o princípio* (15.26,27). Ele prometeu que o Espírito proveria tudo de que os cristãos precisam para testemunhar fielmente de Jesus Cristo.

Segundo, *proclame fielmente a verdade divina e permaneça firme* (15.27). Observe que, embora combater a imoralidade e buscar a justiça social seja louvável, nossa principal missão é "testificar". A única arma eficaz contra o mal é a verdade. O Espírito Santo trará conhecimento de Jesus Cristo à nossa mente e nos capacitará a transmitir a verdade dele. E ele, como foi garantido perseguição àqueles que proclamam a verdade, suprirá a coragem sobrenatural para suportar o mal com dignidade.

Um estudioso do Novo Testamento escreveu: "É aqui que os cristãos mais falham".[12] Quando somos perseguidos, recuamos. Fugimos. Mudamos nossa posição. Não mude sua posição. Permaneça firme. A obra *O livro dos mártires de Foxe* (São Paulo, SP: Mundo Cristão, 2003) é um livro de peso, cheio de orações feitas por santos à beira da morte. Repetidas vezes, o Espírito Santo foi chamado em busca de forças enquanto as chamas consumiam o corpo de cristãos fiéis.

Terceiro, *guarde-se de ser aprisionado pelo mal* (16.1). O verbo grego traduzido por "tropeço" é *skandalizō* [4624]. A principal ideia que o termo carrega é "fechar sobre algo",[13] como uma ratoeira armada. O termo mais tarde passou a ser a palavra escolhida para colocar de forma deliberada uma pedra de tropeço no caminho do outro para causar uma queda. Jesus incitou seus discípulos a permanecerem — ou seja, obedecerem à sua ordem de amar uns aos outros — a fim de evitar cair na armadilha do mundo. Quando não amamos uns aos outros, comportamo-nos como o mundo, que serve ao ego à custa dos outros.

Quarto, *nunca se esqueça de que a perseguição e o aumento do mal são inevitáveis* (16.4). Quando o mal triunfa sobre a verdade, logo começamos a nos perguntar se fizemos algo errado ou se deixamos de fazer algo que devíamos ter feito. Jesus advertiu os discípulos de que o mal apareceria para saborear a vitória sobre sua morte e sepultamento, mas que seu sofrimento, desde o princípio, fazia parte do plano divino para redimir a humanidade. Ele sofreu e morreu para expiar o pecado da humanidade não por causa de alguma falha específica por parte dos onze discípulos restantes.

Não podemos esquecer que o mal desfruta vitórias de curto prazo, mas que Cristo já conquistou o mal, o pecado, a doença, o sofrimento, a morte e a deterioração. A perseguição é inevitável e, em muitos casos, fatal; no entanto, a morte não é o fim da vida. A ressurreição, na qual existimos além do alcance do mundo e suas aflições, nos aguarda. Não podemos esquecer que Cristo um dia, em breve, voltará para silenciar os inimigos de Deus por meio de uma derrota avassaladora. Ele foi justificado por intermédio de sua ressurreição; seremos justificados por meio da nossa ressurreição.

Os cristãos são notórios por lembrar o que temos de esquecer e por esquecer o que temos de lembrar! Esqueça seus pecados; Cristo os conquistou. Lembre-se que a perseguição é inevitável; antecipe o triunfo do Senhor.

Enquanto nos preparamos para resistir à perseguição por proclamar Cristo, deixe-me apresentar três distinções úteis.

Primeiro, *há uma grande diferença entre escolher uma luta e resistir à perseguição*. Jesus nunca procurou problema nem convidou a perseguição. Ele proclamou fielmente a verdade divina, e o mal o encontrou — porque o mal sempre tenta destruir a verdade.

Segundo, *há uma grande diferença entre amar o mundo e se tornar parte dele*. Jesus nos deixou no mundo a fim de compartilharmos seu amor com o perdido; entretanto, ele nos advertiu de evitarmos pensar e nos comportar como o mundo. O mundo se declara inimigo de todos que creem; assim, não faz sentido fazer como o mundo faz.

Terceiro, *há uma grande diferença entre viver em temor e exercitar a cautela*. Jesus conhecia seu destino. Ele sabia que sofreria a angústia da cruz para carregar a pena por todos os pecados. Ainda assim, tomou atitudes razoáveis para evitar ser capturado em público e, outras vezes, manteve sua localização privada. Ninguém precisa se oferecer como voluntário para a perseguição ou o martírio. Se esse for nosso destino, os perseguidores acabarão por nos encontrar. Aí, temos de enfrentar isso com coragem.

A. W. Tozer, em seu livro *God tells the man who cares* [Deus diz ao homem que se importa], observa uma perigosa perspectiva entre os cristãos. "Os homens pensam no mundo não como um campo de batalha, mas como um parque de diversões. Não estamos aqui para lutar; estamos aqui para nos divertir. Não estamos em uma terra estrangeira; estamos em casa. Não estamos nos preparando para viver; já estamos vivendo".¹⁴ Não podemos nos permitir pensar desse modo. Quanto mais vivermos aqui, com mais saudade de casa ficamos. Que nossa oração seja o assim seja para João: *Vem, Senhor Jesus!* (Ap 22.20).

As funções do Espírito Santo
JOÃO 16.5-15

Algumas observações sobre a tradução em João 16.5-15

A21	NVI
7 *consolador*, grego *Paracleto*, alguém chamado para ajudar, ou *confortador, advogado, intercessor*	7 *Conselheiro*, ou *advogado, encorajador, conselheiro*. O texto grego traz *Paracleto*

As palavras de Jesus devem ter soado como um emaranhado de coisas confusas para os discípulos estupefatos. Ele, depois de anunciar sua partida iminente da terra (Jo 13.33; 14.1-6), incitou seus seguidores a obedecer a seus mandamentos (14.12-15; 15.1-11), a amar uns aos outros (15.12-17) e a ter cuidado com a hostilidade do mundo (15.18-27). Jesus, enquanto oferecia essas predições, promessas e ordens, aludiu à vinda do Espírito Santo para ensinar aos cristãos tudo que precisariam saber (14.16,17,26; 15.26). Mas essas referências casuais só podiam ser mistificadas. No Antigo Testamento, o Espírito Santo era reservado para os reis e os profetas e, de vez em quando, para as pessoas comuns quando o Senhor queria realizar algo extraordinário. A ideia de que o Espírito de Deus habitaria em cada cristão era impensável — uma extravagância inacreditável da qual ninguém era digno. A cabeça dos discípulos devia estar girando; eles estavam pasmos.

Embora os discípulos não tenham perguntado sobre o Espírito Santo — eles deviam estar preocupados demais com o pensamento da partida de Jesus —, o Senhor voltou a essa promessa em particular a fim de esclarecer o papel do Espírito Santo na vida dos discípulos... não na vida dos cristãos o tempo todo.

16.5-7

Jesus lamentou que os discípulos estivessem tão preocupados com a própria segurança que não estavam nem um pouco curiosos com o destino imediato de Jesus. Os dias seguintes testemunhariam os eventos mais importantes na história humana, que inaugurariam a era da graça, o começo da igreja universal na terra e a propagação mundial do evangelho. Jesus, depois de seu sofrimento indescritível, receberia glória inexprimível. Ele queria compartilhar tudo isso com seus companheiros, mas ele, mais que isso, queria que eles estivessem interessados.

Ainda assim, Jesus cuidou do coração deles tomado pela tristeza. O termo grego traduzido por "tristeza" significa "sofrimento", que pode ser físico ou emocional. A tristeza tomou conta do coração dos discípulos, que se sentiam órfãos espirituais. Tudo que conseguiam pensar era na perda de Jesus.

Jesus aliviou o sofrimento deles com uma verdade maravilhosa. A presença física do Senhor seria substituída por algo muito superior. Enquanto Jesus em carne só podia estar em um lugar de cada vez, o Espírito Santo pode estar em todos os lugares ao mesmo tempo. O acesso limitado à presença de Deus daria lugar à comunhão contínua com ele. O ensinamento por intermédio de recursos físicos aconteceria diretamente no coração. Os discípulos, longe de estar abandonados, experimentariam a presença de Deus como nunca.

O ministério do Espírito Santo, explicou o mestre, seria duplo: seu ministério para o mundo (16.8-11) e seu ministério para os cristãos (16.13-15).

16.8-11

O ministério do Espírito Santo para o mundo

O verbo grego traduzido por "condenado" tem uma ampla gama de sentidos fora do Novo Testamento, incluindo "desdenhar", "reduzir à ignomínia" e "repreender". Os escritores do Novo Testamento, no entanto, restringem a definição a uma: "mostrar às pessoas seus pecados e chamá-las ao arrependimento".[15] O Espírito Santo confronta o mundo a respeito de três tópicos principais: "pecado" (culpa das pessoas), "justiça" (impotência das pessoas) e "julgamento" (destino das pessoas). De pecado, somos todos culpados. Quanto à justiça, somos impotentes para ajudar a nós mesmos. Por conseguinte, nosso destino eterno é amedrontador sem a ajuda divina.

O "pecado" (*hamartia* [266]) refere-se à incapacidade ou relutância do indivíduo em fazer como Deus ordena, resultando em culpa diante dele. Jesus morreu para pagar a pena pelo pecado do mundo todo, mas só aqueles que creem nele se apropriaram do sacrifício e, portanto, permanecem sem culpa diante do Pai. Aqueles que não creem em Cristo continuam em seu pecado e têm de responder por suas escolhas (16.9).

A "justiça" (*dikaiosunē* [1343]) refere-se à reputação legal do indivíduo diante de Deus como "não culpado". Nesse contexto, Jesus relaciona a questão da justiça com sua ida "para meu Pai". Jesus, do começo ao fim de seu ministério, afirmou unidade com o Pai, pelo que o mundo (os líderes religiosos) o acusou de pecado, fraude e blasfêmia (5.18; 7.12; 9.16,24; 10.33). Sua ida para o Pai é a justificação suprema da justiça de Cristo sobre a do mundo. O Espírito Santo confrontará a humanidade com a justiça do Filho (16.10).

O "julgamento" (*krisis* [2920]) refere-se à vida e ao caráter do indivíduo ser analisado a fim de determinar o valor moral do indivíduo. Jesus afirmou repetidas vezes que não veio com o propósito de julgar, mas que os indivíduos se revelariam por sua resposta à verdade encarnada (3.17,18; 5.22,23; 12.48). Satanás, em virtude da justificação de Cristo, foi analisado e considerado em falta. O Espírito Santo confrontará a humanidade a respeito de sua escolha por Satanás, em vez de pelo Filho (16.11).

É interessante o fato de que a confrontação do Espírito Santo não parece ser diretamente no coração dos descrentes. Na verdade, ele pode fazer isso; no entanto, não é isso que Jesus estava ensinando aqui. Em 16.7,8, Jesus disse: *Se eu for, eu o* [consolador] *enviarei. E quando ele vier, convencerá o mundo.* O contexto de 16.8-11 é a vinda do Espírito Santo "a vós". Em outras palavras, o Espírito Santo confrontará o mundo do interior dos cristãos, por intermédio dos cristãos. Os que são do mundo não têm o Espírito Santo ativo neles dessa maneira.

O filho do Deus vivo nesta terra, capacitado pelo Espírito de Deus, é uma carta viva lida pelo mundo. Enquanto o mundo testemunha o filho de Deus sendo controlado pelo Espírito, ele observa uma vida se transformando. O mundo é confrontado pelo Espírito Santo via sua atividade nos cristãos.

16.12

Jesus reconheceu as limitações tanto de tempo quanto da capacidade dos discípulos de receber mais verdade. A preocupação deles consigo mesmos os impediu de absorver mais informações referentes à missão deles depois da partida de Jesus. Além disso, a mente deles, sem o Espírito Santo, não compreenderia as verdades espirituais que Jesus queria transmitir. Ele prometeu que haveria mais revelação da verdade por intermédio do Espírito Santo.

16.13-15

O ministério do Espírito Santo para os cristãos

Uma das muitas distinções entre "o mundo" e os "seus" é o modo como o Espírito Santo ministra. Seu ministério para o mundo convence a fim de produzir arrependimento. Seu ministério para os cristãos, por sua vez, é produzir obediência por meio da transformação.

O Espírito realiza sua missão de transformação do cristão ao trazer a verdade divina à mente dos seus. Ele, antes de a Escritura ser escrita, revelava a verdade diretamente a determinadas pessoas: os profetas do Antigo Testamento, os profetas e apóstolos do Novo Testamento. Uma vez que João, o último apóstolo vivo, completou a última comunicação escrita de Deus, o livro de Apocalipse, a humanidade recebeu toda a verdade divina de que precisava para viver de modo obediente. Agora o ministério do Espírito é trazer a Escritura à mente do cristão, esclarecer seu sentido, juntá-la com a experiência e aplicá-la. Participamos no processo de transformação do Espírito Santo por meio do exercício das disciplinas espirituais (como a oração, a adoração, o serviço, o evangelismo etc.).

Como será que os discípulos sabiam quando o Espírito de Deus estava lhes trazendo nova revelação? Como será que eles diferenciavam os pensamentos de Deus de suas próprias fantasias? De acordo com Jesus, a revelação do Espírito Santo sempre "glorificará" o Filho. Conforme descobrimos em nosso estudo da passagem 13.31-38, a palavra grega para "glória" é *doxa* [1391], derivada do verbo com o significado de "pensar, supor". Ser glorificado é ser revelado de maneira a ser considerado bom. Ser glorificado é ser justificado aos olhos de todas as testemunhas. Portanto, o conceito de glória no vocabulário de Jesus significa que a verdade que ele ensina e a verdade de sua identidade seriam justificadas aos olhos de toda a humanidade. Ele prometeu que o Espírito Santo só traria nova revelação consistente com o que o próprio Jesus já ensinara e que o ministério do Espírito sempre serviria para provar que o Filho é genuíno.

■ ■ ■

A promessa do Espírito Santo feita por Jesus provavelmente não fez muito para acalmar a mente atribulada dos onze discípulos. O dom do Espírito Santo estaria além da compreensão deles, como da nossa — só que no inverso. Não conseguimos imaginar a vida sem ele e, por isso, temos facilidade em tomar sua sábia permanência como garantida. Se quisermos saber como seria a vida se os cristãos fossem deixados por conta própria, tudo que precisamos fazer é observar os discípulos depois da ressurreição de Jesus e antes do Pentecoste. Eles ficaram com a mente entorpecida e o espírito fraco; temerosos, confusos, em dúvida, deprimidos, incertos e letárgicos. Por essa razão, Jesus os instruiu a esperar a chegada do Espírito Santo antes de tentar ministrar (At 1.4). Quando o Espírito de Deus encheu os cristãos, tudo mudou. O livro de Atos dos Apóstolos descreve o surgimento da igreja quando os cristãos, cheios do Espírito Santo, começaram a mudar o mundo.

Graças a Deus por não nos ter deixado sozinhos!

APLICAÇÃO
João 16.5-15
MUDANDO OS CANAIS

Jesus nos deu a tarefa de proclamar as boas-novas a um mundo hostil e a compartilhar seu amor com os perdidos — uma missão impossível sem a ajuda divina! Felizmente, ele não nos deixou sozinhos. Ele enviou o Espírito Santo para convencer o mundo do pecado. Encontro nessa seção da Escritura dois princípios práticos que ajudam a esclarecer nosso chamado para que possamos obedecer com mais fidelidade.

Primeiro, *o Espírito, ao convencer o mundo, deseja usar um canal*. O Espírito de Deus não usa prédios, púlpitos nem símbolos para convencer o mundo. Na verdade, a Escritura indica que ele não convence diretamente os pecadores. De acordo com Jesus, os *cristãos* convencem o mundo! O Espírito Santo usa os cristãos transformados como o meio para confrontar o mundo.

Isso não quer dizer que ele nos designou para sermos a consciência do mundo. Ele nos chamou para apontarmos os pecados e anotarmos nomes. É isso mesmo, há momentos em que temos de nos levantar contra a injustiça ou declarar que determinada atividade é pecado. No entanto, o Espírito Santo não nos nomeou como sua força policial santa. Ao contrário, ele convence o mundo do pecado ao santificar os "seus". Quando as pessoas pecam em grupo, elas não suportam quando um dos seus começa a fazer o que é certo. Elas tentam puxar o indivíduo de volta e, quando isso falha, ficam hostis em relação a esse indivíduo em particular.

Segundo, *o Espírito, ao transmitir a Palavra, deseja ver mudanças*. Quando o Espírito Santo ensina, ele deseja ver a vida das pessoas transformada. Na verdade, ele usa com frequência circunstâncias desagradáveis como o meio de transformar os cristãos, o que com frequência provoca tensão. Enquanto oramos para Deus mudar as circunstâncias, ele prefere mudar *a nós*!

Os "salmos de lamento" começam caracteristicamente com o salmista com o rosto voltado para o chão, implorando por mudança. Tudo foge ao controle, sua vida desmoronou, ele está cercado e aflito e não ficou sem opções. De forma surpreendente, ele, no fim, está louvando a Deus por sua bondade. Nada mudou nas circunstâncias do homem do momento em que começou a escrever até terminar. Ao contrário, adorar a Deus mudou o salmista. *Ele* foi transformado no âmago de seu interior.

Muitos anos atrás, recebi uma carta de um membro da igreja que passara pelos piores anos imagináveis. A esposa o deixou e levou os filhos com ela. Os desafios em seu negócio trouxeram pressões que ele nunca conhecera. Ele estava ficando rapidamente sem opções. Em sua carta, ele admitiu: "Cercado totalmente de inimigos, de súbito descobri pela informação que consegui na Palavra de Deus que podia amar os que me odeiam e não tinha de viver com o ácido do ressentimento me corroendo. Aprendi que podia de fato orar por minha esposa e amá-la como amava os pequenos que ela tirara de mim". Ele concluiu a carta, dizendo: "Essas foram as circunstâncias mais difíceis que conheci, mas estou transformado. Louvado seja Deus".

Esse homem se tornou um agente de mudança divina em seu próprio setor do mundo ao permitir que a Palavra e o Espírito o mudassem de dentro para fora. Quando somos transformados, passamos a ser canais da transformação do mundo por Deus.

Três palavras que nos mantêm seguindo em frente
JOÃO 16.16-33

Algumas observações sobre a tradução em João 16.16-33

A21

21 *dores*, lit. *sofrimento*
25 *figuras*, lit. *provérbios* ou *linguagem figurativa*
29 *por figuras*, lit. *dizendo um provérbio*

NVI

27 *de Deus*; alguns manuscritos trazem *do Pai*

Aproximava-se o fim da última ocasião para Jesus ensinar os discípulos. Esses momentos finais de tranquilidade entre os amigos logo dariam lugar à angústia no Getsêmani, à injustiça durante a acusação, à cruel zombaria e ao brutal açoitamento, seguido do sofrimento e morte por meio da crucificação. Contudo, Jesus, a despeito de seu próprio desejo de conforto e encorajamento, confortou e encorajou seus seguidores.

Jesus, abnegado até o fim, fez três promessas de manter os discípulos em marcha enquanto a sombra ameaçadora da cruz obscurecia os dias deles. Essas promessas podem ser reduzidas a três palavras que também são úteis para nós hoje:
- *Alegria* (16.19-24)
- *Amor* (16.25-28)
- *Paz* (16.31-33)

À medida que examinamos as promessas de Jesus — alegria, amor e paz —, observe o papel central desempenhado pela oração em nossa reivindicação delas.

16.16

Em 16.16, Jesus apresenta aos discípulos uma predição negativa seguida de uma promessa positiva. A frase "já não me vereis" prediz sua morte iminente na cruz, enquanto "me vereis" promete sua aparição por meio da ressurreição. A expressão "mais um pouco" exclui a possibilidade da sua conversa sobre o segundo advento no fim dos tempos.

Essa fórmula de promessa-predição estabelece um padrão definível para o equilíbrio de sua discussão com os onze discípulos restantes. O diálogo deles segue este padrão de discussão:
- Uma predição e uma promessa — ressurreição (16.16)
- Os discípulos reagem (16.17,18)
- Uma predição e uma promessa — *alegria* (16.19-24)
- Uma predição e uma promessa — *amor* (16.25-28)
- Os discípulos reagem (16.29,30)
- Uma predição e uma promessa — *paz* (16.31-33)

16.17,18

Os discípulos pareciam crianças de 6 anos fazendo perguntas em um enterro; eles precisavam de muitos detalhes para conseguir lidar com a situação. Por essa razão, Jesus preparou-os o melhor que podia para as difíceis horas que tinham à frente sem revelar demais informações específicas. Infelizmente, os discípulos ficaram tão agitados com a perspectiva da partida de Jesus que nada os consolaria, nem mesmo a promessa da presença permanente de Deus!

Jesus tentou manter o ponto principal do assunto tão simples quanto possível: "Em pouco tempo, vou embora e, mais um pouco, vocês me verão" (paráfrase do autor). Contudo, até mesmo isso deixou os discípulos ansiosos.

16.19-24

Alegria

Jesus predisse que os discípulos experimentariam intenso sofrimento enquanto o mundo celebraria o que percebiam como vitória. Essa é claramente uma referência ao seu sofrimento, morte e sepultamento iminentes; no entanto, sua provação ilustra um grande princípio para todos que vivem entre o tempo da ascensão do Senhor e sua volta no fim dos tempos. Os cristãos — durante esse intervalo, durante esse grande intervalo de tempo que chamamos a "era da igreja" ou a "era da graça" — experimentam sofrimento. Os entes queridos morrem. O corpo contrai doenças. Pessoas inocentes sofrem perseguição. Entrementes, pessoas malignas prosperam, e o mal parece desfrutar os espólios da vitória.

Jesus acompanhou sua predição com uma promessa: a celebração da vitória do mundo terá um fim abrupto. Quando o Filho de Deus é justificado por meio de sua ressurreição, os seus são justificados com ele. O sofrimento dos cristãos será transformado em alegria (16.20,22,24).

O Senhor ilustrou sua promessa com a imagem pungente de uma mulher sofrendo a dor intensa de dar à luz um filho — claro que não é coincidência ser uma das maldições da Queda (Gn 3.16). Conforme a dor aumenta, a transição do sofrimento para a alegria se aproxima. Então o maior sofrimento humano, em um instante, torna-se a ocasião para nossa maior alegria. A agonia da maldição produz nova vida.

A expressão *naquele dia* (Jo 16.23) refere-se à era após sua ressurreição, o tempo em que os discípulos puderam se regozijar. Embora o motivo para a alegria não possa ser tirado, Jesus sugeriu uma condição. O meio de experimentar essa alegria é a oração. Uma vez que o sacrifício de expiação foi feito, a barreira entre a humanidade e Deus é removida. Os cristãos têm acesso garantido ao Pai por causa do Filho. Qualquer coisa que pedimos que esteja de acordo com a vontade de Deus ("em meu nome") está garantido. O resultado dessa intimidade da oração é a alegria — a alegria em sua plenitude.

16.25-28

Amor

Jesus, a seguir, predisse que a necessidade de ensinar a eles por intermédio das "figuras" desapareceria. O sentido literal do termo grego usado por João para descrever o modo obscuro de falar de Jesus significa "uma máxima". Essa máxima, nesse sentido, é qualquer termo que tem um significado técnico complexo. Por exemplo, posso dizer a alguém: "A renda anual de seu estilo de vida está prestes a amadurecer". Um planejador financeiro, familiarizado com o conceito de renda anual, entenderia no mesmo instante a metáfora e o ponto que estou apresentando — que os resultados das escolhas da pessoa estão para produzir frutos.

É claro que Jesus lamentava ter de ser circunspecto com os discípulos, mas era para o bem deles. Seu propósito ao usar termos técnicos — muito semelhantes aos usados na profecia em geral — era lhes dar esperança para a tribulação por vir e os equipar para a obediência. O sentido de suas palavras ficaria claro conforme os eventos se desenvolvessem; os termos e seu pleno sentido viriam à mente em momentos cruciais, e os discípulos, então, saberiam como responder bem.

A expressão *naquele dia* (16.26) refere-se à mesma era de 16.23. O povo, sob a antiga aliança, aproximava-se de Deus por meio do sacerdote, funcionários do templo designados por Deus para mediar a relação entre o adorador e o Senhor. Jesus, durante seu ministério, passou a ser o meio físico da relação humana-divina. As pessoas se aproximavam de Jesus à procura de milagres, de ensinamento divino, de revelação de Deus e de perdão dos pecados. Jesus prometera que depois de sua ressurreição seria uma ponte permanente entre a humanidade e Deus. Os cristãos, por intermédio dele, "em meu nome", conseguiriam se aproximar diretamente do Pai.

Ele caracterizou esse acesso irrestrito ao Pai e sua resposta acolhedora como "amor". Os cristãos, por meio da oração, desfrutam de um relacionamento de amor com o Pai, relacionamento esse não mais impedido pelo pecado não punido. E mais uma vez o meio para essa livre troca de amor é a oração.

16.29,30

Acho a resposta dos discípulos fascinante, como tenho certeza de que o Senhor também a achou. Observe o uso que fazem do termo "agora" na resposta ao "naquele dia" do Senhor. Eles conseguiram apenas um pequeno vislumbre do futuro e acharam que o tinham entendido por completo. As declarações deles sobre a divindade de Jesus e a afirmação exclusiva do Senhor da verdade divina foram absolutamente corretas... se eles apenas tivessem compreendido completamente! Os discípulos, mais tarde, quando estivessem cheios do Espírito Santo, compreenderiam completamente o mistério e a maravilha da encarnação de Deus. Eles eram como criancinhas em uma apresentação do *Messias* de Händel. Ouviam os sons e viam os sinais, mas a extensão e profundidade do sentido só viriam com a maturidade.

16.31-33

Paz

Jesus saudou o progresso dos discípulos. O diálogo deles fora uma longa série de ciclos de temor-restabelecimento da confiança. No entanto, conforme os discípulos deram um passo decisivo para longe de seu temor, Jesus verificava as emoções desenfreadas deles. Eles não estavam nem perto de saber tanto quanto presumiam. Jesus respondeu com outra predição e promessa.

Ele predisse que os discípulos o abandonariam, sem dúvida vendo isso como o cumprimento de Zacarias 13.7 (cf. Mt 26.31; Mc 14.27). Ele disse que a *hora* se aproximava e que, na verdade, *já cheg* [*ara*]. Naquele momento, a multidão reunida por Judas já começara a acender suas tochas. Logo eles cercariam o Getsêmani.

Ele acompanhou essa triste predição com uma promessa. Enquanto toda a humanidade logo abandonaria Jesus, incluindo seus discípulos amados, o Pai permaneceria fiel. Apesar de Jesus, mais tarde, ter clamado da cruz: *Deus meu, Deus meu, por que me desamparaste* (Mt 27.46), isso não significa que o Pai o tenha abandonado. Jesus declarou isso para chamar a atenção de todos para o salmo profético de Davi, o 22. Embora a angústia emocional da cruz esteja refletida com exatidão no lamento do Senhor, ele, como Davi, sabia que o Pai não o tinha de fato abandonado (veja Sl 22.24). O Pai e o Filho são um; nada pode dividir o Deus trino.

Jesus ainda prometeu que "nele" temos paz. Essa paz não é só paz com Deus (Rm 5.1), mas também a paz do tipo subjetivo. Podemos, a despeito do caos da vida em um mundo hostil, experimentar tranquilidade. No entanto, essa promessa também é condicional. A paz, como a alegria, está disponível, mas temos de escolhê-la. Escolhemos a paz quando escolhemos acreditar que Cristo *venc* [*eu*] o mundo.

Talvez você se recorde da declaração de João no prólogo: *A luz resplandece nas trevas, e as trevas não prevaleceram contra ela* (Jo 1.5). O termo grego para "prevalecer" é deliberadamente ambíguo e também pode significar "predominar" (veja nota sobre 1.4-8). Nesse contexto, no entanto, João escolheu o verbo inequívoco *nikaō* [3528], "conquistar". João, como se para resumir o ministério inteiro de Jesus na terra, abre sua narrativa com a frase *a luz resplandece nas trevas, e as trevas não prevaleceram* [ou compreenderam] *contra ela* (1.5) e conclui com o ministério de ensinamento de Jesus com a frase: *Eu venci o mundo*.

■ ■ ■

Jesus desafiou os discípulos — e, por extensão, a nós — a ter coragem. O termo grego significa "ousar", "ser corajoso", "estar disposto ou confiante".[16] A definição inclui dois outros sentidos que têm nuanças. O primeiro, "confiar em", "depender de", e o segundo, "ser corajoso contra alguém ou algo", "ir com bravura".[17] Toda a gama de sentidos é apropriada para a exortação do Senhor. Sua vitória sobre o mundo — o pecado, o mal, Satanás, a morte, a maneira distorcida por meio da qual o mundo opera — fornece-nos motivo para nos lançarmos com ímpeto no conflito. Não temos nada a temer. Pois, mesmo se morrermos, vivemos.

A alegria, o amor e a paz são nossos só se crermos nele.

Você crê nele?

APLICAÇÃO
João 16.16-33
TRÊS PALAVRAS PARA NOS MANTER SEGUINDO

Se eu pudesse de algum modo me colocar na pele daqueles discípulos e vivenciar o que deve ter sido levantar daquela mesa e ver o Senhor fazer a oração que fez em João 17, depois descer aqueles degraus e encontrar meu caminho para o Getsêmani, acredito que dois pensamentos teriam me dominado. O primeiro, *talvez sua vida não tenha sido longa, mas sua morte é um erro*. O segundo, *talvez minha vida não seja fácil, mas posso seguir em frente*.

Jesus, no fim do seu discurso, disse de fato: "Prometo-lhes que a vida neste mundo será difícil, mas eu venci o mundo. Não obstante, vocês podem ser mais que conquistadores por causa do meu poder". Ele mostrou a eles como perseverar com alegria, triunfar em amor e viver em paz.

Você tem uma alegria que não pode ser tirada de você? Tem confiança no amor de Deus? Tem confiança na verdade que ele é *para* você? Será que você consegue descansar confiante na sabedoria dele e dizer-lhe: "Deus, o Senhor sabe tudo, portanto não o questionarei mais"? Quando a vida despenca, as qualidades de alegria, amor e paz são os dons de Deus para nos manter seguindo em frente. Mas essas qualidades, como uma conta bancária recheada, não nos fazem nenhum bem se falhamos em usá-las bem. As dádivas da alegria, do amor e da paz exigem fé. A falta de confiança na promessa de Deus leva à falta de alegria, ao amor hesitante e à paz instável.

A falta de alegria

Sofremos de falta de alegria quando o mal leva vantagem e nossa preocupação passa a ser permanente. Mas e se tivermos certeza de que cada provação passaria a ser o meio de receber uma grande bênção? Suponha que você viva em um mundo em que cada emprego perdido leva a um emprego melhor com salário mais alto; cada doença leva a uma saúde melhor e a uma vida mais longa; cada revés financeiro no fim resulta em um salário mais alto. Como será que você reagiria a cada angústia? Com medo ou antecipação? Com melancolia ou alegria? Como sua crença afetaria sua capacidade de perseverar?

Apesar de o mundo que imaginei não existir — o Senhor não promete nos tornar saudáveis e ricos nesta vida —, Deus promete que ele vence o mal e que receberemos muito maiores bênçãos do que podemos imaginar na vida por vir. A angústia aqui na terra, no fim, dará lugar à vida eterna. No meio-tempo, a bênção que ganhamos com a angústia é cura para nossa alma, cada vez mais saúde espiritual.

Quando confiamos que, no fim, prevaleceremos sobre o sofrimento, perseveramos com alegria. A diferença é a fé.

O amor hesitante

O tipo de amor que Jesus ensinou é abnegado. Não podemos obedecer a seu mandamento de amar uns aos outros se estamos mais preocupados com nossas necessidades e vontades.

Quando os saduceus tentaram pegar Jesus em uma armadilha com a "inocente" pergunta referente ao casamento no céu, ele espantou-os com sua resposta. O casamento será obsoleto *na ressurreição* (Mt 22.29-40; Mc 12.24-31). No céu, o amor íntimo, abnegado e afetuoso será compartilhado entre *todos* que vivem ali. No entanto, aqui na terra nos esforçamos para manter esse tipo de relacionamento de amor com apenas uma pessoa! Quantos casamentos são sacrificados por indivíduos manipulando um ao outro para conseguir satisfazer suas necessidades? Eles recorrem à manipulação, controle, mau-humor, grito, culpa e qualquer outro meio imaginável porque não confiam em seu par para cuidar deles.

Encaremos: não amamos os outros porque não confiamos neles para retribuir nosso amor. Vivemos sob a falsa noção de que, se não cuidarmos de nós mesmos, ninguém cuidará... nem mesmo Deus. Por conseguinte, a maior parte da nossa energia é usada no cuidado de nós mesmos, em vez de confiar no Senhor quando damos prioridade às necessidades dos outros.

Tudo volta à fé. Quando não confiamos no Senhor para cuidar de nós, não obedecemos a seu mandamento mais fundamental: *Amai-vos uns aos outros* (Jo 15.17).

A paz instável

Jesus contrastou sua paz com a tribulação do mundo (16.33). Desfrutar a paz de Cristo é desfrutar o cumprimento máximo da *shalom* hebraica — vida e cumprimento em abundância. Essa paz com Cristo, com certeza, resulta em alienação e, por conseguinte, perseguição do mundo; não obstante, a tribulação finalmente dará lugar à bênção abundante.

Enquanto temos essa paz como um subproduto da graça de Deus, nossa capacidade para experimentar a paz interior depende totalmente da nossa confiança em seu cuidado soberano e bondade imutável. Ele promete tribulação; no entanto, ele também prometeu que as vitórias do mundo são transitórias. Ele venceu o mundo; portanto, podemos tranquilamente aguentar o sofrimento de curto prazo com a expectativa certa do triunfo derradeiro do Senhor.

A intercessão divina
JOÃO 17.1-19

Algumas observações sobre a tradução em João 17.1-19

A21	NVI
2 *a todos*, lit. *todos que o Senhor deu a ele, para eles ele pode* 4 *completando*, ou *ao realizar* 12 *filho da perdição*; no hebraico, expressão idiomática para alguém destinado a morrer 15 *do*, ou *do poder de*	6 *revelei teu nome*; também em 17.26 11 *o nome que me deste*; alguns manuscritos trazem *você me deu estes [discípulos]* 12 *pelo nome que me deste*; alguns manuscritos trazem *protegi aqueles que me deu pelo poder do seu nome*

A hora era provavelmente por volta da meia-noite. Jesus e os onze restantes já tinham ido do lugar onde fizeram a ceia juntos para outro local, talvez no pátio (Jo 14.31). Imagino que Jesus, depois de declarar: *No mundo tereis tribulações; mas não vos desanimeis! Eu venci o mundo* (16.33), permitiu que houvesse um longo silêncio para selar o momento. À medida que as advertências e promessas do Senhor começam a ser entendidas, só consigo imaginar o sentimento de desamparo dos discípulos conforme contemplavam a vastidão de estrelas acima deles. Como eles devem ter se sentido vulneráveis, sabendo que logo estariam sem seu mestre, que os guiava e os protegia. Alguns deles, sem dúvida, lembravam-se do tempo antes de ele entrar na vida deles, chamá-los para segui-lo e lhes dar um propósito.

Após um tempo de reflexão silenciosa, imagino as palavras de Jesus — calmas, mas vibrantes — passar pelos discípulos desesperados, envolvendo-os por um momento antes de subirem aos céus. As palavras do Filho dirigidas ao Pai lembraram aos homens que o vazio do espaço está repleto da presença do Todo-poderoso. E ele nunca os deixaria sozinhos.

Os estudiosos denominam essa oração de Jesus de "Oração Sumo Sacerdotal", mas prefiro outro nome. Essa oração é realmente o "Pai-nosso", mais que o exemplo por meio do qual ele ensinou os discípulos (Mt 6.9-13; Lc 11.2-4). Além disso, a expressão "sumo sacerdotal" soa fria para mim, como a rotina de oração de uma igreja tradicional, paramentada e muito monótona. Essa é a oração de um homem que amava seus seguidores e se importava bastante com eles para pedir que a proteção de Deus os rodeie. Ele, com grande paixão, orou primeiro por si próprio e pelo sucesso de sua missão (Jo 17.1,2), depois pela proteção de seus discípulos enquanto cumpriam seu propósito (17.13-19) e, por fim, pelas gerações de cristãos que se seguiriam a ele como resultado do ministério dos discípulos (17.20-26).

17.1-3

O termo grego traduzido por "céu" é a mesma palavra para "firmamento". O contexto, em geral, esclarece qual termo o autor pretendia. Nesse caso, tanto "céu" quanto "firmamento" são apropriados; no entanto, a exortação de Jesus em 14.31 sugere que os homens saíram da sala e podem ter saído de Jerusalém pelo Getsêmani.

Os termos "hora" e "glória" são relevantes na narrativa de João. A "glória" refere-se à crucificação, ressurreição e ascensão do Senhor, justificando a verdade de seu ensinamento e de sua identidade como o Filho de Deus. A "hora" fora designada antes do início do tempo; era o destino para o qual Jesus nascera (Dn 7.13,14). No entanto, Jesus não focou o sofrimento que estava prestes a enfrentar. Ele, em vez disso, chamou atenção para o cumprimento do plano de Deus, a glória que o Pai receberia e o dom da vida eterna para todos os "seus".

Jesus definiu a vida eterna como ter um relacionamento com Deus e seu Filho, o Messias, Jesus. A palavra "conhecer" vem de um termo grego com o sentido de "entender", não apenas perceber ou reconhecer. O termo sugere uma troca de ideias e valores entre duas pessoas, de tal modo que compartilham total familiaridade uma com a outra. É o termo que descreve o relacionamento de amigos íntimos e até mesmo de casais. A vida eterna não é apenas vida longa, mas vida abundante (Jo 10.10); sua quantidade é equiparada pela qualidade. E só é possível desfrutar essa satisfação quando o indivíduo cumpre o propósito para o qual foi criado: glorificar a Deus e desfrutá-lo completamente.

17.4,5

Jesus refletia a verdade de sua identidade, lembrando que ele viera da glória para refletir a glória do Pai na terra. Ele, após completar sua tarefa, aguardava sua volta para a glória. Isso, entretanto, não quer dizer que se Jesus livrou de sua humanidade; ele, antes, voltou ao céu em um corpo ressurreto glorificado — o mesmo tipo de corpo que receberemos quando os cristãos forem ressuscitados no fim dos tempos.

Essas palavras refletem o profundo anseio que Jesus sentia pelo céu. (Ousaríamos chamar isso de saudade de casa?) Esquecemos com muita facilidade que, embora Jesus tenha se tornado um homem e se colocado no mundo por meio de um nascimento milagroso, ele não é deste mundo. Tendemos a ver tudo de uma perspectiva terrena. Assim, recordamos sua vida terrena, avaliamos sua grandiosidade como homem e imaginamos a experiência jubilosa que deve ter sido trabalhar, viver e ministrar com ele. Mas pense naquilo de que ele abriu mão para assumir a carne humana e sofrer a pior das aflições humanas.

Pense no que ele deixou para trás quando partiu do céu e entrou no mundo em Belém e deixou o mundo menos de dezesseis quilômetros dali em Jerusalém — nascer sob essas circunstâncias humilhantes e sofrer essa humilhação na morte.

Toda a glória seja para Deus — Jesus não partiu da terra em humilhação! Ao contrário, ele completou sua tarefa e, depois, venceu a morte para partir em glória.

17.6-8

Mesmo as petições do Senhor por si mesmo eram breves e abnegadas. Ele logo voltou o foco da sua oração para as necessidades dos onze reunidos em torno dele e dos discípulos que eles logo liderariam. Os princípios de sua oração, enquanto orava especificamente por eles, aplicam-se a todos os cristãos desde aquela época.

Jesus afirmou que "manifest [ou]" o "nome" do Pai ao mundo. O nome da pessoa representava seu caráter e atributos. O termo grego traduzido por "manifestei" significa "revelar" ou "expor". O Filho não só ensinava a verdade divina; ele representava a verdade divina em sua própria presença. Ver o Filho era ver o Pai.

O Senhor identificava seus seguidores como aqueles que Deus deu a ele "do mundo" e que "obedeceram" à sua palavra. Essa "palavra" é a Escritura do Antigo Testamento; os de Deus eram aqueles que continuavam sensíveis a suas palavras escritas e que obedeciam a ele. Quando Jesus, a Palavra de Deus em carne humana, apresentou a si mesmo para o mundo, os "seus" o receberam em fé. Jesus, em troca, recebeu-os e, por meio dessa oração, apresentou-os oficialmente ao Pai enquanto se responsabilizava pessoalmente pela autenticidade deles.

17.9-11

O pedido de Jesus começa com a frase "Eu rogo por eles" e, a seguir, passa abruptamente para um aparte parentético antes de retomar em 17.11 com a frase *Guarda-os no teu nome*. O aparte parentético de Jesus especifica que ele pretende que o Senhor *guard* [e]. O mundo como um todo não está em perspectiva aqui, mas os "seus" — os homens e mulheres que responderam à Palavra em fé, que não se identificavam mais com o mundo. Os cristãos, logo que Jesus ascendesse ao céu para se juntar ao Pai, passariam a ser cidadãos do céu vivendo em território hostil, por assim dizer, entre cidadãos do mundo. Ele pediu ao seu Pai para "guard [á-los]" e uni-los.

O verbo traduzido por "guardar" é um termo que descreve a principal tarefa do pastor; significa "zelar" ou "proteger". A ideia é mantê-los separados dos perigos do mundo mesmo enquanto eles continuam a viver entre vizinhos hostis. Além disso, o Senhor pediu ao Pai para unir os cristãos de modo que pudessem usufruir do mesmo tipo de unidade compartilhado pelas três pessoas da Trindade.

17.12,13

Jesus lamentava deixar seus discípulos no mundo, todavia também reconhecia que o plano do Pai era o melhor para todos. Ele os guardara cuidadosa e fielmente do mal e os preservara até ali; agora os punha nas mãos capazes de seu Pai.

Apenas o "filho da perdição" sucumbira a Satanás. A expressão "filho da perdição" ou "filho da destruição" é uma expressão semítica para alguém destinado à condenação. É claro que Jesus se referia a Judas, a quem chamou de *um diabo* (6.70), que acolheu a ideia de Satanás de trair o Senhor (13.2) e em quem Satanás entrou (13.27). Judas não se "perdera" porque nunca creu de fato. Ele apenas ocupou um lugar entre os fiéis, circunstância essa predita pela profecia e usada por Deus para realizar seus propósitos (cf. Sl 41.9; Jo 13.18).

Boa parte do ensinamento do Senhor nessa última noite com os discípulos não faria na hora sentido para eles. No entanto, os discípulos — assim que as difíceis horas de seu sofrimento tivessem passado e Jesus ficasse mais uma vez diante deles na glória de seu corpo ressurreto — encontrariam incomensurável esperança nessas palavras. Mais de sessenta anos depois, João deu preeminência a esse discurso final, ao qual ele devotou cinco dos 21 capítulos da sua narrativa.

17.14-16

Observe a contundente distinção entre os cristãos genuínos e "o mundo". A Palavra de Deus é a causa dessa divisão, traçando uma linha de batalha entre os que prestam atenção na Palavra e os que odeiam o Senhor e os "seus". O verbo grego *miseō* [3404] significa "odiar" ou "detestar" e descreve a escolha do indivíduo de dar prioridade a uma coisa sobre outra (12.25). *Miseō* pode ou não envolver intensa emoção.

O universo descrito por João é dualista, significando que existe uma contundente divisão entre o bem e o mal. Deus criou o mundo e o pronunciou *bom* (Gn 1.31). O pecado entrou no mundo e trouxe consigo o mal, o sofrimento e a morte. O mundo, como resultado disso, opera de acordo com os valores de Satanás, valores esses que se opõem totalmente aos caminhos de Deus em todos os níveis. Por conseguinte, nenhum dos lados pode tolerar o outro. João ilustra essa divisão usando as imagens opostas de luz e trevas. Onde há luz, as trevas não podem existir; as trevas não podem suportar a luz. Do mesmo modo, as pessoas não podem viver em ambas simultaneamente. As pessoas que preferem as trevas não toleram alguém que ameaça sua existência ao trazer luz.

É interessante o fato de Jesus não pedir ao Pai para remover os cristãos do mundo orientado pelas e para as trevas. Ele, ao contrário, pediu ao Pai para preservar os cristãos de Satanás. Ele pediu por união (Jo 17.11) e pela preservação do mal (17.15). Não consigo deixar de ver a relação entre os dois. Na verdade, João estabeleceu essa conexão entre a unidade e a preservação do mal em sua carta às igrejas da Ásia Menor. *Eles [os apóstatas] saíram dentre nós, mas não eram dos nossos, pois se fossem dos nossos teriam permanecido conosco; mas todos eles saíram, para que se manifestasse que não são dos nossos* (1Jo 2.19). A seguir, ele entrelaça os conceitos de luz (crer na verdade de Cristo), amor (união entre os cristãos) e obediência (prova de fé genuína) a fim de amarrar os cristãos ao mastro da santificação, para que todos sejam preservados até o fim ou *ven* [çam] o *mundo* (1Jo 5.1-12).

O versículo 15 é uma descrição clara da estratégia de Jesus. Ele nunca encoraja os cristãos a se isolarem nas paredes de um monastério — quer fisicamente quer espiritualmente. Ele quer que as trevas do mundo sejam iluminadas não só do céu pelo Filho, mas pelas multidões de luzes menores. Ele pediu ao Pai para nos dar isolamento, como se nos revestisse de uma capa isolante, não isolação. Ele, na verdade, pediu: "Isole os cristãos para que possam se mover em meio ao mal sem ser queimados pelo maligno".

17.17-19

Jesus revelou o meio pelo qual os cristãos permanecem unidos e preservados do maligno: a santificação. O verbo grego é *hagiazō* [37], cujo significado é "separar para uso específico". Essa era uma palavra comum na adoração pagã, descrevendo o processo de tornar algo puro e, depois, ser separado para uso especial na adoração. Algo que fora santificado era considerado cerimonialmente puro. Os judeus usavam o termo em relação a qualquer coisa reservada para o uso de Deus, incluindo seu povo da aliança, a raça hebraica. Paulo deu ao termo uma aplicação pessoal ainda maior. O cristão, como o Espírito Santo habita nele, é um templo e, por conseguinte, não é menos consagrado que o lugar santíssimo (veja Êx 26.33,34; Lv 16.2; 1Co 6.19,20).

Jesus usou o termo de forma ainda mais específica em referência à verdade — a verdade divina expressa por intermédio dos profetas do Antigo Testamento que registraram fielmente a revelação de Deus, a verdade divina que o mundo abandonara por meio do pecado de Adão e continua a rejeitar por intermédio do pecado contínuo, a verdade divina literalmente incorporada pelo Filho de Deus. Jesus orou para que seus seguidores não percebessem apenas a verdade divina ou simplesmente reconhecessem a verdade, mas que eles fossem purificados por ela e separados do mundo para o uso especial de Deus.

Isso não é algo que acontecerá do dia para a noite. Da perspectiva posicional, somos santificados; da perspectiva experimental, temos de nos tornar santificados à medida que o Espírito Santo nos conforma à verdade.

■ ■ ■

Só consigo pensar em poucas experiências que nos tornem mais humildes e que sejam mais encorajadoras que ouvir as orações de outra pessoa em nosso favor. Quando as preocupações terrenas caem sobre mim e pressionam minhas têmporas, ouvir alguém transmitir meu fardo ao céu é um alívio que mal consigo descrever.

- *Sinto-me entendido*. Sei que alguém sente empatia por minha luta e a leva bastante a sério para unir seu espírito ao meu em busca da intervenção de Deus.
- *Recebo confiança*. Ouvir a intercessão de outra pessoa me dá garantia razoável de que minhas próprias orações são coerentes com os valores de Deus.
- *Adquiro mais sabedoria*. A oração de outra pessoa oferece perspectivas que não considerei.

- *Encontro coragem.* Alguém com mais objetividade consegue orar com mais confiança no poder e na bondade de Deus, o que é sempre contagiante.
- *Adquiro perspectiva.* A pessoa que não está envolvida nos meus sofrimentos é mais capaz de ver minha luta de uma perspectiva eterna, e isso sempre é útil.

É muito ruim que não façamos isso uns pelos outros com mais frequência.

Agora, imagine ouvir o Filho de Deus abordar seu Pai em seu favor. Imagine o encorajamento, confiança, sabedoria, coragem e perspectiva que você adquire ao ouvir Jesus interceder por você. Uma oração perfeita dos lábios do homem perfeito.

Que dom maravilhoso o Senhor deu aos discípulos na véspera de seu tormento! A preparação deles para o ministério estava completa; Jesus, tendo-os consagrado para o ministério, voltou sua oração em direção às gerações de cristãos que esses onze discípulos foram encarregados de liderar.

APLICAÇÃO
João 17.1-19
A ORAÇÃO E A OBRA DE DEUS

A oração de Jesus a favor de si mesmo, por seus discípulos e pelas gerações de cristãos por vir ressalta três verdades fundamentais sobre a relação entre a oração e qualquer esforço para honrar a Deus.

Primeiro, *a oração nos ajuda a manter a glória de Deus como a prioridade em todo esforço.* Jesus começou sua oração reconhecendo o principal propósito de sua missão na terra. Ele, como Filho de Deus, pediu para ser glorificado — para ser justificado à vista de toda a humanidade como a incorporação da verdade divina — não por causa dele mesmo, mas para que pudesse refletir essa glória de volta ao Pai.

Quando vamos ao Pai, por intermédio do Filho, pedindo para algo ser realizado, somos sábios em reconhecer a glória de Deus como o principal objetivo de todo esforço humano, quer diretamente associado com o ministério quer não. Quando pedimos por sucesso nos negócios, que seja pela glória de Deus — e que isso seja genuíno, não apenas retórica. Quando pedimos pela expansão do ministério, iniciemos a oração submetendo todas as coisas à glória de Deus. Chego até mesmo a incluir as seguintes palavras: "E, Deus, se isso não trouxer glória ao Senhor, por favor, negue nosso pedido e, depois, oriente-nos para realizarmos sua vontade da sua maneira".

Segundo, *a oração nos ajuda a lembrar de que qualquer esforço para honrar a Deus é bem-sucedido por causa do poder dele, não do nosso.* Jesus reconheceu que as pessoas vinham a ele porque elas pertenciam a Deus. O Pai as atraía; Jesus as guardava (Jo 6.37,39,65; 12.32; 17.2,6,9,24). Claro que seria tolo perguntar se o Pai ou o Filho era responsável pelo sucesso porque eles, em essência, são o mesmo — o Pai e o Filho são duas pessoas e um só Deus. Ainda assim, a oração do Filho é nosso exemplo.

Quando oramos, submetamos nossos desejos ao desígnio maior de Deus. Afinal, somos parte de *seu* plano redentor, não o contrário!

Terceiro, *a oração nos faz buscar Deus por sucesso, em vez de ao mundo.* Jesus reconheceu em sua oração que os desejos do mundo se opõem aos do Pai (17.9,11). A oração de Jesus foi de fato assim: "Senhor, une-os, preserve-os, separe-os e opere por intermédio deles". Ele disse: "Senhor, que o mundo assista à realização do seu plano".

O mundo não é amigo da graça; por isso, devemos esperar resistência, não ajuda na proclamação das boas-novas. A oração nos ajuda a ter em mente a quem agradecer pelo sucesso, mesmo quando o mundo parece ser cooperativo.

Não consigo imaginar tentar realizar a tarefa que o Senhor nos deu sem a oração. Como seria desencorajador pensar que ele pudesse nos encarregar de mudar o mundo e, depois, nos deixasse fazer isso por nossa conta. Seria o mesmo que nos pedir para secar os oceanos com uma colher de chá. Felizmente, ele não nos deixa para realizar essa tarefa do tamanho de Deus sem o poder divino. Antes, promete realizar ele mesmo o trabalho. Ele nos chama a nos juntarmos a ele para que possamos desfrutar os espólios da vitória com ele quando a obra estiver completa. Portanto, deixemos que cada objetivo que buscamos e cada oração que oferecemos reflitam essa verdade transformadora.

Quando Jesus orou por você
JOÃO 17.20-26

Algumas observações sobre a tradução em João 17.20-26

A21

21 *creia*; no grego, o tempo indica *creia continuamente*

23 a. *plena unidade*, lit. *em um*; b. *reconheça*. O tempo grego indica *conhecimento contínuo*

25 *o mundo*, lit. *mesmo o mundo*

Josefo, o historiador judeu, registra uma história maravilhosa que pode ou não ser verdade.[18] Alexandre, o Grande, em sua grande campanha pelo domínio mundial na década de 330 a.C., mudou do Helesponto para o Egito, lançando cerco às cidades muradas e conquistando as terras entre elas. Seu caminho para o Egito o fez descer a estreita faixa de terra entre o mar Mediterrâneo e o deserto Arábico, uma terra governada por Jerusalém. Israel era um pedaço de terra da escolha de quem quisesse controlar o comércio com o Egito. Ninguém sabia disso melhor que os cidadãos de Jerusalém, que tremiam ao som dos cascos de animais e carros correndo em direção ao sul para saquear sua amada Sião. O povo de Jerusalém se juntou ao redor do sumo sacerdote Jadua, que se ajoelhou diante de Deus em busca de respostas. Como ele poderia defender o povo indefeso de Israel? As paredes da cidade estavam desmoronando com a idade, e ninguém ousaria se levantar contra os experientes guerreiros da Grécia. O Senhor levou-o a decorar a cidade e abrir as portas. Ele tinha de fazer cada pessoa, vestida de branco, saudar o exército de Alexandre, enquanto os sacerdotes usavam as vestimentas de sua ordem.

Jadua, quando o exército de Alexandre se aproximou mais da cidade, levou a procissão de sacerdotes e saudadores para o lado norte da cidade a fim de encontrá-lo. O sumo sacerdote usava vestes púrpuras e escarlates, e seu chapéu decorativo ostentava um prato dourado gravado com o nome de Deus. Ele manteve sua posição enquanto o pó dos cascos e dos carros subia e escurecia o céu. Quando os gregos entraram no campo de visão da procissão dos judeus, Alexandre parou sua marcha, desmontou do cavalo, ficou diante do sumo sacerdote e, então, adorou o nome de Deus — algo que ele nunca fizera. O conquistador, de acordo com Josefo, tivera antes uma visão de pessoas vestidas de branco, os sacerdotes e o nome de Deus gravado em ouro.

Alexandre, depois de sua chegada a Jerusalém, ofereceu sacrifício a Deus, conforme as instruções de Jadua, e tratou os judeus com muita bondade. A seguir, Jadua abriu um velho pergaminho com a profecia de Daniel, provavelmente os capítulos 7 e 8. Ele mostrou a Alexandre a profecia com duzentos anos de idade, predizendo o domínio grego sobre o mundo ocidental (Dn 8.21). Alexandre, de repente, ficou radiante. Ele, embora fosse um homem de temperamento sóbrio e taciturno, de repente se regozijou, prometendo colocar um perímetro de proteção em torno de Sião e permitir que os judeus mantivessem sua própria lei.

Alexandre vira a si mesmo na Escritura e foi profundamente afetado por essa experiência.

Temos essa oportunidade hoje. João registra com fidelidade a oração do Senhor na véspera de sua prisão, na qual ele intercedeu por você e

por mim. Ele foi ao seu Pai em nosso favor, conhecendo de antemão nossas necessidades e pedindo que cada uma delas fosse realizada em abundância. Pense nisso! Ele orou por nós! Na verdade, ele orou especificamente por três necessidades cruciais:
- Nossa união espiritual (17.21-23)
- Nosso destino eterno (17.24)
- Nosso amor mútuo (17.25,26)

17.20

Você percebeu as palavras "também por aqueles" nesse versículo? É aí que seu nome está. Se você crê em Jesus Cristo, ele orou por você. O Senhor — depois de orar por si mesmo e pelo sucesso de sua missão e de ter intercedido pela proteção dos discípulos e o sucesso deles no ministério — pediu ao Pai pelas gerações de cristãos que viriam à fé quer direta quer indiretamente por intermédio do ministério dos discípulos. Isso incluía os judeus de Jerusalém que criam e também os gentios que criam (Jo 10.16). Com certeza, esse ato de intercessão divina incluía todos os cristãos que já viveram ou viverão antes da antiga criação ser substituída pela nova criação (Ap 21.1).

Observe a expressão "pela palavra deles". Não mais apenas a "Palavra de Deus" ou mesmo "minha palavra" — agora os discípulos possuíam a verdade e podiam com acerto reivindicá-la como deles. Os cristãos, ao se identificarem com Cristo, são um com ele e, por conseguinte, são portadores de luz. Essa verdade é nossa, pelo fato de que ele nos encheu com a verdade divina na pessoa do Espírito Santo.

17.21-23

O Senhor pediu primeiro a união entre o corpo de cristãos. Ele repetiu três vezes o termo nos três versículos, expressando seu desejo por nossa união na fé (17.20b,21), nossa união em glória (17.22) e nossa união na obediência (17.23). Não podemos ignorar a relevância de o Senhor pensar em todas as necessidades de todos os cristãos ao longo de todos os tempos e, a seguir, pedir união entre todos eles. Haverá todos os tipos de circunstâncias e todos os tipos de "ismos", mas só pode haver um corpo de Cristo unido em uma fé.

Quando todos tiverem sua identidade em Cristo, então todos compartilharão o mesmo DNA espiritual. Além disso, os cristãos compartilharão a glória que o Pai deu ao Filho. O destino de todos os cristãos é seguir Cristo na eternidade. Assim como Jesus foi justificado em sua ressurreição, recebeu um corpo ressurreto e foi ficar com o Pai, também isso acontecerá com todos os cristãos.

Ser "aperfeiçoado" significa ser feito maduro ou completo. Deus deseja que todos os cristãos sejam completamente unidos na obediência de modo que seja impossível o mundo ignorar a verdade de Cristo. De todo jeito, essa união de fé, glória e obediência precisa de esclarecimento a fim de que ninguém a interprete mal.

Unidade não é uniformidade. O treinamento militar despe cada recruta de sua individualidade a fim de criar um tipo uniforme de unidade. Todos os novos recrutas recebem o mesmo corte de cabelo e são obrigados a vestir o mesmo uniforme. Na progressão no campo de treinamento, todos parecem o mesmo, soam o mesmo, comportam-se igual e preparam o mesmo tipo de tarefa. Mas o corpo de Cristo não é uniforme (1Co 12).

Eis uma breve amostragem do corpo de Cristo: Saulo de Tarso, que se tornou Paulo, um judeu que se tornou apóstolo de Cristo. Lucas, o médico, um cristão gentio e historiador cuidadoso. Tertuliano, um pai da Igreja, apaixonado, ardente, zeloso e, ainda assim, lógico. Bernardo de Claraval, o famoso monge francês que escreveu excelentes hinos no claustro. John Wycliffe, a estrela da manhã da Reforma, que devotou a vida à tradução do texto bíblico para o inglês. William Tyndale, que desafiou as leis contra a tradução da Escritura para o inglês e, depois, pagou o preço supremo por seu serviço à Igreja. George Whitefield, o calvinista, evangelista da Igreja da Inglaterra. John Wesley, fundador dos metodistas e pregador itinerante incansável. Charles Haddon Spurgeon, o batista calvinista, conhecido como o "príncipe dos pregadores". Dwight L. Moody, o evangelista sem educação formal que fundou uma faculdade e uma editora.

Unidade não é unanimidade. A unanimidade exige total concordância em todos os assuntos, incluindo os assuntos de consciência e de opinião. Embora devamos concordar em determinados assuntos cruciais de verdade absoluta, temos liberdade de discordar em muitos assuntos sem perder o amor ou a aceitação. E graças ao Senhor não temos de concordar em tudo ou muitos dos grandes avanços no ministério cristão nunca teriam acontecido — entre eles o renascimento das missões no estrangeiro por intermédio de um jovem idealista e apaixonado chamado William Carey.

Unidade não é unificação. Acredito que Jesus não fica nem um pouquinho angustiado com a existência de várias denominações como tantas pessoas ficam. O modo como alguns cristãos se desligam de outros pode não ser admirável, e as doutrinas de alguns não são tão puras quanto a de outros; ainda assim, o conceito de igrejas diferirem em assuntos não essenciais e manterem identidades distintas não é necessariamente perigoso para a unidade. É bem possível divergir de forma amigável enquanto se cumpre um propósito em comum. De outro lado, alguns extremistas buscam motivos para se separar. Alguns cristãos são incapazes de distinguir entre assuntos essenciais e não essenciais da doutrina e se comportam de forma arrogante em relação àqueles que discordam, percebendo mais divisão do que existe.

17.24

O segundo pedido do Senhor foi para os cristãos desfrutarem a eternidade no céu com seu Salvador. Nosso destino eterno é uma resposta à oração de Jesus em nosso favor, e podemos ter certeza de que os pedidos do Filho ao Pai são fielmente respondidos.

O motivo fornecido por ele foi para que pudéssemos ver sua glória. A tradução mais antiga do verbo grego traduzido por "ver" é "contemplar", que capta melhor a nuança do termo original. O termo "contemplar" incorpora a nuança de observar com maravilhamento e profundo apreço. João, ao traduzir o aramaico de Jesus para o grego, poderia ter escolhido qualquer um dos cinco diferentes termos gregos, mas escolheu *theōreō* [2334]. Esse termo descreve caracteristicamente os espectadores em uma festa religiosa a que assistem com maravilhamento, curiosidade ou contemplação.[19] O objeto dessa contemplação será a "glória" de Cristo no céu, em que a *shekiná* não está coberta pela carne mortal. No livro de Apocalipse, João descreve a glória do Filho como a fonte de toda a luz da nova criação (Ap 21.22-24). Na presença do Filho, não haverá noite nem trevas (cf. Jo 1.5; 1Jo 1.5).

17.25,26

O último pedido de Jesus ao Pai foi por nosso amor mútuo — o mesmo tipo de amor compartilhado na Trindade e demonstrado pelo mundo por parte do Pai ao enviar seu Filho.

Na época do ministério terreno de Jesus, o judaísmo empurrara Deus para a periferia da adoração. Os judeus vieram a considerar seu criador tão transcendente, tão inefavelmente inabordável, que temiam dizer seu nome em voz alta. E veneravam tanto a lei, muito acima do Legislador, que falharam em reconhecer o grande amor dele por eles. Jesus reapresentou o verdadeiro caráter e atributos de Deus para os discípulos a fim de que todas as pessoas pudessem vir a conhecer o amor avassalador e impressionante do criador por suas criaturas. Há pelo menos um motivo para deixar os cristãos no mundo — é para que o mundo conheça o amor do Pai ao observar seu povo.

■ ■ ■

Ocorre-me ao refletir sobre esse último pedido de Jesus que temos em nosso interior a capacidade de nos juntar ao Pai na resposta à oração de nosso Salvador. Ele desejava unidade na fé, unidade no destino e unidade no amor. Ele garante a unidade no destino — preservará seus cristãos até o fim. A unidade na fé e a unidade no amor, no entanto, estão ao nosso alcance por causa da habitação do Espírito Santo.

Basta nos entregarmos ao controle dele.

Depois de Jesus concluir sua oração, os homens saíram, caminhando em silêncio em direção ao jardim de Getsêmani. Jesus queria falar muito mais com eles, mas suas palavras seriam desperdiçadas enquanto os discípulos continuassem a se preocupar em viver sem seu mestre. Não importa. Ele lhes dera toda informação de que precisavam para seguir em frente. Ele confiava no Espírito Santo para ajudá-los a se lembrar das palavras que lhes proferira, colher a sabedoria delas para depois ficarem confiantes no ministério que tinham pela frente. Não obstante, os onze homens, antes de receber esse dom da habitação da luz, teriam de passar por trevas terríveis. Durante um tempo, parecia para eles que as trevas do mundo tinham derrotado a luz.

APLICAÇÃO
João 17.20-26
RESPONDENDO À ORAÇÃO DE JESUS

Conforme a oração de Jesus termina, encontro em suas palavras um desafio ao qual cada um de nós deve responder. Encontro três aplicações específicas. Elas são simples, mas falam ao coração.

Primeiro, *crescer em unidade exige o ceder.* Se você planeja ser uma pessoa de unidade, terá de ceder. Uso essa expressão em seu melhor sentido. Por "ceder" quero dizer que temos de ser flexíveis em termos de estilo. Seja receptivo. Seja adaptável. Seja gracioso. Não ceda um milímetro em termos da verdade bíblica absoluta, mas, por causa do céu, relaxe. À medida que os anos de ministério apararam minhas arestas, vim a perceber que muitas das questões que costumavam me tirar o sono, na verdade, tornam a igreja melhor e mais forte. Acho que Deus usa as pessoas com um grau de tolerância maior para manter sua igreja flexível no estilo, contudo firme na verdade.

Segundo, *conhecer nosso destino exige renúncia.* Não podemos manter nosso caminho e conseguir o céu. Se você quiser ir para o céu, tem de seguir o caminho de Deus. Tem de renunciar aos seus planos e embarcar na agenda do Senhor. Não estou falando sobre corrigir sua prática ou mudar seu comportamento. Você, sem dúvida, sabe por experiência como isso funciona.

Estou falando sobre crer em Jesus Cristo ao receber o dom da vida eterna e confiar que ele fará uma obra maravilhosa de transformação em você. Renuncie à crença em sua própria habilidade de reformar a humanidade ou na melhora gradual dos seres humanos. Embarque no plano divino de Cristo, o dom da vida eterna.

Terceiro, *mostre que o amor dele significa distribuir.* Por favor, não pense nem por um segundo que tem de fato amor cristão se ele não é expresso. Não existe essa coisa de amor cristão reprimido. O amor cristão, por definição, é ativo. Isso não quer dizer que você está sempre em efervescência ou perpetuamente em ação. No entanto, significa que seu relacionamento de amor com os outros cristãos é caracterizado por expressões de amor tangíveis e observáveis. Também significa que toma tempo para demonstrar bondade e compaixão pelas pessoas de fora da igreja — incluindo seus inimigos.

VINDICAÇÃO DA PALAVRA
(JO 18.1—21.25)

Jesus entrou no mundo em controvérsia e viveu boa parte de sua vida sob a sombra da dúvida. Sua mãe recebeu uma visita angélica informando-a de que seria mãe do Messias e de que seu nascimento seria em cumprimento literal de uma antiga profecia: *A VIRGEM ficará grávida e dará à luz um filho, e ele se chamará Emanuel* (Is 7.14, destaque do autor; cf. Mt 1.23). Em outras palavras, o bebê dela seria concebido sem um pai humano. Infelizmente, seu maravilhoso segredo logo seria motivo de escândalo na vizinhança. Seu noivo foi impedido por outra visão angélica de fazer um divórcio discreto, mas não temos nenhuma indicação se o Senhor revelou de forma sobrenatural a verdade em relação à concepção a qualquer outra pessoa além de José. Ninguém mais em Nazaré recebeu uma visita angélica lhe dizendo a verdade. Em outras palavras, todos pensariam o que você pensaria: que Jesus era filho ilegítimo.

Desde o início de seu ministério público e ao longo dele, a fé no Cristo seria uma questão de escolha. Em que evidência as pessoas confiariam? Na Escritura ou em seus preconceitos e pressuposições? Que autoridade as pessoas aceitariam? A da Palavra de Deus ou a dos desejos deles mesmos?

Enquanto Jesus proclamava a verdade divina, seus críticos aproveitavam cada oportunidade para questionar sua origem (Jo 6.42; 7.27,41; 8.19,41; 9.29), tomando muito cuidado para evitar a esmagadora evidência profética de sua identidade divina. Conforme observamos, a maioria das pessoas ignorava de forma persistente os "sinais" que ele realizara de modo milagroso (9.16; 11.47,48; 12.37) — e a grande ironia é que faziam isso enquanto exigiam que ele provasse a si mesmo realizando sinais milagrosos (2.18; 4.48; 6.30). Finalmente, os "seus" ultrapassaram a necessidade de sinais milagrosos para aceitar o *homem* como a Palavra de Deus, seu Messias, o Filho de Deus.

Jesus, no final de seu ministério público, polarizara a nação. De um lado, estavam as incrédulas autoridades do templo com todos os ornamentos religiosos que usavam; de outro lado, um grupo desorganizado de pessoas do povo com algumas centenas de cristãos comprometidos. E, no meio, destacava-se uma vasta multidão, cuja alma estava na balança.

E cada lado — os adeptos do mal e os seguidores de Jesus — foi encarregado de reivindicá-las para si.

Quando o sol se pôs na véspera da Páscoa, cada lado se retirou para se preparar para a primeira verdadeira batalha de uma guerra invisível, uma campanha cósmica pela alma da humanidade. Os dois lados declararam ser os únicos guardiães da verdade divina, mas os líderes religiosos esperavam resolver logo o assunto. Antes do fim da Festa da Páscoa, eles pretendiam provar seu caso matando Jesus. Eles o levariam a julgamento por oposição pública às autoridades do templo — e, por extensão, a Deus — e, a seguir, o crucificariam como blasfemador. Ao pôr do sol do "Dia da Preparação", eles esperavam sepultar seu corpo e, com ele, qualquer noção de que ele era o Messias prometido, o Filho de Deus, a Palavra encarnada, o Salvador da humanidade. Com as boas-novas — a salvação só pela graça, só pela fé, só em Cristo — jazendo fria em um sepulcro, sua religião orgulhosa de obras podia reinar suprema mais uma vez, com as autoridades do templo de volta ao controle.

TERMOS FUNDAMENTAIS EM JOÃO 18.1—21.25

- **Akoloutheō** (ἀκολουθέω) [190], "seguir", "seguir o mesmo caminho", "acompanhar"

O sentido literal desse verbo é "seguir o mesmo caminho", que, é claro, tem a conotação metafórica de imitar os pensamentos, crenças, ações ou estilo de vida do outro. Do mesmo modo, podemos falar de um menino que adota a ocupação do pai: "Ele está seguindo as pegadas do pai". O Antigo Testamento não dá preferência a essa metáfora para significar seguir os caminhos de Deus. No entanto, ele passa a ser um termo favorecido no Novo Testamento, talvez porque o exemplo de Cristo seja mais acessível. *Veja João 1.43; 10.27; 21.19,22.*

- **Tetelestai** (τετέλεσται) [5055], "completar", "trazer ao cumprimento", "integralmente pago"

Essa é a forma passiva perfeita do verbo "completar" ou "cumprir". Um verbo que na voz passiva indica que o objeto é influenciado por alguma influência externa (por exemplo, "a bola *foi jogada*"). O tempo perfeito coloca a ação no passado, enquanto enfatiza resultados em progresso. Esse termo grego declara que algo foi trazido a um estado de completude e, por conseguinte, não é mais necessário se envolver com ele. Também era um termo de contabilidade com o sentido de "pagamento integral". *Veja João 19.28,30.*

> - **Phaneroō** (φανερόω) [5319], "manifestar", "tornar manifesto ou visível", "revelar"
>
> O grego clássico fazia muito pouco uso desse termo, que significa "tornar visível o que estava invisível".[1] É um verbo causativo, significando que o sujeito causa a ação do verbo. O termo também dá particular ênfase à condição anterior de não estar visível. Por essa razão, o termo é muito usado no Novo Testamento, que registra um período notável de revelação divina. Jesus manifestou perfeitamente Deus no sentido de que a humanidade experimentou Deus de maneiras não possíveis antes. Jesus manifestou a verdade como só um "Deus-homem" poderia fazer. E, então, Jesus manifestou a si mesmo em um estado nunca visto antes — uma forma glorificada e incorruptível de humanidade. *Veja João 2.11; 17.6; 21.1,14.*

Contudo, a vitória conseguida pelos malfeitores, conforme Jesus prometera aos discípulos, seria de curto prazo. Eles destruiriam a si mesmos com as mesmas armas que usaram contra o criador. A Palavra encarnada levantaria do sepulcro em um glorioso corpo ressurreto, triunfante sobre a doença, o desastre, a morte e a deterioração, vitorioso sobre o pecado e o mal. Ao amanhecer de domingo, a verdade divina emergiria do sepulcro completamente justificada aos olhos de toda a humanidade. Suas palavras de restauração da confiança foram claras e repetidamente afirmadas. Seus discípulos as ouviram... mas logo as esqueceram quando a maré da opinião pública e as decisões oficiais se voltaram contra Jesus. Em poucas horas, todos eles iriam embora.

A verdade em julgamento
JOÃO 18.1-27

Algumas observações sobre a tradução em João 18.1-27

A21

1 a. *ribeiro*, lit. *torrente de inverno*; b. *com*, lit. *e*
2 *traidor*, ou *entregando-o*
3 *destacamento de soldados*, normalmente seiscentos homens; *um batalhão*

12 a. *destacamento*, ou *batalhão*; b. *comandante*, ou seja, quiliarco, no comando de uma tropa de mil homens
20 *sinagogas*, lit. *uma sinagoga*

> **NVI**
>
> 5 a. *Jesus de Nazaré*, também em 18.7;
> b. *Sou eu*, ou *"o Eu Sou está aqui"*, ou *"Eu sou o Senhor"*; o texto grego traz *Eu sou*; também em 18.6,8. Veja Êx 3.14
>
> 9 *me deste*; veja Jo 6.39 e 17.12
> 13 *naquele ano*, grego *aquele ano*
> 20 *os judeus*, grego *povo judeu*; também em 18.38

A injustiça é um fato inevitável da vida em um mundo caído. Cedo ou tarde, todos são entendidos de forma equivocada, citados indevidamente, falsamente acusados, difamados, vítimas de bisbilhotice ou abertamente difamados. Essa é uma experiência que todos nós compartilhamos, mas que não fica mais fácil de aguentar. Carregamos a imagem de Deus, que ama a justiça tanto quanto ama a misericórdia, e esse aspecto da nossa natureza anseia que o certo prevaleça sobre o errado... em especial quando nosso próprio bem-estar está em jogo.

Jesus foi a única pessoa a viver toda a sua vida sem falhar moralmente, não obstante ter sido preso, julgado, declarado culpado e condenado a sofrer a punição de um criminoso. Sua prisão foi uma traição; seus julgamentos, uma farsa; sua condenação, ilegal; e sua punição, uma paródia de justiça. Ainda assim, ele, do começo ao fim da provação, permaneceu calmo, respondeu às perguntas sinceras diretamente, falou a verdade com dignidade e, calmamente, resolveu permitir que o Pai o justificasse na hora apropriada.

18.1

Quando Jesus concluiu sua oração (17.1-26), suas palavras sem dúvida pareceram um abraço acolhedor envolvendo os discípulos enquanto eles lidavam com sua iminente partida. Eles estavam na verdade eternamente seguros no cuidado soberano de Deus, mas não conseguiam perceber o horrendo mal se amontoando contra o Senhor naquele exato momento. Mesmo enquanto os onze homens restantes confiavam em seu mestre para cumprir suas promessas, um escapara para a escuridão da noite a fim de traí-lo. As autoridades do templo estavam organizando um grupo de ataque das tropas romanas e judaicas combinadas para cercar logo Jesus e transportá-lo diante de seis audiências criminais.

A Festa da Páscoa começa no crepúsculo do décimo quarto dia de nisã no calendário judaico. Como os judeus calculavam o ano pelo ciclo lunar, é quase impossível localizar a data exata da crucificação de Jesus. O dia pode ter sido em qualquer momento entre o fim de março e o começo de abril. Provavelmente por volta da meia-noite, os homens partiram para o Getsêmani. Alguns expositores interpretam que a passagem 14.31 significa que eles partiram do cenáculo para o jardim enquanto Jesus fazia seu discurso durante o percurso (15.1—17.26). No entanto, acho difícil imaginar Jesus concluindo essa discussão íntima com tal oração solene enquanto atravessa a cidade ou desce a encosta do vale do Cedrom. A construção dessa sentença (sentido literal, "tendo dito essas coisas, Jesus partiu") sugere que, embora os homens tenham deixado o cenáculo, eles só saíram para o jardim quando Jesus terminou de orar. Talvez Jesus tenha concluído seu "discurso de despedida" no pátio externo da residência em que tinham feito a refeição... ou sob a luz das tochas nos degraus do lado sul do templo de Herodes.

O mais provável é que os homens tenham saído de Jerusalém pela porta oriental, seguido na direção nordeste ao longo do perímetro externo do muro após o monte do templo e, depois, cruzado a ravina de Cedrom. A descrição grega literal é "a torrente de inverno do Cedrom", significando um vale estreito inundado pelas águas caudalosas do inverno, mas relativamente seco em outras épocas. Davi também cruzara esse vale quando teve de fugir por causa da revolta de Absalão. Durante essa fuga, um dos conselheiros em quem mais confiava o traiu (2Sm 15.23-31).

Talvez João tenha citado detalhes do vale do Cedrom como uma alusão deliberada a esse conhecido evento da história de Israel, muito semelhante a alguém hoje aludir às praias da Normandia. Imediatamente, visões do Dia D vêm à mente.

18.2,3

O destino deles era o costumeiro retiro (18.2), um jardim murado no monte das Oliveiras, talvez na encosta ocidental com vista panorâmica da cidade santa. Os outros evangelhos nos informam que Jesus foi ali para orar e se preparar para a terrível provação que estava prestes a sofrer (Mt 26.36-46; Mc 14.32-42; Lc 22.39-46). Os leitores de João conheciam bem essa parte da história, por isso ele provavelmente não viu nenhum benefício a mais em incluir essa informação em sua narrativa.

De acordo com Mateus, Jesus orou por aproximadamente três horas (Mt 26.40,42,44). Quando Jesus terminou sua oração, Judas chegou com um pequeno exército de soldados romanos e guardas do templo. Na época de Jesus, uma "coorte" romana consistia em 480 guerreiros, sem incluir nesse número os oficiais e o pessoal de apoio. O fato de eles virem com lanternas e tochas nos diz que o monte estava coberto pela escuridão. Talvez fosse por volta de 3 ou 4 horas da manhã.

OS JULGAMENTOS DE JESUS

Julgamento	Autoridade atuando como juiz	Escritura	Acusações	Legalidade	Tipo	Resultado
1	Anás, ex-sumo sacerdote em 6-15 d.C.	João 18.12-23	Nenhuma acusação específica	Ilegal: Sem jurisdição Realizado à noite Sem acusações Sem testemunhas Abusado durante o julgamento	Judaico e religioso	Considerado "culpado" de irreverência e enviado a Caifás
2	Caifás, sumo sacerdote em 18-36 e membro do Sinédrio	Mateus 26.57-68; Marcos 14.53-65; João 18.24	Afirmou ser o Messias, o Filho de Deus, o que eles consideraram blasfêmia	Ilegal: Realizado à noite Falsas testemunhas Nenhuma acusação formal Abusado durante o julgamento	Judaico e religioso	Declarado "culpado" de blasfêmia e mantido para a declaração de sua sentença até de manhã
3	Sinédrio	Marcos 15.1; Lucas 22.66-71	Como uma continuação do julgamento anterior diante do Sinédrio, as acusações permanecem as mesmas	Ilegal: Mudança de acusação Sem testemunhas Voto impróprio	Judaico e religioso	Sentenciado ao ser devolvido aos romanos para execução
4	Pilatos, governador da Judeia em 26-36 d.C.	Mateus 27.11-14; Marcos 15.2-5; Lucas 23.1-7; João 18.28-38	Acusado de traição e sedição contra Roma	Ilegal: Considerado "inocente" e, ainda assim, mantido em custódia Sem representante de defesa Abusado durante o julgamento	Romano e civil	Declarado "inocente" e enviado a Herodes Antipas a fim de encontrar alguma brecha para condenar
5	Herodes Antipas, governador da Galileia em 4 a.C.-39 d.C.	Lucas 23.8-12	Sem acusações específicas. Longamente questionado por Herodes	Ilegal: Sem jurisdição Sem acusações específicas Abusado durante o julgamento	Romano e civil	Maltratado, ridicularizado, falsamente acusado, volta a Pilatos sem que fosse tomada uma decisão
6	Pilatos	Mateus 27.15-26; Marcos 15.6-15; Lucas 23.13-25; João 18.39—19.16	Como uma continuação do julgamento anterior diante de Pilatos, as acusações permanecem as mesmas	Ilegal: Declarado "inocente" e, ainda assim, condenado	Romano e civil	Declarado "inocente", mas sentenciado a ser crucificado para aplacar a raiva da multidão. Ao mesmo tempo, um homem culpado de assassinato, traição e sedição foi solto

MAPA DE JERUSALÉM E DO GETSÊMANI

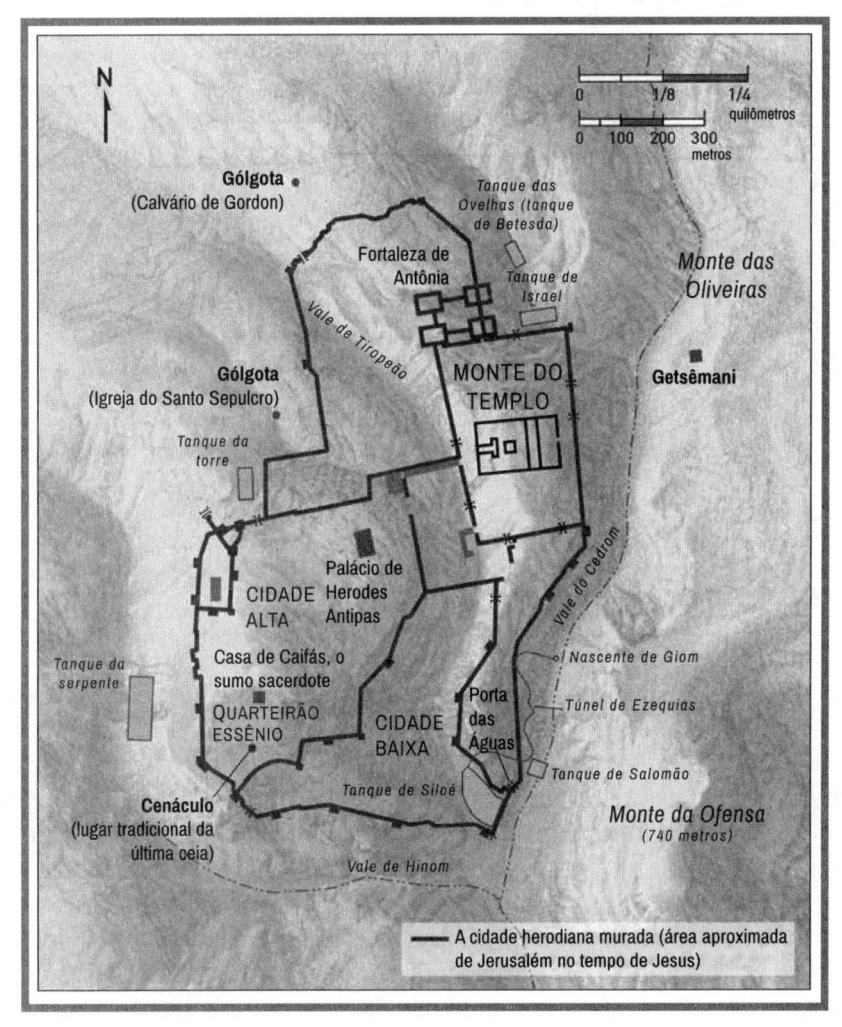

Jesus e seus discípulos, após a ceia, passaram pelo grande templo, atravessaram o vale do Cedrom e subiram a encosta oriental do monte das Oliveiras até um recanto familiar. Embora João não forneça o nome do lugar, sabemos pelo texto de Mateus 26.36 e Marcos 14.32 que o nome do jardim era Getsêmani.

Naturalmente, eles nunca saberiam o paradeiro de Jesus se não fosse por Judas. As autoridades do templo tinham tentado prender Jesus em diversas outras ocasiões, mas ele escapara deles no templo, ou a multidão de testemunhas desencorajava seus aspirantes a sequestradores, ou ele mantivera seus movimentos em segredo. No entanto, uma vez que eles encontraram um homem do círculo íntimo de Jesus disposto a traí-lo, conseguiram prendê-lo longe das multidões, em segredo.

Getsêmani. O nome *Getsêmani* significa "lagar de azeite". Essa alameda de oliveiras é o lugar tradicional da última noite de agonia de Cristo antes de sua prisão. Como o monte das Oliveiras tem muitos jardins, ninguém tem certeza. Independentemente disso, o Getsêmani, sem dúvida, era muito semelhante a essa fotografia.

Talvez as autoridades do templo, se tivessem sido bem-sucedidas antes, teriam simplesmente emboscado e matado Jesus e poucas pessoas teriam notado a falta dele. Mas, alguns poucos dias antes, Jesus entrara na cidade com multidões clamando: "Rei de Israel" e "Hosana", que significa "Salve [-nos] agora". Matá-lo os implicaria claramente em delito e transformaria Jesus em mártir. Ele ficara popular demais. Assim, agora eles precisavam primeiro desacreditá-lo e voltar o homem comum contra ele. Uma acusação escolhida com cuidado e a aparência de justeza traria o público para o lado deles contra Jesus. O esquema tinha o benefício adicional de consolidar a continuação dos saduceus no poder. Caifás via a condenação à morte de Jesus como um meio de demonstrar boa vontade com Roma, dizendo de fato: "Vejam, não mantemos bem a paz? Podem confiar em nós para abafar os levantes judaicos!" (Jo 11.49-51; 18.14).

18.4-9

Os soldados, sem dúvida, cercaram o perímetro do muro do jardim para prevenir qualquer fuga, mas Jesus não correu; ele sabia que eles viriam em seu encalço muito antes de eles chegarem. Ele fizera apenas uma pergunta na escuridão: "A quem procurais?" Quando o comandante respondeu: "A Jesus, o Nazareno", o Senhor confirmou que ele estava de fato presente. A isso, os soldados *afastaram-se e caíram por terra* (18.6).

Esse gesto poderia significar que eles antecipavam um contra-ataque (por isso, trouxeram quase seiscentos guerreiros) e tomaram posições defensivas. No entanto, há outra possibilidade. João raramente inclui detalhes, a menos que eles tenham relevância teológica. Jesus usou mais uma vez a muitíssimo relevante designação para si mesmo *egō eimi* [1473, 1510], *Eu Sou* (4.26; 8.24,28,58; 13.19; cf. Êx 3.14). Ele usou essa terminologia carregada de relevância da perspectiva cultural e bíblica para identificar a si mesmo como divindade. João, a seguir, usa "afastaram-se e caíram por terra" para descrever a resposta dos homens, também de relevância cultural e bíblica. No Getsêmani, os inimigos de Deus se encolheram diante da presença do Todo-poderoso, prenunciando a postura deles no fim dos tempos (Is 45.23; Rm 14.11; Fp 2.10,11; Ap 3.9). De todo modo, a reação inicial da coorte traz um pequeno alívio cômico: seiscentos homens bem armados aterrorizados contra um único rabi e seus onze seguidores, dos quais apenas um carregava uma arma!

Jesus, sempre o líder abnegado, pediu a libertação de seus discípulos, que João observou como o cumprimento literal da declaração anterior do Senhor ao Pai (Jo 17.12; veja também 6.39).

18.10,11

Pedro declarara antes que estava preparado para ir à batalha com o Senhor e daria sua vida na luta (13.37; cf. Mt 26.33-35). Ele, obviamente, pretendia fazer o que disse. Ele estava preparado para empunhar a espada de metal a fim de ajudar Jesus a tomar o trono pela força e, depois, instituir seu reino. Um homem com uma espada curta contra seiscentos! Esse é Pedro. Precipitado, impulsivo, passional, bravo... mas mundano.

João inclui o detalhe de Pedro cortar a orelha do servo do sumo sacerdote, Malco ("nobre"). Alguns expositores — incluindo eu no passado recente — sugerem que Pedro pretendia matar o homem abrindo sua cabeça, e que Malco se esquivou no último momento, perdendo assim sua orelha. No entanto, após ponderar sobre diversos detalhes, prefiro outra explicação. Primeiro, o movimento de descida de uma lâmina por um homem destro provavelmente não atingiria a orelha direita, a menos que a vítima fosse atacada por trás, e um Pedro canhoto seria um detalhe estranho para ser omitido. Além disso, um golpe forte que cortasse fora uma orelha provavelmente causaria mais ferimento, mas João não menciona nenhum.

Como João, caracteristicamente, inclui os detalhes por seu valor simbólico, é mais provável que Pedro mirasse a orelha direita do homem para o propósito expresso de deixar um ferimento insultante. Malco era um emissário do sumo sacerdote e, por conseguinte, representava a autoridade deste. Cortar fora uma orelha ou nariz era considerado particularmente humilhante para a vítima, sobretudo desde que os judeus impediam os indivíduos mutilados de servir no templo. Além disso, a tradição judaica prescrevia uma restituição mais alta por órgãos e extremidades do lado direito do corpo.

Jesus repreendeu Pedro por se comportar como um descrente e por, a despeito das muitas predições de Jesus, não ver o plano de Deus se desenrolando. O "cálice" do qual Jesus fala é uma conhecida expressão para sua crucificação nos outros evangelhos (Mt 20.22, 26.39; Mc 14.36; Lc 22.42).

18.12-14

Os soldados, para prender Jesus, seguiram sem dúvida os procedimentos romanos de puxar os braços dele para as costas e prender as mãos dele em ferros ou amarrá-las firmemente com corda. Podemos presumir que ele permaneceu preso com uma corda em torno do pescoço ao longo de sua provação. A seguir, Jesus foi levado à presença da mais alta autoridade de Israel, Anás.

Embora Caifás ocupasse oficialmente o cargo de sumo sacerdote, muitos reconheciam seu sogro, Anás, como a verdadeira autoridade de Jerusalém e a voz final em todo assunto referente ao templo.

18.15-18

Os discípulos se dispersaram logo após a prisão no jardim (Mt 26.56); Pedro e João, no entanto, voltaram para seguir, de uma distância segura, os movimentos do Senhor. Quando os soldados levaram Jesus para a casa de Anás — por volta das 3 ou 4 horas da manhã —, João teve permissão para entrar. É mais provável que sua relação com Anás viesse da riqueza e posição social de sua família.

ANÁS, O "CHEFÃO" DE JERUSALÉM

JOÃO 18.12-24

Durante o século I, o cargo de sumo sacerdote em Israel, em essência, era o mesmo que o de um rei; no entanto, a designação dele tinha de ser aprovada por Roma, e ele governava sob a autoridade do procurador romano. Embora Caifás ocupasse oficialmente o cargo, muitos reconheciam seu sogro, Anás, como o verdadeiro poder por trás do trono.

> Anás foi designado sumo sacerdote originalmente em 6 d.C. por Quirino, mas foi deposto depois por Valério Grato, em 15 d.C. Ainda assim, ele continuou a ser o cabeça de um vasto império da corrupção organizada em Jerusalém. "Ele e sua família eram proverbiais por sua cobiça e ganância." [2] Ele, após sua remoção do cargo, manteve o poder por intermédio de seu filho, Eleazar, e, a seguir, de seu genro, Caifás. Na verdade, sua família, por intermédio de mais quatro filhos e um neto, manteve uma linha de sucessão praticamente ininterrupta depois de Caifás.
>
> Anás, além dos benefícios da aristocracia saduceia, detinha um monopólio de animais considerados aceitáveis para o sacrifício no templo, que ele vendia "nas quatro famosas 'tendas dos filhos de Anás' no monte das Oliveiras, com uma filial nos recintos do próprio templo".[3] De acordo com a lei de Moisés, os sacerdotes tinham de determinar que animais tinham qualidade suficiente para o sacrifício. E Anás, é claro, controlava os sacerdotes.
>
> Quando Jesus limpou o templo do que chamou *assaltantes* (Mt 21.13), várias autoridades religiosas exigiram saber: *Com que autoridade fazes essas coisas? Quem te deu essa autoridade?* (Mt 21.23). É compreensível que eles não imaginassem que um homem questionasse o crime da família de Anás sem a retaguarda de alguém muitíssimo poderoso. Quando eles descobriram que ele estava agindo sozinho, começou o plano para matá-lo.
>
> Um observador casual do segundo julgamento ficaria impressionado com o zelo religioso de Caifás, que *rasgando as próprias roupas,* [...] *disse: Blasfemou* (Mt 26.65) quando Jesus afirmou ser o Messias. Na realidade, de qualquer forma ele e Anás queriam Jesus morto por outros dois motivos. Primeiro, ele ousara desafiar o controle soberano do sumo sacerdote sobre o templo. Segundo — e mais importante — ele, com sua pregação, prejudicava os negócios.

Quando Pedro entrou no grande pátio da casa de Anás, o porteiro o reconheceu como um discípulo de Jesus. Sua negação de Jesus seria a primeira das três que o Senhor predissera mais cedo (Jo 13.38).

Observe o detalhamento de João referente ao fogo — tinham feito *brasas* (ARC).

João inclui esse aspecto aparentemente irrelevante para imprimir na mente dos leitores a imagem de Pedro olhando o fogo e negando seu mestre. Mais tarde, João recordará essa imagem ao redor de outro fogo com brasas (21.9).

OS JULGAMENTOS ILEGÍTIMOS DE JESUS

	Regra	Fontes principais
1	Nenhum julgamento podia acontecer durante a noite (antes do sacrifício matinal).	Mishná: Sinédrio 4.1
2	Os julgamentos não podiam acontecer na véspera de um sábado ou durante as festas.	Mishná: Sinédrio 4.1
3	Todos os julgamentos tinham de ser públicos; os julgamentos secretos eram proibidos.	Mishná: Sinédrio 1.6
4	Todos os julgamentos tinham de ser realizados na sala de julgamento na área do templo.	Mishná: Sinédrio 11.2
5	Os casos de pena capital exigiam um mínimo de 23 juízes.	Mishná: Sinédrio 4.1
6	O acusado não podia testemunhar contra ele mesmo.	Mishná: Sinédrio 3.3,4
7	Era exigido que alguém falasse em nome do acusado.	
8	A condenação exigia que os testemunhos de duas ou três testemunhas estivessem perfeitamente alinhados.	Deuteronômio 17.6,7; 19.15-20
9	As testemunhas da acusação tinham de ser inquiridas e interrogadas extensamente.	Mishná: Sinédrio 4.1
10	Os casos de pena capital tinham de seguir uma ordem rígida, começando com os argumentos da defesa e, depois, os argumentos da acusação.	Mishná: Sinédrio 4.1
11	Todos os juízes do Sinédrio podiam argumentar pela absolvição, mas não pela condenação.	Mishná: Sinédrio 4.1
12	O sumo sacerdote não podia participar da inquirição.	
13	Cada testemunha em um caso capital tinha de ser inquirida individualmente, não na presença de outras testemunhas.	Mishná: Sinédrio 3.6
14	Os testemunhos de duas testemunhas que estivessem em contradição tinham de ser invalidados.	Mishná: Sinédrio 5.2
15	A votação pela condenação e a sentença em um caso capital tinham de ser conduzidas individualmente, começando pelos mais novos. Assim, os membros mais jovens não seriam influenciados pelo voto dos membros mais velhos.	Mishná: Sinédrio 4.2
16	Os veredictos em casos de pena capital tinham de ser *transmitidos* apenas durantes as horas com luz do dia.	Mishná: Sinédrio 4.1
17	Os membros do Sinédrio tinham de se reunir aos pares durante toda a noite, discutir o caso e voltar a se reunir novamente com o objetivo de confirmar o veredicto final e a sentença imposta.	Mishná: Sinédrio 4.1
18	A sentença em um caso capital só podia acontecer no dia seguinte.	Mishná: Sinédrio 4.1

Fontes secundárias	Prática real
BERG, Laurna L. *The Illegalities of Jesus' Religious and Civil Trials* [As ilegalidades dos julgamentos civis e religiosos de Jesus] (*Bibliotheca Sacra*, vol. 161, nº 643, julho-setembro de 2004), p. 330-342.	Jesus foi levado para Anás, Caifás e o Sinédrio à noite.
Ibid.	Os julgamentos ocorreram à noite durante a celebração da Páscoa.
Ibid.	Jesus foi levado perante o Sinédrio à noite para interrogatório e foi imediatamente declarado "culpado". Só a sentença oficial dele aconteceu durante o dia.
Ibid.	Jesus foi primeiro levado a Anás e, depois, a Caifás, antes de ser levado perante o Sinédrio.
Ibid.	Não sabemos quantos juízes estavam presentes. Os julgamentos aconteceram à noite durante uma festa.
Ibid.	O Sinédrio condenou Jesus nas suas próprias palavras e sem necessidade de testemunhas.
BOCK, Darrell L. *Jesus v. Sanhedrin: Why Jesus 'Lost' His Trial* [Jesus v. Sinédrio: por que Jesus 'perdeu' seu julgamento] (*Christianity Today*, vol. 42, nº 4, 6 de abril de 1998), p. 49.	Ninguém falou por Jesus, e, quando ele objetou à ilegalidade do procedimento, foi golpeado no rosto.
	A acusação procurou testemunhas contra Jesus, mas os testemunhos delas eram conflitantes.
BERG, *Illegalities* [Ilegalidades]	Ninguém falou em defesa de Jesus, nem antes das acusações nem depois.
Ibid.	Os chefes dos sacerdotes e o conselho procuraram testemunhas contra Jesus.
BOCK, *Jesus v. Sanhedrin* [Jesus v. Sinédrio]	Tanto Anás quanto Caifás interrogaram Jesus diretamente, fazendo perguntas destinadas a incriminá-lo.
BERG, *Illegalities* [Ilegalidades]	Não sabemos quantas testemunhas foram trazidas para testificar em qualquer momento.
Ibid.	
Ibid.	Os membros do Sinédrio votaram simultaneamente, e quase houve confusão.
Ibid.	O Sinédrio condenou Jesus e o fez logo de saída; depois, reuniu-se no dia seguinte para dar a aparência de ordem.
	Vemos apenas a pressa em julgar e nenhum indício de que os juízes se reuniram por qualquer motivo, menos ainda para considerar Jesus "inocente".
Ibid.	O Sinédrio acusou Jesus e o condenou logo de saída; depois, fizeram reuniões no dia seguinte para dar a aparência de ordem.

18.19-21

Alguns especialistas questionam a historicidade dos relatos do evangelho. Nada nos julgamentos de Jesus diante das autoridades judaicas se ajustava ao protocolo estabelecido. No entanto, a ilegalidade dos julgamentos é exatamente o ponto dos evangelhos. A tradição judaica regulamentava com cuidado a conduta dos julgamentos criminais, ainda mais que nos casos civis. Nenhum julgamento podia ser realizado em segredo ou à noite, e o único lugar apropriado para ouvir os casos criminais era a "sala de julgamento" no templo. Além disso, o acusado, ao ouvir as evidências, não podia ser compelido a testemunhar em seu próprio caso. Todas as acusações tinham de ser substanciadas por vários testemunhos corroborativos.

Anás quebrou as regras do Sinédrio ao perguntar diretamente a Jesus sobre seus seguidores e ensinamento, esperando ouvir algo incriminador. À primeira vista, a resposta de Jesus parece insolente; no entanto, ele estava apenas chamando atenção para o procedimento apropriado. No tribunal norte-americano de hoje, o conselho de defesa diria: "Objeto! De acordo com a *Mishná: Sinédrio* 3.3,4, o acusado não pode ser compelido a apresentar evidência contra si mesmo; além disso, o juiz que preside a sessão não pode inquirir a testemunha (ou o acusado)".

Jesus, a seguir, chamou testemunhas para testificar. Tudo que ele disse e fez aconteceu na presença de multidões. De acordo com o costume judaico, testemunhos conflitantes não podiam condenar o acusado, só absolvê-lo. Jesus sabia que uma nomeação justa de testemunhas o exoneraria de todas as acusações ou cancelaria o falso testemunho dos líderes religiosos.

18.22-24

Não era permitida brutalidade na sala de tribunal, contudo um dos guardas foi até a frente de Jesus e golpeou seu rosto. Jesus manteve a compostura perfeita e respondeu com um pedido razoável. Ele disse de fato: "Se minha objeção for rejeitada, declare o precedente legal para isso. Se ela for aceita, não devo ser punido por estar certo".

O antigo sumo sacerdote — após ser estabelecido que ninguém testemunhara contra Jesus e que ele não era culpado de nada além de deixar Anás fazer papel de tolo — não tinha nada mais a dizer. Claramente, o objetivo do julgamento não era descobrir a verdade; por isso, Jesus se recusou a cooperar. Anás, sem dizer mais nada, *enviou-o amarrado a Caifás* (18.24). Ele esperara que Jesus facilitasse as coisas se comprometendo, mas o Senhor aplicou com habilidade as próprias regras de jurisprudência do Sinédrio — e tinha a verdade do seu lado. Condenar Jesus por um crime capital e fazer que isso fosse crível por parte da opinião popular não seria fácil.

O modelo da reunião do Sinédrio. No extremo oriental do pórtico real do templo, 71 anciãos se assentavam em fileiras semicirculares ao redor de uma área lembrando uma eira. O Sinédrio reunia-se oficialmente aqui para determinar a política nacional e religiosa e decidir a respeito dos casos civis e criminais. Todas as deliberações e decisões deles eram abertas ao público.

18.25-27

João, ao contrário de Mateus e Marcos, não inclui detalhes do julgamento do Senhor diante de Caifás, detentor oficial da posição de sumo sacerdote (ao contrário de seu sogro). Infelizmente, a justiça não se saiu nada melhor nesse julgamento que no anterior (Mt 26.57-68; Mc 14.53-65). Embora a audiência tenha parecido mais legítima — conduzida pelo verdadeiro sumo sacerdote e com a presença de diversos membros do Sinédrio —, ela violou muitas das mesmas regras. O julgamento foi realizado em segredo, à noite, e no palácio do sumo sacerdote, em vez de na sala de reunião do conselho. Além disso, não foi providenciado nenhum advogado para o acusado, e o conselho forçou o caso contra Jesus, em vez de avaliar as evidências com imparcialidade.

O conselho, para manter pelo menos a aparência de decoro, dispersou-se antes do amanhecer. De acordo com as regras deles, os membros tinham de se reunir aos pares, compartilhar uma parca refeição e discutir exaustivamente o caso em preparação para a decisão final no dia seguinte. Em vez disso, eles se revezaram no abuso do acusado. Nesse meio-tempo, Pedro, no pátio, cumpriu a profecia do mestre. Mais duas negações completaram sua falha.

■ ■ ■

Quando os dois julgamentos de Jesus se encerram, vemos como ele responderia à injustiça nos quatro seguintes. O Senhor aceitou que não receberia justiça dos homens. Ele sabia que o mundo — naquela época como agora — estava poluído pelo pecado e era governado por pessoas corruptas. Por isso, ele não esperava justiça dos tribunais nem buscava a aprovação das pessoas. Ao contrário, o Filho se submeteu à vontade do Pai, que permitiu a injustiça para avançar com seu plano. Se alguém fizesse uma pergunta por causa do entendimento maior, Jesus, em resposta, falava de forma simples e direta a verdade. Além disso, ele se recusou a permitir que a raiva ou a amargura de sua parte impedisse alguém de ver essa verdade — se alguém desejasse de fato vê-la. Ele, do começo ao fim de sua provação, confiou a si mesmo àquele que final e inevitavelmente julgará todas as almas com justiça.

APLICAÇÃO
João 18.1-27
SUPORTANDO A INJUSTIÇA COM GRAÇA

Consigo pensar em poucas situações mais desafiadoras pessoalmente que aguentar sozinho e despercebido a injustiça. Como carregamos a imagem de Deus, a justiça satisfaz uma necessidade entranhada e dada por Deus; no entanto, nosso desejo por justiça, como fomos contaminados pelo pecado, passa a ser uma busca extremamente egoísta. O ultraje exige satisfação. A amargura exige revanche. A desesperança autocentrada roga ao céu por alívio. O isolamento desesperado anseia por um defensor, enquanto o mundo indiferente assiste a nosso sofrimento sem tomar nenhuma atitude. O silêncio do céu, nessa solitária e severa prova de parcialidade, pode ser ensurdecedor.

Talvez você esteja neste momento sofrendo na obscuridade. A calúnia manchou sua reputação. A maledicência isolou-os daqueles que você respeita. Uma falsa acusação mudou o curso da sua vida. A perseguição caiu sobre você, em vez de sobre aqueles que são verdadeiramente culpados. Deixe-me assegurar-lhe o seguinte: o Senhor ouve seus clamores por ajuda e esperança, e não os ignora. A justiça será servida, embora talvez não como você quer — ou quando quer.

Jesus não prometeu nos tirar do mundo nem impedir a opressão do mundo. Ao contrário, ele orou para que sejamos preservados por meio de provações e perseguições (Jo 17.15). Portanto, ele não nos preservará *da* injustiça; antes, promete nos preservar *por intermédio da* injustiça. Ademais, ele prometeu glória do outro lado do nosso sofrimento. A agonia que você sofre — embora pareça avassaladora — não será desperdiçada. Se você permitir, essa experiência pode ser o meio pelo qual Deus traz suas maiores bênçãos.

George Matheson expressou bem isso em seu livro *Thoughts for life's journey* [Pensamentos para a jornada da vida]:

> Minha alma, não rejeite o lugar da sua prostração! Ele já foi seu aposento para a realeza. Pergunte aos grandes do passado qual foi o local de sua prosperidade; eles dirão: "Foi o chão frio no qual estivera deitado antes". Pergunte a Abraão; ele indicará para você o sacrifício no Moriá. Pergunte a José; ele o guiará à sua masmorra. Pergunte a Moisés; ele datará sua sorte do perigo que passa no Nilo. Pergunte a Rute; ela pedirá que você construa o monumento dela no campo de sua labuta. Pergunte a Davi; ele lhe dirá que seus cânticos vinham da noite. Pergunte a Jó; ele o lembrará de que Deus respondeu a ele do redemoinho. Pergunte a Pedro; ele exaltará sua submersão no mar. Pergunte a João; ele lhe dará a palma de Patmos. Pergunte a Paulo; ele atribuirá sua inspiração à luz que o cegou. Pergunte a mais um — o Filho do homem. Pergunte a ele de onde vem seu governo sobre o mundo. Ele responderá: do chão frio no qual estava deitado — o chão do Getsêmani; recebi meu cetro ali". Você também, minha alma, será coroada pelo Getsêmani. O cálice que você de bom grado afastaria logo será sua doce grinalda. A hora da sua solidão a coroará. O dia da sua depressão a regalará. O seu *deserto* irrompe em cântico; as árvores da sua *floresta* de silêncio baterão palmas [...].
>
> A voz de Deus na sua noite será esta: "Seu tesouro está escondido na terra onde você foi encontrado".[4]

Jesus, pouco depois de sua oração em nosso favor, sofreu a pior injustiça que qualquer ser humano pode experimentar. Ninguém foi mais inocente que Jesus. Poucos foram mais hipócritas e corruptos que Anás, Caifás e a elite do templo ou Herodes Antipas. Talvez Pedro, ao refletir sobre como Jesus se conduziu durante aquele momento terrível, tenha escrito para os escravos cristãos que enfrentavam perseguição: *Pois que mérito há em ter de suportar sofrimento se cometeis pecado e sois esbofeteados por isso? Mas se suportais sofrimento quando fazeis o bem, isso é digno de louvor diante de Deus* (1Pe 2.20).

Um dia o Senhor voltará e restaurará a justiça. No último dia, a verdade reinará suprema e todos que sofreram injustiça serão justificados, como Jesus foi justificado por sua ressurreição. Nesse meio-tempo, submeta sua necessidade para ser ouvido no plano soberano de Deus. Pare de se esforçar para conseguir sua vindicação. Fale a verdade em amor e sem justificativas para as partes apropriadas. Conforte-se no fato de que seu Salvador entende sua luta.

A pressa para julgar
JOÃO 18.28—19.16

Algumas observações sobre a tradução em João 18.28—19.16

A21

34 *por iniciativa própria*, lit. *por você mesmo*
36 *deste mundo*, ou *não é derivado de*
39 *vos*, ou *para você*
1 *espancar*, ou *açoitou-o*
9 *palácio*, ou seja, residência oficial do governador
11 *sobre mim*, lit. *contra*
12 a. *procurava*, lit. *tentava*; b. *é contra*, ou *fala contra*
13 a. *Pavimento de Pedra*, grego *Litóstrotos*; b. hebraico, ou seja, aramaico judaico
14 *hora sexta*, talvez 6 horas

NVI

28 *Pretório*, grego *para o Pretório*; também em 18.33
32 *para que se cumprissem as palavras que Jesus tinha dito*; veja Jo 12.32,33
9 *palácio*, grego *o pretório*
12 "*amigo de César*" é um termo técnico que se refere a um aliado do imperador
14 *aos judeus*, grego *povo judeu*; também em 19.20

Na hora em que os dois primeiros julgamentos terminaram, Jesus estava sangrando e muito machucado, mas ainda não fora dada nenhuma sentença oficial. Os julgamentos aconteceram sob a cobertura da noite e, por conseguinte, não seriam considerados legítimos por ninguém que o Sinédrio esperava impressionar: nem os judeus comuns nem seus dominadores romanos. A narrativa de João omite qualquer menção ao terceiro julgamento, talvez porque seu ponto já estava bastante claro. O terceiro julgamento judaico foi apenas para manter as aparências; não mudou nada.

Às 6 horas da manhã, o sumo sacerdote convocou o conselho para o lugar oficial de julgamento, uma sala semicircular no extremo oriental do Pórtico Real do templo. O lugar fora projetado para lembrar uma eira (veja a ilustração na p. 325). Nos tempos antigos, os fazendeiros se reuniam no lugar em que o trigo era separado do joio a fim de separar a verdade do mal. Era na eira que todos os assuntos de justiça eram decididos diante de toda a comunidade. Embora o julgamento acontecesse à luz do dia, no local adequado e diante dos olhos do público, os líderes religiosos ainda violavam suas próprias regras. O objetivo deles não era descobrir a verdade, mas encontrar uma acusação que satisfaria esse mesmo conjunto específico de exigências.

No fim do terceiro julgamento, os líderes religiosos decidiram pela acusação de traição contra Roma. Jesus declarou ser o Cristo, a quem os judeus consideravam amplamente como sua esperança de expulsar os opressores romanos. Essa declaração convenceria o governador romano a executar Jesus mesmo não acreditando que ele fosse um blasfemador. Eles estavam convencidos de que conseguiriam agradar a todos. O império se livraria de um revolucionário em potencial; e uma vez que Jesus fosse executado, o povo o rejeitaria como apenas outro falso Messias. Foi uma solução ideal que juntou uma improvável coalisão de fariseus (em sua maioria escribas e mestres da lei), saduceus (aristocráticos chefes dos sacerdotes) e zelotes (revolucionários da resistência).

Quando os líderes religiosos levaram Jesus do templo para ser condenado diante do procurador romano, Pôncio Pilatos, a acusação contra Jesus mudara de blasfêmia para traição. Ele seria julgado pela lei romana, não pelo código dos judeus. Seu julgamento diante de Pilatos seguiu um processo comum composto de quatro passos:
- Acusação (18.28,29)
- Interrogatório (18.33-35)
- Defesa (18.36-38a)
- Veredicto (18.38b)

18.28,29

O administrador romano morava normalmente a 113 quilômetros a noroeste de Jerusalém, em Cesareia, uma cidade construída por Herodes, o Grande, em homenagem a César Augusto, e projetada para lembrar Roma. Pilatos, quando visitava Jerusalém, ocupava a residência oficial do procurador, chamada *Pretório*, que fora o palácio de Herodes,

Casa de Pilatos. Após a deposição e banimento de Herodes Arquelau para a Gália, o palácio da família passou a ser a residência oficial do procurador romano, que era Pilatos na época dos julgamentos de Jesus. Os líderes religiosos, para evitar a contaminação ritual durante a Festa da Páscoa, recusaram-se a entrar na casa de Pilatos. É muito provável que Pilatos tenha ouvido as reclamações deles no pátio delimitado pelas três torres no lado esquerdo da fotografia.

o Grande. Como era a casa de um gentio, os judeus não queriam entrar no Pretório por medo de ficarem ritualmente impuros. João usa esse detalhe irônico para causar um grande efeito. As autoridades religiosas permaneciam ritualmente puras mesmo quando entregavam de forma corrupta sua vítima para ser executada pelos gentios.

Pôncio Pilatos era amigo pessoal de Lúcio Sejano, o líder de fato de Roma durante o extenso retiro do imperador Tibério na ilha de Capri. Sejano, logo depois de subir ao poder, garantiu a seu amigo um dos postos mais cobiçados no império: procurador da Judeia.

PÔNCIO PILATOS

JOÃO 18.28,29

Na época em que Jesus iniciou seu ministério público, o imperador Tibério retirara-se para uma luxuosa vila na ilha de Capri, deixando a administração diária do império nas mãos de seu homem de confiança, Lúcio Sejano. Este angariara a confiança do imperador ao transformar um pequeno regimento de seguranças na guarda pretoriana, um tipo de força policial secreta que acabou por ser um fator influente nas políticas romanas. Além disso, ele, astuciosamente, eliminou todos os seus rivais políticos com manobras astutas e violenta intriga. Um dos rivais destruídos por ele foi Druso, filho do próprio imperador, que ele envenenou aos poucos com a ajuda da infeliz esposa do homem.

Sejano, com Druso morto aparentemente de causas naturais, gostou de governar com o líder de fato de Roma e cuidou que seu amigo Pôncio Pilatos recebesse uma das designações mais prestigiosas no império: procurador da Judeia. O cargo, apesar de extremamente desafiador, oferecia potencial ilimitado para a grandeza política no império. Sejano queria um governante forte para manter a Judeia pacificamente subserviente, a despeito do aumento do descontentamento de seus habitantes.

O historiador Fílon de Alexandria descreveu Pilatos como "um homem de disposição muito inflexível e muito cruel, além de muito obstinado".[5] A inflexibilidade de Pilatos servira-lhe bem no passado, mas estava prestes a se tornar sua ruína na Judeia. Onde a sutileza e o estratagema eram exigidos, ele trouxe a força bruta. Ele não entendeu o delicado equilíbrio entre autonomia e o controle necessários para governar a Judeia. Pilatos, logo depois de assumir o comando de seu quartel-general em Cesareia Marítima, enviou uma mensagem clara para Jerusalém, fazendo saber que ele estava no comando. Normalmente, o exército do procurador passava o inverno em Cesareia, mas Pilatos ordenou que ele passasse o inverno em Jerusalém. Além disso, ele ordenou ao exército carregar a imagem de César no escudo e exibi-la em lugares importantes da cidade. Ele determinou que Jerusalém devia ser tratada como qualquer outra nação conquistada. Infelizmente, isso violava a lei judaica proibindo "imagens esculpidas" (Dt 4.15-18).

Não demorou muito para uma grande delegação dos líderes do templo marchar em massa até Cesareia em protesto. O impasse resultante tornou-se um teste de vontades. Para Pilatos, remover as imagens seria uma demonstração humilhante de fraqueza; contudo, manter a paz era sua única responsabilidade. Os líderes judeus se recusaram a voltar para casa enquanto as imagens não fossem removidas, o que fez Pilatos responder com a força. O historiador judeu Josefo descreveu os meios do procurador de acabar com o impasse.

> No sexto dia [do protesto], ele ordenou que seus soldados mantivessem as armas [escondidas] enquanto ele vinha e se assentava em seu trono de julgamento, trono esse preparado em lugar aberto da cidade e que ocultava o exército preparado para oprimi-los: e, quando os judeus apresentaram mais uma vez a petição para ele, Pilatos fez um sinal para que os soldados cercassem os

judeus e ameaçassem que a punição deles não seria nada menos que a morte imediata, a menos que parassem de perturbá-lo e fossem para casa. Mas os judeus deitaram no chão, deixaram o pescoço à mostra e disseram que morreriam de muito bom grado, em lugar de suas leis serem transgredidas. Isso deixou Pilatos profundamente afetado com a firme resolução deles de manter suas leis invioláveis e, na mesma hora, ele ordenou que as imagens fossem trazidas de Jerusalém para Cesareia.[6]

Não demorou muito para Pilatos se envolver em outro impasse, o qual ele deu fim com uma brutal carnificina. Algum tempo depois, os líderes da Judeia pediram a Tibério que Pilatos fosse removido. Finalmente, as políticas hostis do procurador o pegaram e em um momento muito infeliz. De volta a Roma, Tibério descobrira que Sejano envenenara seu filho e ordenou que ele fosse executado. Enquanto os cidadãos de Roma arrastavam o corpo mutilado de Sejano pelas ruas da cidade, Pilatos, de repente, viu-se sem um amigo no mundo.

18.30-32

A conversa entre as autoridades judaicas e seu governador ilustra a animosidade existente entre eles. A resposta sarcástica deles na verdade é: "Se esse homem não fosse culpado de algo sério, não estaríamos aqui, Pilatos". Ademais, eles pareciam esperar a cooperação incondicional de Pilatos. Os romanos não se opunham a matar um indivíduo em troca da paz civil, e Pilatos, com certeza, não se incomodava em matar judeus. No entanto, ele já recebera dois golpes, por isso procedeu com cautela.

Quando Pilatos desafiou os líderes judeus a processar Jesus de acordo com a lei judaica, os líderes revelaram seu problema. Roma, em geral, permitia que as civilizações conquistadas se governassem, mas reservava a punição capital para si mesma. Os judeus queriam Jesus morto, mas não tinham autoridade para matá-lo.

A nota editorial de João refere-se à predição de Jesus de que seria "levantado" na cruz (3.14; 8.28; 12.32,33), não apedrejado conforme o método judaico de execução.

18.33-38

Depois de proferida a acusação, o acusado era interrogado. Essa era a oportunidade de contar seu lado da história. Pilatos fez *a* pergunta pertinente a Jesus, provavelmente porque já conhecia a acusação oficial contra ele. É muito provável que Pilatos tenha testemunhado a entrada triunfal dele em Jerusalém poucos dias antes (12.13). Ele queria saber quem era Jesus de fato no processo de derrubar o governo na Judeia. Não havia uma resposta simples para a pergunta do procurador. Jesus não viera para comandar os hebreus em um levante militar ou político; não obstante, a vinda do reino de Deus mudaria de fato tudo.

Pilatos queria saber se Jesus era uma ameaça para o governo de Roma. Ele era, mas não da maneira como Pilatos temia. Os reinos da terra são fundados sobre o poder — poderio militar, destreza intelectual, perspicácia política, abundância financeira e vantagem social. O reino do céu é fundado sobre a verdade, e a chegada do Messias em uma solitária noite em Belém foi uma invasão. Por conseguinte, cada indivíduo tem de escolher a que reino serve: o reino da terra ou o reino de Deus, os reinos fundados sobre o poder ou o reino fundado sobre a verdade.

Jesus garantiu de fato a Pilatos: "Não se preocupe, procurador. Meu reino é fundado sobre a verdade, não sobre o poder. Meus seguidores não estão armados para uma guerra física".

Pilatos menosprezou a escolha de Jesus da verdade sobre o poder.

"O que é a verdade?" de fato! O mundo romano não era muito diferente do nosso hoje. Pilatos não subiu ao poder e à proeminência ao defender a causa da verdade. Os romanos eram muitíssimo pragmáticos. Verdade é a ferramenta da conveniência. Na mente deles, "a história é escrita pelos vitoriosos" e a verdade é qualquer coisa que o poderoso diga que é. Mas, de acordo com Jesus, escolher entre a verdade e a conveniência é como escolher a que reino servir.

Jesus apresentou uma escolha para Pilatos — a mesma escolha que ele nos oferece: fazer concessões relacionadas à verdade e avançar nossa posição no reino deste mundo, ou caminhar na luz da verdade e receber recompensas invisíveis no reino de Deus.

Pilatos podia permitir o cenário em que ninguém sairia ganhando, apresentado por ele naquela mesma manhã. Seu amigo Sejano fora executado como traidor, portanto Pilatos não sobreviveria a outro desacordo com os aristocratas judeus. Cada vez que eles recorreram a Roma, sempre ganharam a cartada final. E a última carta que ele recebera de Tibério deixou claro que era melhor ele respeitar as sensibilidades judaicas ou sofrer o fim de sua carreira... ou pior. Agora Jesus estava diante dele, inocente de qualquer crime contra Roma, mas, ainda assim, condenado por uma multidão barulhenta que insistia que ele era uma séria ameaça para Tibério.

João não registra o quinto julgamento do Senhor diante de Herodes Antipas. De acordo com Lucas 23.6-12, Pilatos tentou se livrar do problema ao enviar Jesus para Antipas, filho de Herodes, o Grande, e atual governante da Galileia. Mas Antipas não quis ter nada que ver com isso. Antipas, depois de humilhar Jesus, mandou-o de volta para Pilatos usando um de seus mantos reais como uma brincadeira. O gesto de Pilatos lhe rendeu o tão necessário amigo em Antipas, mas Jesus continuava como um problema seu a ser resolvido.

No fim, Pilatos teve de dar um veredicto. Pilatos, após ouvir a acusação, interrogar o acusado e ouvir sua defesa (Jo 18.36), declarou: *Não vejo nele crime algum* (18.38).

18.39,40

Antipas não tiraria Jesus das mãos de Pilatos, de modo que este precisava resolver o problema de outra maneira. Uma solução em potencial estava em uma cela a aproximadamente seiscentos metros de distância do Pretório: um conhecido "ladrão". Mas não se engane tomando-o por um ladrão insignificante; o termo grego descreve o que chamaríamos de terrorista. Roma odiava ladrões e piratas, que atrapalhavam o comércio por terra e por mar. Mas, na Judeia, o roubo e o assassinato vinham com uma agenda política.

O nome do homem foi registrado como Barrabás, que tem o sentido desproposital de "filho de um pai". Poderia ser um apelido do tipo joão-ninguém adotado para proteger sua família de uma revanche romana. Independentemente disso, ele era um notório inimigo do Estado, um ladrão e assassino, o tipo de homem que Roma se deliciava em ter a oportunidade de matar da maneira mais excruciante conhecida: a crucificação.

De acordo com o costume dos predecessores de Pilatos, um homem podia ser libertado da prisão durante a Festa da Páscoa. Ele pensou que poderia influenciar a multidão para soltar Jesus ao lhes dar uma opção menos atraente. Se os judeus escolhessem soltar Barrabás, um genuíno inimigo de Roma, poriam em risco sua amizade com Tibério. Eles, com certeza, escolheriam soltar o homem inocente, em vez de provocar a raiva de César. Mas Pilatos subestimou o ódio dos líderes religiosos por Jesus.

19.1

O plano de Pilatos não resolveu seu problema; apenas aumentou a pressão política em torno de sua decisão. Eles queriam que ele blefasse, e agora seria *ele* quem soltaria um perigoso criminoso para atormentar Roma mais adiante. Pilatos, desesperado para encontrar uma solução e relutante em soltar Barrabás, esperava satisfazer a sede de sangue da multidão ao sentenciar Jesus "a uma meia morte".

A declaração de João é simples: "Então Pilatos mandou espancar Jesus"; esse é um plano chocante. Jesus foi levado para a guarnição romana adjacente ao templo (a fortaleza de Antônia) e entregue a um especialista em tortura denominado lictor, que usava um chicote com longas tiras de couro denominado *azorrague*. As tiras de couro tinham apenas um nó na ponta ou, se o lictor quisesse infligir mais dor, escolhia um açoite com pequenos pesos de metal ou até mesmo pedacinhos de osso de ovelha trançados nas tiras. "As bolas de ferro provocavam contusões profundas, e as tiras de couro e ossos de ovelha cortavam a pele e os tecidos subcutâneos. Então, as lacerações, conforme o açoitamento continuava, dilaceravam os músculos subjacentes do esqueleto, produzindo faixas de carne laceradas que sangravam profusamente."[7] De acordo com um patologista forense, o açoitamento resultava caracteristicamente em "fratura de costelas, sérias contusões nos pulmões, lacerações com sangramento na cavidade peitoral e pneumotórax parcial ou completa (colapso do pulmão)".[8] O lictor era um especialista na arte da tortura e sabia exatamente como açoitar um homem a ponto de quase matá-lo.

19.2,3

Como o açoitamento tinha potencial para deixar a vítima em choque em menos de cinco minutos, os soldados transformavam o evento em um espetáculo, deliciando-se em humilhar a vítima. Três ou quatro

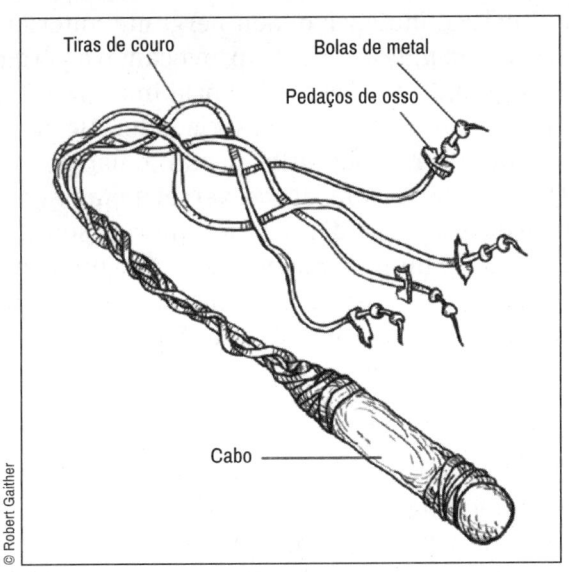

Desenho de um *flagrum* (açoite). Um *flagrum*, o brutal açoite usado pelos torturadores romanos (veja nota sobre 19.1)

chicotadas eram seguidas de insultos, ridicularização. A seguir, quando a vítima se recuperava, levava mais chicotadas. Esse processo continuava até a vítima não poder apanhar mais sem morrer.

Quando o lictor concluiu sua tarefa horripilante, ele drapejou o manto real de Antipas sobre a carne dilacerada e entumecida de Jesus e o mandou de volta para Pilatos usando uma coroa de espinhos, em zombaria à sua alegada realeza.

19.4-7

Pilatos esperava que a multidão em seu pátio, ao ver Jesus humilhado e surrado até quase a morte, aplacaria sua raiva, mas eles não aceitariam nada menos que a sentença de crucificação. Pilatos desafiou os líderes religiosos a desafiarem Roma ao executar eles mesmos a sentença de morte. Mas a resposta deles pegou o procurador desprevenido. O título "Filho de Deus" era particularmente significativo para os romanos. Na verdade, César Augusto se declarava o filho de um deus porque era herdeiro do poder e dos títulos de Júlio César, que fora declarado deus. Além disso, o título "Filho de Deus" joga nova luz sobre a declaração anterior do Senhor: *O meu reino não é deste mundo* (18.36).

19.8-11

Nesse ponto, Pilatos começou a entrar em pânico. Antes, ele dispensara Jesus como um lunático inofensivo. Sua pergunta anterior: *Tu és o rei dos judeus?* (18.33), foi condescendente, provocando a pergunta de Jesus de volta: "Você pergunta isso por sua própria iniciativa?" (tradução do autor). Dessa vez, Pilatos pergunta com seriedade: "De onde vens?"

Jesus já respondera a essa pergunta, portanto não precisava responder de novo. Quando Pilatos ameaçou exercer poder sobre o Filho de Deus, Jesus explicou a ele sua declaração anterior sobre os reinos da terra e o reino do céu. O mundo tem mudado. A regra do mal, que valoriza o poder sobre a verdade, cairá. Seus dias estão contados. A verdade vence o poder — se não logo, então no fim. É por isso que ninguém na terra pode exercer poder, a menos que Deus permita. E cada um tem de prestar conta de seu uso do poder, quer em defesa da verdade quer na busca da destruição dela. Jesus lembrou Pilatos de que seu poder lhe fora dado do alto e que ele, Pilatos, estava sujeito ao julgamento divino.

Esse foi um pedido final para Pilatos se submeter ao reino de Deus, em vez de ao reino de Tibério (ou qualquer outro reino terreno).

Jesus, na declaração final para Pilatos, pronunciou um grave julgamento sobre "aquele que me entregou a ti". Esse "aquele" poderia ser

A fortaleza de Antônia. Muito antes de Herodes, o Grande, começar a construção do complexo do templo, os governantes asmoneus (família sacerdotal de judeus) construíram uma cidadela. Herodes fortificou e expandiu a estrutura a fim de defender e guardar o complexo do seu novo templo. Para tranquilizar os temores romanos de que estava se preparando para a guerra, deu-lhe o nome de Antônia, em homenagem a seu amigo Marco Antônio. A fortaleza, logo depois de sua morte, passou a ser uma guarnição para os soldados romanos quando Jerusalém caiu sob o controle romano.

Satanás, Judas, Anás ou Caifás; cada um deles desempenhou um papel essencial ao tentar destruir Jesus. Eles, no entanto, não agiram sozinhos. Os sacerdotes eram passíveis de culpa, bem como os membros do Sinédrio e a multidão que exigiu a crucificação. Por isso, sugiro que o termo "aquele" se aplica a cada hebreu que tomou parte na entrega de Jesus para a crucificação. Provavelmente foram os acusadores do Senhor que ouviram esse diálogo; então, talvez Jesus tenha dito isso como uma advertência a ser aplicada pessoalmente a cada indivíduo.

Embora Pilatos no fim tenha rejeitado a verdade para preservar seu poder, Jesus reconheceu que ele pecara por ignorância. O povo que o entregara para a execução cometera um "pecado maior" porque eles fizeram isso tendo todo o benefício da revelação divina. Eles valorizavam a aliança do Senhor com Abraão. Memorizavam as Escrituras. Estudavam as profecias. Contudo, a despeito de sua interação diária com a verdade divina, escolheram pecar. Enquanto Pilatos se livrou de um transtorno político, os líderes hebraicos planejaram para executar o Messias.

19.12-16

Agora, Pilatos tentava freneticamente uma forma de libertar Jesus sem perder o apoio da aristocracia judaica e pôr em risco seu progresso no reinado de Tibério. Ele, finalmente, trouxe Jesus para fora e tentou fazer a multidão sentir vergonha de sua atitude e recuar. Mas a multidão usou a ameaça suprema: eles planejavam informar Tibério de que Pilatos apoiara outro rei.

Pilatos tinha de escolher. Tibério ou Jesus? Os reinos da terra ou o reino do céu? O poder ou a verdade?

A pressão do mundo provou ser grande demais para Pilatos. A popularidade pública, como é verdade para a maioria dos políticos, triunfou sobre a integridade pessoal. Quando foi forçado a escolher, Pilatos escolheu confiar no poder, servir a um reino do mundo. Ele, sem dizer outra palavra, foi para o lugar oficial de julgamento chamado *bema*. Era uma plataforma elevada da qual os decretos oficiais eram lidos, incluindo os veredictos e sentenças de julgamentos criminais. Pilatos decidiu tranquilizar as autoridades judaicas. "Aqui está o vosso rei!" A multidão respondeu aos gritos sua escolha: "Não temos rei, a não ser César". E a multidão, com isso, alinhou-se com os reinos do mundo.

João comenta a hora como meio-dia do Dia da Preparação da Páscoa; ou seja, o décimo quarto dia de nisã. A referência de João a hora e dia sempre tem sentido teológico ou simbólico. Ao meio-dia do Dia da Preparação, os sacerdotes no templo, em cumprimento a Êxodo 12.6, começavam a matar os cordeiros da Páscoa. Os sacerdotes, como tinham muitos adoradores para servir — até cem mil peregrinos — trabalhavam a tarde toda até o pôr do sol. João queria enfatizar que Jesus fora sentenciado ao meio-dia e seria pendurado na cruz enquanto os cordeiros da Páscoa eram sacrificados no templo.

■ ■ ■

Os julgamentos de Jesus Cristo — todos eles injustos e preconceituosos — agora são história. Os séculos reduziram o corpo dos inimigos de Jesus a nada. Só Deus conhece o paradeiro da alma deles. Não obstante, ainda temos hoje de enfrentar a escolha que eles enfrentaram: verdade ou poder? O caminho de Deus ou o caminho do mundo? Fé ou obras? Graça ou orgulho? Pilatos tentou em vão encontrar um meio-termo, um sistema em que pudesse servir a ambos ou não precisar escolher, mas não existe nenhum. Jesus chama todas as pessoas a servir ao seu reino, em vez de aos reinos do mundo. E assim temos de escolher.

APLICAÇÃO
João 18.28—19.16
A ESTRADA NÃO ESCOLHIDA

Em 1920, Robert Frost nos intrigou com as linhas iniciais de seu clássico poema:

Duas estradas divergiam num bosque outonado,
Lamentei, mas trilhar ambas era impossível.
Sendo eu um só, fiquei longo tempo parado...[9]

Infelizmente, nossa jornada ao longo da vida nos leva a bifurcações que não são tão desejosas e agradáveis. A escolha que enfrentamos não é entre a convenção e a curiosidade tanto quanto é entre a verdade e o poder, as riquezas da terra ou o tesouro no céu, o sucesso terreno ou a pureza espiritual, o conforto de curto prazo ou a recompensa eterna. E o ímpeto para preservar nosso conforto aqui e agora é poderoso o bastante para anular nossa decisão de obedecer a Deus. Encaremos: as recompensas do Senhor são com frequência inatingíveis e quase sempre adiadas, o que transforma a obediência em uma questão de confiança.

Pôncio Pilatos ficou em uma conjuntura crítica — para ele, a escolha teria impacto eterno. Ele tinha de decidir a que reino serviria. Anunciar um veredicto de "inocente" e libertar Jesus, com certeza, acabaria com sua carreira política e talvez provocasse uma severa punição de Roma. Por isso, Pilatos, em vez de se submeter ao reino de Deus, deixou a verdade de lado pelo poder, pelo sucesso terreno e pelo conforto de curto prazo.

Antes de julgarmos e nos considerarmos justos, deixe-me desafiar sua ética com um teste. E se você fosse um secretário do exército alemão, datilografando ativamente ordens, e a ordem para capturar judeus e dissidentes passasse por sua mesa? Em um regime totalitário, é quase certo que a desobediência resulte em punição severa, se não na morte. E pelo quê? É provável que você não seja lembrado por sua atitude. De todo jeito, outro secretário anônimo, sem rosto, seria posto no serviço após sua remoção. Qual seria o ganho? Com certeza, a satisfação de ter feito o que era certo. Mas é provável que isso viesse à custa de muito sofrimento.

E quanto a uma situação não tão definida? O membro de cargo mais alto do seu escritório — a pessoa com mais poder e com menor possibilidade de prestar contas — pede para você fazer algo que você sabe ser errado. O que faz? A vida de ninguém está em jogo. É improvável que isso resulte em algo trágico. Além disso, o que você ganharia por se recusar? E, quando for despedido, será que a satisfação por fazer o que é certo terá um sabor tão bom? Ou será que quando contar a história para seus colegas e compartilhar a indignação deles descartará sua responsabilidade com um encolher de ombros e as palavras: "Ordem é ordem; estava apenas seguindo ordens"?

A estrada que seguimos se bifurca mais uma vez. Nossa decisão inicial de confiar em Jesus Cristo é a escolha mais crucial que fazemos, mas é a primeira de muitas. A cada dia e todos os dias, temos de escolher a que reino servir. Vamos nos submeter à verdade ou sucumbir ao poder?

A morte na cruz

JOÃO 19.17-37

Algumas observações sobre a tradução em João 19.17-37

A21

17 a. *carregando a própria cruz*, lit. *carregando a cruz sozinho*; b. hebraico, ou seja, judaico aramaico
20 hebraico, ou seja, judaico aramaico
23 a. *túnica*, grego *robe*, peça de roupa usada diretamente sobre a pele; b. *uma só peça de alto a baixo*, lit. *desde a parte de cima através do todo*
31 *pois aquele sábado era especial*, lit. *pois aquele sábado era extraordinário*
36 *quebrado*, ou *esmagado* ou *estilhaçado*

NVI

19 *JESUS NAZARENO* ou *Jesus, o Nazareno*
24 a. *por sorteio*, grego *tirar a sorte*; b. *tiraram sortes pelas minhas vestes*, Sl 22.18
28 *Tenho sede*; veja Sl 22.15; 69.21
35 *para que vocês também creiam*; alguns manuscritos trazem *para que vocês também possam crer*
36 *quebrado*, Êx 12.46; Nm 9.12; Sl 34.20
37 *transpassaram*, Zc 12.10

Independentemente da posição do indivíduo sobre o mérito ou moralidade da execução como uma forma de justiça, todos concordavam que não havia nada prazeroso nem atraente em pôr alguém para morrer. Todos os instrumentos de morte, por sua própria natureza, são feios e brutais e seria absurdo tentar deixá-los menos horrendos. Ainda assim, a execução percorreu um longo caminho desde a época de Cristo; mesmo os últimos cem anos testemunharam mudanças relevantes.

Os métodos modernos de executar a pena capital são diferentes dos métodos antigos de duas maneiras relevantes. Primeiro, as execuções modernas são privadas, mantendo a galeria de testemunhas o menor possível. As execuções da Antiguidade eram espetáculos públicos com uma atmosfera quase carnavalesca. O propósito expresso da execução pública era seu valor percebido como dissuasor de crimes semelhantes aos praticados pelos executados. Segundo, as execuções modernas pretendem que a morte seja a mais rápida e indolor possível. Os métodos antigos eram elaborados com meticulosidade para estender tanto quanto possível o processo de morrer ao mesmo tempo que maximizavam a agonia.

De todos os métodos de execução, quer antigos quer modernos, nenhum se iguala, em termos de crueldade, à prática da crucifição. O antigo orador Cícero descreveu a crucificação como "a pior tortura infligida aos escravos".[10] Tácito a chamava de "morte indescritível".

De acordo com Heródoto, historiador grego, os persas inventaram a prática da crucificação depois de experimentar outros meios para adiar a morte, como o apedrejamento, afogamento, fogo, óleo fervendo, estrangulamento e esfolamento. No fim, os persas começaram a empalar particularmente os criminosos ou inimigos detestáveis a fim de impedi-los de poluir o chão, que o deus deles, Ormuzd, tornara sagrado. Alexandre, o Grande, adotou a crucificação, o que influenciou os quatro generais que o sucederam e passaram o costume para os cartagineses. Os romanos herdaram a prática dos cartagineses e, depois, encontraram novos meios de estender a morte e maximizar o sofrimento.[11]

A crucificação combinava quatro qualidades que os romanos mais valorizavam em uma execução: agonia incessante, morte demorada, espetáculo público e humilhação máxima.

A vítima, caracteristicamente, sofria açoitamento antes da crucificação. O lictor influenciava o tempo que a pessoa sobreviveria na cruz ajustando o grau em que feria a vítima. Se o carrasco quisesse que a vítima morresse logo, o açoitamento com pedacinhos de ossos dentados de ovelha trançados nas tiras logo causaria choque na vítima e a morte aconteceria rapidamente. O açoitamento mais leve, por sua vez, com tiras simples de couro fazia a pessoa durar até uma semana na cruz. Merrill Unger afirma que há "registro de casos de pessoas sobreviverem por até nove dias".[12]

Essa era a natureza física da crucificação que Jesus enfrentou. As dimensões espirituais de seu sofrimento são literalmente inimagináveis. Ele, ao tomar meu lugar na cruz, carregou a pena pelo meu pecado, que é a eternidade em tormento. Essa pena, combinada com o pecado de incontáveis bilhões de indivíduos, foi derramada sobre o Filho pendurado na cruz. Cristo, com esse ato de sacrifício, confrontou o mal em um patamar cósmico e, por meio de seu sofrimento, garantiu a derrota do mal. Mas não devemos nos agarrar ao fato de que Jesus foi uma vítima impotente de um plano falido. Jesus não sofreu uma morte de mártir nem morreu antes de completar a missão pretendida. Ao contrário, enquanto Pilatos se iludiu com a noção de que detinha o poder de vida e morte sobre Jesus, ele não tinha nada. Ele passou a sentença de morte em obediência a suas compulsões inescapáveis e em perfeita harmonia com o plano soberano de Deus (Sl 22; Is 53; At 2.22,23; 3.18).

Jesus, na hora designada, começou sua marcha solitária em direção à glória determinada de antemão. Mas ele, antes de entrar na luz da ressurreição, teve de viajar através das trevas e do sofrimento.

19.17

Nenhum dos evangelhos fala muito sobre a procissão do Senhor para o lugar de crucificação, provavelmente porque essa era uma visão familiar para os leitores do século I em todo o império — tão comum quanto a procissão de enterro. A vítima permanecia no centro de um quadrado imaginário, com um soldado postado em cada canto, além do comandante do destacamento na liderança. O destacamento de execução era denominado *quarternio*, que servia sob o comando de um *exactor mortis*.

A vítima, tipicamente, era forçada — se fosse fisicamente capaz depois do açoitamento — a carregar a trave mestra da cruz (denominada *patibulum*) até o poste vertical que estava à espera (denominado *haste*). Uma tabuleta denominada *titulus* com o nome da vítima era pendurada ao redor do pescoço dela junto com uma lista dos seus crimes. A tabuleta era pregada acima da cabeça da vítima para que todos, uma vez que ele fosse levantado na cruz, soubessem por que ele fora pendurado para morrer.

Os romanos destinavam um lugar fora de Jerusalém para crucificar os criminosos. Os habitantes da cidade apelidaram o lugar de "Caveira" talvez porque um afloramento de rochas tivesse a forma de um crânio ou apenas porque era um lugar de morte. Três homens foram sentenciados a morrer naquele dia. Sem dúvida, mais homens sofreriam ali na semana seguinte.

19.18

Os leitores de João não precisavam mais da descrição do modo da execução de Jesus que a sucinta frase: "Ali o crucificaram". Os detalhes do método estavam gravados de forma indelével na mente deles. No entanto, os ocidentais do século 21 precisam da ajuda de historiadores e cientistas para entender a natureza dessa terrível provação.

O destacamento de execução colocava a trave mestra no chão e a prendia ao topo do poste, usando uma junção de encaixe para formar um grande *T*. A vítima era despida e colocada contra a madeira e presa à cruz com os braços esticados e os pés achatados [apoiados] contra a face do poste. A vítima, em geral, era amarrada à cruz, não pregada. Os pregos eram caros, e os romanos queriam prolongar o processo de morrer, que durava muito mais quando a vítima era pendurada com panos, em vez de com pregos.

No entanto, se o carrasco quisesse apressar a morte, ele pregava a vítima na cruz com prego na palma das mãos e no topo dos pés. Simulações, junto com o exame minucioso dos registros históricos, revelam que a morte, em geral, vinha pelo modo de exposição, desidratação, fome ou

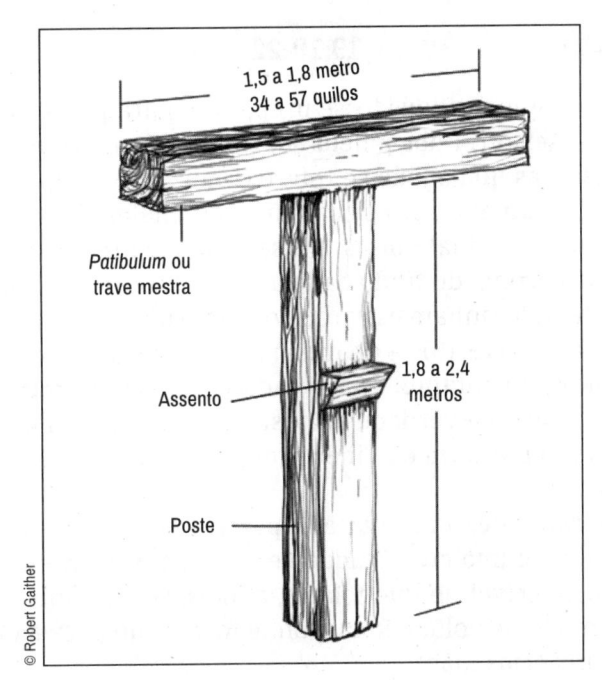

Desenho de uma cruz romana. Os romanos não desperdiçavam nada na arte macabra da execução, incluindo madeira e pregos. Tudo seria usado de novo. Por isso, o *patibulum* (trave mestra) era preso ao topo do poste (elemento vertical) com uma junção de encaixe, que permitia que eles desmontassem a cruz com mais facilidade para usar com a vítima seguinte. Às vezes, o carrasco, para adiar a morte e prolongar a agonia da vítima, prendia um *sedile* [assento] entre as pernas da vítima.

asfixia por fadiga. No caso da asfixia, a vítima fica exausta demais, desidratada e desnutrida para puxar o ar para a inspiração seguinte, o que leva à sufocação.

A vítima pregada na cruz, como alguém amarrado em um lugar, também tinha de manter o corpo em constante movimento para aliviar a dor nos braços, no peito e nas pernas, o que apenas agitava os nervos danificados pelas feridas dos pregos.

A menos que os guardas quebrassem as pernas da vítima, as principais causas para a morte da vítima pregada com prego eram provavelmente choque hipovolêmico (perda excessiva de sangue), choque traumático ou cardíaco e parada respiratória.[13]

Sabemos que Jesus foi pregado na cruz porque o discípulo Tomé, mais adiante no evangelho de João, refere-se à marca dos pregos nas mãos de Jesus (20.25-27). Além disso, os romanos continuavam sensíveis às suscetibilidades judaicas, de modo que eles apressaram a morte a fim de assegurar que os homens não fossem deixados pendurados em suas cruzes durante um sábado muito especial.

19.19-22

Pilatos ordenou que o *titulus* fosse preparado para Jesus com a lista de seu "crime" — ser o rei dos judeus —, e isso deixou as autoridades do templo furiosas, às quais João se refere como "os principais sacerdotes dos judeus". Comumente ele os chamaria de "chefes dos sacerdotes" ou "judeus" — nunca as duas coisas. Nesse caso, ele manteve "dos judeus" para enfatizar a ironia do título dado a Jesus, "REI *DOS JUDEUS*". As autoridades do templo tinham esclarecido antes sua lealdade — *Não temos rei, a não ser César* (19.15) — de modo que exigiram que o *titulus* fosse mudado. Pilatos, no entanto, estava cada vez mais cansado das exigências deles. Ele pusera a verdade e a justiça de lado para manter o favor político deles e evitar a ira de Tibério, de modo que se recusou a recuar nesse detalhe.

Pilatos, claramente, foi impactado por seu encontro com Jesus e, ao que parece, viu alguma credibilidade em suas declarações. No entanto, temos evidência crível de que Pilatos, depois, confrontou os samaritanos e foi chamado de volta a Roma, onde foi banido para a Gália e morreu por suas próprias mãos.

19.23,24

Jesus, antes de ser pregado na cruz, como todas as vítimas dessa morte humilhante, foi desnudado. Os judeus usavam caracteristicamente um quitão (roupa de baixo usada contra a pele) e pelo menos uma camada de *himation* (túnica ou manto). Como a roupa era uma mercadoria valiosa, os trajes externos de Jesus foram rasgados nas costuras e divididos entre o *quartenio* (destacamento de execução). No entanto, a túnica sem costura de Jesus valeria muito menos se fosse rasgada.

João inclui esse detalhe para demonstrar com que notável grau de detalhe a crucificação de Jesus cumpriu a profecia transmitida quase mil anos antes. Davi anteviu esses detalhes da crucificação do Messias séculos antes de o método ser inventado (Sl 22).

19.25-30

João inclui o relato de seu testemunho visual de uma conversa íntima entre Jesus e sua mãe ao pé da cruz. Jesus, como um detalhe final da vida, colocou a mãe sob os cuidados de João e, depois, pediu algo para beber. De acordo com João, ele fez isso em cumprimento da Escritura (provavelmente Sl 22.15 ou 69.21). Alguém que estava próximo colocou uma esponja na ponta de um ramo de hissopo, que se conectava com a imagem da Páscoa. Mais tarde naquela noite, os judeus molhariam ramos de hissopo no sangue dos seus cordeiros sacrificados e, depois, passariam o sangue na ombreira e na verga da porta (Êx 12.22). O "vinagre" era comumente dado aos soldados e trabalhadores na refeição para ajudar a diminuir a febre e dar alívio.

Jesus, depois de beber o vinagre, deu um último suspiro e clamou: *Tetelestai!* [5055]. João escolheu esse termo grego para traduzir o termo aramaico usado por Jesus. Os arqueólogos encontraram papiros de receitas fiscais com o termo *tetelestai* escrito atravessado neles, significando "integralmente pago". Jesus, com seu último suspiro na cruz, declarou que a dívida do pecado fora cancelada, fora completamente satisfeita. A seguir — conforme João declara enfaticamente —, Jesus entregou de boa vontade seu espírito à morte. Ninguém tirou a vida de Jesus (Jo 10.17,18).

19.31-34

A morte de Jesus veio relativamente rápida. A combinação do açoitamento de "meia morte" que ele sofrera antes, a perda de sangue e o choque dos pregos, além da total exaustão da noite sem dormir, seriam suficientes para matar rapidamente qualquer homem. No entanto, é melhor entender a frase *entregou o espírito* (19.30) pelo valor real. Sua vida terminou por escolha própria. Sua vida não foi tirada dele.

Os judeus consideravam uma abominação deixar o cadáver pendurado durante a noite (Dt 21.22,23), em especial no sábado e em um dia de festa, por isso eles pediram que as pernas dos homens fossem quebradas para provocar a morte antes do cair da noite. Alguns cientistas sugerem que as vítimas sufocariam rapidamente sem a capacidade de empurrar o corpo para cima com as pernas. No entanto, uma pesquisa mais recente realizada por um patologista forense fornece uma explicação mais plausível.

> Uma única fratura próxima do fêmur (osso da coxa) resulta na perda de dois litros de sangue e mais de quatro litros podem ser perdidos com fraturas nos dois ossos femorais. [...] A hemorragia acentuada a partir da quebra das pernas e de ferimento grave aprofundaria o nível do choque hipovolêmico e traumático com a consequente queda da pressão sanguínea e rápido desenvolvimento de congestão nas extremidades inferiores, resultando em inconsciência, coma e morte.[14]

Os soldados, após dar uma forte pancada nas pernas das outras duas vítimas, já encontraram Jesus morto. Um soldado, para ter certeza da morte, pegou uma espada curta e a enfiou no corpo de Jesus, provavelmente através da caixa torácica, perfurando o pericárdio. Ele encontrou o que procurava. O fluido de sangue misturado com água era um sinal inequívoco de morte.

19.35-37

João interrompe sua narrativa com extensos parênteses. João fornece um testemunho ocular de que Jesus morreu de fato. Mais de sessenta anos depois, várias heresias contaminariam as comunidades de cristãos. Ironicamente, novos falsos mestres nos dias de João duvidavam da divindade de Cristo; eles questionavam a realidade da humanidade dele! Uma heresia, denominada "docetismo", afirmava que Jesus apenas parecia ser humano, mas, em vez disso, era uma aparição divina que podia ser vista e tocada. Alguns dos ditos "evangelhos gnósticos" giram em torno de histórias fantasiosas sobre Jesus aparecendo para comer sem de fato consumir alimento e, depois, nunca precisar eliminar o alimento não aproveitado pelo organismo. Alguns críticos da Antiguidade talvez afirmassem que Jesus não morreu de fato, que ele apenas "desmaiou"; no entanto, essa não era provavelmente a principal preocupação de João. Ele lutou muito contra a noção de que o Filho de Deus não era totalmente humano. O relato detalhado de João da evidência física prova que Jesus habitava um corpo como o nosso e morreu tão certamente quanto todos os seres humanos morrerão. Esse fato dará testemunho mais tarde em sua narrativa da ressurreição corporal literal.

João amplia seu testemunho ocular com a imagem da Páscoa (Êx 12.46; Nm 9.12) e a profecia bíblica (Sl 34.20; Zc 12.10).

■ ■ ■

Pergunto-me com frequência o que Barrabás pensou depois do dom que recebeu de um homem que nunca conheceu. Será que Barrabás quis saber quem sofreu açoitamento em seu lugar, carregou a cruz até a periferia da cidade em seu lugar, sofreu a morte horripilante e vergonhosa que ele merecera? Barrabás, sem dúvida, sentiu-se extremamente aliviado por escapar da cruz, mas será que ele entendeu que Jesus sofreu a morte em favor de todos os pecadores — incluindo ele?

Não se engane, somos culpados de pecado e merecemos sofrer a morte como a justa pena de rebelião contra nosso criador. A justiça não pode ser deixada de lado. Essa rebelião exige uma pena, e essa pena é a separação eterna de Deus em um lugar de tormento. Não obstante, nosso juiz tem adiado seu veredicto final. Deus ama tanto o mundo que entregou seu Filho unigênito para que todos que creem nele não sofram a morte eterna, mas tenham a vida eterna (Jo 3.16).

Jesus, embora absolutamente inocente, tomou o lugar de outro homem, um pecador incorrigível, na cruz. Isso mesmo, Barrabás ficou livre, mas sua liberdade imerecida é apenas uma metáfora para uma verdade maior e mais pessoal: foi *seu lugar* na cruz que Jesus tomou. Jesus morreu *por você!*

APLICAÇÃO
João 19.17-37
UM DESTINO PIOR QUE A MORTE NA CRUZ

Na tentativa de encontrar o modo mais doloroso possível de execução, ninguém ultrapassava a capacidade dos romanos para a crueldade em sua variação particular da crucificação. Os romanos reservavam a crucificação para os escravos, desertores, revolucionários e os piores criminosos — pessoas que eles consideravam menos que humanas. Cícero escreveu: "Amarrar um cidadão romano é crime, açoitá-lo é uma abominação, matá-lo é quase um ato de assassinato; crucificá-lo é — o quê? Não existe uma palavra adequada que possa descrever um ato tão terrível".[15]

A crucificação oferecia aos romanos a oportunidade extraordinária de infligir agonia junto com humilhação. Por essa razão, ela veio a ser "um dos mais vigorosos meios de manter a ordem e a segurança. Os governadores impunham essa punição em especial aos lutadores pela liberdade que queriam romper com o governo romano".[16]

Então, imagine a surpresa de Pilatos quando a multidão enraivecida exigiu que um inocente tomasse o lugar do culpado na cruz. Imagine o choque de Barrabás! Ele, enquanto estava sentado na fila da morte ouvindo o julgamento, não conseguia ouvir o lado de Pilatos da conversa. Tudo que conseguia ouvir era a multidão barulhenta gritando a distância: *Barrabás. [...] Que seja crucificado. [...] Que seja crucificado! [...] O sangue dele caia sobre nós e sobre nossos filhos* (Mt 27.21-23,25).

Barrabás deve ter sido dominado pelo medo ao ouvir os guardas se aproximando de sua cela. Só consigo imaginar seu espanto total ao sentir as algemas caírem de suas mãos. O alívio que ele sentiu devia ser avassalador enquanto era levado até o fim do pavilhão para fora, para a luz do dia. Sua punição justa fora ignorada. Ele estava livre!

Pergunto-me às vezes: *será que Barrabás disse: Liberdade? Agradeço a oferta, mas antes prefiro sofrer a mais excruciante morte imaginável.* Ninguém em sã consciência recusaria a oferta de evitar a morte na cruz. Então, por que será que as pessoas rejeitam a oportunidade de evitar um destino muito pior que esse: o tormento eterno em um lugar de morte eterna? Por que alguém se recusaria a aceitar o dom gratuito da vida eterna, comprado para ele pelo sofrimento e morte de Jesus Cristo em lugar dele?

Qual seria sua resposta à oferta da graça?

A ressurreição milagrosa
JOÃO 19.38—20.10

Algumas observações sobre a tradução em João 19.38—20.10

A21
39 a. cerca de cem libras, lit. cem litras;
b. uma mistura de mirra e aloés; dois manuscritos mais antigos trazem pacote de

NVI
39 cerca de trinta e quatro quilos, grego cem litras [32,7 quilos]
42 o Dia da Preparação dos judeus, grego por causa do dia judaico da preparação

O dr. Frank Morison não era o tipo de pessoa que você encontraria na igreja na manhã de domingo, mas era um homem respeitado por todos — um inglês bem-educado, advogado por profissão, e um homem extraordinariamente moral, mas cético em assuntos de fé. Ele, segundo seu próprio relato, era um homem movido apenas pela lógica irresistível e o fato verificável. Preferia a teologia dos críticos alemães, dr. Matthew Arnold, de Oxford, Charles Darwin e *sir* Thomas Huxley. Por isso, ele rejeitava a possibilidade dos milagres e do sobrenatural e supunha que toda a tradição cristã devia ser despida de suas "superabundantes crenças primitivas e suposições dogmáticas" para encontrar o verdadeiro Jesus, que ele considerava "uma figura quase lendária de pureza e nobre hombridade".[17] Naturalmente isso significava que ele acreditava na realidade histórica de um homem chamado Jesus que morreu nas mãos de Roma, mas negava a crença cristã histórica na ressurreição de Jesus Cristo da morte.

Morison, determinado a descobrir um Jesus Cristo não adornado pela religião, começou a estudar os últimos dias de Jesus e descobriu a verdade da semana subsequente. Ele escolheu buscar o estudo de um ponto de vista puramente intelectual, usando os documentos da Escritura, da História e da arqueologia, comprometido em permitir que os fatos modelassem suas conclusões. E ele, com a obstinada curiosidade e implacável lógica de um Sherlock Holmes, esclareceu o mistério de Jesus. O resultado de suas descobertas e sua transformação pessoal são publicados em seu livro *Who moved the stone?* [Quem moveu a pedra?]. Morison escreve no prefácio:

> [Este livro é] a história interior de um homem que originalmente começou a escrever um tipo de livro, mas se descobriu compelido pela absoluta força das circunstâncias a escrever outro bem distinto.
> Não é que os fatos tenham mudado, pois eles estão registrados de modo indelével nos monumentos e nas páginas da história humana. Mas a interpretação dos fatos sofreu uma mudança. De algum modo minha perspectiva mudou — não de uma hora para a outra, como um lampejo de inspiração ou percepção, mas aos poucos, de forma quase imperceptível, pela tenacidade e persistência dos próprios fatos.
> O livro, conforme originalmente planejado, acabou em uma trilha sem saída.[18]

Obviamente, não há ressurreição sem um cadáver. O milagre do sepulcro vazio depende da certeza da morte de Jesus. A necessidade de confirmar esse fato passa a estar presente quando os críticos declaram que ele nunca morreu. Livros inteiros foram escritos afirmando que Jesus entrou em coma e jazia inconsciente no sepulcro. A seguir, na fria umidade do sepulcro, ele reviveu, removeu a pedra, passou pelos guardas e, a seguir, escapou na noite, declarando ter ressuscitado.

João descreve e defende a ressurreição de Jesus contra outros tipos de repúdio, mas suas palavras — inspiradas e preservadas pelo Espírito Santo — são úteis para nós hoje. Não só por causa da teologia correta, mas por algo mais fundamental: *para que também possais crer* (Jo 19.35).

19.38

As pessoas antigas não ficavam tão isoladas da morte como ficamos nas nações modernas e desenvolvidas do século 21. Com certeza, os homens que ganhavam a vida pondo outros homens para morrer sabiam quando sua tarefa estava completa. E as pessoas, ao contrário de hoje, preparavam seus mortos para o sepultamento. Aos 30 anos, a maioria das pessoas já vira dezenas de cadáveres de perto e pessoalmente. Podemos ser enganados por um corpo comatoso, mas não as pessoas da época de Jesus.

Após a morte de Jesus ser confirmada pela lança dos soldados, dois discípulos secretos de Jesus no Sinédrio pediram permissão para pegar o corpo do amigo. Normalmente, os romanos disporiam os restos dele em uma cova sem identificação com outros inimigos do Estado, mas Pilatos provavelmente queria evitar ofender mais os judeus do que já fizera. De acordo com Fílon de Alexandria, fazer essa cortesia não era incomum.

> Conheço casos de tempos anteriores ao nosso de homens crucificados que, quando estava para acontecer essa festa e feriado, eram tirados da cruz e entregues aos parentes a fim de receber a honra da sepultura e desfrutar as observâncias devidas ao morto; pois costumava-se considerar que até mesmo o morto merece tirar algum proveito da festa natalícia de um bom imperador e que também o caráter sagrado da festa deve ser considerado.[19]

19.39-42

José e Nicodemos esperaram os soldados baixarem o corpo de Jesus da cruz. Depois, eles tiveram de flexionar e massagear os braços dele a fim de relaxar o *rigor mortis*, que, com certeza, já se instalara por causa da queda da temperatura e do esforço físico feito antes da morte. Eles, depois de baixar os braços dele da posição em V, lavariam o corpo e o ungiriam com óleo antes de enrolá-lo em um pano único de linho. Eles teriam de amarrar um pano separado sob o queixo e sobre a cabeça dele para manter a boca fechada, uma vez que o *rigor mortis* terminasse e seus músculos relaxassem.

Os costumes dos judeus em "preparação para o sepultamento", mencionados por João, exigiam que os homens enrolassem o corpo de Jesus da cabeça aos pés em tiras de linho emudecidas em uma resina resultante da mistura de especiarias. João descreve a quantidade de cerca de cem *litrai* romanas. Cada *litra* pesava aproximadamente 325 gramas, portanto eles usariam cerca de 33 quilos de especiarias aromáticas para combater o odor da decomposição. Depois, eles tinham de colocar o corpo no sepulcro, talhado em uma pedra calcária. A família de Jesus, depois de o corpo se decompor na prateleira de sepultamento na tumba, abriria espaço para um sepultamento subsequente ao reunir os ossos deles e os colocar no ossuário da família ou na "caixa de ossos" junto com os ancestrais dele.

Como o sol logo se poria, o grupo que fazia o sepultamento tinha de agir com rapidez. O dia santo chegava ao pôr do sol, e eles tinham de ficar em casa com a família para a celebração da Páscoa; contudo, Deuteronômio 21.22,23 exige que o corpo de alguém executado seja sepultado no mesmo dia. Eles aplicaram sem dúvida apenas as primeiras camadas de linho e resina antes de colocar apressadamente o corpo na tumba, pretendendo voltar no domingo para completar o processo de sepultamento (Mc 16.1-3; Lc 23.54—24.1). O grupo de homens, uma vez que o corpo estava no interior da tumba, rolou a pedra imensa da entrada para que os ladrões de túmulos e os animais selvagens ficassem de fora, e o odor da decomposição se limitasse ao interior da tumba.

20.1,2

João presumiu que os leitores estavam bem familiarizados com os relatos sinóticos da ressurreição de Jesus (Mt 28.1-8; Mc 16.1-8; Lc 24.1-12). Seu propósito, então, é trazer algo diferente para a História. Os relatos combinados revelam que várias mulheres, incluindo Maria Madalena, foram ao jardim para completar o processo de sepultamento. Elas foram separadas, mas chegaram por volta da mesma hora. As mulheres, ao descobrirem o sepulcro vazio, separaram-se. Mateus, Marcos e Lucas nos informam o que aconteceu com as outras mulheres (Lc 24.10), ao passo que o registro de João foca a experiência de Maria Madalena — enquanto as outras mulheres entraram para olhar mais de perto, ela correu na mesma hora para informar Pedro e João.

Como vemos essa história em retrospectiva, não devemos ser duros também com Maria. Imagine voltar ao sepulcro de um amigo muito próximo ou um membro da família apenas dois dias após o funeral. Quando se aproxima do lugar do túmulo para deixar flores, você vê que a sujeira foi movida para trás da sepultura, o caixão está ali aberto ao lado do buraco, e o corpo não está ali. Naturalmente, você ficaria chocado — e concluiria que o corpo, por algum motivo, foi exumado.

Embora Jesus tenha predito sua ressurreição, seus seguidores só conseguiam ver os eventos através dos olhos naturais. A visão sobrenatural é o dom do Espírito Santo.

20.3-8

A língua grega tem seis verbos traduzidos por "ver", mas eles têm nuanças distintas e usos específicos. Em 20.5-8, João usa três formas diferentes — *blepō* [991] (20.5), *theōreō* [2334] (20.6) e *eidon* [1492] (20.8) — para descrever os tipos de "ver" que ele e Pedro experimentaram.

João e Pedro, ao ouvir o relato de Maria, saíram correndo para o túmulo a fim de investigar. João chegou primeiro, parou na abertura da cova e olhou para dentro dela. Ele "observou sem necessariamente entender" (*blepō*) as tiras de linho (20.5). Pedro chegou momentos depois e entrou na cova onde "examinou com o propósito de investigar" (*theōreō*) o curioso estado das tiras de sepultamento (20.6). O sentido geral da descrição de João é que a resina e o linho tinham formado um casulo vazio no lugar onde estivera o corpo. Alguém que roubasse o corpo levaria tudo — ou, pelo menos, desenrolaria as tiras e as jogaria de lado. Além disso, o pano usado para amarrar a mandíbula de Jesus fora enrolado e separado. Se fosse uma brincadeira, fora muitíssimo elaborada!

João, finalmente, entrou na tumba, ponto em que "percebeu com entendimento" (*eidon*) e creu (20.8). Ele "entendeu". Poderíamos dizer: *Deu o clique*. Ele juntou tudo e percebeu que Jesus ressuscitara da morte.

20.9,10

João explica o motivo para a demora dos discípulos em compreender o sentido pleno do que viram (cf. 2.22). Eles não entendiam a necessidade da ressurreição do Messias. A profecia, com certeza, aludia ao levantamento dele da morte (Sl 16.10,11; Os 6.2); no entanto, era mais uma necessidade lógica.

No século I, os estudiosos judeus tinham dificuldade para entender como o Messias podia sofrer e morrer por causa de sua nação e, ainda assim, derrotar seus inimigos, levá-los à prosperidade e estabelecer um império mundial. Uma teoria sugeria que as profecias messiânicas prenunciaram o surgimento de dois indivíduos, um que sacrificaria a vida e outro que reinaria em seu lugar. As profecias aparentemente conflitantes permaneceram um enigma até...

que João reconheceu que a ressurreição corpórea e milagrosa do Messias resolvia tudo. De mais maneiras que uma!

■ ■ ■

Ao contrário de Morison, que, certa tarde, puxou seus livros de lado e confessou: "Eu creio", Will Durant, o famoso palestrante agnóstico da Universidade de Colúmbia, enfrentou a morte com esmagadora melancolia. Alguém próximo de Durant registrou suas palavras finais — as palavras de um homem que rejeitara a fé em Jesus Cristo e negara abertamente o fato da ressurreição dele. Ele escreveu:

> Deus, que fora antes o consolo da nossa breve vida e nosso refúgio na privação e no sofrimento, aparentemente desapareceu de cena; nenhum telescópio, nenhum microscópio o descobre. A vida, nessa perspectiva total que é a filosofia, passa a ser pululação espasmódica dos insetos humanos sobre a terra, um eczema planetário que logo pode ser curado; nada é certo nele, exceto a derrota e a morte — um sono do qual, assim parece, não há despertar.

Somos levados a concluir que o maior engano na história humana foi a descoberta da "verdade". Ela não nos libertou, a não ser das ilusões que nos confortavam e do comedimento que nos preservava. Ela não nos fez felizes, pois a verdade não é bonita e não merecia ser perseguida com tanta paixão. Conforme a observamos agora, perguntamo-nos por que nos inquietamos tanto para encontrá-la. Pois ela nos tirou todos os motivos para a existência, exceto para o prazer momentâneo e a trivial esperança de amanhã.[20]

Will Durant morreu em 1981.

O dr. Robert Ingersoll, o jurista norte-americano e procurador-geral do estado de Illinois, deu muitas palestras defendendo suas crenças agnósticas. Ele, com frequência, chocava as audiências ao ficar de pé no palco e, de forma teatral, gritar para o céu: "Se existir um Deus, que ele me golpeie com a morte. Vou lhe dar dez minutos". Claro que o Senhor, graciosamente, não deu ouvidos à insolência dele. Ingersoll foi ao funeral de seu irmão e disse as seguintes palavras: "A vida é um estreito véu entre os picos frios e áridos das duas eternidades. Esforçamo-nos em vão para ver além das alturas. Clamamos em voz alta, e a única resposta é o eco de um gemido".[21]

Robert Ingersoll morreu em 1899.

Cada um de nós tem de aceitar a evidência da ressurreição de Jesus. Se Morison, Durant e Ingersoll pudessem voltar de onde quer que estejam para nos aconselhar, pergunto-me o que eles diriam.

Não, não me pergunto; eu sei o que diriam. E você, no fundo do seu coração, também sabe.

APLICAÇÃO

João 19.33—20.10

A POLÍTICA DA RESSURREIÇÃO DE CRISTO

Jesus, mais cedo em seu ministério no templo, desafiara os líderes religiosos e governamentais de Israel sobre a questão da liberdade (Jo 8.31-38). Eles estavam surpreendentemente fora de sintonia com sua situação política atual, vangloriando-se: *Somos descendentes de Abraão e nunca fomos escravos de ninguém; por que dizes: Sereis livres?* (Jo 8.33). Isso é irônico, considerando a subserviência deles a Roma na época. Isso incitou Jesus a falar da realidade da servidão deles, tanto política quanto espiritual.

Os expositores gentios interpretam em geral o ensinamento de Jesus sobre a liberdade de um ponto de vista exclusivamente espiritual, mas temos de lembrar que o Messias é o rei dos judeus. As autoridades do templo queriam liberdade política e achavam que podiam alcançá-la mantendo relações pacíficas com Roma, de modo que Roma lhes permitisse adorar em paz.

Jesus esclareceu a questão dizendo de fato: "Como vocês são escravos do pecado, também lhes falta liberdade política". A seguir, ele — como rei deles — declarou com coragem: *Se, pois, o Filho vos libertar, verdadeiramente sereis livres* (8.36). Esse foi um convite para que se submetessem a ele como o rei de Israel.

A promessa de liberdade é tanto espiritual quanto política. E não é apenas para Israel. Todos que creem em um Jesus Cristo vivo podem desfrutar dessa liberdade, tanto espiritual quanto política.

A fé em um Cristo vivo é um assunto crucial com amplas ramificações e profundo impacto no mundo. As implicações da ressurreição não estão limitadas à história ou à filosofia. Negar a ressurreição é negar a Escritura. Negar a Escritura é negar a existência de Deus. Negar a existência de Deus é negar a realidade da verdade ou do sentido. E, se nada existe além da nossa breve jornada em um universo sem sentido, então não devíamos desperdiçar nossa energia com ilusões como moralidade, amor, propósito ou valor humano.

Até mesmo as pessoas que rejeitam a ressurreição entendem isso, mesmo que apenas em um plano subconsciente. Como anteriormente cada cultura cristã se afastava da fé em um Cristo vivo — e, por conseguinte, de todas as implicações de sua ressurreição — essa sociedade experimenta declínio moral. O amor dá lugar à desconsideração geral uns pelos outros. As políticas públicas não protegem aqueles que não conseguem se proteger, como os idosos, os pacientes de doenças terminais e os fetos. Os atos violentos de desesperança — massacres que terminam em suicídio — passam a ser lugar-comum. A justiça dá lugar aos caprichos de ditadores. No fim, tudo que apreciamos como atos de pessoas civilizadas se desvanece, deixando apenas a anarquia ou o despotismo para preencher o vazio. Conforme Benjamin Franklin escreveu em uma carta em 17 de abril de 1787: "Acrescentemos que apenas um povo virtuoso é capaz de liberdade. Como nações se tornam corruptas e cruéis, elas precisam mais de mestres".[22]

Portanto, a questão da ressurreição de Cristo é extremamente prática. Quem não se submete ao Cristo ressurreto não tem outro mestre além do próprio ego. E, de acordo com Jesus e conforme a História comprova amplamente, isso não é de modo algum liberdade.

Temo por meu próprio país e também por todos os países que abandonaram a fé no Cristo vivo. Os cristãos, agora mais que nunca, têm de proclamar as boas-novas: ELE RESSUSCITOU!

As reações ao Senhor ressurreto
JOÃO 20.11-31

Algumas observações sobre a tradução em João 20.11-31

A21

16 *língua dos hebreus*, ou seja, judaico aramaico
19 *Paz seja convosco*, lit. *paz para você*
23 *serão perdoados*, ou seja, *foram perdoados antes*
24 *Dídimo*, ou seja, gêmeo
26 *Oito dias depois*, ou *uma semana depois*
30 *sinais*, ou *milagres atestadores*
31 *o Cristo*, ou seja, *o Messias*

NVI

19 *Ao cair da tarde daquele primeiro dia da semana*, grego *na noite daquele dia, o primeiro da semana*
24 *chamado Dídimo*, grego *Tomé, que era chamado Dídimo*

O relato de João sobre a vida, o ministério, a morte e a ressurreição de Jesus é escrito de uma perspectiva única, a de um homem se aproximando do fim da vida. As pessoas mais jovens, tipicamente, envolvem o medo da morte e o vazio em convenientes ilusões ou em divertimentos que acabam por desviar a atenção deles do fundamento da vida, Jesus. Mas um homem idoso está perto o suficiente do limiar da morte para espreitar o abismo potencial da eternidade e questionar com seriedade no que crê de fato. Conforme João se aproxima desse momento derradeiro da verdade, ele lança um olhar intenso por sobre os ombros e chama a todos nós que inevitavelmente o seguiremos: "Creiam!" Essa é a única preocupação do seu evangelho: *para que, crendo, tenhais vida em seu nome* (Jo 20.31).

Conforme João se aproxima do fim de sua narrativa, ele relata quatro encontros com o Cristo ressurreto, cada um salientando uma crise de fé:
- Pedro e João (20.1-10)
- Maria Madalena (20.11-18)
- Discípulos (20.19-23)
- Tomé (20.24-29)

Já examinamos o primeiro encontro; faltam três.

20.11-14

Os relatos combinados do evangelho mostram os seguidores de Jesus em estado de caos na manhã de sua ressurreição. Eles se dispersaram, juntando bocados aleatórios de informações e tentando fazer sentido do que um viu e outro ouviu. Pedro e João voltaram para suas respectivas casas com certeza razoável de que Jesus ressuscitara da morte. Em algum ponto, Jesus apareceu para Pedro (Lc 24.34; 1Co 15.5), mas é difícil determinar em que momento. As outras mulheres já tinham sido enviadas em sua missão pelos anjos (Mt 28.5-8; Mc 16.6-8; Lc 24.5-9). Entrementes, Maria Madalena voltou para o sepulcro vazio, talvez depois de informar os outros discípulos da mesma notícia, e, então, sentou-se ali chorando. Enquanto ela olhava a cova de sepultamento e examinava o casulo vazio, o mesmo casulo de linho e resina resultante da mistura de especiarias, dois anjos fizeram-lhe a pergunta retórica: "Mulher, por que choras?" Eles sabiam que Maria Madalena só tinha motivo para regozijo se tivesse entendido a verdade. A pergunta serviu para envolvê-la em um diálogo que a ajudaria a entender. Ela naturalmente achava que alguém tinha tirado o corpo de Jesus dali. Ironicamente, Jesus estava de pé bem atrás dela, à vista.

Maria Madalena virou-se de costas para o túmulo ao perceber alguém parado ali perto e com um olhar dirigiu-se a um homem que presumiu tratar-se do jardineiro que cuidava do lugar.

20.15-18

Jesus repetiu a pergunta dos anjos — "Mulher, por que choras?" — presumivelmente pelo mesmo motivo deles. Mas ela não o reconheceu, quer pela vista quer pelo som. Algo sugere que Jesus alterara sua aparência ou os olhos de Maria Madalena foram impedidos de reconhecê-lo (cf. Lc 24.16), mas isso é duvidoso em vista do contexto. Ela o reconheceu imediatamente quando ele a chamou pelo nome, como se quisesse chamar sua atenção. É mais provável que tenha sido uma combinação de fatores que a impediu de ver o Senhor. Jesus parecia muito diferente de seus últimos momentos na cruz e era a última pessoa que Maria Madalena esperava ver viva. Além disso, a frase "Virando-se, ela lhe disse" sugere que ela inicialmente olhara em direção ao "jardineiro" e, então, falou com ele enquanto se virava.

O pedido de Maria Madalena pelo corpo de Jesus foi feito provavelmente no mesmo espírito que o de José e Nicodemos (Jo 19.38). Ela só queria sepultar seu mestre com dignidade e, depois, continuar a juntar os pedaços de sua vida. Quando Jesus chamou seu nome, Maria Madalena virou-se para olhar para Jesus — olhar de fato para ele — e aceitou o fato de sua ressurreição.

O sentido da gentil repreensão de Jesus não fica óbvio de imediato, principalmente porque as antigas traduções criaram muita confusão. A tradução da TB, "não me toques", não foi útil. A A21 traduz de forma mais acurada a ordem como "não me segures". Maria Madalena foi dominada pelo alívio e, supondo que teria seu Senhor de volta do mesmo modo de antes, abraçou-o com firmeza como se, caso o soltasse, fosse perdê-lo de novo.

Jesus garantiu a Maria Madalena que ela, como ele ainda não ascendera ao Pai, o veria mais uma vez. Ele instruiu-a a transmitir a mesma mensagem aos outros seguidores dele. Sua mensagem, no entanto, confirmava duas verdades. A primeira verdade: sua presença física na terra era temporária; logo ele ascenderia para tomar seu lugar na glória. A segunda verdade: seu relacionamento com seus seguidores, então, mudaria. O ato físico de segurar de Maria Madalena daria lugar a outro tipo de elo, um relacionamento de fé.

A repreensão de Jesus, reduzida à sua essência nua, consiste em três verbos imperativos, três ordens: *não me segures* [...] *vai* [...] *dize-lhes* (20.17). Ela responde na mesma hora à ordem dele: obediência. Ela fez exatamente o que lhe foi dito.

20.19,20

Antes de o dia da ressurreição de Jesus terminar, seus seguidores começaram a se reunir no que era provavelmente um lugar conhecido de reunião (cf. Lc 24.33). As portas estavam fechadas e trancadas em antecipação da perseguição dos líderes do templo.

Jesus, a despeito das portas trancadas, apareceu repentinamente em meio à congregação de seguidores. Lucas nos informa que sua aparência era tão inexplicável pelos meios convencionais que os discípulos pensaram que fosse um fantasma; não obstante, ele possuía carne e ossos que podiam ser sentidos pelo toque (Lc 24.37-39). Ele saudou os amedrontados seguidores lembrando-os da "paz" que prometera antes (Jo 14.27).

João inclui esse detalhe para ilustrar pela primeira vez em sua narrativa a natureza diferente do corpo ressurreto de Cristo. Lázaro fora ressuscitado e tivera a boa saúde restaurada, mas ele viveu com as mesmas limitações, sofreu doença e ferimentos e, no fim, morreu de novo. A ressurreição de Jesus foi fundamental e profundamente diferente. Foi de fato superior. Seu corpo ressuscitado, embora ainda completamente humano, possuía qualidades sobrenaturais. Ele foi levantado para um novo tipo de vida, para nunca morrer de novo.

Os discípulos, aparentemente, demoraram para aceitar o que viam como a presença autêntica de seu mestre ressuscitado. A descrição de João se aplica a todo o grupo, que incluía um amplo espectro de reações. É provável que Pedro e João estivessem presentes e já tivessem aceitado a realidade da ressurreição de Cristo; não obstante, o grupo, como um todo, demorou para acreditar nela. O grupo de seguidores, ao contrário de Maria Madalena que abraçara Cristo quase de imediato, precisou de mais evidências.

Essa grande necessidade de prova objetiva, a propósito, é um padrão nesse segmento da narrativa de João.

20.21,22

Uma vez que a alegria dos discípulos substituiu o medo — o que cumpria a promessa do Senhor feita no cenáculo (14.27) —, ele os comissionou de novo a cumprir o grande plano de Deus de redenção (17.18). Jesus, a seguir, reafirmou suas promessas anteriores do Espírito Santo (14.26; 15.26; 16.13; veja também Jr 31.31-34; Ez 37.14; Jl 2.28-32). Ele ilustrou sua promessa da vinda do Espírito Santo ao soprar sobre os discípulos, lembrando o ato da criação (Gn 2.7) e a imagem do Antigo Testamento dos esqueletos secos voltando à vida (Ez 37). Esse foi um antegozo temporário do Pentecostes (At 2) ou apenas um gesto simbólico.

20.23

Todas as teses do mestre estão escritas nesse versículo e seus paralelos, Mateus 16.19 e 18.18. Alguns expositores declaram que esses versículos confirmam que a autoridade apostólica é a representante de Cristo na terra. Esses mesmos expositores afirmam que essa autoridade apostólica, desde esse dia, é transmitida, por sucessivas gerações, a homens de quem se pode buscar o perdão do céu em geral em troca de atos de penitência.

Na verdade, os apóstolos tinham autoridade garantida — a mesma autoridade garantida a todos os cristãos, todos os homens e mulheres redimidos que carregam o Espírito Santo em seu interior. O Senhor comissionou e capacitou os cristãos a proclamarem sua mensagem de perdão. A frase traduzida por "se perdoardes os pecados de alguém" na NASB — *New american standard Bible.*

está na voz passiva e no tempo perfeito, descrevendo uma ação já realizada por Deus (conhecida entre os estudiosos como o "passivo divino") que tem resultados contínuos. Os pecados dos cristãos já foram perdoados por Deus. Se "alguém" responde com fé à proclamação do evangelho pelos discípulos, estes têm a autoridade para pronunciá-los perdoados.

Isso é coerente com como Jesus via seu próprio ministério. Enquanto ele tanto curava quanto perdoava determinados indivíduos, dizia que fora a fé que os salvara, curara ou os deixara inteiros (Jo 5.24, também Mt 9.29; 15.28; Mc 5.34; 10.52; Lc 7.50; 8.48; 17.19; 18.42). E, embora sua presença tenha se tornado um momento de crise moral para alguns, foi a descrença deles que os condenou (Jo 3.18,19; 5.22; 9.39-41).

20.24,25

Quando Jesus visitou seus seguidores reunidos em sua sala secreta, Tomé estava ausente. Ele, algum tempo depois da crucificação de Jesus, deve ter voltado para sua casa na Galileia. Tomé, em sua volta a Jerusalém, ouviu dos outros seguidores as histórias da ressurreição de Jesus; no entanto, ele se recusou a acreditar no testemunho deles — incluindo o de Pedro e o de João! Isso lhe garantiu o apelido de "desconfiado", mas seria mais acurado chamá-lo de pessimista ou melancólico — ou, melhor ainda, pensativo. As únicas declarações de Tomé registradas revelam uma visão de mundo depressiva, lamentável:

> *Vamos nós também para morrer com ele* (11.16).
> *Senhor, não sabemos para onde vais. Como podemos saber o caminho?* (14.5).

Tomé queria uma prova concreta não para satisfazer sua dúvida, mas para superar sua desesperança. Na verdade, ele disse: "Ressuscitado? Isso é bom demais para ser verdade. Não vou me permitir ter esperança até ter certeza de que minha esperança não vai ser frustrada".

20.26-29

Oito dias após a primeira visita do Senhor ao refúgio dos discípulos, Jesus apareceu como tinha feito antes e fez a mesma saudação: "Paz seja convosco". Ele deu imediatamente atenção ao homem mais necessitado na sala. Sinto-me confortado pela abordagem gentil do Senhor. Jesus, apesar de a fé ser a questão a ser tratada com Tomé, sabia que o problema do discípulo era a desesperança — ou talvez o pragmatismo realista —, não a relutância obstinada em crer. Embora a declaração de Tomé fosse uma óbvia hipérbole, o Senhor deu a Tomé a garantia que ele queria. Sua gentil repreensão foi de fato: "Tudo bem em depositar confiança completa em mim; não o desapontarei. Estou aqui, sou real e não vou abandonar você".

Tomé não precisou tocar as feridas do Senhor. E sua confissão é um momento culminante da narrativa de João: "Senhor meu e Deus meu!" Jesus afirmou a confissão de fé do discípulo e, a seguir, respondeu com uma bênção sobre todos aqueles que aceitaram a verdade de sua ressurreição por causa da fé nas promessas de Deus, em vez de na evidência física (cf. 4.50).

Essa bênção sobre a fé dos cristãos do passado sugere bênção semelhante nas gerações de futuros cristãos.

20.30,31

João ilustra quatro respostas de fé distintas à ressurreição de Jesus Cristo. Em cada encontro, os sujeitos consideraram a evidência e, depois, escolheram se acreditavam ou não. E a cada episódio que se passa, a tensão entre a evidência tangível e a fé aumentou à medida que cada sujeito exigia mais prova que o último. Jesus, finalmente, abençoou todos que creram sem o benefício da prova tangível. E, com isso, João se volta para nós, o leitor.

Jesus realizou "sinais" que convenceram racionalmente homens e mulheres de que Jesus é o Cristo, a esperança de vida eterna para todas as pessoas. "Essas" coisas foram escritas para que possamos crer e entrar nessa vida eterna.

■ ■ ■

As pessoas à beira da morte não estão interessadas em opiniões. As questões de crença passam a ser criticamente importantes, pois a morte torna a verdade inegável, todavia sem segundas chances.

Muitos anos atrás, um amigo próximo meu me pediu para visitar um homem no hospital. O nome dele era David. Ele fora um exemplo de saúde até que fortes dores de cabeça o forçaram a procurar a ajuda de um neurocirurgião. Mas era tarde demais. A cirurgia revelou um tumor maligno inoperável que logo afetaria sua capacidade de raciocínio e comunicação. A morte viria logo.

Depois de conseguir permissão da família e da equipe do hospital, entrei no quarto do homem. Sua cabeça estava raspada e bem enfaixada. Seu rosto revelava a dor que ele suportava com bravura. Seu filho estava sentado segurando sua mão. Apresentei-me e, a seguir, expliquei o motivo da minha visita.

— David, não quero ser evasivo. Tudo que precisamos para aceitar a morte é o que vem depois dela, e seu tempo está ficando curto.

— Vá em frente — disse ele.

— Ouça o registro de um homem chamado João: *Deus nos deu a vida eterna, e essa vida está em seu Filho. Quem tem o Filho tem a vida [eterna]; quem não tem o Filho de Deus não tem a vida [eterna]* (1Jo 5.11,12). David, ao receber Jesus Cristo como seu Salvador pessoal, apesar de seu futuro aqui na terra ser muito, muito incerto e muito desolador, pode ter a garantia da vida eterna.

Ele disse:

— Eu quero isso! Aceito isso. Agora mesmo.

Enquanto eu explicava as boas-novas, como Cristo morreu para pagar a pena por nossos pecados para que aqueles que creem tenham a garantia da vida no céu, ouvi o choro abafado do filho de David.

Estendi minha mão e disse:

— Vamos orar, David.

Então, ele segurou minha mão mais firme do que já sentira antes e oramos. Naqueles breves momentos, David passou da morte para a vida. E, poucos meses depois desse encontro, sua fé deu lugar à realidade visível, tangível enquanto ele entrava na eternidade.

APLICAÇÃO
João 20.11-31
RESPONDENDO AO SENHOR RESSURRETO

No capítulo 20, João descreve as reações das pessoas confrontadas com a evidência da ressurreição de Jesus. Elas, em geral, reagem de uma das seguintes quatro maneiras:

1. *Alguns creram com a evidência indireta.* Eles reagiram ao relato inicial com curiosidade e, quando viram o sepulcro vazio e os panos de sepultamento vazios, souberam que ele ressuscitara (20.1-10).
2. *Alguns creram com a evidência direta.* Eles ou ficaram confusos ou duvidaram até verem o Senhor ressurreto com seus próprios olhos (20.11-18).
3. *Alguns demoraram para crer com a evidência direta.* Eles responderam de início à presença do Senhor com medo e, depois, aceitaram aos poucos a realidade de sua ressurreição (20.19-23,26-28).
4. *Alguns creram sem a evidência, indireta ou direta.* Eles creram baseados nas promessas da Escritura do Antigo Testamento, nas predições de Jesus e no testemunho de testemunhas oculares críveis (20.29).

Jesus nunca questionou a necessidade de evidência em assuntos de fé, por isso ele ofereceu "sinais" para validar sua identidade e autenticar sua mensagem. Ele, no entanto, foi seletivo em seu uso da evidência tangível, pois sabia que nenhuma quantidade de prova satisfaria um cético. Jesus, durante seu ministério público, raramente usou "sinais" para convencer os corações relutantes. Ao contrário, ele oferecia evidência tangível para os corações dispostos a fim de acrescentar confiança à fé deles. E ele seguiu o mesmo modelo depois de sua ressurreição.

Observe que Jesus, depois de ressuscitar, só apareceu para cristãos.[23] Se seus seguidores duvidaram de sua ressurreição, não foi porque duvidavam da confiabilidade das afirmações dele; eles apenas achavam que sua ressurreição era algo bom demais para ser verdade. Por esse motivo, Jesus recebia a fé deles, enquanto oferecia ternamente evidência para aumentar a confiança deles na verdade. Não obstante, ele elogiava aqueles que creram em sua ressurreição sem necessidade de prova.

A fé e a evidência não são incompatíveis na vida espiritual de um cristão; no entanto, nosso ponto de partida é crucial. A confiança em Deus vem primeiro; *depois*, a evidência é útil. A evidência, à parte da fé, é praticamente sem sentido. Gosto de pensar desta maneira:

> Recusa em crer + evidência = confusão
> Disposição para crer + evidência = confiança

Sempre que encontro um cético — alguém que exige evidência antes de crer —, evito apresentar prova de qualquer coisa. Já desperdicei muito tempo em debates inúteis. Em vez disso, foco a verdadeira questão à mão: a pecaminosidade dele e sua necessidade do Salvador. Quando uma pessoa perdida aceita sua pecaminosidade — de forma genuína —, a fé é o passo lógico seguinte. Então, ela, ironicamente, encontra grande conforto e confiança no fato histórico da ressurreição de Cristo.

Nossas fraquezas... a força dele
JOÃO 21.1-23

Algumas observações sobre a tradução em João 21.1-23

A21
1 *apareceu*, ou *fez-se visível*
2 *Dídimo*, ou seja, gêmeo
5 *nada para comer*, lit. *algo comido com pão*
14 *apareceu*, ou *fez-se visível*
15 a. *tu me amas*, grego *agapao*; b. *te amo*, grego *phileo*
16 a. *tu me amas*, grego *agapao*; b. *te amo*, grego *phileo*
17 *te amo*, grego *phileo*

NVI
1 grego *mar de Tiberíades*, outro nome para o mar da Galileia
2 *Tomé, chamado Dídimo*, grego *Tomé, que era chamado Dídimo*
8 *noventa metros*, grego *duzentos côvados* [noventa metros]
15 *mais do que estes?*, ou *mais do que esses outros?*
18 *outra pessoa*; alguns manuscritos trazem *e outro*

Quando Pedro se encontrou pela primeira vez com Jesus e, a seguir, respondeu a seu chamado para segui-lo, ele provavelmente pensou que estava fazendo um grande favor ao Messias. O novo rei de Israel precisaria de um homem como ele — líder corajoso, bravo e que assumisse o controle dos homens. Ele era forte, decidido, trabalhador, rápido com a espada e ainda mais rápido para decidir o que devia ser feito e como fazer. Pedro era o tipo de homem que fazia as coisas pela absoluta força de vontade.

Pedro, após seu fracasso no pátio durante os julgamentos de Jesus, não pensava tão bem de si mesmo. Ele, sem dúvida, recuava toda vez que se lembrava do compromisso impulsivo que assumira no cenáculo: *Senhor, por que não posso seguir-te agora? Darei a minha vida por ti* (Jo 13.37). Na verdade, ele, quando foi cercado por seiscentos homens, estava pronto para enfrentá-los com a espada só um pouquinho mais comprida que uma adaga. Mas, no pátio, ele temera por sua vida e mentira como um covarde.

É difícil superar qualquer tipo de falha, mas a falha moral, no reino do ministério, é fatal. O indivíduo, após cometer um erro moral particularmente feio, talvez se pergunte: "Que bem posso fazer agora?"

A resposta a essa pergunta pode ser surpreendente.

21.1-3

João determina que o cenário desse evento foi a Galileia, algum tempo depois da confrontação de Jesus com Tomé em Jerusalém ou perto dali. Não temos como saber quanto tempo depois da ressurreição isso aconteceu, mas não é provável que essa cena tenha ocorrido mais de um mês depois da ressurreição (At 1.3). Cinco dos Doze são mencionados pelo nome, enquanto outros dois discípulos ficam anônimos, talvez porque não pertencessem ao grupo dos Doze. Independentemente disso, Pedro e os "filhos de Zebedeu" (Tiago e João) compartilhavam muita história com essa região. Foi ali que Jesus estendeu seu chamado para os homens o seguirem, prometendo transformá-los em *pescadores de homens* (Mc 1.17).

Esses homens, por não menos que três anos, seguiram seu Messias, aprendendo com ele e tendo a plena expectativa de que ele reinasse como o rei dos judeus. Então, de repente, em questão de horas, tudo mudou. Ele foi preso, julgado, sentenciado, crucificado e deitado em uma tumba. Quando os seguidores de Jesus sepultaram seu Messias, eles sepultaram suas mais amadas expectativas com ele. E, quando ele emergiu do sepulcro, os sonhos deles foram deixados para trás com as roupas de sepultamento de Jesus. Para eles, esse longo período de quietude acabou por se tornar um assustador estado de limbo. O Messias morrera, mas não estava mais morto. Jesus conversava às vezes com eles em um plano notavelmente íntimo, mas eles, antes da vinda do Espírito Santo, estavam sem liderança diária. O reino por vir não era para ser o que todos eles esperavam; então, para eles, o reino permanecia um futuro sem forma e instável.

A natureza humana não pode habitar no limbo por muito tempo. Então, quando não conseguimos avançar, não conseguimos evitar a volta ao que é familiar — mesmo a um passado que ficamos felizes em deixar para trás. Mas como diz o antigo ditado, "É impossível recuperar o passado". Mesmo que o lugar do seu passado não tenha mudado — e ele sempre muda —, você mudou.

"Vou pescar" não era apenas um plano para passar um espaço de tempo insuportável. Pedro, sempre o homem de ação, não viu futuro para si mesmo no serviço para Cristo, então voltou para sua bem-sucedida vocação antes de Cristo. Infelizmente, o esforço de Pedro de pescar peixes não foi nada melhor que seu prospecto de pescar homens (Lc 5.10).

21.4-6

Uma das qualidades do Senhor que mais amo é sua graça — não apenas no sentido teológico. Refiro-me ao seu modo encantador de aceitar os seus e amá-los. Pedro e seus amigos voltaram à antiga rotina; então, o Senhor os encontrou ali. Ele até mesmo usou a excessiva dependência deles do passado para benefício mútuo.

A pergunta do Senhor traduzida para o grego antecipa uma resposta negativa, como dizer: "Então, vocês não pegaram nada, certo?" Além disso, o Senhor os chamou de *paidia* [3813], a forma plural da palavra para criancinha. De acordo com o dicionário, "o termo também pode significar 'servo' (posição social). Ele carrega figurativamente o sentido de entendimento rudimentar, pouco desenvolvido, mas também é usado no tratamento carinhoso".[24]

Os discípulos já tinham estado nessa situação antes. Esses mesmos homens tinham passado uma noite desperdiçada no mar quando Jesus os instruiu a lançar de novo suas redes. Quando a obediência lhes rendeu uma pesca recorde, Jesus lhes prometeu sucesso similar no ministério (Lc 5.5-11). Agora, depois de tanta coisa ter acontecido, seu Senhor ressurreto os instruiu a lançar de novo suas redes. Com certeza, um dos homens deve ter suspeitado que o estranho ali na margem era Jesus. Entretanto, uma vez que a linha do topo da rede esticou a ponto de romper, não houve dúvida.

Não nos esqueçamos do contexto todo desse evento. Jesus, conforme sugerem alguns, não se limitou a ver um grande cardume de peixes a noventa metros de distância. Ele é o criador. Ele *criou* os peixes. E ele *fez* aqueles peixes estarem onde os discípulos pudessem pegá-los com suas redes.

21.7,8

A expressão "estava despido" não significa que Pedro estava nu, mas apenas que ele tirara o manto externo e enrolara a *túnica*, ou "roupa de baixo", entre as pernas e em volta da cintura. Pedro, em seu estilo característico, mergulhou no mar e nadou até a praia, feliz em ver seu mestre mais uma vez. Entrementes, os outros discípulos puxavam uma rede cheia de peixes.

21.9

João inclui três detalhes relevantes na narrativa:

- *Jesus acendera um fogo.* Essa é uma alusão deliberada ao fracasso de Pedro no pátio da casa do sumo sacerdote, que acontecera ao lado do fogo (veja 18.18).
- *Jesus estava cozinhando um peixe no fogo.* O Senhor não depende dos esforços da humanidade para realizar sua vontade.
- *Jesus tinha pão à espera.* O deserto no qual Jesus alimentara a multidão com cinco pães e dois peixinhos se localizava bem atrás deles.

21.10,11

Pedro, em sua exuberância impulsiva, deixou os outros discípulos carregarem a carga de peixes. O convite de Jesus para ele acrescentar seu peixe ao fogo é relevante. Embora o Senhor possa fazer todas as coisas sem ajuda de ninguém, ele convidou Pedro a contribuir com o fruto de seu esforço. O Senhor quer desfrutar a vitória que conquistamos juntos não porque ele *precisa* de nós, mas porque ele nos *quer*!

Assim, Pedro voltou às redes com seus amigos e processou o extraordinário resultado da ajuda divina dada ao esforço humano.

21.12-14

João esclarece que os homens sabiam que estavam na presença do Senhor. E a imagem que ele apresenta de Jesus distribuindo o pão e o peixe não é acidental — é uma clara alusão à abundância que ele criou no deserto (6.11).

João observa que essa é a terceira vez que Jesus "apareceu" depois da ressurreição. O termo significa "tornar visível o que antes não era visto".

21.15-17

Jesus — como se para levar Pedro de volta a antes de ele ser "a rocha" — olhou através do fogo e se dirigiu ao abatido discípulo por seu nome original: Simão, o filho de João. "Simão" é um nome baseado no nome hebraico "Simeão", que por sua vez é baseado no verbo hebraico *shama* [H8085], "ouvir, escutar, dar atenção".

Chegara o momento de Jesus tratar da mais profunda ferida de Pedro. Não fosse pela perfeita compaixão do Senhor, sua pergunta poderia ser considerada uma cruel provocação. A expressão acrescentada "mais do que estes" era uma inequívoca referência à corajosa declaração de Pedro de lealdade feita no cenáculo (13.37; veja também Mt 26.33; Mc 14.29; Lc 22.33).

A língua grega tem três palavras para *amor*. *Erōs* descreve o sentimento romântico e de euforia de estar "apaixonado"; ou seja, antes de terminar a lua de mel. *Philia* [5373] descreve o afeto caloroso compartilhado por amigos, membros chegados da família e até mesmo por amantes românticos depois de a intimidade ter cimentado sua união. A forma verbal *phileō* [5368] significa "tratar alguém como um dos seus".[25] Os gregos têm o termo *philia* em alta conta como uma conexão profundamente emocional entre as pessoas.

A terceira palavra, *agapē* [26], raramente é encontrada fora da literatura judaica e cristã. O amor *agapē*, ao contrário do efêmero *erōs*, não é impetuoso, mas firme e deliberado. Enquanto *philia* descreve a afeição, *agapē* fala de lealdade: "Aqui está um amor que faz distinções, escolhendo livremente seus objetos. Por isso, ele é especialmente o amor de um superior por um menor. Ele é amor ativo e não interesseiro".[26] Os escritores do Novo Testamento se inspiram nessa palavra para expressar o tipo de amor vivido e ensinado por Jesus. O amor *agapē* ama primeiro a Deus, ama o próximo como a si mesmo e ama os inimigos e também os amigos. O amor *agapē*, embora seja muitíssimo emotivo, não é provocado pela emoção. Esse amor semelhante ao de Cristo valoriza as expressões tangíveis de bondade, em vez de as emoções que não realizam nada.

Jesus perguntou a Simão sobre seu amor *agapē*; Simão respondeu com o amor *philia*. Os estudiosos e expositores não concordam a respeito da relevância dos termos escolhidos por João para traduzir a conversa deles do aramaico. No entanto, não acho que a escolha deliberada dos termos gregos usados por João seja irrelevante. Ao contrário, estou convencido de que sua escolha da palavra reflete os sentimentos de cada homem. Observe o padrão do diálogo deles:

Simão, filho de João, tu me amas [agapaō] mais do que estes?
Sim, Senhor; tu sabes que te amo [phileō].
Cuida dos meus cordeiros.

Simão, filho de João, tu me amas [agapaō]?
Sim, Senhor; tu sabes que te amo [phileō].
pastoreia as minhas ovelhas.

Simão, filho de João, tu me amas [phileō]?
Senhor, tu sabes todas as coisas e sabes que te amo [phileō].
Cuida das minhas ovelhas.

A confiança e paixão que antes motivavam as decisões de Pedro — tanto sábias quanto tolas, tanto heroicas quanto covardes — o abandonaram à força. Esse zelo impulsivo distraía Pedro de reconhecer um problema permanente. Enquanto houvesse inimigos externos a combater, desafios a satisfazer, dificuldades a superar, dúvidas e dilemas a resolver, ele não tinha de enfrentar o fato de que era na verdade muito impotente e ineficaz.

O *philia* de Pedro estava aquém do que um ou outro homem queria, mas ele merecia alta pontuação por sua honestidade. Além disso, reconhece a verdade do amor de Pedro. Seu afeto por Jesus não podia ser negado, mas era impotente para evitar a falha futura — Pedro estava preparado para depender do Senhor para realizar o ministério.

Como o Senhor resgatou gentilmente Tomé de sua desesperança — ou talvez obstinado pragmatismo —, ele o tirou de seu desânimo. E convidou o humilde discípulo para lançar de novo suas redes para outra pesca milagrosa... só que dessa vez, para pescar a alma das pessoas.

21.18,19

Suspeito que Jesus deu tempo para seu convite ser absorvido. A seguir, ele, como especialista em ser mentor, encorajou seus discípulos. Jesus, depois de lidar com o passado de Simão, revelou o futuro de Pedro. No passado, Simão era um homem autoconfiante e voluntarioso que dirigia sua própria vida. Ele até mesmo tentou fazer discípulos em seus próprios termos, com resultados trágicos. Depois, ele se comportou como um covarde para se distanciar de Cristo.

Após esse desapontamento enquanto Pedro estava nas profundezas do desespero e desencorajamento, Jesus assegurou-lhe que teria uma morte digna de Cristo. A referência aos braços esticados alude a ser deitado sobre uma cruz. O sentido literal do verbo traduzido por "vestirá" é "atar". Esse é um sagaz jogo de palavras, referindo-se obviamente a ser atado a uma cruz com pregos ou panos. No passado, Simão decidia o que vestir e aonde ir; no futuro, Pedro se submeteria à orientação de seu mestre e "vestiria" uma cruz em sua honorável morte.

Jesus salientou seu encorajamento com as palavras *segue-me* — ordem essa que lembrava o chamado original de Simão (Mt 4.19; Mc 1.17; Lc 5.10).

21.20-23

É evidente que essa porção da conversa entre o mestre e o servo aconteceu enquanto eles andavam pela praia. Pedro percebeu João seguindo logo atrás deles. João, de todos os discípulos, comportava-se da forma mais honorável. Embora ele tenha fugido no ataque no Getsêmani (Mt 26.56; Mc 14.50), logo voltou e ficou perto de Jesus ao longo de seus julgamentos e crucificação. Enquanto Simão manteve distância e negou seu discipulado no pátio, João permaneceu na sala do tribunal. Enquanto Simão se escondeu durante a crucificação, João permaneceu aos pés da cruz.

A falha pessoal, em geral, leva a comparações. Ou puxamos os outros para baixo para nos sentirmos menos inferiores ou deixamos que a vergonha nos enterre no fundo do mundo. Nenhuma das duas reações é de Deus. "Senhor, o que acontecerá a ele?", perguntou Pedro em referência a João. Jesus repreendeu a pergunta de Pedro, dizendo de fato: "Faça o que se espera que você faça; deixe que eu cuido de João". Então, ele repetiu seu chamado anterior com maior ênfase: "Você — continue a me seguir!" (tradução literal do autor).

João conclui a descrição do encontro deles com uma nota de humor. Muito antes de ele preparar sua narrativa, essa história em particular circulara como história oral. Pedro, sem dúvida, a contava com frequência como um meio de encorajar outros cristãos carentes. Pedro passou boa parte de sua vida posterior combatendo ensinamentos falsos sobre Jesus, de modo que ele provavelmente saboreou a ironia de ter de suprimir um erro envolvendo a si próprio.

Muitos entendem que a correção de Pedro por parte de Jesus significa que este planejava voltar depois que João morresse. Durante o tempo de vida de João, os cristãos não supunham que ele ultrapassaria a expectativa normal de vida; eles usavam o comentário de Jesus para sustentar seu próprio pensamento positivo de que ele voltaria logo. O comentário de João esclareceu antes de sua morte que esse rumor era falso.

■ ■ ■

O mundo corporativo, como todos os reinos do mundo, procura líderes entre aqueles que têm habilidades naturais excepcionais. As nações procuram o carisma e as habilidades inatas em seus políticos. O exército adota o sistema de promoção "para cima ou para fora" porque se espera que um oficial suba na hierarquia até que não haja uma patente mais alta... ou que se retire ou se aposente da vida militar. Em praticamente toda esfera da vida, uma falha relevante significa em geral término da carreira ou rebaixamento — "melhore ou saia!" Mas não no reino de Deus.

Chuck Colson, certa época, era um dos homens mais poderosos do mundo. Colson, como confidente e conselheiro de Richard Nixon durante a presidência deste, também foi um dos mais temidos, conseguindo para si mesmo o apelido de "o terror". Anos mais tarde, ele veio a confiar em Jesus Cristo, mas nessa época já perdera tudo — poder, posição, prestígio e até mesmo a liberdade. Em seu livro *Nascido de novo*, ele escreve:

> Oro em especial por honestidade em minha escrita, sabendo muito bem que minha natureza básica quer me apresentar sob a luz mais favorável. Caí, ergui-me e caí de novo durante os últimos anos, estou aprendendo como Deus nos quebra a fim de nos refazer. E por meio da minha dependência dele veio um senso surpreendente de liberdade — e júbilo em meu espírito.[27]

Pedro emergiu de sua queda um homem transformado, pronto a reconhecer as próprias incapacidades e a mudar a autoconfiança pela confiança em Cristo. Pedro, com o som ao fundo dos peixes do milagre se debatendo na rede, estava finalmente preparado para aceitar o chamado do Senhor. *Segue-me tu!*

Você falhou com o Senhor? Esse também é o seu chamado.

Continue a segui-lo.

APLICAÇÃO
João 21.1-23
CHEGANDO A UM ACORDO COM SEU CHAMADO

Nos círculos cristãos, tendemos a pensar nos ministros em tempo integral por vocação como "chamados" por Deus. Eles, no entanto, não são as únicas pessoas chamadas por Deus para cumprir um propósito divino. *Todos* os cristãos são chamados a dar glória a Deus em qualquer coisa que façam. Por essa razão, acho apropriado aumentar a gama de "chamado" para incluir qualquer vocação que um cristão escolha seguir.

Primeiro, *temos de aceitar nossas limitações*. Enquanto devemos dar nosso melhor e sempre buscar a excelência, não podemos nunca esquecer que, em última análise, o sucesso não depende de nós. Pedro e seus parceiros de negócios administravam uma empresa lucrativa de pesca e eram especialistas em sua vocação. Eles tinham anos de experiência e todos os equipamentos certos; ainda assim, as redes deles apareceram vazias. Só com a ajuda do Senhor os homens foram bem-sucedidos. O milagre do carregamento de peixes ilustra que nossa perícia e diligência, sem a ajuda do Senhor, não dão em nada.

Segundo, *temos de confrontar nossas prioridades*. Todos os cristãos são chamados como discípulos e todos, independentemente de como ganham a vida, são comissionados a *faze [r] discípulos* (Mt 28.19,20). Além disso, somos chamados a dar glória a Deus em tudo que fazemos (1Co 10.31). Portanto, estudantes, negociantes, construtores, profissionais, ministros, trabalhadores braçais... *E tudo quanto fizerdes, fazei de coração, como se fizésseis ao Senhor e não aos homens* (Cl 3.23).

Qual é sua atitude em relação ao trabalho? Se você começa o dia pensando: *Droga! De volta à tortura!*, está na hora de mudar. Se não for possível conseguir um trabalho novo, então a mudança tem de ser interna. Comece entregando todos os aspectos do seu trabalho ao Senhor para seus propósitos e glória. "Senhor, sou teu hoje. Esta é a tua mesa. Este é o teu escritório. Estas são as tuas ferramentas. Este é o teu computador. Agora, ajuda-me a me tornar o melhor trabalhador que posso ser. E, no processo, vamos pegar alguns peixes. Vamos fazer alguns discípulos".

Terceiro, *temos de lidar com nossa imperfeição*. Pedro deixou de lado seu chamado para ser *pescador de homens* (Lc 5.10) por causa de seu fracasso e assumiu uma vocação na qual o fracasso não causaria tanto dano ao reino — pelo menos no seu modo de pensar. Enquanto ele queria deixar isso no passado e fazer o melhor de um futuro menor, Jesus o confronta. Ele não negou, não minimizou, não racionalizou nem ignorou a falha de Pedro. Ao contrário, ele a enfatizou três vezes, cada vez chamando o deprimido discípulo a *cuida [r] das [...] [suas] ovelhas*. O Senhor, na verdade, disse: "É isso mesmo, Pedro, você estragou tudo. E vai estragar de novo. Ainda assim, quero que você cumpra seu chamado".

A falha é inevitável. E o Senhor *nunca* fica surpreso quando falhamos. Não é como se ele nos chamasse a segui-lo sem conhecer o futuro! Com a pena por nossos pecados integralmente paga, a falha e o fracasso são para o cristão apenas um lembrete para dependermos do Senhor, em vez de depender de nós mesmos — para substituir a autoconfiança pela confiança em Cristo.

Quando servi como pastor em uma igreja em Waltham, Massachusetts, conheci um evangelista particularmente dotado chamado Bob. Ele trabalhava no que vim a chamar o Maior Centro Evangelista Metropolitano de Boston, que também parecia ser o posto de gasolina que ele tinha e dirigia em Arlington. Bob, cedo em sua vida, reconheceu que sua vocação e chamado eram um e o mesmo.

O posto de gasolina de Bob ficou conhecido como *o* lugar a ir para um serviço completo de abastecimento, bem como de pneus, retífica, adaptação do carro para o inverno e reparos. Não era incomum ver meia dúzia de carros alinhados bem juntinhos diante de duas bombas na frente daquele pequeno posto, esperando para serem servidos por aquele homem. Bem, imagine, ele não tinha bandeiras com a inscrição "Jesus salva", nem frases religiosas, símbolos de peixe ou grandes cruzes expostas em algum lugar. Não havia nenhuma bandeira tremulando na rua com os dizeres: "Traga seu carro para o Bob e entregue sua alma para Jesus" — nada disso. Bob apenas fazia seu trabalho com excelência e prestava um excelente serviço ao cliente... e foi notável o impacto que ele teve no destino eterno de incontáveis clientes. Perdi a conta das pessoas direcionadas para nossa igreja e para o reino como resultado daquele pequeno posto de gasolina porque um homem via sua vocação como seu chamado.

Anos mais tarde, Bob aposentou-se com algum dinheiro no banco. Ele vendeu seu negócio, mudou-se para a Flórida e comprou uma casa à vista. Quando mais tarde ele me visitou na Califórnia, vi que a aposentadoria não lhe caiu bem. Com certeza, alguns meses depois, recebi uma carta do Bob.

Querido Chuck,
Odeio a Flórida porque odeio a aposentadoria. Meu ministério não pode se aposentar.

Ele continuou e me contou sua aventura na venda de pneus e a oportunidade de tornar Cristo conhecido entre seus clientes.

Ele fará isso até seu corpo desistir. Ele não consegue evitar. É assim que deve ser. Ele encontrou seu chamado.

Muitos outros sinais... muitas outras coisas
JOÃO 21.24,25

Compartilho, como ministro do evangelho, um privilégio maravilhoso com os capitães de navio, juízes e juízes de paz. Estou autorizado a unir duas pessoas em casamento — uma união santa e uma parceria legal. O casal, antes do grande dia, tem de ir ao tribunal e conseguir uma licença de casamento. A seguir, depois da cerimônia, ponho minha assinatura na parte de baixo da licença como testemunha para a corte — e, portanto, todos a quem esse documento diz respeito — de que os dois indivíduos se uniram. Além disso, mais duas testemunhas assinam o documento, testemunhando o fato de que oficiei a cerimônia religiosa e afirmando que a assinatura do celebrante é minha.

Também era costume em Roma, e em todo o império, ter *todos* os documentos legais, assinados e juramentados, atestando a autenticidade deles. Conforme João punha a tinta em seu pergaminho e preparava para enrolá-lo para ser distribuído para as igrejas, ele acrescentou sua declaração juramentada, testemunhando a verdade de tudo que ele escrevera sob a inspiração e orientação do Espírito Santo. E ele foi acompanhado por outros que testemunharam da sua assinatura.

21.24

O selo de autenticidade de João afirmava três fatos importantes:

Primeiro, *todo registro contido nesse pergaminho é o relato de uma testemunha ocular;* não apenas um dos Doze, mas um dos amigos mais íntimos de Jesus. A expressão *esse [...] discípulo* refere-se ao indivíduo presente com Pedro e Jesus na praia (21.20-23), o mesmo discípulo sobre quem houvera o rumor de que permaneceria vivo até a volta do Senhor.

Segundo, *toda palavra contida nesse pergaminho foi escrita por essa mesma testemunha ocular.* É muito provável que João tenha preparado essa declaração na primeira pessoa do plural, "nós", para incluir os anciãos presentes com ele quando completou o manuscrito. Embora discutível, a tradição sustenta que ele escreveu esse evangelho em Éfeso, o lar da igreja mais influente da Ásia Menor, uma renomada fortaleza da pureza doutrinal.[28]

Terceiro, *toda palavra contida nesse pergaminho é verdade.* João não só testemunhou os eventos e os recordou de forma acurada, mas também escreveu sob a inspiração do Espírito Santo, que guiou suas escolhas editoriais e o impediu de errar.

21.25

João encerrou sua narrativa com uma advertência editorial, talvez em oposição à inevitável crítica que todos os biógrafos enfrentam: "Como você deixou de fora algo tão importante quanto...?" E encaremos isto: quando seu assunto é o Filho de Deus, os críticos esperarão em fila por anos por vir!

João afirmou que fora seletivo a respeito dos eventos incluídos em seu relato. Ele não foi só seletivo, mas também estratégico. Ele não pretendia fornecer um relato completo (nem cansativo), mas defender uma tese pela fé (20.31). Ademais, incluir tudo não seria factível. Nosso conhecimento de Cristo nunca seria completo porque ele é Deus, e Deus é infinito.

João, em vez de tentar descrever todos os detalhes do ministério terreno de Cristo, faz um retrato convincente da vida de Cristo. Sua narrativa, como muitas outras coisas nesse reino da existência, é limitada. Tudo aqui é menos que o mínimo na vida por vir. Por essa razão, João contentou-se em escrever apenas o que era absolutamente necessário para trazer os leitores à fé em Cristo. Se isso fosse realizado, então ele vibraria com a perspectiva de eles aprenderem sobre o Filho de Deus em primeira mão.

Assim, se o conhecimento completo do Deus-homem, Jesus, é o que você quer, então a fé lhe dará uma eternidade para conhecê-lo com tanta profundidade e tão completamente quanto você deseja (Ap 22.3-5).

APLICAÇÃO

João 21.24,25
O CAPÍTULO FINAL

O evangelho de João, em um sentido, está inacabado. João escreveu toda palavra que o Espírito Santo o direcionou a expressar; a história, não obstante, continua incompleta. Porque cabe a você escrevê-la.

João conclui seu relato do ministério terreno de Cristo com uma história sobre como ele, João, e seu amigo Simão Pedro foram impactados. A história do Senhor pôs a história da vida deles em movimento. Pedro seria martirizado. João viveria por tanto tempo que as pessoas se perguntariam se ele morreria de fato algum dia. Os dois tinham destinos a cumprir como resultado de seu tempo com Cristo. Jesus incitou os dois homens a "segu [i-lo]".

E o mesmo acontece com você — Jesus incita-o a segui-lo. Assim, tenho algumas perguntas para você. Por favor, reflita com cuidado sobre cada uma delas.

1. *O que você fará com o que viu nas páginas do evangelho de João?* O maior requisito e o maior risco de todo o mundo é ser exposto à verdade bíblica. Nós que vivemos na luz não temos nada que ver com as trevas. Aprendemos as verdades sobre a permanência, a lavagem de pés, o descanso e o que significa ser santo e consagrado até a morte. Como sua vida mudará agora que tem essas verdades divinas instigando sua consciência?

2. *Qual é sua parte no plano redentor de Deus para o mundo?* Deus tinha planos para João e Pedro não apenas porque eles faziam parte "dos

Doze", mas porque eram seguidores de Cristo, chamados de sua antiga vida, receberam nova vida e foram comissionados a edificar o reino do Senhor. O mesmo é verdade em relação a você, se crê de fato. Se você ainda não descobriu seu chamado, seu propósito, então comece a pedir ao Senhor para guiá-lo em direção ao seu chamado agora. Deus nunca esconde sua vontade; peça a ele para revelar seu papel em seu plano.

3. *Quanta provação você está disposto a sofrer por causa de Cristo?* Mais cedo, Jesus avisou que estar em seu reino é se tornar inimigo do "mundo", que o odiará e perseguirá (Jo 15.18-21). Pedro seria martirizado. João ministraria sozinho por muito tempo depois de seus amigos terem morrido. Não é provável que a vida fique mais fácil se você estiver engajado de forma relevante na agenda de Jesus. Você levou em consideração esse custo? Está preparado para sofrer provações? Ao que você se devotará? Ao plano do Senhor de redimir o mundo do mal ou a seu arranjo confortável e seguro fora do desafio?

A história do Senhor promete lançar a história da sua vida — se você permitir que ele faça isso.

NOTAS

Introdução

[1] Citado por MARSHALL, I. Howard. *The epistles of John.* 2. ed. Grand Rapids: Wm. B. Eerdmans Publishing Company, 1994, p. xi (WA 28, 183).

[2] Alguns consideram que sua ilustração em 10.1-18 é uma parábola, mas proponho que é apenas uma analogia, uma figura de linguagem. As parábolas são histórias sucintas, ilustrações que apresentam personagens e uma trama.

Prólogo (Jo 1.1-18)

[1] Embora alguns vejam similaridade entre o uso de Paulo do termo *sarx* e o da filosofia e religião gregas, o uso do apóstolo é bem singular. Para o apóstolo, *sarx* é o aspecto material da humanidade que não é inerentemente mal, mas foi corrompido junto com o resto do mundo material depois da queda da humanidade (Gn 3.14-19). A teologia de Paulo usa *sarx* para denotar a maneira pecaminosa e rebelde de pensar e agir que reverencia o sistema mundano pervertido como resultado do pecado de Adão.

[2] KITTEL, Gerhard e FRIEDRICH, Gerhard, eds. *Theological dictionary of the New Testament: Abridged in one volume.* Trad. Geoffrey W. Bromiley. Grand Rapids: Wm. B. Eerdmans, 1985, p. 290.

[3] Ibid., p. 291.

[4] *Does Sodom love Gomorrah?. Time,* 20 de março de 1964.

[5] "O tempo do verbo no trecho em que o autor retrata uma ação em progresso ou uma condição de ser que está ocorrendo no passado sem nenhuma avaliação da conclusão da ação" (HEISER, Michael S. *Glossary of Morpho-Syntactic Database Terminology. Imperfect.* Logos Bible Software, 2005).

[6] TOZER, A. W. *The Knowledge of the Holy: The attributes of God; Their meaning in the christian life.* São Francisco: Harper & Row, 1978, p. 39.

Apresentação da Palavra (Jo 1.19—4.54)

[1] Kittel e Friedrich, eds. *Theological dictionary of the New Testament: Abridged in one volume*, p. 38.

[2] Ibid.

[3] Ibid., p. 567.

[4] Veja ibid., p. 1015.

[5] Embora o sumo sacerdote e os funcionários reais fossem em sua maioria saduceus, o Sinédrio e os rabis eram principalmente fariseus. Os sacerdotes tinham cargos oficiais de autoridade sobre o templo, enquanto os fariseus reivindicavam autoridade moral sobre os adoradores.

[6] *Merriam-webster's collegiate dictionary*. 11. ed. Springfield, MA: Merriam-Webster, 2003, s.v. "religião".

[7] A NTL traduz a palavra grega para "filho" como "escolhido", de acordo com alguns dos manuscritos mais antigos. O Antigo Testamento, às vezes, chama o rei ungido de Israel de "escolhido" (Sl 89.3,19; Is 42.1) ou "ungido" (Sl 2.2; 18.50; 20.6). Além disso, esperava-se que um descendente de Davi que ocupasse o trono compartilhasse uma relação figurativa de pai e filho com Deus (2Sm 7.14; Sl 2.7). No caso de Jesus, o título figurativo "Filho de Deus" era literal.

[8] Sanders, J. Oswald. *Spiritual Leadership*, ed. rev. Chicago: Moody Press, 1980, p. 230.

[9] Ibid.

[10] Marx, Karl. *Karl Marx and Frederick Engels: Selected works in two volumes*. Moscou: Foreign Languages Publishing House, 1949, 2:367.

[11] Marx, Karl e Engels, Friedrich. *The communist manifesto of Karl Marx and Friedrich Engels*. D. Ryazanoff, ed. Nova York: Russell & Russell, 1963, p. 68.

[12] *The NET Bible Notes*. Peabody, MA: Biblical Studies Press, 2003; disponível em bible.org., nota sobre João 1.39.

[13] Josefo, *The Jewish wars*, 2.15.3.

[14] Louw, Johannes P. e Nida, Eugene Albert. *Greek-english lexicon of the New Testament: Based on semantic domains*. 2. ed. Nova York: United Bible Societies, 1989, 1:381.

[15] Tenney, Merrill. *John*, em *Expositor's Bible Commentary*. Grand Rapids: Zondervan, 1981, 9:47.

[16] Ibid.

[17] Thielicke, Helmut. *Encounter with Spurgeon*. Trad. John W. Doberstein. Filadélfia: Fortress, 1963, p. 14.

[18] MEYER, F. B. *John the baptist*. Fort Washington, PA: Christian Literature Crusade, 1983, p. 97.

[19] *The westminster standards*. Filadélfia: Great Commission Publications, 1986, p. 35.

[20] KENNEDY, D. James. *Evangelism explosion*. 4. ed. Carol Stream, IL: Tyndale, p. 46.

[21] Ibid., p. 47.

Autenticação da Palavra (Jo 5.1—12.50)

[1] Veja KITTEL e FRIEDRICH, eds., *Theological dictionary of the New Testament: Abridged in one volume*, p. 178.

[2] MOODY, Jess. *A Drink at Joel's Place*. Waco, TX: Word Books, 1967, p. 80-81.

[3] Agradeço a Josh McDowell por seu excelente livro, *Evidence that demands a verdict*, e a C. S. Lewis por escrever *Mero cristianismo*.

[4] Às vezes no campo de batalha, um tambor vem a ser uma escrivaninha *ad hoc* em uma corte formada rapidamente, montada no local para tentar condenar alguém por crimes cometidos durante a batalha. O veredicto de culpado era quase sempre uma conclusão previamente determinada com a punição executada na mesma hora.

[5] BORCHERT, Gerald L. *John 1—11*. New American Commentary 25A. Nashville: Broadman & Holman, 1996, p. 258.

[6] Sobre *skandalizō*, veja KITTEL, Gerhard e FRIEDRICH, Gerhard, eds. *Theological dictionary of the New Testament*. Ed. e trad. Geoffrey W. Bromiley. Grand Rapids: Wm. B. Eerdmans, 1973, 7:339-358.

[7] ARISTÓFANES, *Acharnenses*, p. 687; citado em KITTEL e FRIEDRICH, eds., *Theological dictionary of the New Testament*, 7:340.

[8] JAMIESON, Robert, FAUSSET, A. R. e BROWN, David. *A Commentary, Critical and Explanatory, on the Old and New Testaments*. Grand Rapids: Wm. B. Eerdmans, 1945, p. 392.

[9] *The NET Bible Notes*. Biblical Studies Press, 2003, observações sobre João 7.23.

[10] *Parade Magazine*, 11 de fevereiro de 1962.

[11] Adaptado de SWINDOLL, Charles R. *Parenting: From Surviving to Thriving*. Nashville: Thomas Nelson, 2006, p. 236-238. Usado com permissão.

[12] MORTON, H. V. *In the Steps of the Master*. Nova York: Dodd, Mead, 1937, p. 180.

[13] Ibid., p. 179.

[14] Em cerca de 250 a.C., as Escrituras hebraicas foram traduzidas para o grego por aproximadamente setenta estudiosos judeus. A maioria dos judeus da época de Jesus provavelmente conhecia o Antigo Testamento em sua língua falada, em vez de em hebraico ou aramaico. Às vezes o termo "Septuaginta" é abreviado como "LXX", o número romano para setenta.

[15] A jornada de uma cidade ao sul da Galileia, como Jezreel, para Betânia é de aproximadamente oitenta quilômetros. Um homem consegue percorrer quarenta quilômetros em doze horas (11.9).

[16] *Gênesis Rabbah* 100.7; *Levítico Rabbah* 18.1.

[17] Veja GOLDWURM, Hersh e FRIEDNER, Yekutiel. *History of the Jewish people*. Nova York: Mesorah, 1982, 1:58.

[18] Veja os comentários sobre Romanos 1.24,25 em SWINDOLL, Charles R. *Insights on Romans*. Carol Stream, IL: Tyndale, 2014.

[19] "Lepra" referia-se a qualquer doença crônica ou aguda de pele, não só à forma incurável conhecida como mal de Hansen.

[20] Adaptado de SWINDOLL, *Insights on romans*; veja a discussão sobre Romanos 9.14-18.

Confirmação da Palavra (Jo 13.1—17.26)

[1] HUNT, Gladys M. *That's no generation gap!*. Eternity, outubro de 1969, p. 15.

[2] Gráfico adaptado de KITTEL e FRIEDRICH, eds., *Theological dictionary of the New Testament*, 1:37.

[3] Autor desconhecido.

[4] A Bíblia não condena os sentimentos de ansiedade, estresse ou preocupação. Somos aconselhados a evitar preocupações mundanas, como as necessidades físicas que o Senhor prometeu suprir. A preocupação dos pais com o bem-estar espiritual de seus filhos é muito mais adequada! No entanto, a ansiedade tem de nos incitar a abordar os problemas de forma construtiva, em especial usando o remédio de Deus para a preocupação: a oração (Fp 4.6,7). Deixemos de lado a noção de que a preocupação é um pecado; não é. A preocupação é contraproducente *por si mesma*. A preocupação é desnecessária se não for tomada nenhuma atitude adicional, em particular, em oração. Mas a preocupação não deve nos fazer acrescentar vergonha a um fardo emocional já pesado.

[5] Não é minha intenção simplificar demais o medo. As fobias sérias, com frequência, exigem ajuda intensiva de psicólogos profissionais.

No entanto, estou convencido de que essas verdades bíblicas são fundamentais para o tratamento do medo crônico e debilitante.

[6] KITTEL e FRIEDRICH, eds., *Theological dictionary of the New Testament*, 1:185.

[7] WIERSBE, Warren W. *The Bible exposition commentary*. Wheaton, IL: Victor Books, 1994, 1:356.

[8] COLERIDGE, Samuel Taylor. *The rime of the ancient mariner*, em *The collected works of Samuel Taylor Coleridge: Poetical works I, Poems (Reading Text): Part 1*. J. C. C. Mays, ed. Princeton: Princeton University Press, 2001, p. 391.

[9] COLERIDGE, Samuel Taylor. *Youth and age*, em *The collected works of Samuel Taylor Coleridge: Poetical Works I, Poems (Reading Text): Part 2*. J. C. C. Mays, ed. Princeton: Princeton University Press, 2001, p. 1012.

[10] DICKENS, Charles. *A tale of two cities*. Oxford: Oxford University Press, 1987, p. 358.

[11] ROBERTSON, Archibald Thomas. *Word pictures in the New Testament*. Nashville: Broadman, 1932, 5:262.

[12] Ibid., s.v., 15:27.

[13] Veja KITTEL e FRIEDRICH, eds., *Theological dictionary of the New Testament: Abridged in one volume*, p. 1036.

[14] TOZER, A. W. *God tells the man who cares*. Harrisburg, PA: Christians Publications, 1970, p. 154-155.

[15] KITTEL e FRIEDRICH, eds., *Theological dictionary of the New Testament: Abridged in one volume*, p. 222.

[16] Ibid., p. 315.

[17] Ibid.

[18] JOSEFO, *Antiquities*, 11.8.4-5.

[19] Veja KITTEL e FRIEDRICH, eds., *Theological dictionary of the New Testament: Abridged in one volume*, p. 707.

Vindicação da Palavra (Jo 18.1—21.25)

[1] Veja KITTEL e FRIEDRICH, eds., *Theological dictionary of the New Testament*, 9:3.

[2] *International standard Bible encyclopedia*. Grand Rapids: Wm. B. Eerdmans, 1979, 1:128.

[3] Ibid.

⁴ MATHESON, George. *Thoughts for life's journey*. Nova York: Hodder and Stoughton, 1908, p. 266-267.

⁵ FÍLON DE ALEXANDRIA. *The Works of Philo: Complete and unabridged*. Trad. C. D. Yonge. Peabody, MA: Hendrickson, 1993, p. 784.

⁶ JOSEFO, Flávio. *The Works of Josephus: Complete and unabridged*. Trad. William Whiston. Peabody, MA: Hendrickson, 1987, p. 392.

⁷ EDWARDS, W. D., MD, GABEL, W. J., MDiv, e HOSMER, F. E., MS. "On the physical death of Jesus Christ". *The Journal of the American Medical Association* 255, nº 11, 21 de março de 1986, p. 1457.

⁸ ZUGIBE, Frederick T. *The crucifixion of Jesus: A forensic inquiry*. Nova York: Evans, 2005, p. 22.

⁹ FROST, Robert. "The road not taken", em *The road not taken: An introduction to Robert Frost*. Louis Untermeyer, ed. Nova York: Rinehart and Winston, 1968, p. 270.

¹⁰ CÍCERO. *The verrine orations*. Trad. L. H. G. Greenwood. Cambridge, MA: Harvard University Press, 1976, 2:655.

¹¹ Sobre a história da crucificação, veja KITTEL e FRIEDRICH, eds., *Theological dictionary of the New Testament*, 7:573.

¹² UNGER, Merrill F. *The new unger's Bible dictionary*. Chicago: Moody Press, 1982, p. 265.

¹³ GABEL, EDWARDS e HOSMER, *On the physical death of Jesus Christ*, p. 1461.

¹⁴ ZUGIBE, *The crucifixion of Jesus*, p. 106.

¹⁵ CÍCERO, *The verrine orations*, 2:655-657.

¹⁶ KITTEL e FRIEDRICH, eds., *Theological dictionary of the New Testament*, 7:573.

¹⁷ MORISON, Frank. *Who moved the stone?* Downers Grove, IL: InterVarsity Press, 1981, p. 10-11.

¹⁸ Ibid., p. 8.

¹⁹ FÍLON DE ALEXANDRIA, *The works of philo*, p. 732.

²⁰ DURANT, Will. *On the meaning of life*. Nova York: Ray Long and Richard R. Smith, 1932, p. 5.

²¹ INGERSOLL, Robert Green. *Complete lectures of Robert G. Ingersoll*. Nova York: Freethought Press, 1944, p. 60.

²² FRANKLIN, Benjamin. *The writings of Benjamin Franklin*. Albert Henry Smyth, ed. Nova York: Macmillan, 1907, 9:569.

²³ O apóstolo Paulo na estrada para Damasco é uma notável exceção (At 9.1-19), bem como o é Tiago, irmão de Cristo, que só creu após a ressurreição de Cristo.

24 Kittel e Friedrich, eds., *Theological dictionary of the New Testament: Abridged in one volume*, p. 760.
25 Ibid., p. 1262.
26 Ibid., p. 7.
27 Colson, Charles. *Born again.* Old Tappan, NJ: Fleming H. Revell, 1977, p. 12.
28 Um documento dúbio do século 2 conhecido como "Os Atos de João" contém uma coleção de histórias sobre o apóstolo. Embora as histórias não sejam críveis, elas podem conter sementes da história genuína, como onde ele morava.